인류는 다시 도덕 문명을
재건할 수 있을 것인가?

통합가치론

새로운 도덕 문명의 본질은?

인류는 다시 도덕 문명을
재건할 수 있을 것인가?

통합가치론

새로운 도덕 문명의 본질은?

염기식 지음

인간으로서 부여받은 본성은
학문 · 사상 · 제도 · 가치 · 세계의 중심이며
그 가운데서도 갈고닦은 인격은 핵심이다.
결국 인간은 본성이 어디에 소속되어 있는가 하는 것이
가치의 궁극성을 결정한다.
가치는 본성이 규정한다.

한국학술정보(주)

도덕의 문명사적 역할

도덕은 인간이 인간인 것을 판가름하는 기준 척도인 동시에 인류 무명을 총체적으로 진단할 수 있는 비로미터이다. 인간은 노녁과 연관되고 도덕은 세계의 본질과 연관된다. 칸트는 "인류의 발전 과정에서 도덕적 차원이 善을 향하고 있지 못하다면 진보란 사실상 허구"라고 말했다. 문화는 좋은 옷과 음식과 집이 전부가 아니다. 학문과 과학의 발달도, 문화, 예술도 전부가 아니다. 도덕이 문제이다. 도덕이 경화－硬化되면 사회가 경화된다. 도덕적 진리가 빛을 잃으면 인간 사회의 많은 문제가 혼란에 빠진다. 도덕이 극도로 타락하면 개인도, 나라도, 인류 문명도 멸망한다.

도덕이란 무엇인가? 도덕은 선현들이 궁구하여 밝힌 바 天倫에 근거한다. 天倫이 人倫의 근원이다. 천품이 반영된 것이 다름 아닌 인간의 생래적인 본질로 구성된 도덕성이다. 도덕은 우주의 궁극적인 본질성과 맞닿아 있다. 그런데 현대 문명이 洋의 東西를 불문하고 天과의 단교를 선언한 지 오래고, 無神論的인 세계관 위에서 입안되었다는 것은 급기야 인류의 도덕성을 타락시킨 원인이다. 이름 하여 종말이다. 도덕의 타락은 인류 문명을 종말 짓게 한 원인인 동시에 새로운 문명 세계를 일으킬 원인이기도 하다. 인류가 심판을 맞이한다면 그것은 도덕으로 인해서이고 인류가 구원될 수 있다면 그것도 역시 도덕으로 인해서이다. 도덕은 인류 문화를 파멸시킬 수도 있고 회복시킬 수도 있는 핵심 요소이다. 天倫에 근거한 인류가 그 본원을 저버릴진대, 그로써 이룩된 모든 것이 사장되어 버릴 것은 기정사실이다.

이 연구가 오늘날 처한 도덕적 타락상을 비판한다는 것은 인류가 그동안 이룬 문명 역사 전체를 비판하는 것과 같다. 판단컨대, 현대 문명은 어떤 학문으로서도, 혹은 철학·사상·제도·진리·종교적 권위로서도, 인간의 욕망 충돌을 제어할 시스템을 갖추지 못했다. 도덕성이란 에너지를 공급받지 못한 거대 기계는 더 이상 인류 영혼을 정화하기 어렵다. 폐기처분 대상이다. 필자의 연구가 될 수 있으면 아름다운 세계상을 구가하고, 고통받는 인류에게 희망의 메시지를 전하고 싶었지만, 이 우주라는 본질 자체가 타락되어 무언가 모종의 마무리를 짓지 않으면 안 되는 때를 맞이했다. 이 연구는 분명 그 메시지를 숨겨서는 안 될 책임이 있다. 현 질서는 타락되었으므로 무너져야 할 질서이고 가치관이며 세태인 것이 분명하다. 만약 우리가 살고 있는 거주지에 홍수 경보 발령이 났다면? 대피를 서두르고, 늦기 전에 중요한 것들을 챙겨야 한다. 그런데 문명사 전체가 파멸에 직면했다면? 문명의 엑기스 보따리를 바로 도덕이 챙겨야 한다. 요약해 先天의 종결, 결실, 문명계승, 심판, 그리고 後天 문명으로 입도할 새로운 질서 창도가 도덕이 수행해야 할 문명사적 역할이다.

인간과 神과의 관계, 善惡의 본질·정의·생사화복의 주체성 규명, 인류의 영원한 족쇄걸이로 작용했던 죄악의 문제, 윤리·도덕·삶의 궁극적인 가치 향배와 人性의 정립, 인간의 본질성 규정 문제 등은 인류가 참으로 새로운 문명 차원으로 진입하기 위해서 해결해야 할 진리적 과제이다. 先天에서 보면 항구적인 과제인데 後天에서 보면 완결 지어야 할 과제이다. 先天은 세계의 본질이 분열함으로 인하여 온갖 진리성을 발견·인식·깨달음·분석·방법론을 강구하고자 한 구도자적 의지성이 주효한 것이었다면, 後天은 그렇게 해서 일군 진리를 판정·규정·증험·정리·결실·마무리·종합·통합·심판하고자 하는 의지가 주효할 것인데, 이 같은 대우주적 본질을 전환시킬 기어 역할을 도덕이 담당한다. 『주역』에서는 "도덕을 가지고 천하를 경영한다."고 했다. 실질로서도 인류의 성현들은 도덕으로 천하를 경륜했듯, 도덕은 인류가 총체적으로 당면한 종말적 난맥상을 타개할 역량을 발휘해야 한다. 세계의 변혁은 내면의 변혁이 전제조건이다. 원리는 간단하다. 인간이 聖化되어야 세계가 聖化된다. 인류는 최후의 보루로서 수호되어야 할 도덕성으로부터 유리된 비인성적인 작태들을 더 이상 좌시해서는 안 된다.

그리하여 도덕이 인류의 先天 문명을 결실 지을 온전한 방법은 태초의 天倫 창도에 걸맞은 이상적인 도덕 문명 세계를 건설하는 것이다. 종말의 결과는 파멸뿐이므로, 이것을 인류는 두려워해야 한다. 쓰러진 그루터기 위에 새싹이 움트지 않으면 무엇도 존재의 영속성을 보장할 수 없다. 문명 역사도 마찬가지이다. 반드시 새 진리, 새 질서, 새 문명 세계가 펼쳐져야 함에, 이 사명 역할을 도덕이 담당할 것이다. 설사 모든 원인이 종말 자체에 있다 하더라도 종말 현실을 끝내 종말 자체가 맞이하게 해서는 안 된다. 그러면 인류의 미래가 없다. 先天 역사는 새 질서의 대두로 종결되어야 한다. 새 질서의 창도로 새 시대를 펼쳐야 先天 질서가 자연스럽게 종막을 고한다. 누천년에 걸쳐 대립, 모순, 상대, 부분, 한계성에 직면했던 先天의 분열 역사가 일단락되고 새로운 인류사에 들어갈 전 단계 과정이 마련된다.

이를 위하여 이 연구에서는 도덕을 통하여 세계가 당면한 종말성을 극복하고 온 인류가 함께 나아갈 새로운 통합 관점, 통합 바탕, 통합 질서를 마련하였다. 온 인류가 마음을 다해 이루어야 할 정신적, 영적, 인간적인 도덕 문명 창달이다. 만약 이 땅에 진정한 유토피아 나라가 건설된다고 할진대, 그 나라가 타율적인 교도와 강제성을 띤 法의 집행에 의해 다스려질 수는 없다. 저지른 죄악들이 잔존하여서도 안 된다. 세찬 바람이 아닌 온화한 태양이 나그네의 두꺼운 옷을 벗겨 내었듯, 인류는 너 나 할 것 없이 도덕성을 자각함으로써 새 하늘을 맞이해야 한다.

이 땅에 천국이 건설된다면 도덕이 기본적인 본위이다. 도덕은 하늘이다. 선현들이 도덕을 고무하였고 도덕의 타락을 지탄하며 도덕성을 회복할 문명 시스템을 개척하고자 했던 것은 온 인류가 지상천국에 진입할 天民 된 자격요건을 갖추기 위해서였다. 반드시 이루어야 할 도덕천국을 맞이하기 위해 인류의 도덕성은 수호되었다. 진리를 완성하기 위하여, 세계를 완성하기 위하여, 인류가 이루고자 했던 고귀한 꿈과 神의 창조 목적을 실현하기 위하여, 도덕의 문명사적 역할은 끝내 모든 소임을 다해야 한다.

2008년 11월 10일 경남 진주에서
저자 염기식 씀.

차 례

제1장

도덕론의 저술 자격

　역사상 인류가 위기에 봉착하거나 난세를 겪을 때에는 이것을 극복하거나 평정, 제도하기 위해 영웅이 나타나거나 성인이 出世하였고, 뜻있는 사상가들이 구세적 사명에 입각했다. "오늘날 세계는 공전하는 격동에 빠져, 인류도 역사에 전례 없는 위기에 봉착하였다."[1]고 단언되는데, 정말 지금이 전대미문－前代未聞의 위기 상황이고 인류의 문명 역사가 말세로 지칭되는 종말을 맞이하였다면 늘 그러하였듯, 위와 같은 조건을 충족시킬 구세 성인은 出世하여야 한다. 기다린 성인은 나타나지 않는다 하더라도 난세를 타개할 사상적 지침과 대지성적 자각은 있어야 한다. 위기가 위기인 만큼, 이를 자각한 선각자들은 정말 "지혜를 총동원하여 인류에게 한 줄기 길을 찾아 주고 사설과 폭행을 억제하여 태평성대를 열어 주어야 할 때이다."[2] 그리해야 정말 이 시대가 종말을 맞이한 조건이 충족된다. 나라를 살리고 경제를 살리기 위해 바로 자신이 적임자라고, 오직 자기만이 할 수 있는 일이라 밀어 달라고 외치는 정치가는 줄을 서 있는데, 그 옛날 "孔·孟과 같은 구세 정신을 가슴에 품고 사회 속에 깊숙이 뛰어들어 인류를 구하고 새로운

---

1) 중국철학사, 장기균·오이 저, 송하경·오종일 역, 일지사, 1989, p.33.
2) 위의 책, p.33.

盛世의 길을 열"3) 외침이 없어서는 안 된다. 일찍이 송나라의 철학자인 장재가 읊었던 포부가 이 시대의 지성인들에게 요청된다.

"천지를 위하여 마음을 세우고, 백성을 위하여 命을 세우며, 가신 성인을 위하여 끊어진 학문을 계승하고, 만세를 위하여 태평을 열어 주자꾸나."4)

하지만 적어도 장재와 같은 지성적 자각이 있기 위해서는 한 인간으로서 평생을 쌓아 올린 학문적 식견과 경륜이 있어야 하고, 기본적으로는 수양으로 무장된 인격적 자신감이 겸비되어야 한다. 지금이 어느 때인가? 역사상 出世했던 성인들의 말씀조차 진리력을 잃어버린 말세가 아닌가? 무엇보다도 인류가 인간으로서 알아야 할 근본 된 도리를 망각하고 노덕적으로 타락되어 버려 수습이 어려운 종말을 맞이하게 되었다는 사실을 파악할진대, 이 같은 문명 양태 속에서 자양분을 흡수한 지성인들은 지식 면에서는 권위를 가질지 몰라도 수양과 인격 면에서 구세적 사명에 입각하기가 쉬운 것이 아니다. 도덕적으로 흔들림 없는 바탕을 가져야 한다.5) 그리해야 현시대의 종말적 상황과 도덕적 타락을 비판할 용기와 자격을 가진다. 구약 시대에 있어서 예언자들은 "민족의 운명과 현실을 걱정하여 자기의 안전이나 세평을 두려워하지 않고 다만 한결같이 神이 위탁한 사명을 다하려고 하였는데",6) 그렇게 하기 위해서는 그만한 믿음과 하나님의 뜻을 수행할 신녀이 철저해야 했다

---

3) 위의 책, p.33.
4) "爲天地立心 …… 爲萬世開太平."
5) 구세－救世 사명은 도덕성을 갖출 때 가능하다.
6) 기독교윤리사상사, 성서문학연구위원회 편, 한국기독교문학연구소 출판부, 1980, p.24.

어느 시대건 물질적 번영과 거짓 평안의 배후에는 정신적 부패가 있다. 현 물질문명이 구가하고 있는 편리성 뒤에는 無神論이 팽배되어 있듯, "예언자들이 살던 시대에도 가진 자는 폭리를 취하여 가난한 자로부터 철저하게 착취를 강행했으며, 사회 전반에 걸쳐 음탕한 바알신이 숭배되어 정의가 사라지고 도덕이 황폐화되었다. 이런 상황하에서의 예언자의 발언은 극히 윤리적이었으며, 그 말은 사람들의 폐부를 찌르는 날카로운 울림을 가지고 있다."[7] 현재의 상황 역시 제 방면에 걸친 타락의 정도가 극치에 도달했는데도, 모든 것을 총체적으로 진단할 자격자가 없어서는 안 된다. 현시대의 말세적 상황과 도덕적 타락에 대한 선지자적 외침이 요청된다. 비판하고 치유할 대책을 세워서 인류의 문명 역사를 구원할 적격자, 그 같은 자격자와 대책과 외침이 없다면 "북왕국 이스라엘이 기원전 721년 아시리아에, 남왕국 유다가 기원전 587년 바빌론에 점령당하여 멸망하고 말았듯(국가를 잃음)",[8] 현 인류의 종말 상황도 마찬가지이리라.

이 같은 구세 사명과 자격이 긴급하게 요청될진대, 문제는 말세 상황을 직감하고 개탄은 하면서 정치가들처럼 자신이 적격자라고 여기저기서 나서지 못하는 이유는 무엇인가? 그것은 현 사회의 타락상은 타락상이려니와, 하늘의 뜻을 받들 天命의 수용성 여부가 중요하다. 聖人은 天命을 인지하고 받들어 성취하고자 노력한 자일진대, 聖人은 누구라도 될 수 있지만 아무나 될 수 없고, 쉽게 出世하지 못하는 이유가 여기에 있다. "君子知命은 운수의 바뀜, 곧 易을 아는 것"[9]이라고 했듯, 성인은 시대의 변화를 알아야 하

---

7) 위의 책, p.24.
8) 위의 책, p.24.
9) 동양적 가치란 무엇인가(논어의 세계), 송복 저, 지식마당, 2004, p.251.

고 易性을 알아야 한다. 그런데 성인이 없다. 하늘의 변화에 귀기울이지 않고 땅의 변화 상황에만 집중하고 있다.

시대는 하늘이 종결을 이루는 것이다. 역사와 인간의 命은 하늘이 거둔다. 인간이 아무리 만물 가운데서 영장이라고 해도 이 시대가 종말을 맞이했다는 것을 단적으로 판단할 수는 없다. 그렇다면 어떻게 해야 하는가. 天命을 읽어야 한다. 天命을 받들 수 있어야 시대의 종말적 상황을 구체적으로 진단하고 대책을 세우는 자격자가 될 수 있다. "지식인은 많으나 스승은 드물다고 자조되듯, 사회에서는 도덕적으로 무장된 지식인이나 지도자가 드물며",10) 종말에 대해 하나님의 뜻을 수용한 자는 더욱 그렇다. 이 나라, 이 땅에서 어떤 종교인, 사상가, 교육자, 정치가……, 단체, 대표들이 도덕에 대해 말할 자격이 있다고 생각하는가?11) 어느 누가 종말 상황을 인식하였는가? 어느 누가 天命을 거론할 수 있는가? 자격은 그냥 주어지지 않는것이므로 지금부터라도 모든 면에서 자격을 갖추기 위해 노력해야 한다.

孔子는 쉰 살에 하늘의 命을 깨쳤다(知天命)고 술회했는데,12) 이 같은 증험 결과로 孔子는 성인의 반열에 올랐다. 하늘이 원하는 바 인간의 대도덕적 규율 의지를 깨달았다고 할까? 孔子가 처한 난세를 타개할 핵심에 하늘이 命한 도덕성에 대한 구세적 깨침이 있었다. 孔子와 같은 성인도 50이 되어서야 天命을 깨쳤다. 그만큼 추구한 노력의 결과이다. 孔子가 만세로부터 존경받는 스승이 된 것은 그반한 수양과 정진이 있어서이다. 예나 지금이나 쌓음 없는 가르침은 없다. 학문과 인격과 진리는 한꺼번에 휘두를 수

---

10) 선비문화, 2004년 봄 창간호, 남명학연구원, 2004, p.2.
11) 도덕철학, 제임스 레이첼스 저, 김기순 역, 서광사, 1989, p.73.
12) 『논어』, 위정편, 4장

있는 권력이 아니다. 권위 이전에 진리이고 진리 이전에 인격이다. 이순신 장군이 백의종군했을 시 "쓸 만한 배 한 척 없었지만 그가 있다는 사실만으로도 왜적들은 나라 전체가 벌벌 떨었고, 그가 돌아왔다는 사실만으로도 조선의 백성들은 희망을 가졌다."[13] "예수의 일생과 그가 남긴 말들을 직접 보고 들었던 사람들은 그 비범한 도덕성에 큰 감명을 받았다."[14]

도덕성은 인격이다. 진리는 인간을 완성시키고 인간은 인격으로 진리를 완성한다. 예수가 단지 진리만을 말했다면 이토록 오랜 세월이 지난 지금쯤 사람으로 태어난 전능자인 그에 대한 존경의 마음은 식어 버렸을지 모른다. 그런데 식지 않고 있는 이유? 그 이면에는 도덕적인 인격이 뒷받침되어 있다. 도덕적 자격은 말없는 진리로서 영원성을 대변한다. 뭇 가르침이 그러하듯 올바른 가르침은 올바른 인격 위에서 펼쳐질 수 있는데, 특히 도덕을 말할 자격은 더욱 그렇다. 세계의 제 종말적 상황을 비판하고 道德論을 전개할 자격은 사상만으로 주창될 수 없다. 평생을 쌓아 올린 수양적 인격과 인생 경륜을 심화·승화시켜야 하며, 天命을 수용한 사명에 입각해야 한다.

이에 본인은 세상에 태어나 한 많은 세월을 겪은 죄인으로서, 한 개인으로서 자가 진단된 자격을 놓고 보면 무엇 하나 갖춘 것이 없는 부족한 인격체인 것이 분명하다. 그러나 50년이 넘도록 세상을 살면서 나름대로 진리 세계를 섭렵하였고 세계의 도덕적 상황을 고심한 결과, 인류가 그동안 추구했던 인간의 제 본성 문제라든지 도달해야 할 궁극적 가치, 그리고 다시 세워져야 할 도

---

13) 노자를 웃긴 남자, 이경숙 저, 자인, 2001, p.306.
14) 자유론, 존 스튜어트 밀 저, 서병훈 역, 책세상, 2005, p.56.

덕의 문제들에 대해 거론할 마음을 가지게 되었다. 그리고 이 같은 뜻은 나 한 개인의 독단이기 이전에, 독단이라고 할 수밖에 없을 주관적인 판단 과정을 통하여 하늘이 부여한 사명을 거부할 수 없다는 믿음을 가졌다.

언급한 바 孔子는 『논어』에서 인간은 "50세에 이르러 天命을 안다.",15) 혹은 알아야 한다고 했다. 여기서 天命, 즉 하늘의 명령은 어떤 특별한 神의 계시 형태가 아니다. 일반적으로 그만한 인생의 연륜에 도달하면 알아야 하는 자아 본성과 세계적인 의지성에 대한 지각 형태이다. 天命을 수지함은 당위적인 의무 형태이다. 운명을 알고 수용해서 천부인 본성으로 귀환할 준비를 갖추어야 하는 상태, 나이가 50에 이르렀는데도 이 같은 운명을 파악하지 못하였다면, 그들이 남은 생애에서 인간으로서의 도리를 다할 길은 없다. 더 이상의 기회와 여지가 없다. 孔子가 밝힌 이 준엄한 "五十而知天命"에 대한 통찰은 더할 나위 없는 인생 단계에 대한 진리적 지침이다. 인생은 50에 이르도록 天命을 알기 위해 노력해야 한다. 이것이 인생이 걸어가야 할 正道이다. 이 같은 과정에서 조금만 더 세계에로의 인식을 넓힌 편견 없는 진리적 통찰이 첨가된다면 현 세태에 대한 天命 인식은 누구나 판단할 수 있다.

존 스듀어트 밀은 『自由論』에서 "전체 인류 가운데 단 한 사람이 다른 생각을 가지고 있다고 해서 그 사람에게 침묵을 강요하는 일은 옳지 못하다."16)라고 했다. 참으로 인류 역사는 한 삶의 다른 생각으로부터 새로운 가지 질서가 생성되었고 결국은 보편화되었나. 누구라도 자각할 수 있는 것이되, 본인이 세계의 道德論을

---

15) 중국사상사, 森三樹三郎 저, 임병덕 역, 온누리, 1990, p.33.
16) 자유론, 앞의 책, p.42.

저술하고자 한 사명에 대한 판단이 혼자만의 고독한 "다른 생각"에 속하는 것이라면 그것은 어쩔 수 없다. 나는 다만 이와 같은 天命을 수용하기 위해 여태껏 쉬지 않고 노력해 왔다는 사실만을 밝힐 수 있을 뿐이다. 적어도 道德論을 논할 인격적 자격은 人世를 직접 느껴서 알아야 할 삶의 처절한 실존성이 조망되어야 하므로, 그렇게 해서 지상에서 쌓아 올린 세월이 50여 년이다. 이만한 세월 기간 동안 의식을 연 자는 정도는 다를지라도 세계를 판단할 여지와 기준 정도는 마련할 수 있어야 한다.

이 연구는 특별하지 않다. 그렇게 생각하였고 준비할 수 있게 된 연유로서 저술하게 된 자연스러운 것이다. 한 신념으로 세계를 판단하고 길을 추구한 자로서, 이 같은 경륜 바탕과 사명 인식과 그렇게 이룬 진리적 성과로 인하여 인류가 나아갈 인생적, 도덕적 가치를 논거할 수 있게 되었다. 가능한 프로젝트도 보이지 않은 채 투자를 강요한다면 사기 행각으로 의심받게 되듯, 연유된 과정도 밝히지 않은 채 天命을 거론할 수는 없다. 그래서 필자는 이 책을 저술하기 전까지 다방면에 걸친 세계 인식과 교양성을 높인 제『世界論』 저술 과정을 거쳤다.[17)]

조선의 성리학자들은 그래도 소신을 가지고 대宇宙論에 근거한 도덕적 세계관을 설정하고 논변해서 국가와 민생의 가치판단을 주도해 나갔는데, 오늘날의 지성인들은 현 세태가 안고 있는 대사회적, 도덕적 문제를 진단하고 비판해서 참신한 도덕률을 제창할 능력을 기르지 못했는가? 지금의 사회가 안고 있는 도덕적 타락 상황을 비판해서 개선책을 주장할 수 있기 위해서는 한 인간이 적어도 어떤 지성적 식견과 존재적 기반을 가져야 할 것인가? 이런 관

---

17) 겉표지에서 저술 역정을 소개함.

점을 가지고 보니 한국의 지성인들은 너 나 할 것 없이 서양의 물질적인 학문과 지식과 문물·제도를 습득해서 이 땅에 이식시킨 장본인들이라, 위약한 도덕적 정신문명을 일으킬 세계관을 제공받지 못했다.

"한 나라가 선진국으로 진입하기 위해서는 그 나라의 고유한 철학이 필요하듯",[18] 물질문명의 성세로 인해 피폐된 도덕적 타락을 회복시키기 위해서는 동양이 일군 정신 가치에 주목해야 하고, 이것을 종합하고 통찰할 새로운 통합 관점, 즉 해석적 세계관이 요청된다. 세계의 정신과 진리와 학문이 바라는 것은 "새로운 동양학이지 신학은 아니다."[19] 새로운 가치 인식과 세계관과 해석 관점에 입각해야만, 그의 의식은 세계의 궁극성을 추구하고 인식해서 세계 의지에 참여할 판단 능력을 가지게 되고, 그야말로 현 세태의 도덕성을 비판할 자격을 얻는다. 그러지 못하면 남의 세계관을 차용하거나 인용한 상태에서 세상이 이래서는 안 되리란 개탄이나 진단 수준에 그치고 만다.[20] 현재 생성 중인 의지 세계와 이질화되어 세계를 이해, 해설, 전달하는 작업에 그친다. 지금이 어느 때인가? 인류는 총체적인 종말적 상황에 직면한 것이 아니라 종말을 지나친 지 오래되었으며, 종말로 인한 범세계적 애통을 맞이한 상태이다. 이 같은 세계적 판단과 통찰이 없다면 인류를 새로운 가치 체제로 인도할 道德論은 제시될 수 없다. 명백히 새로운 세계관과 天命에 입각해서만 가능한 일이리라.

---

18) 동양을 위하여 동양을 넘어서, 홍원식·외 저, 예문서원, 2000, p.63.
19) 위의 책, p.61.
20) 이 책은 한 인간이 세계를 추구하여 판단한 관점론인 것이지, 선현들의 사상을 옮겨 놓은 피상론이 아님.

제2장

유교의 가치 본질

1. 인성의 세계 진리화 가치

본 장은 인류가 남긴 다양한 정신 유산 중에서도 특별히 유교란 진리 진수를 선택해서 오랫동안 추구되었으면서도 묵혀진 가치 본질을 규명하고 규정하고자 한다.

유교란 무엇인가? 孔子의 창도 이래 유교는 2,500년 동안 동양 사회를 이끌어 왔는데, 지금은 존재 가치와 세계관으로서의 역할이 미미하다. 그런데도 유교는 先天에서 태생된 어떤 문명 체제보다도 종말에 처한 인류를 구원할 비밀 처방책과 잠재 에너지를 보유하고 있다는 점에서 오늘날 문명적으로 부름을 입고 선택되었다. 만세 전부터 하나님이 유교 가치를 귀하게 여겨서 인류가 종말을 맞이할 것에 대한 대비책으로서 진리 진수를 고스란히 예비, 섭리했다고 해도 과언이 아니다. 오늘날 인류가 멸망에 처한 것은 물질적인 세계관으로 인한 자원 고갈, 환경 파괴와 이에 따른 인간성의 피폐 및 타락에 있는데, 이것을 치유할 수 있는 우주관과 가치관 열쇠를 유교가 지녔다. 세계관적 코드가 꼭 들어맞는다. 그렇다고 유교가 타 문명 체제들보다 완전한 사상이라서 그런 것은 아니다. 세계는 무엇이라도 한계가 있다. 그런데도 유교는 先天 본질이 분열을 다한 지금, 하나님의 창조 목적과 뜻에 부합한 세계관의 완성을 기해야 할 때라, 마지막 점만 찍으면 되는 그런 역할 위치에 있다. 따진다면 어떤 문명 역할도 중요하지 않은 것이 없지만, 유교는 분명 주어진 본질로서의 가치 역할이 기독교도, 불교도, 과학도, 어떤 이념, 사상들도 지니지 못한 깊은 뜻과 가치를 함유했다. 그것은 곧 天·地·人을 함께 완성시켜야 할 사명을 지닌 道이다. 이 같은 가치 본질을 이 책에서는 풀어 헤치고자 한다.

"유학은 본래 윤리, 정치, 철학, 예술, 종교 등 광범위한 영역에 걸쳐 동양 사회에 오랫동안 영향을 끼쳐 온 사상으로서, 특히 인간을 깊이 탐구해 왔고, 인격의 주체인 자아 성찰과 내면적인 성실성을 추구하여 주체적으로 존재의 근원을 밝혀 낸 학문이다."[1] "유학은 하나의 윤리학을 포함할 뿐 아니라 동시에 하나의 形而上學을 포함하며, 한편으로는 농도 짙은 종교성도 갖추었다. 유학의 최초 관심은 도덕이고 최후 관심 역시 도덕이라"[2] 할 정도인데, 이 같은 특성으로 인해 유학은 자체가 지닌 고유 가치에도 불구하고 급변하는 현대 사회에서 외면을 당했다. 하지만 그렇게 해서 막상 세계상이 꾸려지고 보니까 또다시 절실해지는 것이 인간다운 사회 건설이고 도덕성을 회복하는 문제이다. 유교가 先天에서 일군 고유 가치가 자체로서 완전하고 완벽해서가 아니다. 모두가 다 더불어서 하나 되어야 할 것인 바, 이 같은 세계관을 주도해야 할 것이 인간성에 바탕을 둔 유교사상이었다. 산은 산이요 물은 물이라 하였듯, 회사뇌고 보니까 다시 유교이다.

"心·性·天을 중심으로 하는 유교의 形而上學"[3] 내지 "유학

---

1) 맹자의 인격 수양관, 라만기 저, 소논문, p.18.
2) 유학과 현대 세계, 사중명 저, 김기현 역, 서광사, 1998, p.44.
3) 위의 책, p.44.

은 밝혀진 바 孔子에 의해 창도되었다. 孔子는 이전의 학문적 성과들을 집대성해서 유학이라는 인간 중심의 학문 체계를 정립하였다.”4) “孔子란 유교에서는 최고의 인격자로서”5) “이전의 누구도 했던 적이 없는 방법으로, 인간 존재의 정신적·도덕적 영역이 존재함을 알았고, 그것을 가르쳤다.”6) 지금 보면 특별하지 않은 색깔을 지닌 지적 관심사이자 탐구 영역인 것 같지만, 예수가 인간 세상에 태어났으면서도 천국을 거론했고 佛陀가 발 디딘 현실 삶의 가치를 부정했던 것에 비한다면, 사실상 孔子 외에 인간이 인간으로서 인간다운 삶의 가치를 구현하고자 했던 성현과 문명 체제는 다시 없다. 살펴보건대 대개 피안의 세계를 동경했을 뿐더러 현대 과학은 인간의 존엄성이라고는 어디서도 찾을 수 없는 유기 물질과 원숭이와 자연 질서에 의탁하고 말았다. 孔子의 창도 정신이 비교되고 보니까 빛나는 순간이다. 형제는 많아도 장자는 장자로서 남다른 책임감을 지니듯, 수많은 사상 체제가 명멸했는데도 孔子는 인간 사회를 인간이 지닌 고유한 본성을 근간으로 해서 수립하고자 했다는 데 대해서 그 가치가 특별하다. 그래서 “孔子는 어지러운 시대를 살면서도 오히려 요순-堯舜 시대와 같은 이상 세계를 이룩하기 위해 천하를 주유하면서 義와 仁과 같은 인도주의적 가치를 실현하고자 노력했다.”7) 孔子는 天命을 깨닫고 이를 바탕으로 人道를 아는 것을 삶의 궁극 목표로 삼았는데,8) 그렇게 해서 밝혀 낸 天命과 人道가 확실한 모습을 드러내지는 못하였다

---

4) 맹자의 인격 수양관, 앞의 소논문, p.18.
5) 주자학과 양명학, 시마다 겐지 저, 김석근 역, 까치, 1993, p.36.
6) 공자의 철학, 허버트 핑가레트 저, 송영배 역, 서광사, 1993, p.27.
7) 주돈이에서의 우주와 인간 연구, 송정림 저, 이화여자대학교 철학과 석사학위논문, 2004, p.1.
8) 유교의 이해, 정진일 저, 형설출판사, 1997, p.148.

하나, 天命과 人道와의 관계로 삶의 가치 체제를 설정하였다는 것은 인류가 구현해야 할 영원한 추구 방향을 제시한 것이었다. 天과 人과의 관계 설정에 있어서 인류의 삶과 역사가 벗어날 것은 하나도 없다.

孔子의 유지를 받든 후세인들은 "인간의 도덕 본질인 性을 회복함으로써 천인합일－天人合一의 경지를 이루어 내는 것을 최고의 관심사"9)로 삼았다. 인간이 하늘로부터 말미암았다면 살아생전에 하늘을 알고 나를 알아야 하는 것은 누구도 피할 수 없는 근본 명제이다. 인간이 天으로부터 말미암았다면 인간은 우주 만물의 본질인 天德을 인식하고 자체 내재된 도덕적 본질을 인식해야 하는 것이 당위 과제이다. 天德이 인간에서 내적으로 구현된 것이 인가 본래의 모습이자 性일진대, 이 같은 도덕성 본질의 회복은 나를 낳은 하늘과 하나 되는 길이다.10) 그렇게 설정된 天의 확대된 개념이 하나님이고 창조주라고 할진대, 天人合一의 추구 공식은 곧바로 하나님과 일치되는 길로 승화된다.

"유학은 일반적으로 內聖外王의 道, 혹은 內外合一의 道라고 말하고, 이것을 이루고자 하는 것이 유학에서 추구하는 학문의 궁극적인 목표"11)라고 할 때, 시대가 달라졌다고 해서 이것이 변하는 것은 아니다. 어쩌면 유교는 인간이 하나님에게 이를 수 있는 길을 天과 人과의 관계 규명을 통해 터 닦은 것인지도 모른다. 유교는 인간의 궁극 가치를 결정할 바탕을 先天에서 이미 마련했다. 이에 남은 것이 있다면 이 땅에 강림한 하나님에 의해 그 가치가 인정되기만 하면 진리로서 완성된다. 인간성에 대한 도도한 신념

---

9) 장재, 함현찬 저, 성균관대학교 출판부, 2003, p.147.
10) 위의 책, p.147.
11) 위의 책, p.147.

을 이룬 진리, 여기에 진실로 유교의 보석과도 같은 가치가 있다.

유교는 인격 수행과 인간 가치의 금자탑이 이룬 결정체이다. 인간 생활의 전면을 보편적인 가치관으로 규제하고 있는, 평생 수양하고 정진할 수 있는 삶의 추구 과제를 제시하고 있다. 생활의 어느 면을 보더라도 유학적 가치가 선행되지 않은 곳이 없는데(우리나라) 단 한 가지, 인간으로서 가야 할 궁극적 가치를 통괄한 세계관이 결여되어 있다는 아쉬움이 있을 뿐이다. 물론 미처 완성되지 않아 하늘 끝을 보지 못한 때문이기는 하나, 유교는 출발부터가 인류에게 영원한 추구 과제를 안긴 만큼, 영원한 생명력을 가진 만큼이나 유교의 道도 언젠가는 참된 완성이 기도될 수 있다. 하나님이 하늘을 통해서 창조된 뜻을 밝힌 한 그렇다. 이때가 도래되기까지 유교는 天과 人과의 관계에 있어서 天道論과 人性論으로 꾸준하게 발전, 섭리되었다고 볼 수 있다.

그것을 역사적으로 대별해 본다면, "孔子 이래로는 주로 人性論의 발전이 심대했는데, 宋代 성리학이 형성되면서부터는 天道論과 人性論이 하나의 체제 속에서 다루어지기 시작했다."12) "성리학(주자학)은 이상적인 인생이라는 궁극 목적을 달성하려는 데 있어서 직접 요구되는 도덕 가치들을 밝혀 내고, 거기에 도달할 수 있는 구체적인 실천 방법들을 구해 내는 지적 작업이었다."13) 비교컨대, 서구의 중세는 神의 계율을 인간에게 절대적으로 적용하고자 한 시대였고, 근대는 이를 최대한 탈피해서 독자적인 인간 시대를 개척하고자 했다. 근본을 저버렸다고나 할까? 하지만 유교는

---

12) 주자의 이기심성론에 관한 연구, 박영길 저, 충남대학교대학원 철학과 동양철학전공 석사학위논문, 1992, p.16.
13) 주자철학에 있어서 공맹 천인관의 승수와 전개, 최영찬 저, 충남대학교대학원 철학과 동양철학전공 박사학위논문, 1990, p.113.

한결같이 인간의 본성 바탕을 天에 두고 天과의 끊임없는 관계 유지와 교감을 통해 이것을 최대한 인성 가운데 반영하고 세계관의 본질까지 인성화시키고자 했다. 이것이 요가 순에게 전하고 순으로부터 우→ 탕→ 문왕→ 무왕→ 주공에게 차례로 전해져 孔子에게까지 도달된 이래 맹자[14]를 거쳐 朱子에게까지 계승되어 道의 맥을 끊이지 않게 한 생명력이고, 오늘날 이번 연구에서 하나님의 지상 강림에 즈음하여 인류를 구원할 道로 완성시키고자 한 가치 근거이다.

"유학은 이상적인 삶의 문제를 결코 자연과학의 발달이 가져다준 물질적인 풍요나 육체적인 편리에서 해결하려 하지 않았다."[15] 이 같은 신조 가치가 온통 유교만으로 습속화된 구성 사회에서는 남다를 것이 없다 하더라도, 물질문명으로 대체된 현대 사회에서는 유교가 지닌 가치 본질의 회복이 절실하다. 왜 유교이고 유학의 세계인가? 과학적인 진리가 아무리 고도의 문명 세계를 이루어도 그것은 현실의 문제에 급급한 파멸의 요인을 양산할 뿐이며, 神을 절대시한 세계관도 현실 거부란 내세주의를 낳을 뿐이다. 영혼과 인류를 구원할 가치관과 진리는 인간과 세계, 그리고 대우주의 본질과 교감된 영혼의 소리에 의해 기초되어야 한다. 이 같은 전제조건에 비추면 유교는 부족한 점은 있더라도 필요한 조건을 일단은 갖추었다. 인간이 나아가야 할 바 天과 자연 내지 우주와의 관계 설정에 있어서 정확하게 삼자 구조를 설정하였을 뿐 아니라, 그 가운데서 노 인간이 딜싱해야 할 길을 수제적으로 확립한 것이다. 천지 만물과 조화를 이루고 궁극에 합일되고자 한 추구 목적이 그것이다. 아

---

14) 주사학과 양명학, 앞의 책, p.32.
15) 주자철학에 있어서 공맹 천인관의 승수와 전개, 앞의 논문, p.23.

무리 외부 세계가 철저해도 주체적인 본질이 개입될 여지가 없다면 그것은 사상누각에 불과하다. 그러나 객관적인 진리 체계는, 주관적인 본질의 완성에 의해 합일될 길을 튼다. 하나님이 천지 세계를 창조하셨다고 해도 조건은 동일하다. 하나님이 세상과 인간을 지으신 것은 그렇게 창조된 대상 자체에 목적이 있다. 인간이 주체성을 내세워야 하는 이유이다. 그런데도 기독교는 그 중심이 역전된 神權 질서 수립과 유지에만 주력했다. 내외 본질이 합일을 이루어야 세계관이 완성될 텐데, 기독교는 神만 내세우고 인간을 무시했다.

이 같은 악순환이 심화된 것은 과학문명을 주축으로 한 자본주의 사회라고 해서 다를 것이 없다. 자본주의는 합리적인 질서를 양산하였다고 자부하고 인류의 미래에 대해 물질의 풍요를 약속하고 있지만, 자본주의화 될수록 우리는 인간성이 사라져 가는 사회상을 목도하고 있다. 차디찬 해골의 손을 가진 심장 없는 세속인만 거리를 활보하고 있다.16) 하나님이 인간을 창조하실 때 원하신 인간 세계가 과연 이런 것이었을까? 하나님은 무슨 이유 때문에 인류를 창조하신 것인가? 하나님이 원하신 참다운 인간상은 무엇인가? 그 해답이 유교를 통해 시사되었고 인류가 완성시켜야 할 궁극 가치로서 제시될 것이다. 서양 문명은 기독교를 통해 하나님을 신앙하였고 학문을 통해 자연과 물리적인 우주를 헤집고 다녔지만, 정작 하나님이 인간에게 주신 창조 뜻과 정보에 대해서는 무지했다. 이에 비해 유교는 기독교가 설정한 창조신에 대해서는 무지했지만 보편적인 인성의 근원인 하늘과의 교감을 통해 인간의 심성 작용과 본성 내지 정감의 근거를 합리적으로 밝히고자 했다. 그래서 얻어지는 유교 가치의 본질적 결론은 결국 세계가 비인성

---

16) 동양적 가치란 무엇인가, 송복 저, 지식마당, 2004, p.7.

화되는 길을 막을 최후의 보루로 간직되었고, 실질적으로도 유교의 추구 전통은 인성의 세계 진리화에 기여하였다. 세상의 보편적인 이법과 원리를 품성으로 전환시키고자 하였으니, 宋儒들에 의해 거론된 性卽理 논변들이 그것이다. 객관적인 理를 본질적인 性으로 전환시키고자 한 전통을 수립한 것은 창조된 일체 理를 하나님의 존재 본질로 승화시킬 수 있는 길을 튼 것이다. 理卽性 사상에는 유교 진리의 심오한 섭리 목적이 숨어 있다. 理, 즉 원리의 품성화 노력은 유교 문명 말고는 인류 역사상 시도되어 본 적이 없다. 이 같은 가능성과 심오한 뜻을 직접 가시화시키고자 한다. 우주의 理인 대원리 체제라도 그것이 인생의 본질을 통해 드러날 수 있다면 유교의 道는 하나님과 관련하여 대완성을 기할 수 있으리라. 性卽理는 인성이 세계의 중심이라는 관점이며, 인간의 가치가 세계 가운데서 지극하다는 측면이며, 인간의 본성이 세계의 普遍理와 상통한다는 안목이다. 본성이 바로 理이다. 혹은 理에 근거했다는 것은 기독교가 인간의 창조를 하나님에게 둔 것과 진배없다. 전통적으로 유교는 인간의 본성 바탕을 天에 두었거니와, 정말 인간의 본성이 天에 근거되었다는 것을 밝힐 수 있다면, 하나님의 창조 목적인 人倫의 大道는 완성되리라. 멸망에 처한 시대의 요구에 부응해서 인류를 다시금 구원할 수 있는 유교 가치의 저력을 어디서 구할 것인가? 그것은 곧 천부의 인성 근원을 밝혀서 인륜의 질서를 확립하고 주체성을 내세워 人道를 완성하는 데 있다. 이것은 유교가 先天 하늘에서 지대한 노력을 기울였는데도 불구하고 해결하지 못한 미완의 과제이다. 이것을 하나님의 지상강림 목적에 근거해서 밝히고자 한다.

하나님이 先天 하늘에서 유교란 진리 체제를 예비하신 목적이 여기에 있다. 하나님이 창조하신 인간 본성이 하늘에 속하여 있다는 것을 밝히기 위해서였다. 유교는 인간 본성의 창조성을 확인하기 위해 섭리된 진리이다. 이 같은 목적의 근저에 인간의 性이 하늘로부터 품부되었다는 『중용』의 선언이 있다. 유교는 인간이 지닌 存在性을 거룩하게 지키고 보양하고자 했다. 하늘이 주신 하늘의 품성이기 때문에 본성을 지키는 것은 하늘의 뜻을 품수한 사명, 즉 人道가 된다. 先天에서 유교가 하늘의 뜻을 받든 대요이다. 인류가 어떻게 인간 본질을 수호하고 품부된 性을 삶의 가치로 구현하고 진리로 완성해야 하는가 하는 이유이다. 유교가 끊임없이 인간의 본성을 바탕으로 하여 세계적 원리를 발양시키고자 한 이유, 이것은 인간이 지닌 創造性을 바탕으로 하여 천지창조를 아우르기 위한 진리적 성과를 거양하기 위해서이다. 이런 기대에도 불구하고 유교는 과연 창조된 인간의 본성 문제를 규명할 수 있을 것인가? 타락된 인간의 도덕성을 회복할 구체적인 가치 원리를 제시할 수 있는가? 모든 가능성은 유교가 직접 이룰 수 있다는 것이 아니다. 先天 세월을 다해 섭리하신 하나님이 유교 진리를 기반으로 한 창조 목적을 밝힘으로써 이룰 수 있다는 말이다. 유교가 믿었던 바 인간의 본성이 하늘에 근거했고 나아가서 하나님으로부터 창조되었다는 것을 밝힐 수 있다면, 이것은 종말에 처한 인류를 구원할 계기 일환에 있어서 제민－諸民을 인도할 수 있는 거대 통찰 관점이고 실질적인 진리로서의 근거 성과이다. 유교는 인류가 해결해야 할 진리의 핵심 실마리를 거머쥐고 있다고 해도 과언이 아니다. 그렇다면 역시 문제는 인간이다. 인간이 지닌 본성을 밝히는 것이 핵심이다. 하나님도 창조도 우주의 본질도 언젠가는 밝혀져야 할 과제인데, 그 해결은 인간에 의해서, 인간이 지닌 일체 본성의 규명을 통해서이다.

2. 유교의 본질적 세계관 가치

사람들이 우주와 자연을 어떻게 보는가 하는 관점이 세계관 형성에 지대한 영향을 끼친다. 서양이 중세에서 근세로 넘어오는 과정에서는 "자연을 어떻게 보았는가 하는 것이 神의 역할과 차원을 다르게 했다. 예를 들어 갈릴레이나 케플러가 천체의 운행 법칙을 발견한 이후, 神은 그 이전에 신앙하던 神과 같을 수 없었다. 神에 대한 사유와 체험들이 전격 인간과 자연에 대한 사유와 체험으로 전환되었다."17) 이후 "듀이는 神이란 자연적이거나 초자연적인 존재가 아니라 진화 과정의 이상적인 목표로 기획되고 통일된 목적을 성취하는 시대의 가능성"18)이라고 보았다. 중세 및 기독교의 세계관을 기준 잡을 때, 뉴턴의 물리학적 자연관, 칸트의 認識論, 다윈의 종의 기원 발표 후의 인간관의 변천, 천체의 운행 법칙이 발견되고 난 다음의 神觀 변화, 그리고 과학이 발달함에 따른 唯物論과 기계론적 자연관의 등장 등은19) 서구사회 뿐만 아니라 인류 전체의 가치관 양식까지 변화시켰다. 이 같은 세계관의 변천은 동양 사회가 오랫동안 일구었던 가치 체제까지 함몰시키고 말아 더 이상 회생할 기미가 안 보일 정도이다. 인류가 우주와 자연을 바라본 세계관적 신념이 달라져서이다.

하지만 그렇게 접근해서 성행시킨 서구의 물질적 자연관이 우주의 본질을 대변한 세계관의 전부인가 하는 점을 고려해 보면, 전부가 아닌 것을 전부라고 여긴 것에 분명 문제가 있었다. 벌써 동양과 서양은 각자 추구한 학문적 전통과 관심사 자체가 달랐다.

---

17) 주역의 이해, 곽신환 저, 서광사, 1990, p.14.
18) 위의 책, p.14.
19) 위의 책, p.316.

서양은 고대 희랍인들의 철학적 사유 때부터 원질을 찾아 나섰고, 다양성을 단순한 도식으로 이해하려고 했으며, 이성을 통한 통찰로 자연철학의 길을 열었다. 이에 비해 동양은 처음부터 끝까지 天道・人性論에 관심을 가졌고 음양오행설, 송초 주렴계의 『太極圖說』, 朱子의 二氣論,[20] 조선 성리학자들에 의해 사칠론변 등이 전개되었는데, 이것은 서양의 神觀 내지 자연철학관과 격을 달리한 것이다. 분명 세계의 격조 높은 宇宙論을 드러내기는 했는데, 그 가치를 자리매김할 기준이 세상 어디에도 없다. 세계적 본질이 규명되지 못한 탓도 있겠지만, 중요한 것은 현대의 사상계를 주도하고 있는 것은 서구가 확산시킨 세계관이라, 그들이 지닌 세계관 범주 내에서는 동양이 일군 가치관을 가닥 지을 기준이 없었다는 데 있다. 神 아니면 자연 아니면 인간뿐이다. 세계를 바라보는 데 있어 너무나 획일화된 잣대 기준이다. 경험・증거・실증을 요구하게 되니까 天・道・太極・理氣와 같은 形而上學的 인식 가치가 설 자리가 없다. 아무리 결론을 내린다 해도 끝을 볼 수 없는 공리공론이 되어 버렸다. 하지만 인류 사회는 언젠가는 유교가 2,500년 동안 바친 形而上學的 추구가 제자리를 찾을 때 본질 가치가 다시 성행할 것은 물론이고, 세계관 측면에서도 서구의 획일화된 접근이 남긴 전횡을 막을 수 있는 전일적 세계관, 완성된 세계관을 이룰 것이다.

기독교의 神觀은 오직 하나님만을 내세우다 보니 인간을 창조주에 대한 피조체로 종속화시켰을 뿐 아니라 과학이 발달한 오늘날까지도 자연 가운데 내재된 법칙 질서를 수용할 신학적 근거를 마련하지 못하였다. 그런데 다시 건설된 "서구 중심의 물질적, 과학

---

20) 도올의 논어이야기, 37강, 생명과 자율, 2000. 1. 24.

적 자연관은 오히려 자연을 정복하고 이용하여야 할 대상으로 파악하여"[21] 지구란 삶의 환경을 난도질해 버렸다. 그런데도 "서양은 2,000년간 인간의 자연 지배, 즉 인간과 자연의 분리를 당연한 것으로 보고 오히려 자연을 정복한 성과를 자랑스럽게 생각하고 있으니",[22] 현대 문명은 잘못되어도 크게 잘못된 세계관 위에 기초하고 있다. 그 원인이 과연 무엇인가? 서구인들은 사유의 전통상 神의 절대성을 정점으로 하다 보니 자연과 인간에 대해 아무런 연관성을 구하지 못했다. 『주역』에서 "천지의 큰 德은 만물을 살리는 것이다."라고 한 것처럼, 자연과 神과 인간을 연결할 매개체가 서양에는 없었다. 동양 사상은 기독교가 지닌 기준에 부합한 것과 같은 인격신이 없다고 비판하는데, 진리적인 측면에서는 오히려 동양의 天이 더 존재적이고 인간적이다. 천지가 인간이 가지기 어려운 큰 德으로 만물을 살린다고 본 것이다. 이 같은 관점과 입장이 서양이 가지지 못한 본질적 우주관이다. 서양은 자신들이 가진 것과 같은 "체계화된 創造論도 進化論도 人類學도 없다고 비판하지만",[23] 동양은 그들이 지니지 못한, 만유를 하나로 매개하고 연결할 本質論을 가지고 있다. 本質論은 절대신과 天觀은 물론이고 創造論, 進化論, 서구의 물질관까지 아우를 수 있는 통합 바탕이다. 인류가 희구했던 全一論的 세계관에 대한 일대 충족이다. 다시 말해 유교의 세계관 가치가 바로 본질적 우주관을 뒷받침하고 있다. 본질은 形而上學的이면서 전 우주 간에 공통적으로 내재되어 있나니. 이것을 유교가 天道論, 太極論, 陰陽論, 혹은 理氣論으로 표출하고자 했나. 유교가 일군 우주 이해와 진리로서의 가치가

---

21) 장재, 앞의 책, p.206.
22) 서양정신의 위기와 농양의 희망, 최우진 저, 한빛문화사, 1983, p.45.
23) 위의 책, p.45.

정확하게 자리매김되는 순간이다. 이것은 서양의 물질관과 비교될 뿐 아니라 현 물질세계관이 전부가 아닌 이유, 그리고 유교의 본질 세계관이 부상되어야 하는 분명한 이유이다. 그러면서도 인류 문명은 현 물질관만으로서는 한계가 역력한, 우주적 본질관을 받아들여야 종말성을 극복한 전일론적 세계관 차원에 진입할 수 있다.

"유교는 얼마 동안의 짧은 기간을 제외하면 실로 2,500년 동안 중국과 동양 사회를 지배했는데",24) 그 가치 본질이 규명된다고 해서 다시 서구가 일군 지적 전통과 대립되리란 것은 아니다. 유교가 자기 정체성을 확립할진대, 그것은 억눌렸던 강대한 적들을 짓누르고 일어선다는 것이 아니다. 유교의 적은 기독교도, 동양과 대립된 것처럼 보이는 서양의 사상과 생활상의 전 체제도 아니다. 本質論은 인류와 문명 세계를 하나 되게 할 밑바탕이다. 그런데 先天에서는 이 같은 전일적인 세계관이 요구되었는데도 통합을 이룰 조건과 기준 틀이 없다 보니 대립적으로 판단되었다. 이 같은 미비 조건들이 유교의 본질적 우주관이 정초됨과 동시에 해소되리라. "종래의 기계론적 세계관은 분석적 세계관이다. 하나의 복합적인 현상을 작은 조각으로 잘게 나누어 각 부분의 특성들을 통해 전체의 움직임을 이해하려 한 노력이다. 이에 비해서 전일론적 (holistic) 세계관은 세계 안의 모든 존재가 상호 유기적으로 관련되어 있다고 보는 것이다. 존재는 각기 분리되어 있는 것이 아니다. 서로의 구성 요소가 되며, 내적으로 이어져 있다."25) 그런데도 서양은 세계의 유기적 관계와 통체성을 끝까지 현상학적으로, 유기체적으로, 혹은 생태학적으로 접근하려고 든 한계성을 벗어나지

---

24) 대지의 스승(공자), 이원섭 편저, 신구문화사, 1971, p.208.
25) 성리학·유불도의 만남, 김용남 저, 운주사, 2002, p.14.

못했다. 사물의 원형 本質論까지는 근접하였지만 창조의 바탕이 된 근원 本質論까지는 미치지 못한 것이다. 그래서 만세 전부터 예비된 것이 유교의 形而上學的 추구 전통이라고 할까? 유교의 우주에 대한 제반 이해와 인식 체계는 만상을 낳은 통합 바탕인 본질성을 드러냄으로써 이에 근거한 제법의 분열 현상을 극복하였다.

분열된 현상 진리는 분열될수록 증험적이고 과학적이지만 바탕된 본질 진리는 통합체일수록 원초적인 진리상과 합리적인 운용 체제를 직시할 수 있다. 하늘에 공통적으로 작용하는 八卦의 원리라든지 陰陽五行說, 理氣二元論 등은 인류의 문명 인식이 개안되지 못해서 비논리적이고 비과학적인 것이 아니다. 本質論的인 측면에서는 오히려 현대인이 감히 접근하지 못한 직시 능력으로 우주적인 본질을 논리적으로 전개하고 정확하게 그려 낸 과학적 세계상이었다. 현 물질적 우주관이 세기를 두고 패러다임이 전환되는 것에 비한다면 선현들이 직시한 본질적 우주관은 거의 불변이다. "太極論과 理氣 개념으로 설명되는 유교의 우주관은 실로 수십 세기를 풍미했으면서도 서양의 발달된 물질적 세계관의 팽창에 짓눌려 생성과 추구 맥이 단절된 듯도 보이지만",26) 그것은 일시적인 시대의 조류 모습이다. 현 문명은 末이 성세된 형편인데, 언젠가 本이 정립되면 末은 설보 매늡을 짓는다. 상호 조건은 末에 대한 本도 마찬가지이다. 先天에서는 유교가 아무리 理氣 개념으로 우주의 본체성을 설명해도 진리성을 확인할 근거가 세상 위에는 없었다. 空에 내해 色의 세계가 미저 분열을 완료하지 못했다(과학이 빌달하시 못함).

하지만 지금은 하나님이 창조 본체를 진리를 근간으로 해서 현

---

26) 위의 책, p.27.

현시킨 만큼, 유교의 우주 본질관을 만상을 낳은 근본 자리로 이해할 수 있어야 한다. "朱子는 나무 한 그루, 풀 한 포기에도 모두 理가 있다고 하였고, 격물을 해석하여 천하의 모든 사물을 궁구한다."27)라고 했는데, 중국의 근세철학자인 니덤은 "朱子 철학의 기본적인 개념인 理가 과학에 별반 도움이 되지 못한다고 생각했다."28) 유교와 성리학은 끝까지 물질로서의 理를 말하지 않았다. 과학의 질료성 탐구와 理의 본질성 탐구를 구분하지 못했던 탓이다. "하늘의 문(天門)은 비존재(無有)라, 일체 만물이 이 비존재로부터 나온다."29)라고 한 이치, 道, 혹은 理는 어떤 물리적인 법칙이 아니다. 만물을 낳은 바탕 근거가 되는 본질, 즉 創造理이다. 온갖 사물 위에 있는 理는 물리적인 법칙 현상으로서의 理를 포함해서 이 같은 이치를 있게 한 바탕으로서의 理이다. 그래서 朱子는 性卽理說에서 "理는 개인의 내적인 理인 동시에 외적인 사물의 理이기도 하다."30)라고 말했다. 朱子도 인식한 理的 진리 가치가 인정되기 위해서는 외적 理인 자연과학의 발달을 기다려야 한다고 본 것이다. "사물을 지극히 궁구함으로써 앎을 완성하기 위해서는 내적인 理만으로는 가능하지 않으며, 외적인 理도 궁구해야 한다."31) 따라서 내외적으로 동시 존재가 가능한 理는 본질밖에 없다.

전일론적 세계관은 온전히 주객의 세계를 통괄하고, 학문적 체계로서 세계의 전체 大用을 밝힐 수 있어야 한다. 그런데 이 같은

---

27) 전습록 권하, p.117 - 주자학과 양명학, 앞의 책, p.152.
28) 진영첩의 주자강의, 진영첩 저, 표정훈 역, 푸른역사, 2001, p.154.
29) 장자, 강상초 - 황금꽃의 비밀, 장종위앤 · 따리우 저, 박임 역, 정신세계사, 1986, p.46.
30) 주자학과 양명학, 앞의 책, p.150.
31) 위의 책, p.151.

통합 세계관이 先天에서는 생성된 적이 없으므로 필자는 天觀, 太極, 陰陽, 理氣 개념을 포함한 유교인식적 입장에서 우주의 총체적인 本質論을 체계 지으려 한다.

3. 유교의 섭리 통합 가치

성 아우구스티누스는 고백하길, "진리이신 당신은 어디에든지 계시어 당신께 간구하는 소리를 들으시며 모든 사람들의 여러 가지 요구를 동시에 들어 주십니다."[32]라고 했다. 하나님의 존재가 無所不在하다는 것은 기독교도 인정하고 있는 바이다. 그런데도 기독교는 이 같은 하나님의 존재 속성을 이전인수 격으로 해석하여 이율배반적으로 적용한 것이 사실이다. 교회 안에서만 구원을 인정하고 타 진리는 이단으로 배척한 것이다. 톨스토이는 물었다. "무엇보다도 먼저 문제가 되는 것은 어째서 진리가 루터교나 가톨릭에는 없고 오로지 정교에만 있는가?"[33] 과연 무엇이 문제인가? 하나님인가? 아니면 기독교의 제 교파들인가? 분명 교파들이 하나님의 無所不在性을 받아들일 교리 폭이 좁은 것이다. 그렇다면 이것은 언젠가는 넘어서고 해결해야 할 문제이다. 그래서 대두된 것이 종교다원주의이다. 종교다원주의는 "모든 종교는 각기 다른 방식으로 하나님을 반영한다."[34]는 명제를 내세워, "하나님의 구원 계시가 기독교뿐만 아니라 타 종교에도 있으며, 기독교만이 구원

---

32) 성 어거스틴의 고백록, 어거스틴 저, 선한용 역, 대한기독교서회, 1993, p.345.
33) 톨스토이 참회록 · 인생론, 박동규 역, 범우사, 1986, p.115.
34) 종교다원수의에 대한 복음주의적 비판과 대안 연구, 권동진 저, 숭실대학교기독교대학원 조직신학전공 석사학위논문, 2001, p.39.

의 유일한 길이 아니라 타 종교에도 구원의 길이 있다는 것을 주장한다."35) 기독교에서 보면 교리의 근간을 뒤흔든 신학관이다. 기독교가 종교다원주의를 기를 쓰고 비판한 이유도 여기에 있다. 다 같은 기독교 문화권에서 양측은 왜 대립각을 세우는가? 그것은 종교다원주의가 타 종교의 汎神論을 수용한다고 해서 정말 하나님의 無所不在性이 증명되는 것은 아닌 때문이다. 입장이 그렇다는 것일 뿐, 달라진 것은 아무것도 없다.

하나님이 천지를 지으신 창조자이시고 세계 역사를 섭리하신 주재자이실진대, 하나님의 無所不在性은 어디에서도 작용된 하나님의 우주 본질적인 섭리 의지를 밝힘으로써 확인되어야 한다. 기독교를 통해 역사하신 하나님이 기독교뿐만 아니라 불교를 통해서도 역사하시고 과학을 통해서도 역사하시며 심지어는 無神論을 통해서도 역사하셨다는 것을 확인할 수 있어야 했다. 그리고 정말 이 같은 섭리 의지가 유교를 통해서도 연면하게 작용되고 역사되었다는 사실을 천명하고자 한다. 유교가 하나님의 섭리 의지 안에 있었다는 것을 밝히는 것은 하나님의 無所不在性을 증명하는 일환이다. 이것은 참으로 불가능한 일이고 일찍이 착안조차 되지 않은 논제인데, 하나님이 천지를 창조하시고 성령으로 살아 계시는 한 참이다. 유교를 통해 역사하신 하나님이 세상의 무엇을 통해서도 함께하시지 않았을까만, 유교는 그 가능성을 직접 밝히기 위한 일환으로 선택되었다. 그 가능한 방법적 일환은 일단 하나님이 천지를 창조하신 理가 창조된 제 법칙으로서 세상 어디서도 내재되고, 주재 의지가 섭리로서 편만해 있다36)는 데 있다. 이 같은 창조 理

---

35) 위의 논문, p.국문초록 7.
36) 세계유신론, 졸저, 인쇄본, 2000, p.191.

와 작용 의지가 우주적인 본질로 구성되어 있다 보니까 삼라만상
이 그러하였듯, 하나님의 창조 의지는 하나로 작용하되 창조된 세
계는 다양한 진리의 형태로 표출된 것이다. 이 같은 창조 본성을
불교는 직관적으로 통찰하려 했고, 유교는 이성적인 논리로 형상
화시키려 했다.[37] 하나인 우주 본질과 창조 본질에 대한 접근 방
식과 표현 형태의 차이에 의해 예수는 진리를 존재화시켰고, 佛陀
는 진리를 초월 인식화했고, 소크라테스는 진리를 신념화했고, 孔
子는 진리의 인성화에 주력했다. 최선을 다해 드러내기는 했지만
부분적인 본질 면모가 역력하다. 하나님의 창조 본질이 표출되었
음에도 편만되었다고 보는 것이 옳다. "진리는 원래 한 모체를 근
간으로 해서 생성된 뿌리를 가지는데",[38] 창조 본체가 先在되어
있다 보니, 각 진리의 생성이 동시에 이루어져, 뿌리는 하나인데
현상 세계에서는 전혀 다른 진리인 것처럼 보였다. 진리의 색깔이
다양한 만큼 다양성 전체를 포용했으면 오죽좋으련만, 창조 본체
가 강림하고 우주 본질의 先在性이 밝혀지기까지는 하나님의 섭리
의지가 영원히 독자적인 것처럼 비쳤다. 뿌리를 보지 못한 한계성
으로 인하여 "부처 즉 하나님이고, 하나님 즉 孔子일 수 있는 진
리의 대통합이 시도될 수 없었다."[39] 영원한 평행선을 치달았는데,
이것이 분열 도상에서의 先天 진리가 지닌 한계였다.

선현들은 진리를 내세웠지만 자체 진리성을 정립하는 데 급급했
다. 창조 뿌리가 드러나지 못하고 창조 본체가 강림하지 못한 先
天에서는 통합적인 의식을 가질 수 없다. 대개 자체 진리의 정통

---

37) 유교는 우주에 대한 본질의 통찰을 이성적으로 접근하고 인식해서 궁극에 이르
   고자 했고, 불교는 주어진 바 직관의 능력을 통해 正心을 관통하고자 했다.
38) 세계수행론, 졸서, 인쇄본, 2006, p.52.
39) 위의 책, p.52.

성 내지 진리성을 훼손하지 못하도록 타 진리를 이단사설로 내몰았다. 宋儒인 정명도 선생은 "양주·묵적의 해는 신불해·한비보다 심하다. 석가·노자의 해는 양주·묵적보다 심하다."[40]라고 했다. 한유는 『원도 - 原道』에서 "佛·老의 道를 막지 않으면 성인들의 道는 보급되지 않으며, 억누르지 않으면 성인들의 道는 실현되지 않는다."[41]라고 했다. 본질 뿌리를 보지 못해 발생된 대립시각이다. 당시 융성했던 불교에 대해 열세를 만회하기 위한 유교의 치열한 공세적 비판은 유교와 불교가 함께 할 여지를 주지 않았다. 그렇게 하는 것이 진리를 지키는 길이고 진리를 세우는 것이라고 믿는 한 더욱 그렇다. 통합은 물 건너간 듯하다. 장횡거(1020~1077)도 유학으로 불교를 비판한 시각은 마찬가지였다. "처음에는 도교나 불교에 심취하였지만 허무한 것을 알고 명도·이천과 만났으며, 그 후에 도교와 불교를 완전히 버렸다."[42] "예로부터 치우치고 음란하며 사특한 말이 함께 일어나는 것은 모두가 佛門에서 나온 것으로 1,500년이나 되었다."[43] "불교도들은 분명하게 알지도 못하고서 세계와 천지가 모두 헛된 것이라고 속인다."[44] 朱子(1130~1200), 왕양명(1472~1528), 그리고 조선 초기의 성리학자들까지도 이단으로 배척한 것은 마찬가지이다. 사이비 진리라 자연히 없어질 것이라 예견하기도 했다.[45] 정말 포용할 길은 없었는가?

이 같은 전횡은 기독교도 같다. "자기 종파의 믿음만 참믿음이

---

40) 근사록, 주희·여조겸 저, 정영호 편역, 자유문고, 1991, p.372.
41) 주자학과 양명학, 앞의 책, p.34.
42) 근사록, 앞의 책, p.411.
43) 위의 책, p.385.
44) 정몽, 장재 저, 장윤수 역, 책세상, 2002, p.17.
45) 전습록 상권, 왕양명 저, 김학주 역, 대양서적, 1984, p.246.

고 타 종파인의 믿음은 불의한 믿음이라고 보니 아예 화해가 안된다. 불신자에 대한 전도 영역이 한계에 부딪혔다."46) 하나님의 세계사적 사명이 더 이상 수행될 수 없는 지경에 이르렀다. 기독교는 어찌하여 그리스도만이 유일한 구원의 길이라고 하였던가(성 어거스틴의 고백록)? 기독교는 불교가 神이 없는 無神論 종교이고 우상숭배를 일삼는다고 비판했다. 그러나 살아 있는 성령은 어디에도 임재되고 누구라도 영접할 수 있다. 유교가 불교를 비방하고 불교가 神을 인정하지 않으며 기독교가 타 종교를 배척한 것은 先天 종교들이 하나님의 본체성을 파악하지 못한 증거이다. 아울러서 보다 폭넓은 통합 본질을 본유하지 못한 근거이기도 하다. 부처를 부처로 보고 孔子를 孔子로 보고 예수를 예수로 보는 것은 분열성을 극복하지 못한 현실 안목이다. 그리고 다시 하나로 봄은 온갖 분별 의식을 극복하고 무명을 깨친 覺者의 눈이다. 언젠가는 수용하고 통합해야 했으며, 하나님은 제 진리와 종교와 세계를 하나 되게 할 수 있다. 그리해야 하나님의 無所不在性과 지상 강림 사실은 증명될 수 있다. 先天에서는 불가했지만, 지금은 분열된 제 진리 세계를 아우를 창조본체의 뿌리가 드러난 상태라 가능하다. 先天에서는 통합이 이율배반으로 가늠되고 입증되는 것이 현실화될 수 없었는데, 가능하게 된 것은 하나님의 통합 본체가 강림되어서이다.47) 그것은 분명 전과는 차원이 다른 제삼의 본체이다.

우리의 "선현들은 전통적으로 儒·佛·道가 한 솥을 떠받치는 세 받침대지님 결국은 통일한 본실을 가진 道인 것을 엿보았다.

---

46) 도의와 도의교육, 이문태 저, 배영사, 1987, p.110.
47) 先天에서는 어떤 측면에서건 분파된 제 진리가 하나 될 길은 없었다. 그러나 지금은 이들을 하나 되게 할 제삼의 통합 본체가 생성되었는데, 이것이 곧 차원을 달리하게 된 하나님의 지상 강림 현실이다

이 비유는 뿌리가 아니고 솥인데, 세 받침다리의 역할은 무엇 하나 소중하지 않은 것이 없을 정도로 균등하다는 것이고(하나라도 부러지면 솥이 무너짐), 세상을 지지한 위치와 형태는 달라도 떠받친 지향 목적은 동일하다는 뜻이다. 각자 道가 지향하여 도달할 목적지가 같다(萬法歸一)."48) 과연 성현은 앉아서 천리를 내다본다고 한 그대로 만사를 하나로 꿰뚫었다. 불교는 하나님의 존재 본체가 강림된 마당에서 이를 인식할 초월 인식 능력을 도야했고, 유교는 밝힌 바 하나님을 理的, 인성적으로 성품화시킨 다리 역할을 담당했다. 나아가서 노자의 道는 하나님의 본체성을 생성적인 진리로 풀어 헤쳐 본체의 道的 본질성을 존재로 구성하는 데 기여했다. 창조 본질의 진리화 과정이 없었을진대, 이 같은 성업을 기반으로 한 하나님의 통합 본체는 이 땅에 강림될 수 없었다. 부르노(Giordano Bruno, 1548~1600)는 목숨을 걸고 汎神論的이기는 하지만 "우주의 온갖 부분에 神의 무한한 神性이 나타남을 인정했다."49) 하지만 이 같은 神의 무한성이 믿음을 위해 목숨을 버린다고 해서 해결될 것은 아니다. 믿음은 옳다 하더라도 증험되기 위해서는 때를 기다려야 한다. 하나님의 창조성이 밝혀지지 않은 상태에서는 감히 세계의 진리를 하나 되게 할 통합 관점을 세울 수 없었다. 하나님이 천지를 지으신 창조 원리에 입각하지 않고서는 세계의 진리가 꿰뚫어지고 규합될 수 없다. 최고의 목적, 최고의 가치, 궁극의 본질성 위에 설 수 없었다. 하나님이 세계 통합 의지를 발하지 않은 상태에서 각자는 결국 개별이 될 수밖에 없다. "역사는 세계의 본질이 분열된 것에 대한 일부 형태에 불과한

---

48) 불교와 기독교와 유교는 분명 다르다. 그러나 그 귀일점은 같다.
49) 데카르트의 철학과 사상, 이등언 저, 김문두 역, 문조사, 1994, p.62.

것이라",50) 지금까지 경험한 흑백논리는 분열로 인해 통합된 관점이 확보되지 못한 상태에서 온 한계적 관점이다. 그런데 이 같은 한계 상황에서도 "부처님을 물었는데 어찌 삼서근이라 하였는가?"51) "만유를 한 본체 뿌리로 한 세계 안에서는 부처님과 삼서근이 무관하지 않았다. 논리를 따질 수 없는 것이 覺이라서가 아니다. 근본을 본체로 한 것인 한 만사는 언젠가는 연결된다."52) 불교와 유교, 유교와 기독교도 다를 것은 없다. "개체가 전체와 합치되고 전체가 개체와 합치된다."53)

그렇다면 우리는 "아브라함과 이삭과 야곱의 하나님을 어떻게 하여 무함마드의 알라신과 동양의 天과 孔子의 인륜, 노자의 道, 불교가 지향한 空的 하나님이게 할 수 있는가?"54) 그것은 세계 역사가 하나님이 지상에 강림한 섭리 역사에 비추어 볼 때, 하나님의 존체를 드러내는 데 있어서 얼마만큼 진리적으로 기여했는가를 통해 알 수 있다. 이런 측면에서 본다면 특히 유교의 形而上學은 하나님의 존체를 드러낼 수 있게 한 사유 형식 면에서의 창의성을 돋보였다. 神은 무형의 형상인 본질을 體로 하는데, 유교는 이 같은 본질성을 의지화된 天命으로, 性化된 理로 인식하였다. "17세기의 일부 가톨릭 신자들은 朱子가 인격신을 믿지 않았다는 이유를 들어 無神論者로 분류했시만"55) 이 같은 부분, 분열 안목이 先天 진리가 지닌 한계이다. 朱子는 성리학을 통해 有神의 존재성을 정

---

50) 세계섭리론, 졸저, 완본, 2004, p.311.
51) 영원한 자유, 성철스님 법어집 1집 6권, 백련신시간행회 억, 상경사, 2001, p.머리말.
52) 세계수행론, 앞의 책, p.558.
53) 화엄사상론, 중촌 외 6인 저, 석원욱 역, 운주사, 1990, p.214.
54) 세세유신론, 앞의 책, p.17.
55) 진영첩의 주자강의, 앞의 책, p.214.

초했다. 이것은 기독교인들이 이루지 못한 신학상의 대업이다. 본질의 작용을 근간으로 해서 본체의 존재성을 구성하고 理를 통해 진리를 인성화시킨 것은 하나님의 본체적 존재성을 거의 드러낸 업적이다. 이 같은 사명을 받들기 위해 유교가 天命을 인식하고 수신제가함으로써 세계적 본질을 수호하였다는 것은 기독교의 신앙 체제와 동일하다. 계시를 받들 듯한 하늘과의 교감 루트가 없었겠는가(수양)? 뜻을 판단할 방법과 사상 체계가 없었겠는가(『주역』)? 유교는 분명 진리의 성령이 섭리적으로 작용하고 역사한 시대 상황을 본질적으로 접했다. 선지자들이 시공간상에서 하나님을 성령으로 접한 것과 진배없다. 기독교인이 늘 하나님과 동행해 죽어서나 살아서나 함께 했다면 "유교도 지향하는 최고의 목표는 天人合一의 경지에 도달하는 데 있었다."[56] 하나님과 하나 되고자 한 목표와 무엇이 다른가? 기독교인은 신앙을 통해 차원적 승화를 기대한 데 대해 유교인들은 철저한 자기 관리와 수양을 통해 본질적 승화를 기대한 것 뿐이다. 人의 뜻이 天에 감응되고 세계와 일치된다면 하나님과도 일치되지 않겠는가? 合一하지 않겠는가?

　서양은 살아 역사하신 神에 대해서조차 제대로 파악이 안 되었는데, 유교는 하나님이 창조주로서 본체성을 완전하게 드러내지 못한 상태에서도 하나님의 창조 섭리를 충실하게 구현한 역력한 섭리 발자취를 남겼다. 이 같은 진리 수호 노력은 오늘날처럼 神을 버린 시대에 있어서는 온 인류가 神을 되찾을 수 있는 지혜의 빛이 되리라. 인류를 건져 낼 구원 초석을 하나님이 유교를 통해 섭리하신 성업 성과들을 통해 제공받으리라.

---

56) 주자의 이기 심성론에 관한 연구, 앞의 논문, p.1.

4. 유교의 정신문화 계승 가치

진리는 인간 삶의 형태와 지향 방향과 문화 양식을 결정한다. 통상 부처를 믿으면 절에 가야 하고 예수를 믿으면 교회에 다녀야 기본적인 신앙 행위가 성립된다. 더 적극적으로 추구해서 헌신할 길을 찾는다면 불교는 出家를 해서 스님이 되고 가톨릭은 결혼하지 않고 신부가 된다. 진리는 제도를 만들고 제도는 문화를 이루며 문화는 세계관이 뒷받침된 삶의 양식을 결정한다. 그렇다면 유교는 우리에게 무엇을 요구하고 무엇을 주고 있는가? 머리 깎고 귀의하라고 하는가? 믿고 헌신해야만 求원을 얻는다고 독촉하는가? 나라에 충성하고 부모에게 효도하며 벗에 대해 신의를 지키고 …… 돌아가신 조상들에 대해서는 제사 지내는 것. 참으로 당연한 상식이고 근원 된 도리의 실천을 요구할 뿐이다. 孔子 이래로 유교인들은 삶의 현장에서 배우고 교육하고 인격을 수양하고 사색하는 삶의 테두리를 벗어나지 않았다. 진리를 일구기 위해서는 특별한 삶의 양식이 필요할 수도 있다. 싯다르타도 처음에는 요가 수행의 전통에 따라 온갖 고행을 감내함으로써만 보상 차원에서 상응한 깨달음이 주어지는 것으로 알았다. 그렇지만 6년에 걸친 고행 끝에 그렇게 하는 것 자체가 집착이었다는 것을 알고 얽매인 심신을 풀어 자유 가운데 두고, 먹을 것을 제대로 먹었을 때, 대의 문을 해소할 수 있었다. 선사들은 치열한 수행 중에서도 먹고 싶으면 먹고 자고 싶으면 자라고 했다. 수십 일을 단식하고 수년 동안 장좌불와를 하는 그곳에만 인간이 구할 수 있는 궁극적인 道가 있는 것은 아니다. 중요한 것은 어떻게 노력해서 인간 된 근본을 알고 인간이 가야 할 길을 알며 인간이 도달해야 할 목적지를 찾는가 하는 것이다. 이 시대를 함께 한 수행인들의 산 표본이었던 성철 스님도 그가 남긴 저술을 보면 하나님을 영접하지 못했었고, 부처를 내세우는 과정에서 神을 믿는 기독교인들을 비판했다. 그렇다면 백날 만날 수행해도 노력이 무익하다. 정말 중요한 것은 인간으로서 인간다운 삶의 가치를 일구는 것이고, 성취하는 것이며, 나를 있게 해 주신 분의 품 안에 안기는 것이다. 先天에서는 이 길이 명확하지 않아 갖은 혼선과 고생이 있었다. 시행착오로 정열이 소모되었다.

하지만 하나님이 창조주로서 지상에 강림한 마당에서는 상황이 다르다. 인간이 어디서 와서 어떻게 살다가 어디로 가야 하는 것인지가 명백하다. 인간이 하나님과 교통하고 뜻을 알며 종국에 하나 되는 데 있어 별반 어려운 행동 양식이 요구되는 것은 아니다. 하나님은 늘 함께 하시며 믿음을 잃지 않는 한 교통된다. 여기에 더 이상 무슨 행위를 보탤 것인가? 인간이 인간의 길을 잃지 않고 본성을 존양하면서 은혜로운 삶을 뜻을 위해 헌신하면 된다. 이것이 향후 인간의 근원을 아는 後天人으로서 강림된 하나님과 함께 할 삶의 양식이라, 先天에서 유교인들이 일구었던 문화 양식과 부합된다.

장재는 불교도 살펴보았고 도교에도 머뭇거렸지만 "인간 사회와 현실의 문제에 충실하면서도 우주 만물의 진리를 탐구할 수 있는 학문은"57) 유학밖에 없다는 결론을 내렸다. 우주 만물의 진리를 탐구하는 것은 하나님이 지으신 창조 세계를 섭렵하는 것과 곧바로 연결된다. 하나님은 장소를 가리지 않고 섭리를 펼치신 만큼, 배우고 탐구하지 않고서는 창조된 세계를 알 수 없다. 하나님의 무한

---

57) 장재, 앞의 책, p.41.

창조 능력을 알 길 없다. 이전에 창조 세계가 밝혀지지 않았을 때는 불교처럼 우주의 본질 구조를 파고들기 위해 외곬 수행도 마다하지 않았다. 오직 한 가지 구도 목적을 달성하기 위해 出家도 불사했다. 그 같은 노력 끝에 이제는 하나님의 창조 세계를 이해할수 있는 바탕이 마련되었다. 이것은 마치 성경이란 토대가 있어 하나님의 계시 패턴과 성령의 역사 양식이 달라진 것과 같다. 아파트를 짓기 위해서는 철근이나 시멘트가 조달되어야 하지만 지어진후는 사람이 살아가는 데 필요한 가구를 들여야 한다. 수행은 인류가 오늘날과 같은 문명 체제에 도달하기 위한 디딤돌이다. 이를 기반으로 해서 인류는 하나님이 정말 어떻게 세계를 창조하셨는가하는 사실을 알기 위해 찾아 나서야 한다. 어디서도 창조되고 섭리되지 않은 것이 없는데, 이것을 찾아낼 수 있는 통찰 안목을 가져야 한다. 평생 추구해서 깨달아야 하는데, 이 같은 요구에 유교 문화가 부응된다. 배우기 위해서는 리얼한 삶의 현실을 배경으로 삼아야 하는데도 불교나 기독교는 격리와 한정을 요구했다. 여기에 孔子는 인류에게 참된 本을 보인 영원한 대지의 스승이다. 孔子는 일생 인격을 완성하기 위해 노력하고 학문을 하되 호학하며 仁의 덕성을 구현하기 위해 노력했다(君子).[58]

"배우되 사색하지 않으면 체계적 지식을 가질 수 없고, 사색만하고 배우지 않으면 공허할 따름이다."[59]

"나는 일찍이 종일토록 먹지 않고 밤새도록 자자지 않으면서 사색하였으나 무익하였으며 배우는 것만 같지 못하다."[60]

---

58) 도올의 논어이야기, 3강, 배우니 기쁘지 아니한가, 2000. 12. 20.
59) 논어, 위성편.
60) 논어, 위령공편.

사색은 중요하지만 한계를 지적하였고, 직접 세상을 살피고 참여하여 배우지 않으면 안 된다고 했는데, 이것은 무조건 기도만 하고 道만 닦는 수행인들이 받아들여야 할 안목이기도 하다. 하나님의 뜻은 세상을 살펴야 하며, 그러기 위해서는 사색하고 탐구해야 한다. 배움이 중요한 이유이다. 면벽 수행으로 한 가지 진리는 확실하게 터득할 수 있을지 모르나 그렇게 편협한 진리로 하나님을 볼 수는 없다. 하나님은 세상 가운데 편만해 계시고 우주 가운데서 무량하시다. 그만큼 두루 살펴서 쉼 없이 배우고 안목을 넓혀 정진해야 한다. 孔子는 "인간 생활을 하나의 구도장처럼 보고 道를 가진 사람이면 고하원근 - 高下遠近을 가리지 않고 찾아가 배웠으며, 고래의 유도자 - 有道者의 가치 있는 경험과 지식이 기술되어 있는 책들을 힘써 읽고 연구했다. 종으로는 책을 통해 선각자의 知와 行을 익히고, 횡으로는 유도자에게 묻고 몸소 실천하면서 자아 완성의 길을 추구했다. 이런 태도를 孔子는 學이라고 했으며, 이 學은 思의 방법과 종합되어 학문과 인격 형성에 기여하였다."61) 배우고 가르치고 수양하고 사색하면서 추구하는 인생本은 孔子가 정형화시킨 호학 문화였다. 후일 부상한 사대부는 이호학 문화가 만들어 낸 지식 계급으로서 유교 경전에 대해 교양을 갖추었던 독서인이라, 학문과 도덕적 능력을 갖춘 인격체로 인정되어 충분히 합격 가능한 과거를 통하여 위정자(관료)가 되어야 할 사람으로서 기대되었다.62) 유교인들은 종교가 지닌 구세 정신을 현실 참여를 통해서 구현하고자 한 것이다.

"유학은 하늘과 사람을 일관하는 규모의 웅대함에서, 또 현실적 ·

---

61) 중국철학개론, 이강수 외 3인 공저, 한국방송통신대학, 1987, p.15.
62) 사대부: "唐代의 과거제도의 확립과 함께 일어나 宋代에 이르러 확고부동한 세력으로 자리 잡게 된 독특한 지배계급." - 주자학과 양명학, 앞의 책, p.20.

정치적 활동을 회피하지 않는 착실함에서",[63] 능히 하나님의 주재 뜻과 창조 세계를 포용할 만하다. 儒者, 그들은 세상에 태어나 성현의 말씀을 학문의 본령으로 따르고, 벼슬길에 나가서는 한껏 지조를 지키면서 경륜을 펼쳤으며, 때를 가려 물러선 이후는 후학들을 가르치다 세상을 떠났다. 그들은 목적 없이 인생을 살지 않았다. 하늘의 뜻을 알고 天命을 인식하며 인간의 본성을 탐구하고자 한 치열한 인생 과제를 수행했다. 현실 문제에 적극 참여해 후세에 연면한 역사적 발자취를 남기고자 했다. 방황하는 인류가 본받아야 할 참된 인생 양식이다. 하나님을 신앙하는 자들이 이만큼 삶의 과정에 충실하였겠는가? 道를 깨우친 자가 이만큼 앎의 성과가 다대하였겠는가? 참으로 유학은 학문으로서 하늘과 땅과 人과 주와 객을 통괄한 세계의 전체 大用을 움켜쥐었다. 이것이 곧 유교가 後天 시대에 새로운 정신문명을 일으킬 잠재 에너지이다.

살펴보면 유교를 국시로 한 조선 500년은 그냥 지나온 세월이 아니다. 대우주를 사색해서 고심하고자 한 정신적 문화 공간을 구축하였다. 서원을 둘러보면 그 흔적이 역력하다. 이것이 세상이 바뀌었다고 해서 없어지는 것은 아니다. 고고하기만 했던 수양을 겸비한 배움을 통해 이룬 대우주를 향한 정신문화의 진수를 간직하고 있다. 오늘날도 유교의 이 같은 문화 가치를 받아들여 풍부한 사색을 통해 배우고 일깨우고 익히면 대우주를 향한 지혜를 표출할 수 있으리라. 교양을 쌓아 세계를 아는 것만큼 흡족한 인생 가치도 없다. 그 가운데서 하나님의 뜻을 알고 天命을 인식하는 경지에까지 도달된다면?

그런데도 종말을 맞이한 현세대는 先天에서 일구었던 정신문명

---

63) 위의 책, p.22.

을 계승하지 못해 맥이 단절되어 버릴 일대 위기를 맞이하였다. "과거의 많은 젊은 세대들은 주로 책을 통해 독서로 밤을 지새우곤 했다. 책은 우리들의 세계관과 가치관을 결정짓는 역할을 한다. 그러나 요즘의 세대들은 컴퓨터가 그 역할을 대신 감당한다고 해도 과언이 아니다."[64] 과학과 물질문명이 발달할수록 첨단 미디어들이 등단하여 자라나는 세대들을 더욱 사로잡을 것이니, 이 같은 문화터전 속에서 인류가 새로운 정신문명을 일구기는 어렵다. 평생을 추구하는 호학 문화, 이를 통해서 이룰 정신문화가 계승되기 어렵다. 온 인류가 필요성을 절감할 수 있어야 하는데, 이것은 인간이 어떤 가치를 추구했을 때 도달할 수 있는 완수 경지를 깨닫는 것이다. 불교인에게는 수행하면 깨달음과 열반이란 영적 차원의 인생 승화가 있다. 기독교인은 믿음으로 중생이란 획기적인 본질 존재 전화 체험을 가진다. 그렇다면 유교인들은 평생 교양을 쌓고 학문을 닦아 어떤 인생 도달 경지를 체험할 수 있을 것인가? 그것은 孔子라는 대성인이 도달한 경지세계로 공언한 바, "삼 — 參이여, 나의 道는 一以貫之하는 것이다."[65] "나는 一以貫之하였다."[66]라고 한 것이다. 즉 만사를 꿰뚫었다는 것, 천지 만상이 한 통속, 한 본질인 것을 알고 통체 상태로 있는 하나님의 존재성까지 엿본 것이다. 본질적으로 天과 人이 합일된 경지를 개척했다. 하나님의 뜻을 알고 부여된 命을 깨우치는 길, 인간의 뜻이 하나님의 뜻이 되고 하나님의 뜻이 인간의 뜻과 일치되는 天人合一의 경지, 그것이 구원과 영생이 약속된 인간이 이룰 수 있는 최고의 도달 경지이다. 유교적인 문화 전통에서 天人合一은 지상강림 시

---

64) 레마 7집, 총신대학교 11대 신학과 학생회 편, 1996, p.36.
65) 논어, 이인편.
66) 논어, 위령공편.

대에 영원한 하나님의 품에 안위되는 것과 같다. 이것을 유교가 일군 정신문화와 삶의 양식과 가치로서 선도해야 할진대, 인류가 이 같은 정신문화대에 진입하기 위해서는 어떤 변화가 일어나야 할 것인가? 어떤 지적 성과와 성업이 있어야 인류를 움직일 것인가? 서구의 과학문명과 민주주의란 제도가 세계를 변화시킨 것 이상으로 정신문명을 혁신시키고 차원적인 전환을 이루기 위해서는? 그 변화, 그 성업, 그 전환을 유교 가치가 담당해야 한다.

5. 주역의 우주관 가치

하나님께서 창조 이래로 인류 역사를 섭리하신 것인 한, 어떤 문화권에서건 하나님의 뜻을 판단할 교감 체제는 구축되어 있다. 기독교는 신앙과 믿음이란 문화 양식과 기대가 마련되어 있어 성령의 역사가 구체화될 수 있었지만, 이 같은 기대가 없는 타 문화권에서도 하나님이 그들에게 뜻을 드러낼 교감 루트는 터 닦아져 있다. 이것을 기독교인들이 수용하지 못해서는 안 된다. 강림한 하나님은 만상의 土로서 만유를 섭리하신 주재자로서 등단되고자 하시는데, 이것을 거부한다면 무엇보다도 하나님의 영광을 가로막는 방해자가 된다. 그렇다면 타 문화권에 속한 사람들은 하나님에 대한 신앙도 없고 기도도 없었는데 어떻게 해서 하나님의 뜻을 판단할 수 있었단 말인가? 그것은 하나님이 천지를 창조하시고 직접 관여하신 우주 본질을 통해서이다. 어떤 의미에서 보면 교감 방식과 문화 양식의 차이일 뿐, 교감되는 바탕과 원리는 동일하다고 볼 수 있다. 기독교만 정통이고 나머지는 이단이라고 단정 지을 수 없는 양상이다. 정확하게 말하면 불교식이 있고 기독교식이 있으며 …… 유교식이 있을 뿐이다. 그럴 수밖에 없는 것이 일단 하나님은 통합된 방식으로 존재하시므로 시공을 앞서 계시고 三世간을 장악한 존재자이시다. 그러므로 하나님은 어디서도 반드시 선견된 본질을 드러내시고 先在된 뜻을 밝히신다. 구약의 선지자와 예언자들이 그 역할을 충실하게 수행했다. 선지자는 하나님의 뜻을 받들어 인류의 장래 일들을 미리 예언했다. 동양에서도 유교인들은 占을 치는 행위 방식은 달랐다 하나 "괘·효사가 길흉을 밝힌다고 한 것은 『주역』의 「계사전」에서 여러 차례 강조된 바 있다. 팔괘로 길흉을 판정했고(八卦定吉凶)" "占에 대해 수를 다하여 미래를 아는 것을 목적으로 삼았다(極數知來之謂占)." 어떻게 해서 "일을 占쳐서 미래를 알고(占事之來)" "다가올 일을 안다(遂之來物)"고 확신했던가?[67] 누구도 어떻게 예언이란 현상이 시공간상에서 가능한 것인지 구체적인 메커니즘 체제를 밝힌 바는 없다. 하지만 기독교가 예언으로 하나님의 뜻을 드러낸 것과 유교가 占을 통해 "지난 일을 드러내고 장래 일을 살피고자(彰往而察來)" 한 것은 방법만 다를 뿐 목적과 원리는 같다. 인간은 분열상의 한계로 인해 미래에 대한 정보가 차단되어 있지만(겪어 보아야 앎) 占은 적어도 일부분인 괘·효사가 우주 본질의 생성 정보를 담고 있다는 철학에서, 그리고 하나님은 한 부분인 나에 대해서 전체 만사를 관장하고 계시다는 믿음에서 다가오지 않은 결과를 미리 판단할 수 있게 한다. 인간이 심판을 피하고 구원을 바라는 것이나 길흉을 미리 판단하고자 하는 것은 인지상정이다. 하나님이 만사를 관장하시듯 占을 통해서는 미래를 알 수 있다. 그런 만큼 우

---

67) 주역의 이해, 앞의 책, p.33.

리는 미래를 미리 알 수 있는 우주의 통합 생성 메커니즘을 아는 것이 중요하다.

다름 아닌 미래를 알 수 있는 것은 천지가 통합성을 바탕으로 하여 창조되어서이다. 만상이 한통속이라 일단은 "모든 것이 일시에 관통되고 꿰뚫어진다(萬法이 두루 통함)."[68] 우주 본질은 氣를 매개로 해서 하나님의 주재 의지가 뜻으로 전달되기도 하지만, 수행으로 인한 직관과 통관된 깨달음으로 파악되기도 한다(불교). 통합성에 바탕을 둔 모든 부분성은 생성 이전의 전체 정보를 이미 함축하고 있다. 이것을 유교인들이 占을 치는 방식과 고도로 집적된 『주역』이란 해석 체계를 통해 하늘의 뜻, 즉 우주의 운행 질서를 간파한다. 통합성은 우주의 생성 질서를 초월해 있는 만큼, 인간이 비록 시공간상으로 한계성에 처하여 있기는 하나, 편만한 우주 본질과 함께 하는 방법을 통해서 하늘과 통할 수 있는 길을 개척했다. 儒・佛・道・기독교는 한결같이 우주의 통합적인 생성 본질을 진리화하였을 뿐 아니라, 바탕 된 생성 작용의 범주를 벗어나지 않는 범위 내에서 진리를 인식했다.

그래서 유교란 문화 토대 내에서 "易은 분명 하늘에게 묻는 것이다. 사람의 마음은 개인적인 관계가 없을 수 없으나 하늘만은 거짓이 용납되지 않는다고 믿었다."[69] 그 하늘이 하나님과 동격이 아니라고 해서 무시되어서는 안 된다. 하늘은 개인을 초월해 있어 기독교인들이 하나님에게 묻는 것과 같다. "상제, 즉 하늘은 모든 존재자의 존재 근거로서, 상제의 의사를 직접 인식하는 방법이 갑골에 의한 점복-占卜이었다. 그래서 복사-卜辭에 계시된 상제

---

68) 세계본질론, 졸저, 청학사, 1997, p.386.
69) 건습록 권하, 앞의 책, p.363.

의 의지 내지 명령은 판단과 행위의 절대적인 준칙으로서 그 자체가 진리로 여겨졌다."[70] 기독교인이 하나님의 뜻에 순복한 것과 진배없다. 어떻게 해서 이 같은 일이 가능한가? 하나님의 뜻은 先在된 예언의 형태로, 혹은 天意가 담긴 말씀의 형태로 계시되었듯, 占卜은 우주 본질의 의인화 절차였다. 스승이 회초리를 들었다면 굳이 꾸지람을 하지 않더라도 회초리는 스승의 의지를 대신한다. 하나님은 우주를 본체 본질로 한다. 부분인 본질이 하나님의 말씀으로 구체화되지는 않았다 하더라도 의지는 수용하고 있다. 그리고 占으로 하늘의 뜻을 구하려고 한 자도 이미 우주에 대해 문제 의식과 소원을 잠재시켰다. 그래서 주어진 결과에 대한 의미 결정은 상제나 하나님의 뜻과 같은 역할이 될 수 있다. 말 없는 우주의 운행성에 소망된 의식을 침투시켜 주어진 괘·효사의 결과로 응답된 뜻을 판단한다. 卦라는 상징적 결정은 편만한 우주 본질에 대해 예지성을 드러낼 뿐 아니라 하늘의 운행 질서를 의미 체제로 전환시켜 전달한다. 나의 존재 의지와 문제의식을 우주의 생성 질서와 연계시켜 그 진행성을 예지·판단하고자 한 것이 『주역』에서의 占이다.

어떤 경우에 있어서도 우주는 天意的인 동시에 본질적이다. 天意는 인간의 중대사를 결정하는 천상의 계시이고 지혜이다. 이에 유교가 경전으로 삼은 『역경』[71]은 우주의 대질서와 의식적인 교감을 통해 가지는 감응 체제였다. 기독교인이 설교를 하나님의 말씀으로서 응답받은 것과 같다. 하나님은 모든 의중을 감찰하시사

---

70) 유교사상의 본질과 현재성, 최영진 저, 성균관대학교 출판부, 2002, p.16.
71) "『역경』은 신비적 관념에서 만들어진 것이지만 오랜 세월 동안 사람들의 경험을 통해 축적되고 정리된 것이다. 64괘로 구성되어 있으며, 매 괘마다 모두 괘명·괘상·괘사·효사를 가짐." - 주역산책, 주백곤 저, 김학권 역, 예문서원, 1999, pp.18 - 19.

기도하는 자의 의문 구조에 합당한 응답을 내리신다. 만사는 무엇이건 선택적인데 占도 마찬가지이다. 하고많은 괘·효사 중에서 뽑아 든 것은 하나이지만, 여기에 미래의 진행성을 판단할 근거가 있다. 수많은 세월 가운데서 이 시대에 태어난 것도,[72] 너와 내가 만난 것도, 사실상은 운명적인 선택이 이룬 결과이다. 부분인 것 같지만 전체성을 드러내고 일부분이지만 전체성과 통하여 있다. 하나로 선택된 괘·효사를 통해서 미래를 알고, 하나님은 부분인 인간이 어디에서 어떤 방식으로 물어 오던 간에 전체자로서 응답 가능한 바탕성을 지녔다. 정말 인간은 한계성 투성이라, "모든 지력을 다하고서도 여전히 의난을 풀지 못할 때, 마지막으로 계시에 의존해서 마음과 행동의 결정상 보조를 구한 것이 易에 나타난 복서 행위였고",[73] 하나님께 나아가 무릎 꿇은 간구 행위였다. 고난 가운데서도 인간이 해결할 수 없는 것을 하나님께 의뢰했다. 우리의 생명 본질은 생성을 통해 우주 본질과 연결되었고 믿음으로 하나님과 직결되었다. 다만 하나님은 의지 생성이 다분히 주체적인데 비해 우주 본질은 생성 운행이 규칙적이라고 할까?

그런데도 占은 인간의 주관적인 해석이 가미됨으로써 합리성이 결여된 미신이라는 오해에 휩싸이기도 했다. "복서는 대개 원시 생명이 아직 계통지식을 이루기 선 불가사의한 변화를 파악하는 데 쓰인 불안, 긴장, 미래 발생될 일 등을 외재 계시에 의존해서 얻으려던 것으로, 말하자면 인간이 天意를 예측하기 위해 마련한 매개물"[74]이라는 것이다. 미신행위로 치부된 근거이다. 하지만 占의 판단 근거가 되는 易만큼 우수 본질의 생성 근거를 극명하게 드러

---

72) 우리의 생명 탄생은 우주 본질의 일부 표출 형태임.
73) 『중국철학산고』(1), 김충열 저, 온누리, 1994, p.106.
74) 위의 책, p.106.

내서 상징한 심오한 철학도 없다. 太極, 陰陽 이론이 그것이다. 太極은 만물 생성의 근원 바탕으로서 不易的인 통합성이다. 이 太極으로부터 陰陽이 兩儀되었는데, 통극 혹은 一元이 二元化하여 만물을 창생케 한 본질 근거가 마련되고, 陰陽이 나뉘어 四象, 八卦를 이룬다. 생성 질서, 변역, 변화를 이루는 법칙 질서가 수놓아지게 된 것이다. 변화는 무쌍하지만 그것은 일정한 이치를 따르고 있다. 천지가 창조되었다는 것을 입증한 직시이다. 즉 一陰一陽하는 이치가 進退消長・屈伸往來・動靜語黙・吉凶禍福을 주관한다.75) 본질에 기초하여 만물이 창생하고 규칙적인 생성으로 生滅을 주재한다. 이 같은 규칙적인 생성 질서, 변화에 대한 정보가 곧 太極으로부터 파생된 부분 卦에 담겨 있다. 만물을 창생한 본질의 생성 질서에 뜻을 담았으므로, 무엇을 더 부인할 것이 있겠는가? 그래서 "『주역』은 占치는 책이 아니라 天道를 미루어 인사를 밝히는 책으로 여겨졌다."76)77) 인사뿐이겠는가? 만사의 일을 두루 살필 수 있다. 그것은 "神의 뜻과 통하는 길"78)이고, 하늘의 뜻을 아는 길이며, 우주의 운행 법칙을 꿰뚫는 길이었다.

　　"易은 하늘과 땅의 준칙에 들어맞는다. 때문에 하늘과 땅 사이에서 파생한 변화의 내막을 모두 담아낼 수 있다. 따라서 하늘의 여러 조짐을 살피고 땅의 모든 흐름과 이치를 살핀다면 보이지 않는

75) 인문과학 잘 알기, 백종현 편저, 벽호, 1994, p.104.
76) 주역산책, 앞의 책, p.76.
77) "주역－周易은 본래 중국의 고대 周나라(B.C. 11〜B.C. 9세기 이래) 시대부터 자연의 변화와 인생의 길흉화복을 占치는 데 쓰인 책이다. 儒家에서 五經 중의 으뜸으로 높여 공부한 易經은 상하 2경과 10편의 주석서(十翼)로 이루어져 있는데, 작자는 확실하지 않으며 긴 세월을 두고 그 체제를 갖춘 것으로 보임." － 인문과학 잘 알기, 앞의 책, p.104.
78) 주역산책, 앞의 책, p.15.

변화나 드러나 보이는 변화들의 이유를 훤히 알 수 있게 된다."[79]

이 믿음, 이 문화적 경험, 이 심오한 원리를 인류는 거부할 수 없다. 韋編三絶이라. 성인 孔子는 『역경』을 읽고 또 읽었다. 하늘의 뜻을 두루 살피고 우주 운행의 이치를 관통해 만세에 펼친 자를 성인이라고 했다. 하늘의 뜻, 하나님의 뜻이 형태를 달리하였더라도 孔子가 신뢰했던 하늘 위에, 『주역』이 이룬 우주관 위에, 유교가 쌓았던 占卜 문화 위에, 천지 역사를 주재하신 하나님은 거하여 계셨다. 우주 본질과 함께 하셨다.

6. 유교의 이상 기대 가치

孔子는 비록 그의 정치적인 이상은 이루지 못하였다 하나 仁의 덕성을 구현하는 데 평생을 바친 성현이시다. 하나님을 위해 목숨을 바치고 道를 구하기 위해 정열을 바치며 학문을 위해 평생을 바치는 사람들은 있지만, 인생의 고귀한 가치를 구현하기 위해 평생을 추구한 것은 독특한 삶의 유형에 속한다. 이 같은 孔子의 헌신적인 가치 삶이 있었기에 우리는 어떤 경우라도 인간으로서의 고귀한 삶을 영위할 수 있는 지표를 가지게 되었다. 이미 孔子와 같은 시대에서도 제자백가들이 나름대로 중요한 가치 명제들을 내세워 논쟁을 일삼았지만 유교는 이들을 의연히 물리쳤다. 어깨를 나란히 했던 도교의 경우를 보더라도 "천지자연의 도리를 알려는 데 중점을 두었지만, 유교는 성현의 말씀을 본받아 인생 문제를

---

79) 사서삼경을 읽다. 김경일 저, 바다출판사, 2004, p.379.

파고든 윤리·도덕을 내세우려 하였다."80) 그러면서도 "유교는 人을 근거로 天·地·人 三才의 도리를 다 통하는 것을 이상으로 삼았고, 그런 사람을 儒라고 했다."81) "유교가 달성하고자 한 궁극 목적은 하늘과 자연과 인간이 완전하게 통일 조화된 天人合一의 경지에 도달하는 것이었다."82) 조화와 균형을 이루어 일치되고자 한 가치 사상은, 그렇지 못한 문제로 인해 종말을 맞이한 현대 사회에 있어서 시사하는 바가 크다. 혹자는 유교가 天人을 관통하고 포괄하지 않는 것이 없는 철학 체계라, 모든 학문·종교가 유교에 의해 통일된다고도 했다. 장래 구현될 대동 세계는 전 지구와 종교가 통일될 것인데, 그 중심에 유교가 있다.83) 타 문화권에 있는 지인들이 들으면 황당무계한 주장같이 들리지만 불교, 도교, 기독교, 이슬람교, 과학, 唯物論, 進化論……. 일세와 세기를 풍미했던 사상·종교들이 나름대로는 진리의 절대성을 내세웠지만 天·地·人에 기초된 三才 가치를 두루 포괄하지 못한 분명한 약점을 노출시킨 데 비해, 유교는 이것을 넘어선 강점을 지닌다. 그래서 유교는 꿈이 아닌 현실로서 "먼저 환태평양 시대의 주역으로 등장할 것은 물론이고 나아가 세계의 이상을 실현하는 데 있어 꼭 필요한 학문으로서 자리매김될 것을 전망한다."84) 神을 중시한 기독교나 자연을 중시한 과학이나 지혜를 중시한 불교 등도 중요하다. 그러나 이들보다 위에 서야 하는 것은 人이고, 人을 중시한

---

80) 유교철학사상 개설, 정종복 저, 성균관대학교 유학대학 교재 팸플렛, p.5.
81) 위의 책, p.5.
82) 공자의 천관에 관한 연구, 유승종 저, 동국대학교대학원 철학과 석사학위논문, 1986, p.23.
83) 중국 근세철학사, 유명종 저, 이문출판사, 1994, p.620.
84) 장재 기철학의 천인합일적 인성론 연구, 함현찬 저, 성균관대학교대학원 유학과 유교철학전공 박사학위논문, 1999, p.189.

유교이다.

더군다나 "오늘날의 국제 사회는 자연의 파괴와 환경의 오염으로 인간의 생명 자체가 위협을 받는 상태에 직면했을 뿐 아니라, 과학의 발달로 인간까지 복제할 수 있는 가능성을 가지게 되어 인간의 정체성과 윤리성이 위협받고 있다."[85] 이 같은 사태로까지 파급되어 혼선을 겪게 된 주된 원인은 神을 중시한 기독교 문명과 합리적 이성을 중시한 과학이 인간의 정체성을 확실하게 밝혀 주지 못하고 컨트롤하는 데 실패해서이다. 이것은 지금 이 같은 문화와 학문과 제도를 받아들인 학교 현장이 인성 교육의 부재를 한탄하면서도 무방비 상태인 것과 같다. 이것이 유학이 정말 꼭 필요한 학문인 이유이다. 현 문명 체제는 인류가 지닌 깊숙한 난제들을 해결할 능력이 없다. 외형적으로 발달하면 할수록 인간의 정체성 문제는 더욱 혼선을 가져올 것이고, 그로 인해 파멸을 자초할 것이다.

그런데 적어도 유교는 孔子 이래로 끊임없이 "내가 어떤 존재인가 하는 인간 본성의 문제와 인간의 존재 근거인 천지의 본성 문제를 궁구했다."[86] 완전하지는 않지만 유교가 그렇게 해서 일군 진리로서의 성과는 능히 당면한 문제들을 진단해서 향후 어떤 문명 체제가 인류의 영혼을 강타하더라도 굳세게 중심을 잡아 나갈 수 있는 기반을 터 닦았다. 인간과 천지의 본성이 밝혀지고 그 관계가 연결될 수 있다면 인류는 어떤 경우라도 천지와 만물과 神을 대하는 인간 원리와 가치 구현 문제를 해결할 수 있다.[87] 이것은 유학이 제 문화와 진리와 학문과 종교와 사상에 앞서 올바른 위상

---

85) 역경과 사서, 이현중 저, 역락, 2004, p.15.
86) 위의 책, p.15.
87) 위의 책, p.15.

을 정립해야 하고, 그렇지 못하면 역사가 더 이상 진전될 수 없는 이유이다. 그래서 유학은 長子之學이다.[88]

다만 문제는 현실과의 갭이 커 유학의 이상 가치를 제대로 보지 못하고 세인들이 인정하지 못하는 것인데, 이 같은 인식을 전환시키고자 하는 것이 이 책의 역할이다. 정말 "모든 사람이 함께 어우러져서 화목하고 평화롭게 사는 것, 곧 平天下한 대동 사회를 이룩하기 위해서는"[89] 인류가 구체적으로 어떤 노력을 기울여야 하는가? "유교의 목적은 도덕 세계의 건립에 있는데",[90] 물질적 가치가 팽배한 현대 사회에서 이 같은 가치가 어떻게 선양될 수 있을 것인가? 모두가 추종해서 평생을 바쳐도 부족할 판인데, 가치 의식을 어떻게 전환시킬 것인가? 여기에는 그만한 원리 근거와 해답을 밝힌 논이 체계 지어져야 한다. 대동 사회와 天人合一은 구호일 뿐, 현실과의 갭은 조금도 메워지지 않았다. 그래도 유학은 도달하고자 한 궁극 목적을 포기하지 않아, "세계 긍정과 도덕적 대동 사회를 건설하기 위해 수기치인-修己治人한 노력을 끊이지 않았다."[91] 즉 인류가 세계 안에서 이상적인 꿈과 세계를 건설할 수 있는 것은 어떤 사상이나 원리나 믿음이나 神이 아닌, 하늘이 명부한 천부의 품성을 일구어 그 가치를 이 땅에서 구현하는 데 있다. 인간 스스로 하나님이 명부한 인성적 가치를 발견하고 도야해서 천부의 품성을 회복해야 차원적인 영적 본성이 한껏 고양되어 하나님과 교감될 수 있고, 성현들이 원한 도의의 나라가 세워진다. 하나님이 전부 이루어 주시는 것이 아니다. 추구하고 정진하

---

88) 위의 책, p.14.
89) 유교의 이해, 앞의 책, p.191.
90) 유교사상의 본질과 현재성, 앞의 책, p.14.
91) 주자철학에 있어서 공맹 천인관의 승수와 전개, 앞의 논문, p.216.

여 천부의 품성을 일구고 가치가 고양되어야 格物 → 致知 → 豁然
貫通[92]하여 유학의 근본정신인 天人合一 지경에 이른다. 인간성
이 바탕되어 밝혀지고 도야되고 고양되고 회복되고 완수되었을 때
달성될 수 있는 이상이다. 세계가 통합되고 인류가 하나 됨으로써
건설될 대동 세계는 어떻게 해서 도래할 것인가? 그것은 인류가
만물을 별개로 보지 않고 하나로 볼 수 있는 눈을 가짐으로부터이
다. 편협한 안목을 타파하는 것이 문제인데, 이것을 유교는 인간성
의 고양을 통해 해결할 수 있다고 보았다. 유교의 진리적 이상은
만물을 하나로 볼 수 있는 눈을 가지는 데 있다. 一以貫之와 豁
然貫通은 대동 세계를 여는 핵심 키이다.

   "한 곳에서 이치가 궁구되면 닿는 곳이 모두 두루 통한다
   (명도)."[93]

   "마음은 하나의 마음이다. 理는 하나의 理이다. 지당한 것은 하
   나로 귀착되며, 오묘한 이치는 둘이 아니다(육상산)."[94]

   마음을 열어 이치를 통달하고 두루 통하는 이치로 세계가 하나
인 것을 안다. 스스로 보아야 하고 알아야 하며 깨달아야 대동 사
회를 건설할 수 있고, 하나님의 뜻에까지 이른다. 천하의 사물과
이치를 궁구하여 致知에 이르러야 수신제가하여 치국평천하를 달
성할 수 있는데, 그 致知는 인간의 노력과 하늘의 뜻이 합작되어
야 가능하다. 아무리 하늘이 있다 하더라도 致知는 인간이 가치로
서 추구해야 하는 것이고, 그 같은 노력이 하늘을 감응시키는 것

---

92) 위의 논문, p.212.
93) 수자학과 양명학, 앞의 책, p.132.
94) 위의 책, p.130.

이다. 이에 인류가 강림한 하나님의 뜻을 받들어 유교가 선도한 이상적 가치를 구현하기 위해 노력한다면 이 땅에 강림한 보혜사 진리의 성령은 인류를 모든 진리 가운데로 인도해서(致知를 달성케 함) 치국평천하 과업을 완수하게 할 것이다. 유교가 일군 이 같은 이상 가치를 구체화하여 현실적으로 실현하고자 하는 것이 본 저술의 목적이다. 이것은 불가능한 작업이 아니다. 반드시 이루어야 강림한 하나님이 천지를 창조하신 결자해지자─結者解之者로서 先天을 결실 짓고 後天의 새 질서를 대창할 주권자이심이 확인된다.

7. 유교의 부활 전망 가치

무엇이든지 부활을 전망한다는 것은 과거나 현재의 상태가 참혹하거나 답답하여 과거의 영광을 잊지 못하고 있는 경향이 있어서이다. 그러면서도 모든 것을 혁신시킬 잠재 에너지를 과거의 전통을 기반으로 해서 구하고 있는 중이란 뜻도 있다. 이 같은 구조틀에 유교를 끼워 맞추어 보면 유교는 외부의 도전들에 대해 끊임없는 자기 갱신 능력을 갖추고 있어 21세기 유교가 안고 있는 여러 가지 문제들에 대해 어떻게 극복하고 다시 일어설지 아무도 장담할 수 없다. 유교의 역사는 孔子가 문제를 제기한 이래로 2,500년 동안 줄기차게 사색과 개선을 병행하였고, 2,000년 이상 거대한 중국의 사상으로서 군림하여 온 터라 아무도 저력을 무시할 수 없다. 진시황제 때 분서갱유로 위기를 맞이하였지만 한나라 때 도가와 음양가의 사상을 절충하여 새롭게 일어설 수 있었고, 위진남

북조와 수당 시대에는 현학과 인도에서 수입된 불교에 밀려 침체되었지만,[95] 宋·明代에 신유학으로 다시 태어나 700년 동안 동양 사회를 지배했다. 스포츠 세계에서는 역전의 명수가 있듯, 유교는 부활 자체를 생명 본질로 하였다. 하지만 이것은 긍정적인 측면에서 본 역사라, 유교가 현실적으로 어떻게 부활할 수 있을 것인가 하는 것은 지혜를 다해야 하는 과제이다.

　유학은 중국이 근대화하는 과정에서 서구의 강점과 외세에 굴복해서 쓰러진 이후 가치 본질 측면에서 어떤 처방으로도 회생될 기미를 보이지 않고 있다. 오죽 답답했으면 마틴 루터처럼 유교에서 위대한 개혁가의 출현을 고대했을 정도로, 유교가 현대 사회에서 어떻게 제대로 된 역할을 할 수 있을 것인가 하는 것은 숙제이다. 과거에는 국가의 지도 이념으로서 사회 전반을 지배하였느데, 현재는 그 명맥이 대학에서 철학의 일부 분야로서 연구되고 있고, 일부 유림 조직과 국민들의 관습으로 남아 있는 정도이다.[96] 유교의 종주국인 중국은 거의 공산화되어 유교 전통이 퇴색되어 버렸고, 한국 역시 왕권의 몰락과 함께 유교적 정치 질서는 깨어지고 유교 집단이 가졌던 사회 통제력과 권위도 상실되었다. 여기에다 일제 강점기를 지나 해방을 거치면서 서양 문물이 급격하게 유입되면시 종교싱마저 퇴색하여 버렸다. 유교는 온고지신─溫故知新하고, 日新又日新 할 수 있는 생명력을 가져야 한다고 했지만, 왕조의 몰락 이후로는 시대정신은 다양한 변화를 겪은데 반해 유교는 사기 떡신 노덕이 없었다.[97] 성리학은 농양 700년과 조선 500년을 거의 완선하게 지배하였는데도 "현대적 사고에 얼마만큼 영

95) 유교의 이해, 앞의 책, p.231.
96) 유교사상의 본질과 현재성, 앞의 책, p.264.
97) 공자 사상의 발견, 윤사정 외 저, 민음사, 1992, p.390.

향을 끼칠 수 있을 것인지에 대해서는 의문이다."98) 반드시 찾아야 하는데 이것을 볼 수 있는 눈을 가지지 못했다. 오히려 "유교는 전근대의 봉건적 규범으로서 우리 사회의 위계적·보수적 질서를 정당화시키는 이데올로기로 기능하고 있기 때문에 타파되어야 한다는 부정적 비판 수위만 높다."99) 어차피 동양 사회는 근대화하는 과정에서 서구의 사상과 문화와 제도를 수용한 만큼, 언젠가는 서구적 근대를 넘어설 수 있는 대안적 이념으로서 유교를 주체적, 통합적으로 재구성할 수 있어야 했는데, 그 같은 노력이 없었다.100) "유교사상에 대한 심도 있는 분석과 현대 사회에 대한 정확한 통찰을 바탕으로 한 새로운 전망의 제시가 요망된다. 피상적인 선언 단계를 벗어나야 한다. 과학기술 문명이 초래한 모순이 심화되고 있는 상태에서는 더욱 그렇다."101) 그래서 "유교가 역사적으로 끊임없이 외부로부터 수혈을 받아 자신을 재구성함으로써 현실이 제기하는 문제에 대응해 왔다는 사실에 비춘다면 21세기 새로운 유교의 정립이 불가능한 것은 아니리라."102)103)

전망은 현재의 문제점을 직시하여 긍정적인 측면에서 가능성을 발견하는 것이다. 유교의 溫故而知新104) 사상은 기독교의 부활 정신과도 맞먹는다. "유학의 부흥은 과거로의 회귀가 아니라 孔子가 밝혔듯이, 과거적 본성을 자각하여 그것을 미래적 이상으로 변화시키는 것이다."105) 先天에서 유학은 진리 면에서 완성을 보지 못

---

98) 중국종교와 그리스도교, 줄리아 칭 저, 이낙선 역, 분도출판사, 1994, p.280.
99) 유교사상의 본질과 현재성, 앞의 책, p.서문 4.
100) 위의 책, p.서문 4.
101) 위의 책, p.204.
102) 위의 책, p.서문 4.
103) 유교의 가치는 자체로서 살아나는 것이 아니다. 현재를 살아가는 우리가 유교를 새롭게 봄으로부터 새로운 문화 동력의 불꽃이 당겨진다.
104) 논어, 위정편 – "子曰 溫故而知新 可以爲師矣."

했다. 聖學인 유학을 통해서 인간의 본성을 밝혔다고 했지만 그것은 터 닦은 것에 불과하다. 마저 완성해야만 만상에 걸친 존재의 근거가 밝혀짐과 동시에 인류의 미래도 밝혀진다. 본래성과 天道를 자각한 자라야 확립된 주체성을 바탕으로 인류의 역사를 바르게 주관할 수 있다.[106) 자체적으로는 유교가 고유한 가치 속에 휩싸여 있었는데, 인간성과 도덕성을 상실해 종말을 맞이한 오늘날에 있어서는 존귀한 가치 체제로 부상되었다. "유교는 현실사회에서 사람들이 질서를 유지하면서 함께 살 수 있는 윤리 도덕을 적극적으로 수립하였지만, 다른 문명 체제는 현실 사회로부터 탈출하여 지락과 극락이란 이상적인 삶을 추구했다(도교, 불교). 알고 보니 대부분의 종교와 사상들은 배타적이고 독선적이고 편협성이 난무하였는데 유교는 보편타당한 합리성을 가졌으며, 인간과 자연의 조화를 강조한 유기론적 우주관이었다."[107) 한때는 쓸모가 없어져 버려졌지만 버리고 보니 유교만한 가치 체제가 인류 문명사에서 다시 없다. 그 가치를 안 리틀과 리이드란 자는 "『유학의 부흥』에서, 유교가 조만간에 세계 문화의 핵심적 위치를 차지할 것이며, 아울러 21세기를 이끌어 나갈 것이라고 했다. 80년대 초기의 노벨상 수상자들도 인류가 현재 처해 있는 곤경, 곧 사회환경의 도덕적 위기와 자연환경의 생태적 위기를 극복하고 21세기에 생존하여 나가자면 반드시 2,500년 전의 孔子한테 가서 지혜를 찾아야 한다는 파리선언을 채택했다."[108) 유교가 우리들에게 있어서는 습녹화된 가치 이념들인데, 세계 가운데서는 희소하기조차 하

---

105) 역경과 사서, 앞의 책, p.36.
106) 위의 책, pp.36 - 37.
107) 유교의 이해, 앞의 책, pp.230 - 231.
108) 위의 책, p.231.

다. 우리가 보기에는 구태일지 몰라도 인류의 전체 문명사 가운데서는 새롭다. "러셀(1920년)이 중국인들의 유교적 생활양식을 모든 사람들이 받아들이기만 한다면 인류는 행복하여질 것이라고 했듯",[109] 유교는 문명사적으로 요청되는 가치이다.

서양이 이전에는 "전통적으로 그들의 문명권 내에 있는 중동, 기껏해야 인도를 동양으로 이해하는 데 만족할 정도였고, 동북아를 중심으로 한 진정한 동양 문화의 커다란 가치를 엿본 사람은 드물었다."[110] "지적, 문화적으로 동양과 서양은 2,000년 이상 나뉘어 있었다."[111] 편협한 몰이해가 도를 넘을 만하다. "부분들을 전체 속으로 재결합하지 않고서는 어떤 진리도 완전할 수 없었다."[112] 하지만 이제 맞이하게 된 "태평양 시대는 인류 역사상 최초로 세계가 하나가 되는 시대이며, 동양과 서양의 문물이 활발하게 섞이는 시대이다. 광활한 땅의 문명이 대표하는 안정성과 더 넓은 바다 문명이 대표하는 진취성이 융합하여 새로운 문화를 창조하고 정신의 진화를 성취할 때이다."[113] 동양을 대표한 중국철학은 직관에 의한 자연법칙의 파악이고 서양을 대표한 유럽의 과학은 분석에 의한 자연법칙의 파악인데, 과연 중국의 철학인 지혜가 유럽의 과학인 지식을 제어할 수 있을 것인가? 그 여부에 태평양 시대의 의의가 있고 미래가 걸려 있다. 아니 반드시 제어할 수 있어야 하고 포용해야 한다. 그렇지 못하면 종말이 있을 뿐이다. 과학은 철학을 포용할 수 없다.[114] "과학이 일으킨 물질문명으로

109) 위의 책, p.231.
110) 서양정신의 위기와 동양의 희망, 앞의 책, p.236.
111) 신유학사상의 전개(1), Carsun Chang 저, 이진표 역, 형설출판사, 1998, p.47.
112) 플라톤의 대화편 3권, p.127.
113) 서양정신의 위기와 동양의 희망, 앞의 책, p.237.
114) 위의 책, p.133.

인하여 세계는 황폐화되고 인류 도덕은 붕괴 직전이다. 이 같은 문제를 야기한 원인이 인간이 지닌 이기주의와 고삐 풀린 향락주의에 있을진대, 인간의 탐욕을 절제하여 질서와 평화가 깃든 인정이 넘치는 사회를 건설할 수 있는 가장 적절한 대안은 유교의 가치 본질을 인류가 받아들이는 것이다."115) 유교는 빛바랜 세계관이라고는 하나 정말 유교 가치가 다시 부활하여 살아난다고 한다면 인류 역사는 하나님이 아닌 孔子 앞에서 심판을 받아야 하리라. 만인은 참으로 성인의 탄강을 두려워해야 한다. 하나님이 천지 만물을 창조하시고 인류 역사를 주관하셨을진대, 오늘날 유교를 발본해서 심오한 가치성을 살려 낼 섭리 뜻은 분명히 있다. 그것이 무엇인가? 그것을 본 장 이후로 밝혀 나가리라.

---

115) 유교의 이해, 앞의 책, p.머리말

제3장

동양 창조론

1. 동양철학

동양 측 입장에서 동·서양의 존재 이유를 규정한 말에 동도서기론 - 東道西器論 내지 중체서용론 - 中體西用論이란 것이 있다. 이것은 "동양 삼국(중국, 한국, 일본)이 19세기 중반에 접어들면서 서양 자본주의의 본격적인 침탈에 시달리게 됨으로써, 서양 열강의 위협에 맞서기 위한 대응책의 일환으로 나타난 사상적 각성이다. 동양이 동양의 道는 지키되 서양 세력의 방어를 위해 서양의 器的인 측면은 적극 수용해야 한다는 논리이다."[1] 동·서양이 추구했던 섭리적인 측면을 잘 표현했다고도 보이는데, 道器 내지 體用을 대비시킨 점에서는 섭리상 담당한 역할 본질이 이원화된 감도 있다. 역사상 동·서양이 담당했던 道器와 體用의 역할이 무엇인가에 대해서는 최종적인 역사의 완결과 함께 판단되고 귀결되어야 할 문제이겠지만, 한쪽에서 일방적으로 내세운 관점이라 서로가 확고하게 인정하거나 정착된 것은 아니다. 동양 역시 道와 體의 역할이 무엇인지 觀을 정립하지 못하였을 뿐더러, 서양은 서양대로 자신들이 개척한 眞理論이 세계를 이끌 만한 절대적 우위를

---

1) 선비문화, 2004년 봄, 창간호, 남명학 연구원, p.22.

확보하고 있다고 믿고 있다. 동·서양이 문명사적으로 만나고 보니 무언가 걸어온 길이 다르고 섭리상 맡은 역할이 있었던 것 같은데, 아무도 확실한 포인트를 잡아 내지 못하고 있다. 이 같은 동·서양의 정체성 본질을 밝힘에 있어서 강림된 하나님은 심판자 역할을 충분히 할 수 있을 것이다. 이것은 만고 이래로 주재된 섭리 속내를 하나님이 천명하시는 것과 같다. 그것이 곧 서양이 추구했던 철학에 대비된 동양철학의 본질이다.

동양이 道體를 거론하고 서양이 器用을 체질화시켰던 것은 그만한 이유가 있다. 서양은 우주의 알파 시원에 해당되는 기독교의 創造論도 있고 形而上學的인 철학, 관념적 이데아론, 존재 실체론, 認識論, 進化論, 과학이라는 학문이 세분화되어 있어 나름대로 완벽한 세계상을 구축하고 있는 것 같지만, 器用的인 역할 범주를 벗어날 수 없었다. 꼬집는다면 그것은 器와 用을 자리매김하기 위한 본질 영역이지, 우주의 근원 된 알파와 體를 밝히기 위한 철학, 認識論, 논리 전개, 학문이 아니었다. 서양철학은 어디까지나 서양철학이며, 우주의 形而上學的인 本體論은 동양철학처럼 탐구되어야 했다. 이것을 서양은 시인해야 하고 동양은 자인해야 한다. 동·서양의 역할이 道器와 體用으로 분담되고 形而上과 形而下로 나뉜 이상, 이들은 주어진 각자 역할 사명과 본질을 밝히는 데 주력해야 했고, 때가 되면 합쳐져 완벽한 세계상을 이루어야 했다. 이 같은 통합 관점은 하나님이 아니면 밝힐 수 없으며, 필자가 그 뜻을 시사받아 先天의 섭리 역사를 갈무리하고 보니 하나님이 천지 만생을 지으신 창조 역사가 동양의 철학 속에 낱낱이 배어 있었다. 하나님의 주체 의지력에 근거한 기독교적 創造論보다 동양이 일군 道 가운데 천지가 창조된 과정이 더 상세화되어 있었다.

통상 동양철학을 일컬어 "全一的이며 통일적인 유기체적 우주관"2)이라고 하면서도 현실과는 동떨어진 관념적인 세계관으로 치부하여 버리는데, 동양이 궁구한 本體論 내지 宇宙論은 천지 만상을 바탕 지은 순수 本體論으로서 하나님의 천지창조와 직접 관련이 있다. 이 놀라운 사실을 밝히고자 하는 것이 본 장의 전개 목적이다. 순수 創造論이다 보니 만상을 낳은 현실 인식과는 갭이 있을 수 있다. "만상의 근원이 된 진리를 일구었으면서도 만물 위로 진출시킬 차원성의 벽을 뚫지 못했다. 말 그대로 순수한 形而上學的 本體論이라서 그렇다. 이것은 기독교의 創造論도 마찬가지이다. 즉 하나님이 천지를 창조하셨다고는 하지만 그것을 직접 증명할 창조 바탕을 어디서도 찾지 못했고 제시하지 못했다."3)

> "하나님은 만물을 창조하신 분이시고 만물은 그분을 위해서 있습니다. …… 사람을 거룩하게 해 주시는 분과 거룩하게 된 사람들은 모두 같은 근원에서 나왔습니다."4)

성경은 천지를 창조하시고 만물을 창조하신 분이 하나님이라는 사실을 밝히기는 했지만 "어떻게"가 빠졌다. 다분히 선언적이라 하나님이 창조자인 주재 인격성을 두둔한 것일 뿐, 창조 과정이 구체화되어 있지 못하다. 보다 진리화되고 理化되어야 할 필요성이 있어 동양철학의 本體論的 사유와 추구가 긴요했다. 창조 문제는 결국 전 우주의 역동적인 섭리 역사가 개입되어야 함에, 그야말로

---

2) 동양학 이렇게 한다. 안원전 저, 대원출판사, 1988, p.40.
3) 세계창조론 서설, 졸저, 인쇄본, 1998, pp.6-7.
4) 히브리서, 2장 10~11절.

東體西器的으로 추구되었던 동·서양이 先天에서 섭리 역할을 완수한 강림 시점에서 관통되어 동양철학의 본질이 꿰뚫어지고, 지금까지 추구되었던 제 가치가 일시에 부활할 수 있게 되었다. 동·서양이 하나 되어 동양은 동양대로, 서양은 서양대로 대립 상황을 풀고 제자리를 차지했다. 이 경천동지－驚天動地할 역사가 創造論에 입각한 동양철학의 본질을 밝힘으로써 이루어진다. 先天 섭리가 완결된 통찰 관점이 확보되지 못한 상태에서는 아무리 진리성을 내세웠어도 동양의 道는 이해되지 못하고, 서양은 진리로 완성될 수 없었다.

노자는 만물은 無에서 생겨나기에 無를 道라 했고, 불교는 현상 (色)은 空으로부터 나오므로 空을 힘써야 한다고 했으며, 유교의 易에서는 太極이 있어 오직 有를 마루(宗)로 삼고 誠을 배움으로 삼는다고 했다. 이 같은 동양의 道들에 대해 『天主實義』의 작자인 마테오리치는 天主의 도리와 서로 어긋나므로 그것을 숭상할 수 없음이 분명하다고 결론지었다.[5] 동양도 道의 창조성을 제대로 보지 못했는데, 하물며 절대 하나님을 모신 서양 신부의 눈에 있어서랴? 동양철학은 "중국철학의 本體論을 근간으로 한 것인데, 이것은 고대의 五行 사상과 陰陽 사상과의 결부를 통해 氣의 개념에까지 이르렀다. 이에 주렴계는 『太極圖說』을 통해 太極·陰陽·五行·萬物의 순서로 本體 宇宙論을 세웠다."[6] 말이 宇宙論이라고는 하지만, 파급 효과는 인간의 性과 情에 배당된 人性論의 정립 정도라고나 할까? 천지 만상과 우주 진체의 근서이사 본체인 創造論이 되기끼지는 때가 여물지 못했나. 宇宙論인데노 우수의 장생과 거

---

5) 천주실의 상권, 2편, p.73.
6) 동양철학의 본체론과 인성론, 한국동양철학회 편, 연세대학교 출판부, 2003, pp.8－9.

리감이 있는 듯하다. 어떻게 해서 太極으로부터 만물로까지 순서가 이어지는 것인가? 道란? 太極이란? 理氣란? 누가 그 본질성을 꿰뚫었는가? 가치를 인정하였는가? 이성을 가지고 우주를 바라보았던 동양 최대의 철학자이자 理氣論의 정립자인 朱子도 그의 宇宙論으로 "자연현상보다는 인간의 本性에만 주의를 기울인 것이 사실이다."7) 本體論을 만상의 머리 위에 올려놓을 수 있어야 했는데, 본체만으로 우주를 구상하니까 본체로서의 진리맥이 부각되고 관통되지 못했다. 본체로서 본체성을 벗어나지 못한 한계, 이것은 서양이 추구한 철학이라고 해서 다를 것이 없다.

서양은 창조주 하나님인 神을 신앙했어도 神은 천지를 창조함과 동시에 절대자로서 초월해 있어 만상과 인간을 연결시킬 수 없었고, 기독교의 創造論도 신앙에 의존되었을 뿐 논증적이지 못해 진리의 근저를 형성하지 못했다. 서양은 神을 인격화, 의지화시켜 종교로서는 우월성을 내세울 수 있었지만 이법화시키지 않아 어디서도 만상의 근원에 해당되는 본체성을 분열시킨 역사가 없다. 궁구해서 파고들기는 했으되 개개의 분파된 사물의 본질에 대한 인식만을 진리의 근간으로 했다. 공통된 근본과 뿌리를 볼 수 있는 길을 찾지 못했다. 당연히 사물의 본질을 들여다보려 하니까 사고를 정려하게 해야 하는 학문, 곧 "사고의 법칙을 다루는 논리학"8)의 발달을 보게 되었고, 분석을 통해 대상에 접근하는 방법론이 주효했다. 동·서양은 각자 진리를 추구하는 목적과 세계를 보는 눈, 그리고 방법론이 다른 것이다.

"하나의 핵심이 모든 것들을 포괄하며 관통한다(一貫)는 것은

---

7) 진영첩의 주자강의, 진영첩 저, 표정훈 역, 푸른역사, 2001, p.158.
8) 신논리학, 강대윤 저, 대왕사, 1982, p.21.

유학의 핵심적인 논조인데",9) 이 같은 작용성은 만물의 근원에 해당되는 본체계에서나 가능한 일이다. 一體에 의해 통괄되고 일시에 창조되었으므로 만상도 일시에 포괄됨과 동시에 관통됨이 가능한 것이라는 안목이다. 宋儒 이천은 "理는 動하면서도 動함이 없다."10) "하면서도 함이 없고, 이룩하면서도 이룩함이 없으면 이것이 곧 天理이다."11)라고 했는데, 이 같은 논리 인식이 서양철학에서는 없다. 이미 창조된 것에 보태기를 하는 것이고 이미 有한 것, 動한 것에 대해 이루기를 하는 것인데, 이 같은 본체적 통합셈이 분열된 근거를 통해 철저하게 따져지는 서양논리 위에서는 불가능하다. 따지는 것은 분열되어 존재하게 된 제 사물의 본질을 명확하게 하는 방법이다. 본체를 탐구하지 않은 증거이다.

"宋儒들이 우주의 기원으로부터 인간 생활의 전개에 이르기까지 우주의 전체를 설명하려 했듯, 유럽의 근세철학자인 데카르트, 스피노자, 라이프니츠 등도 전 우주에 관하여 야심에 찬 形而上學的 해석을 시도했다."12) 그러나 노력과 동기는 유사하다 하더라도 뚜껑을 열어젖힌 세계상은 달랐다. 서양철학은 뿌리내린 사유방식과 지적 전통 자체가 제 사물과 존재를 위한 바탕 근거를 찾아 나선 것인 데 반해, 동양은 천지가 창조된 순수 본체 작용에 대한 道的 인식과 비탕을 초월적으로 직시해 접근하었다. 섣부른 밝힘이나, 이렇게 대비시켜야 서양철학의 사유 본질이 분명해진다. 宋儒들이 "참된 道를 밝힌 분들"13)이라는 것은 세계의 본체성에 대한 宇宙論的 파악인 것으로 만사의 理的 근거를 사물에까지 석용시키고

---

9) 진영첩의 주자강의, 앞의 책, p.146.
10) 퇴계사상 연구, 전두하 저, 일지사, 1978, p.47.
11) "莫之爲而爲 莫之致而致 便是天理一程氏遺書 一八."
12) 신유학사상의 선개(1), Carsun Chang 저, 이진표 역, 형설판사, 1998, p.159.
13) 진영첩의 주자강의, 앞의 책, p.220.

미치게 한 것이다. 理는 결코 사물 자체의 법칙적 理가 아니다. 이치, 도리, 원리, 규칙을 있게 한 理, 즉 本體理이다. 이 理, 이 같은 道를 서양은 말한 적이 없다. 뿌리를 파고들지 못하였고 근원을 보지 못해 존재하는 세계상이 제각각 독립적이었다.

> "단자들은 어떤 것들이 들어오고 나갈 수 있는 창을 갖고 있지 않다. 따라서 각각의 단자들은 완전히 자기 독립적이며 다른 단자들과 결코 상호 작용하지 않는다(라이프니츠)."14)

단자들이 상호 작용할 창이 없다는 것은 수많은 개체가 홀로 존재할 수밖에 없어 독립되어 있는 것처럼 보이게 하므로, 세계를 단절시키고 고질적으로 이분화시킨 원인이다. 라이프니츠는 "모든 생명 있는 존재와 연장된 물체들은 대개 기능적인 단위로서 부분들로 이루어져 있다고 했다. 연장된 사물은 무한하게 나누어질 수 있어 각각의 부분들 자체는 기능적인 단위나 더 조그만 기계로 간주될 수 있다. 결과적으로 자연이라는 기계는(즉 유기체) …… 어떤 한계도 없는 최고로 조그만 부분들로 된 기계이다."15) 제 사물이 지닌 분열 본질성에 근거해서 연장된 사물들이 무한하게 나뉠 수 있다고 보았고, 그 분열성은 한계가 없다고 했다. 끝까지 하나 될 수 있는 길을 찾지 못했다. 그래서 방동미는 "서구 사상은 왕왕 고질적인 二分化로 충만되어 있어 수많은 사물을 서로 용납할 수 없는 대립 상태로 놓이게 하였다."16)라고 갈파하였는데, 주된

---

14) 근대철학자, R. 샤하트 저, 정영기 · 최희봉 역, 서광사, 1993, p.92.
15) 위의 책, pp.90 - 91.
16) 중국인의 생철학, 방동미 저, 정인재 역, p.22 - 주자철학에 있어서 공맹 천인관의 승수와 전개, 최영찬 저, 충남대학교대학원 철학과 동양철학전공 박사학위논문, 1990, p.10.

원인은 상호작용을 가능하게 할 창이 없다고 단정 지은 것이다. 동양철학은 입만 벌리면 萬法一體와 귀일과 합일을 거론한 데 비해, 독립을 선언했다는 것은 서양철학이 先天에서 진리로서 파고든 한계였다. 창조된 본체 뿌리를 보지 못하고 찾지 못해 한 몸 안에서 작용되고 있는 영혼과 육체가 二分化되고 물질과 정신이 二元化된다. 物心二元論에 입각한 철학은 이미 근대 과학에 앞서 나타나 과학을 선도했다. 물질의 속성을 단지 연장으로 파악한 17세기 이후(데카르트), 물질은 이미 죽은 것으로 되어 인간의 정신, 인식의 주체와는 별개로 다루어졌다. 뉴턴의 물리학은 자연을 하나의 거대한 기계로 또는 제각기 다른 객체의 군집으로 보게 하여, 19세기 말까지 서구의 모든 사고의 기초가 되었다.

그 결과 서구 근세과학에서는 물질세계 이외의 영역인 정신과 神 등에 대해서는 탐구하지 않았다.[17] 근원을 밝히고 보면 세계의 二元化는 당위이겠지만 근원을 밝히지 못한 二元論은 문제투성이다. 인류를 끝없이 방황케 하다가 파멸로 몰아넣으리라. 자연과 인간을 연결했던 神마저 버렸으므로 인류가 종국에 도달해야 할 창조의 고향은 어디에도 없다. 스피노자처럼 자연 가운데서 神的 질서를 발견하기 위해 노력하고 "神과 자연에 대해 상호교환이 가능한 것으로 언급한 철인들이 없었던 것은 아니나, 자연이 神의 창조물이라고 주장하는 사람들에 의해 汎神論으로 치부되어 전통적으로 생각되어 온 神의 존재를 부정하는 결과가 되고 말았다."[18] 근원을 향했던 연면만 닳고가 막혀 버리고 쇠설뇌었다. 그 결과 고진물리학을 넘어선 양사역학에서는 불질의 최소단위인 소립자의 세

---

17) 푸억의 이해, 곽신환 저, 서광사, 1990, p.14.
18) 근대철학자, 앞의 책, p.97.

계에서 확고하게 존재하는 것은 결국 아무것도 없다는 한계 인식에 도달하게 되었다. 모든 물질세계는 수학적 확률로서만 존재할 수 있다는 불확정성 원리로 대체되었는데(하이젠베르크), 이것이 될 성싶은 말인가? 우주의 궁극적 실체를 구하려는 노력이 도리어 환상을 구하려는 시도와 같다고 탄식되었다.[19] 因果律은 만상을 질서 지은 법칙이다. 하지만 그 因果律을 질서 지은 창조 법칙은 다르다. 다른 이것을 서양철학은 그들의 지적 전통상 구분할 수 있는 안목이 없었다. 그러니까 그들은 자연과학적인 추구 방법으로 萬物論은 입안했을지 모르나 본체에 근거한 創造論에 대해서는 문외한이었다. 서양은 있는 創造論도 버리고 "신앙적 신념과 가치를 변경하여 進化論에 입각한 장본인이다."[20] 그들 진리관과 세계관은 만물 宇宙論이지 창조 宇宙論이 아니다. 하나님의 창조 원리를 만상에로까지 확산시킬 안목을 개안시키지 못했고 적용할 본체성을 분열시키지도 못했다. 이 부분을 동양철학이 전적으로 先天 세월을 다하여 개진시켰다.

創造論은 기독교만의 전유물이 아니다. 세계 곳곳에 창조 신화가 있다는 것은 일반적으로 확인된 사실인데, 동양이라고 해서 예외는 아니다. 동양에도 創造論은 있었다. 기독교처럼 인격적인 하나님을 내세우지 않은 차이뿐, 나름대로는 치열한 논리성을 대동한 宇宙論이었다. 신화가 아닌 철학이고 오랜 세월에 걸쳐 지적인 맥을 형성한 학문이기도 하다. 왜 인류 역사에 이 같은 지적 전통이 수립되었는가 하는 것은 언젠가는 밝혀질 하나님의 섭리 뜻이었다. 하나님이 천지를 창조하심으로 창조 사실을 진리로 밝혀야

---

19) 동양학 이렇게 한다. 앞의 책, p.40.
20) 진영첩의 주자강의, 앞의 책, p.158.

하는데, 이것이 先天 세월을 다한 최대의 진리 해결 과제였다.[21] 이런 섭리 의지가 곧 사상사적으로 투영되어 나타난 것이 인류의 끊임없는 진리 추구 의지이다. 그래서 하나님이 인격적인 창조주로서 접신되고 신앙되며 교통되지 않은 상황에서도 인류는 만상 가운데 편재된 하나님의 창조성(본질)을 道 내지 제반 진리의 형태로 파고들었고, 체득·인식하였다. 인류가 밝혀 낸 진리·道·제반 학문적 성과들이 이 같은 하나님의 창조성을 각가지 형태로 추출해 낸 결과물이다. 이로써 하나님은 제 진리의 총합체요 창조성이 완전 분열된 섭리적 바탕 위에서 존체가 현현되고 강림할 수 있는 여건이 마련된 것이다.

하나님은 기독교인들이 선언했듯, 천지를 지으신 만상의 창조주이다. 인간만의 하나님도 기독교만의 하나님도 아니다. 인간이기 때문에 하나님을 인격체적으로 이해하고 교감한 것일 뿐, 만상은 만상대로 진리로서 교통되고 긴밀하게 연관되어 있다. 하나님을 기독교가 바라본 인격체적인 고정관념으로부터 해방하고 해체해야 인류는 세계 가운데 편만한 제반 형태의 진리를 통해 하나님의 창조 세계를 엿볼 수 있는 길을 튼다. 이 같은 창조 본질의 道化, 창조 원리의 理化 과정에 전격 기여한 것이 동양철학이 일군 제반 성과들이다. 동시의 사상가들은 하나님이 지으신 세계의 편만한 창조적 본질을 규명하기 위해 노력한 사명자들이다. 동서의 사상가든 종교가든 추구하고 받든 신념 체제는 다르다 하나 궁극에 이를 도달 결과는 동일하다. 종교가들은 창조주의 神意를 직접 체득하고자 했으며, 서양은 만상을 이룬 사제의 근원성을, 동양은 그 이전의

---

21) 神만 홀로 초월적일 수 없는 것이 神은 언젠가는 그 창조체와의 관계 고리를 밝혀야 했나. 神이 창조한 세계 내적 본질과 작용성을 밝혀야 함이 대섭리를 위한 인류 역사의 추진 과제였다.

창조 본체를 각인하고자 한 차이만 있을 뿐이다. 노력은 결국 일치되고 통합되어야 진리가 완성되고 하나님이 드러날 것이라, 한결같이 하나님이 이루고자 하신 섭리 의지 안에 있다. 서양은 神이 천지를 창조했다고 했듯 동양은 道가 만물의 근본이라고 했는데, 여기에는 그만한 진리 인식 메커니즘이 도출된 것이다. 달이 있다고 가리키니까 서양은 손가락을 보았고 동양은 정말 달을 보았다. 하나님이 천지를 창조하셨다고 하니까 서양은 창조물을 직접 파고들었고 동양은 그 너머에 있는 제반 본질 작용을 직시했다. 그래서 동양적 사유와 전통이 하나님의 창조성을 인식할 바탕을 마련할 수 있었다. 수행을 통해 만상과 의식적으로 하나되고 본질적으로 일치될 수 있는 직관, 직시, 合一 방법론이 일찍부터 개척됨으로써 현상 세계를 넘나든, 창조와 우주의 생성이 어떻게 해서 만물을 낳았는가 하는 것은 오히려 동양의 철인들이 접근한 탐구 주제가 되었다. 이것은 과학이 창조된 결과물인 자연 세계를 탐구할 수 있는 방법론을 본격적으로 개척하기 시작한 근세 이후에야 획기적인 발전을 이룬 것과 같다. "佛陀가 깨달은 궁극 실상의 근원체인 空이라든지 儒家에서 말한 太極, 理氣 개념, 그리고 노자가 밝힌 道 등은 결국 천지 만물의 본원에 해당하는 세계의 창조 본질을 진리화 시킨 것이다."[22] 인도 불교가 중국으로 건너와 화엄이란 사상으로 꽃을 피웠건, 禪으로서 열매를 맺었건, 유교에 이르러 理化되었건, 과학적인 현상 원리로서 법칙화되었건, 그것이 진리인 한은 하나님의 창조 바탕성과 무관하지 않다.

佛法과 道와 神과 과학은 별개인 진리 세계가 아니다. 동양의 철인들이 天과 理와 仁과 道와의 관계 설정을 통해 하나님의 창

---

22) 세계창조론, 제2편 창조성론, 졸저, 완본, 1998, p.5.

조체를 진리로 구현하려고 한 것, 기독교가 하나님의 창조성을 절대 의지적으로 표현하려고 한 것, 밝힌 바 라이프니츠·스피노자 등이 자연과학적 인식의 개관과 더불어 자연으로부터 神的 질서를 발견하기 위해 노력하고 자연에 대해 神의 질서성을 부여하고자 했던 것은, 인류가 그를 낳은 창조주의 근원에 접근하기 위한 지고한 노력의 일환들이다. 원리는 자연현상의 이법성을 인식한 것이듯(수학, 과학), 道는 바탕된 본질의 작용성과 생성 법칙을 인식한 것이다(理, 氣, 道, 太極). 그러다 보니 본질을 覺하고자 한 동양의 철학은 자연히 창조를 위한 인식이 주된 논의의 대상이 되었다. "儒家에서 말한 無極而太極과 헤겔의 변증법 원리는 좋은 대비가 되는데",[23) 無極의 太極化에서 太極은 우주 만물을 생기게 한 근원이라, 이 같은 궁극적 본체 자리인 근원이 어떻게 생성 과정을 거쳐 만상을 이룬 바탕체가 된 것인가 하는 것을 일컬은 것이었고, 헤겔은 사물의 생성 과정을 正·反·合이란 자기 모순적인 추진 법칙을 세워 일괄시킨 것이다. 억지 논리이기는 하나 근원을 향한 접근 노력인 것은 분명하다.

"朱子는 그의 存在論 체계에 있어서 氣를 陰陽과 五行을 포괄하는 개념으로 규정하였고, 이것을 다시 一氣 → 陰陽 → 五行 → 萬物의 순차적인 관계로 설명하였는데",[24) 이것은 나중에 밝힐 바, 창조 과정을 적나라하게 설명할 창조 논리로 직결된다. 유교가 理氣論으로 창조의 본체성에 접근을 시도한 것은 기독교가 하나님을 신앙하고 철인들이 근재를 증명하고자 한 것과 섭리적 의의는 같다. 아무리 太極과 理의 궁극 형상이 직시되고 神이 살아 있어

23) 세계창조론 서설, 앞의 책, p.25.
24) 유교윤리와 인도주의, 최형식 저, 한울, 2000, p.107.

도 본체가 분열을 완료하지 못한 상태에서는 하나님이 진리로서 실체화될 수 없는 한계가 있었는데, 그들의 노력은 끊이지 않았다. 朱子는 "분명히 개개의 사물은 氣의 운동을 통하여 생성되지만 이러한 운동은 그 배후에 숨겨져 있는 어떠한 원리에 수반되어 일어날 따름이라, 이 같은 운동과 생성변화의 배후에 있음 직한 원리에 주목하였다."25) 그가 끊임없이 하나님의 創造因을 찾고 있었다는 것에 대한 지적 흔적이다. 알고 보면 유교에서 말한 진리들은 대개 창조의 본질을 인식한 것이다. 理는 창조를 낳은 이법에 해당되고 氣는 바탕된 본질이며, 太極인 본체로부터 나뉜 陰陽은 만상을 낳은 생성의 시작이자 존재를 성립시킨 본질의 兩儀 상태이다. 그리고 氣의 응취는 만상이 현상적으로 생성을 거듭하는 운동인 이다. 한결같이 無하면서도 有한 근거를 이룬 창조 본질에 대한 작용 현상을 존재된 진리로 인식했다. 전에 없었던 것이 드러났다면 그것은 본질 현상인 것이고, 눈에 보이지 않는 것이 작용하였다면 그것은 體用 현상이며, 잡히지 않는 이치가 규칙성을 드러내었다면 그것은 법칙 현상이다.

어떻게 해서 만사 현상과 진리가 하나인 본체 바탕에 근거하고 귀일될 수 있는 것인가? 그것은 진리 자체가 神의 본질 내지 하나님의 창조 원리를 인식화한 것일뿐더러, "진리의 생성 기원이 창조에 있고 진리의 태동 근거가 본질에 있어서이다."26) 만상이 창조에 기원을 두고 생성을 본질로 할진대, 진리는 끊임없는 생성으로 세계를 완성시키는 인자로 작용한다. 세계가 생성하는 한 진리도 함께 생성한다. 완성되는 것이 아니다. 지금 이 책의 저술이 동

---

25) 위의 책, p.107.
26) 세계창조론, 제2편 창조성론, 앞의 책, p.19.

양의 創造論을 정립하고자 하는 것도 진리를 새롭게 할 생성 일 환이다. 만상과 하나님과의 관계에 있어서 창조를 성립시킨 방정식은 상식적인 조건들에 의한 것이다. 곧 하나님이 천지를 창조하신, 창조를 성사시킨 창조성에 기인함으로써만 인류는 하늘 아래 있는 진리를 하나로 통합할 가능성을 가진다. 지금까지는 하나님이 천지를 창조하신 창조성과 진리의 근원이 어긋나 있어 물질과 존재와 본질과 뭇 생명체들이 하나될 수 있는 실마리를 찾지 못했다.

하지만 창조 방정식은 지극히 상식적인 것이라고 했다. 하나님의 창조성이 만상과 만유와 만 진리를 하나 되게 할 수 있는 통합 바탕체이다. 학문도, 인생도, 종교적 신앙도, 진리도, 서양도, 동양도, 일체를 포괄할 수 있는 인식의 근거가 하나님의 창조성에 있다. 인류는 하나님의 창조성에 근거해서만 삼라만상 제 진리 현상에 대해 그들의 근저를 파헤칠 통합된 이해 안목을 확보할 수 있다. 이 같은 관점을 확보하지 못하면 각자가 지닌 진리관에 의해 각자가 바라본 하늘만 있을 뿐이다. 그 결과의 비참함에 대비한 모든 비전의 실현 가능성을 필자가 동양철학의 창조 진리 섭렵을 통해 입증하고자 한다. 만상의 생겨남에 대한 궁극적 이치, 그 근원에 대한 의문은 만대에 걸쳐 사색되고 파헤쳐질 인류의 영원한 추구 과제이다. 사고하는 인간으로서 지닌 근원에 대한 의문, 이것이 시대와 문화의 장벽을 넘어 각자 탐구한 해결 방식으로 체계를 이룬 것이다. 理氣論도 결국은 만물의 생겨남에 대한 창조성의 궁구에 해당되는 것이라, 동양의 철학은 서양의 形而上學과 더불어 표현 형태는 달랐지만 인류의 지성들이 추구한 근원을 향한 의문점과 과제 해결의 절차였다.

장재는 『정몽』의 神化篇에서 "神은 하늘의 德이요 化는 하늘의

道이다."27)라고 했다. 이 말은 모르긴 몰라도 창조주의 존재 상황과 창조 상황을 한눈에 꿰뚫은 것이리라. 어떻게 해서 이 같은 일이 가능한가? 누가 동양에 인격신이 없다고 하였는가? 創造論이 없다고 하였던가? 神을 德性을 통해 존재화했고, 化가 하늘의 道라고 한 것은 神의 창조적 본성을 직시한 것이다. 化는 창조와 같다. 化 즉 창조이다. 이 통찰 안목은 한 개인의 노력에 의한 지적 성과의 돌출이 아니다. 동양의 철인들이 유구한 세월을 두고 하나님의 창조 본질을 섭리적으로 각인한 전통의 한가운데 휩싸인 결과이다.

동양은 전통적으로 "天을 모든 원리의 근원이며 생명의 원천"28)으로 생각했다. 天 즉 하나님의 절대 관념화는 동서가 마찬가지이다. 기독교가 하나님을 천지 만물의 근원인 창조주로서 신앙한 것과 동양이 "天을 궁극적인 실재"29)로서 추구한 것은 동일한 것이다. 단지 동양은 天을 개념 지음에 있어서 "理法的 天, 혹은 人性에 내재하는 도덕률로서의 天"30)으로 기능을 분담해 집약되지 못했고, 그야말로 기독교적이지 못하였다는 것인데, 그렇더라도 나름의 추구 특성과 믿음으로 하나님의 창조 본질을 이법적으로 드러낸 섭리 성과에 대해서는 이미 밝힌 바 있다. 모든 지적 전통의 근간에 天에 대한 인식이 깔렸다.

동중서(약 B.C. 179~B.C. 104)는 "道의 큰 근원이 하늘에서 나왔다. 天은 변화하지 않으며, 그러므로 道 또한 변화하지 않는다."31)

---

27) 정몽, 장재 저, 장윤수 역, 책세상, 2002, p.31.
28) 공자의 천관에 관한 연구, 유승종 저, 동국대학교대학원 철학과 석사학위논문, 1986, p.17.
29) 위의 논문, p.28.
30) 위의 논문, p.17.
31) "道之大原出干天 天不變 道亦不變." - 중국철학개론, 이강수 외 3인 공저, 한국

라고 했다. 따라서 天에 대해 굳이 기독교의 하나님과 구분할 필요
는 없으리라. 동중서의 覺 안에 있은 天과 예수가 태어나기도 전인
기독교의 하나님이 본체를 세분화시키지 못했다는 것은 같은 여건
이다. 다분히 선언적이다. 그러나 이 같은 天에 대한 인식 바탕이
후일 하나님의 창조 본질을 이법화하는 데 모두 뒷받침되었다. 道
의 큰 근원이 天이라고 한 것은 하나님이 만상을 이룬 진리의 근
원이라는 말과 같다(창조자). 단지 그것이 道라고 했으니, 道는 진
리와는 달리 본질적인 것이다. 본질의 생성적인 운행 규칙 같은 것
이 道라면 진리는 그 같은 본질의 일부 인식화 상태라고나 할까?
이 같은 道에 대한 인식이 후일 宋儒의 이천에 의해 天 즉 道, 그
러니까 하늘이 곧 道라는 결론 상황에 이르게 했다.

"대저 하늘을 한마디로 말하면 道라고 할 수 있다. 하늘은 또
한 무엇에도 어긋남이 없다."[32]

天道 즉 天理이다. 道가 있는데 道에 대한 理까지 갖추게 되었으
니 儒家는 창조 방정식을 풀어헤침에 있어서 양 날개를 단 격이다.
天에 대한 신앙(?)을 계승한 朱子의 理氣論이 天에 대한 창조 본성
을 얼마만큼 심화시킬 것인가 하는 것은 미루어 짐작할 수 있다.
그리하여 동양이 先天 세월을 바쳐 무엇을 추구하고자 하였다는
것은 形而上과 形而下에 대한 세계의 구조화 인식을 통해 거의
확정된다. "形而上者 謂之道, 形而下者 謂之器"는 『주역』에 나오
는 말인데, "중국 사상에 심각한 영향을 끼친 명제이다. 形而上이
란 有形 이상의 것, 즉 無形인 것을 가리키고, 形而下는 有形을

빙송통신대학, 1987, p.117.
32) 근사록, 주희·여조겸 저, 정영호 편역, 자유문고, 1991, p.22.

가리킨다."33) "朱子는 이것을 理와 관련하여 세계를 形而上과 形而下로 더욱 확연하게 구별지었다."34) 그래서 道는 제일 우선적으로 形而上의 범주를 대표하게 되었다. 동양철학이 道를 진리로서 궁구했다는 것은 形而下에 속하지 않은 것이 분명하다. 서양에서는 形而上에 소속된 道的인 본질의 존재성을 확인하기가 불가능하다고 하여 인정하기를 꺼렸지만, 동양은 이 존재성을 인정한 것만으로도 창조 세계를 구조화시키는 데 기여했다. "形而上이라는 것은 극히 엄밀하게 구분해서 결코 물질적이 아닌 것, 초감각적인 것, 존재하는 것과는 차원이 다른 것이다. 소리도 냄새도 없어 감각에 의해서는 파악할 수 없는 그 무엇, 방향과 장소가 없어 그것이 위치하는 어떤 공간적인 장소도 있을 수 없고, 조작도 없어 아무 작용도 하지 않는다. 陰陽보다 차원이 더 깊어 陰陽하는 까닭, 그것이 道로 표현된 작용 세계이다."35) 만상을 낳은 창조 세계이고 본질 세계이다. 창조 이전의 통합성 세계라 어떤 조작도 작용도 드러날 수 없다. 거기에 비해 形而下인 器는 形而上으로부터 말미암은 것, 이것을 朱子는 "형적 – 形迹을 갖는 사물로 지칭했다."36)37) 구조적으로 이분화되어 있다고는 하나 결코 二元的인 인식인 것은 아니다. 形而上은 本이고 形而下는 末이다. 뿌리 없는 독자체가 아니다. 더군다나 形而上은 형상 이전이고 정확하게는

---

33) 주역산책, 앞의 책, p.96.
34) 양명철학의 연구, 송재윤 저, 사사연, 1991, p.70.
35) 주자학과 양명학, 시마다 겐지 저, 김석근 역, 1998, p.106.
36) 양명철학의 연구, 앞의 책, p.71.
37) "朱子의 영향을 받은 宋代 이후 대부분의 성리학자들은 일반적으로 形而上을 우리의 감각에 주어지는 경험세계를 넘어서는 理로 파악하였고, 形而下를 우리의 감각에 주어지는 경험세계 안에 존재하는 氣로 파악하였다." – 장재 기철학의 천인합일적 인성론 연구, 함현찬 저, 성균관대학교대학원 유학과 유교철학전공 박사학위논문, 1999, p.6.

"형체 위의 것"38)이라 창조 이전이다. 표면화된 것은 오직 形而下뿐이며, 器가 만상을 이룬 본질의 대표이다. 朱子는 器를 道가 구체화된 사물로서 지칭했지만 器도 정확하게는 道가 목적을 가지고 사물을 形迹 지은 본질이다. 즉 形而下는 사물을 이룬 본질의 세계이고 形而上은 사물을 이루기 이전에 先在된 바탕 세계이다. 形而上과 形而下는 창조 이후 분열을 시작함과 더불어 兩儀된 양극 체제가 아니다. 하나가 만상을 낳는 것은 본체에 근거한 창조 시스템이고 하나가 하나를 낳는 것은 개체에 근거한 분열 시스템인데, 形而下를 근간으로 삼으면 진화가 되고 形而上을 근간으로 삼으면 창조가 된다. 본체는 二元論에 소속되지 않는, 二元性을 낳은 근간이다. 이렇게 形而上에 대한 존재 근거가 확실해질 때, 현상계에서의 二元論에 대한 극복 노력은 오히려 무익해진다. 분열하는 현상계에서는 二元論이 정당하다. 서양이 先天에서 담당했던 形而下에 대한 본질 규명 노력 역시 마찬가지이다. 동양철학의 가치 본질이 세계를 규정한다.

이제야 서양이 추구한 철학과 쌓은 학문과 진리가 동양의 道가 지침한 세계와 달랐다는 것이 확실하게 구분된다. 바라본 대상이 달라 서로가 말한 진리 세계에 대한 논리, 인식, 작용, 운동, 추구 방법론도 전적으로 달랐다. 有形인 形而下는 사물을 향한 인식으로서 분류·분석·확실함이 진리로서의 근간을 이루었고, 形而上은 존재된 근거 자체가 無形이라 인식 方法論이 달랐다. 왜 선현들은 이와 같은 세계적인 능성 구조를 일컬어서 形而上者·形而下者라고 했는가? 유·무형의 본실 삭용이라도 뚜렷한 존재 체제로 인정한 때문이다. 칸트는 物自體(形而上)가 인식이 불가능해

---

38) 유교철학사상 개설, 정종복 저, 형설출판사, 1989, p.78.

접근조차 할 수 없다고 했지만, 동양의 철인들은 평생을 쌓아 올린 학문과 우주 간에 걸쳐 사색한 수행으로 직관력을 길러서 形而上의 본질 세계, 창조 세계를 넘나들었다.

이 가치, 이 전통 方法論, 세워진 동양의 대創造論을 세계의 지성인들은 분명하게 확인하고 인정해야 한다. 그리해야 세계, 아니 동서는 하나님의 뜻 안에서 하나될 수 있고, 창조 진리 안에서 서로의 존재 뿌리를 찾을 수 있다. 강림한 창조 본체를 진정한 영각－靈覺으로 확인할 수 있으리라.

2. 본질의 창조

본질은 온갖 존재와 세계의 바탕이 된 그 무엇이다. 세계와 우주, 뭇 인생과 사물과 현상에는 본질이 있다. 유형무형의 존재하는 모든 것에는 본질이 편재된 상태이다. 사물의 본질은 사물을 통괄하고 현상의 본질은 현상 일체를, 그리고 인생의 본질은 인생을 전체적으로 구속한다. 나아가서 세계의 본질이라고 한다면 세계 전체를 포괄할 수 있는 그 무엇이다. 그런데도 본질은 어디서건 쉽게 드러나지 않는다. 본질을 밝히기 위해서는 추구하고 노력해야 하며, 인생의 본질은 겪어 보고 세월을 흘려보내야 한다. 하물며 세계의 본질을 밝히기 위해서는? 神의 본질은? 본질은 통합성인 관계로 직시할 수는 있더라도 드러나기 위해서는 분열을 다해야 한다. 진리란 무엇인가? 누가 진리의 본질을 규명하였는가? 진리와 가장 밀접한 관련을 지닌 것이 본질인데, 보다 상위인 세계의 본질이 밝혀지지 않은 한 이에 내포된 진리의 본질은 제자리를 차지할 수 없다. 규정하고 결정해도 유동적이다. 본질의 정체가 이러하니까 先天에서는 무엇 하나 제대로 확정된 것이 없다. 정해놓으면 변한다. 본질은 변화를 주도하되 본질 자체는 항구적인 것인데, 이 같은 세계와 진리의 영원성이 본질이 지닌 존재 속성이다. 그런데도 본질의 항구성에 안착되지 못해 세계는 끝없는 방황과 대립 상황에 직면했다. 누가 세계의 전체적인 본질성에 대한 정보를 제공할 것인가? 본질이란 과연 무엇인가? 이것이 하나님의 강림 역사를 통해 밝혀지게 되었다. 본질의 존재성, 작용성, 바탕성, 초월성, 통합, 통속, 관통, 편만, 편재, 先在, 순환, 생명, 의지, 생성, 분열, 원인, 有함, 전지, 전능성……, 그리고 有神性을 밝힘으로써 세계의 핵심 본질과 창조성과 하나님의 존재성을 규정하고 後天 질서를 개장할 새로운 지평을 열었다.

"본질은 뭇 지성들이 궁구해 마지않았던 대창조의 원인 세계이다."[39] 축약해서 본질의 존재성, 진리성, 창조성이다. 특히 동양의 철인들이 각인하고자 했던 道의 세계와 규정한 形而上의 세계는 본질의 제반 존재 특성을 부각시키는 데 기여했다. 서양도 고대로부터 중세에 이르기까지 철학을 통해 본질의 세계를 넘나들었지만 과학이 발달한 이후는 직접 관찰이 가능한 현상 세계에만 집착해 포기하여 버렸다. 본질을 버리니까 덩달아서 神마저 버리는 결과를 낳았다. 이 같은 사상 사조가 세계로 확산된 결과 끊임없이 명맥을 이었던 동양마저 道의 제반 가치를 등한시하여 더 이상 전통맥을 계승하기 어렵게 되었다. 근대가 민연해 道의 세계를 바라볼 눈이 감겼다.

따라서 필자가 밝히고자 하는 바 본질의 존재성은 세상만사의

---

39) 세계본질론, 졸저, 청학사, 1997, p.57.

바탕된 원인인 창조의 문제를 해결했다는 점에서 인류를 전혀 새로운 차원의 세계로 인도할 관점의 문이 될지 모르겠다. 거기에는 만사의 진리가 하나될 전일적인 세계관이 있고, 회통과 통합을 가능하게 할 본체 바탕이 자리 잡고 있으며, 先天에서 부딪혔던 장애를 넘어설 수 있는 초월 시스템을 장착했다. 만사, 만물, 하나님과 인간이 본질을 매개로 해서 연결된다. 만상을 이룬 근거는 본질인데, 본질이 자기 존재성을 확고히 하지 못해 본질은 본질대로, 현상은 현상대로 갈 길을 찾지 못하고, 서로 간의 진리성을 확인할 길이 없어 부유하였지만, 밝혀진 시점에서는 세계가 완성을 이루고 통합을 가속화할 수 있게 되었다.[40] 神, 太極, 理, 空, 道가 한결같이 만물의 기원이자 근원 바탕이라고 주장했으므로 본질이 거기에 해당된다고 한다면 선언된 것 외 아무런 진척이 없을 것이다. 따라서 보다 선행된 본질의 본질부터 규명해 나가는 작업에 착수해야 한다.

본질이란 무엇인가? 어떻게 해서 본질이란 것이 존재할 수 있게 되었는가? 그 이유로 세계의 상위 구성에는 하나님이 존재하신다. 현상 간에 존재하는 뭇 사물 존재가 그러하듯, 본질은 존재를 전제한다. 본질이 없는 존재는 없다. 본질이 존재를 구성한다. 본질은 존재 내적 실체이다. 존재의 형태를 불문하고 본질이 내재적이고 무형인 이유이다. 그래서 본인은 일찍이 본질 자체의 존재성을 확정한 이후, 세계의 전체성을 포괄한 본질을 규명한 결과, 핵심 본질이 지닌 본질적인 특성을 통하여 하나님의 존재 형태를 구상할 수 있게 되었다. 그 결과, 세계의 핵심 본질은 한 통속인 통체를 이루었다는 것이었고, 이것이 하나님의 존재 본체를 구성했다.

40) 세계창조론 서설, 앞의 책, p.10.

본질은 하나님의 본체를 이룬 바탕성인 동시에 제반 구성 요소이다. 줄여서 본체 본질이다(본체를 이룬 본질). 하나님의 존체를 이룬 것이 본질이다. 이것이 밝힌 바 하나님의 뜻과 사랑에 의하여 창조 본체로 변모하였고, 통합성을 이루었고, 만물이 창조되고 난 이후로는 만상을 이룬 바탕 근거로 작용되고 있다.

이 같은 본질의 원인성과 근원성과 바탕성에 근거할 때 현상계에 미치고 있는 본질은 거의 무궁한 작용력을 발휘한다. 본질과 현상, 질료와 본질과의 관계 구조 속에는 긴밀한 창조 실마리가 잠재해 있다. 形而上을 창조 이전으로 보고 形而下를 창조 이후로 보면 본질이 있다는 것은 대창조를 증거하고 밝히는 핵심 근거이다. 본질 가운데 천지 만물이 창조된 비밀이 함재되어 있다. 세계는 본질로부터 창조되었다고 해도 과언이 아니다. 본질은 명백히 만물을 이룬 바탕 근거이다. 道가 만물의 어미라고 한 말과 같다. 본질의 작용력이 그러하므로 이 말은 그 상위에 존재하시는 하나님의 창조성에 기인한다는 것과도 같다. 하나님이 본질을 바탕으로 만물을 창조하였으므로 그 작용력은 세계를 구성하고 바탕 지은 진리의 근간을 이룬다. 이것이 만상과 하나님이 밀접하게 연관된 근거이다. 세상의 이법과 원리는 하나님의 창조 원리가 진리화된 것이고 그 결과물이 만성을 이룬 것이나. 본질의 이법화 결정이 진리이다. "본질은 삼라만상 존재와 의지와 근본을 형성시킨 근간일진대, 진리는 이 같은 본질적 요소의 드러남이다."[41]

그래서 우리는 각인된 진리를 통해서 본질의 손새 형태를 가늠할 수 있다. "진리는 우주의 참된 구조 자체이다. 有한 본질상이라 창조 실상을 그대로 대변한다."[42] 우리는 창조의 최초 알파 기원

---

41) 세계본질론, 앞의 책, p.336.

을 찾아 나서지만 본질의 통합성 상태는 만상의 시원을 푸는 근본 열쇠이다. 왜 본질은 만물의 뿌리이되 뿌리는 이미 초월적인가? 창조로 인함이다. 현상계에서는 찾을 수 없었다는 것이 그 답이다. 통합성 내지 통체 본질은 하나님께서 창조를 위해 준비한, 하나님의 命(의지)을 실현할 수 있는 상태이자 존재 속성으로서의 스탠바이 상태이다. 이미 모든 것을 구유한 상태, 이로부터 천지 만물은 창조되고 출발되었다. 命은 의지 작용이고("조물의 원동력, 작용력"43)), 본질은 그 바탕이다. 다 하나인 하나님, 한 몸 안에서 일어난 일이다. 만상이 창조되고 나서도 본질은 한통속을 이룬 이유이다. 그래서 한통속을 이룬 세계 본질의 규명은 하나님의 先在性과 천지창조에 대한 원리적 해명을 가능하게 했으며, 하나님의 실재 위치 또한 시공간 속에서 초월성과 동시 내재성을 추적할 수 있게 하였다. 하나님이 시공간을 초월해서 먼저 존재하실 수 있고, 알파인 동시에 오메가일 수 있는 근거를 확인했다. 창조가 통합성이므로 알파도 통합성이고 나를 뒷받침한 존재 본질도 통합성이다. 표상은 여러 개이지만 궁극은 하나이다. 근본된 본질은 하나이다. 一存, 一本, 一神으로부터 만상이 창조되고 갈래 지어졌다. 그것도 동시에……. 그런데도 천지 만상이 유구한 세월 동안 각자 다른 모습이 된 것은 통합성이 생성함으로 인해서이다. 생성은 영원하다. 본질은 하나님의 존재 본체라 창조 전에도 존재하였으므로 영원한 것처럼 보이고, 실상·만상은 소멸해도 본질은 변함없다. 진리와 본질과 하나님은 영원성 면에서 동일 속성을 지닌다. 본질은 세계의 살아 있는 존재성이다. 하나님의 영원한 존재 본체이다.

---

42) 위의 책, p.298.
43) 세계창조론, 제3편 조물론, 앞의 책, p.56.

그러므로 인류는 본질의 확실한 존재성을 확인하고 하나님의 영
원성을 볼 수 있어야 세계도 영원하고 인간의 추구 생명도 영원하
고 인류의 문명 본질도 영원하리라.

3. 노자의 도

道는 노자가 『노자도덕경』에서 그 개념을 조심스럽게 규정한
이래 동양 사상의 근저를 이루면서 보편화된 개념이다. 儒家에서
도 道는 언급되었지만 주된 철학적 개념으로 자리 잡지는 못한 반
면, 老子(B.C 4세기경)와 그 뒤를 이은 莊子는 道를 중심으로 해
서 중요 사상을 전개했다. 그 성격이 儒家는 인성과 관련히여 天
道를 밝히고 "인간이 가야 할 道의 正路"[44]를 정초하기 위해 노
력했는데(인간의 도덕 윤리), "老 · 莊子의 사상 계통에서 표현하
고자 한 道는 천지자연의 道로서 우주의 본체를 말한 것이었다."[45]
동양의 많은 현인들이 道에 대해서 나름대로의 의미를 첨가했지만
단편적이었던 데 비해, 老子가 서술한 오천언은 道의 생성 주기를
관장한 자로서의 정신적인 차원성을 나타낸다. 세계 최고봉인 에
베레스트 산은 정복한 사람만이 감회를 술회할 수 있듯, 老子는
道로서 도달한 경지 세계를 통해서 인류에게 보이지 않는 또 다른
차원이 있다는 것을 어필했다. 그 道가 무엇이던가? 孔子도 道
에 대해 말했지만, 老子보다 더 상세하게 道의 본실을 파고든 사
람이 없다. 수많은 주석서가 이어졌지만 현대인들도 한자의 뜻을

---

44) 인도징신, 한성규 서, 냉분낭, 1993, p.107.
45) 노자철학 체계, 장세호 저, 소논문, p.166.

풀이한 수준이다.46) 老子의 道를 넘어설 수 있는 정신 경지를 후세인들이 개척하지 못했다는 뜻이다.

정신 의식으로 도달한 세계는 단계적인 차원이 있다. 인류사에서 정신문명을 일으킨 교조들이 모두 그렇다. 누가 예수의 信心을, 佛陀의 覺을, 孔子의 天命 지각 경지를 극복하였던가? 세인들은 성현들이 터 닦은 진리 기반 위에서 세계적 이상을 꿈꾸었을 뿐이다. 어려움이 생기면 다시 돌아와 해결해 주기를 바라면서……. 이것은 인류의 알파 시원인 통합적 상태가(분열을 다하지 않음) 더 원형에 가까워서인지도 모른다. 분열된 현상 세계는 분열이 완료되어야 본질의 전모가 드러나는 법이지만 道는 시원과 통합성 상태에 가까울수록 더욱 오리지널한 작용성이 직시될 수 있다.47)

그래서 정신문명은 고대에 전성을 이루었고 물질문명은 현대에 이르러 극에 달했다. 이 같은 정신문명의 전성시대, 그중에서도 老子는 세계를 바탕 지은 무형의 작용 법칙에 대해 당대의 누구보다도 걸출한 통찰로 불후의 작품을 남겼고, 道라는 개념을 유행시켰다. 이 같은 道가 만상을 근거 지은 본질의 작용 법칙이었다는 것은, 道의 생성 주기가 완료된 하나님의 지상 강림 역사 이후 밝혀졌다. 알고 보면 본질 세계의 진리화 표출 중에서도 老子의 道만큼 形而上인 본질 세계를 거의 완벽하게 드러낸 진리도 없다. 道의 진리화 인식 전모를 일컬어 本體論이라고도 하나 본체적인 바탕성 면모는 儒家의 太極 개념이 가깝게 접근했고, 理는 이법적인 본질인 반면, 모든 개념을 앞세우더라도 道는 본질의 작용 세계를

---

46) 현대인이 아무리 道를 이해하고자 해도 초월 본체적인 우주의 生成論 전모를 각인한 道에 대해, 道 그 자체를 이해하지 못하는 한 道를 이해할 기준 안목이 세상 어디에도 없다 보니 道를 이해할 수 없는 한계선이 분명했다. 이의 해명을 위해서는 道의 생성 과정이 매듭지어져야 하는 유구한 때를 기다려야 했다.
47) 道의 통합성은 분열되기 이전이 더 원형임.

가장 잘 표출시켰다. 神 즉 자연이고, 天 즉 理이듯, 道 즉 본질이다. 그래서 道는 우주 만유의 근원이고 "대립과 분별을 초월하면서 모두를 포괄하는 궁극적 원리이다."[48] 인류가 개척한 문명 속에 이 같은 진리 역사가 있고, 道를 지켰다는 것은 하나님의 창조 세계가 버려질 수 없는 필연적 섭리 결과이다. "희랍철학에서는 우주의 본원을 風·水·氣(공기)·火 등 구체적인 사물로서 규명하려 들었는데, 老子는 전혀 접근 방법을 달리했다."[49] 인류의 문명사적 차원에 접목되지 못한 지성들이 老子가 道를 추상적으로 설명하였다고 변명하지만, 이것은 사물의 본질 특성 관점에서 道를 이해하고자 한 몰이해일 뿐이다. 현대의 첨단 천체망원경으로 우주를 관찰한 것 이상으로 老子는 창조된 본질의 작용 세계를 정확하게 직시했고 상세하게 설명했다. 만 말이 필요 없이 『노자도덕경』의 오천언만으로서도 창조의 바탕 근원인 본질의 존재성을 거의 확정 지어 보였다. "道는 천지를 生하는 근본일진대",[50] 서양의 지성들이 동양에 道가 이룬 진리 세계가 있다는 것을 알았다면 독단적인 唯物論 사상은 파생시키지 않았을 것이다. 道는 지극히 有生的이라, 道의 기반 위에서 唯物論이 거처할 곳은 없다. 道는 지극히 창조적인[51] 동시에 본질적인데도 道라는 개념 하나만으로 온갖 근원성을 집중시키려 하다 보니 宇宙論的 인식이 논리적으로 세분화될 수 없는 단점을 노출시켰다고나 할까? 이런 부분에 대해서는 나중에 儒家의 太極論과 理氣論 등이 부족한 작용력을 메워 나가게 되었다.

---

48) 노자철학의 연구, 김항배 저, 사조연, 1986, p.321.
49) 노자철학 체계, 앞의 소논문, p.166.
50) 위의 소논문, p.167.
51) 道는 곧 창조성이다.

물론 본질의 작용력과 제반 특성에 대해서는 앞의 장에서 윤곽을 잡았으므로 道 역시 본질의 작용 세계를 구체화한 진리인 한 다소 중첩된 부분은 있겠으나, 노자의 道는 보다 원초적이고 원형적인 인식 파편들이다. 미처 언급되지 못한 부분들은 道를 통해 보완하고 상세하게 파고들 수 있다. 道는 창조 세계의 적나라한 표현 자체이다. 老子는 道를 통해 만상을 거침없이 설명하고자 했는데, 물론 현상이 아닌 만물을 이룬 본질 작용 세계를 통해서이다. 老子는 "道가 만물을 생성시킨 근원"52)이라는 것을 여러 가지 각도에서 주장하였다.

> "道는 만물의 宗이고(43장), 만물에 편재하며, 모든 만물에 앞
> 서 존재한다(25장)."53)

宗으로서 편재·앞섬이란 요구 조건을 충족시킬 존재가 있다면 그것은 무엇이겠는가? 老子가 시험을 쳤는데 채점 결과가 거의 올백에 가깝다. 이 같은 성적이라면 道와 法과 神의 본질을 직통으로 꿰뚫고 하나로 묶을 수도 있으리라. 이것이 하나님의 존재 본체와 창조 본질에 대한 적나라한 시사에 해당된다. 道가 천하 만물의 근원인 근거로서 "천하 만물은 有에서 생겼고 有는 無에서 생겼다(40장)."54)라고 했는데, 이것은 도무지 현상 세계에서 확인 가능한 주장이 아니다. 老子가 본 세계는 우리가 보고 있는 세계가 아니었다. 道를 통해서 본 원초적인 창조 과정에 대한 인식과 논리를 확인하는 순간이다. 절묘하다고 해야 할까? 어거스틴이 주

---

52) 인간교육 이론, 김수동 저, 책사랑, 2000, p.316.
53) 천주실의 상권, 2편, p.72.
54) "天下萬物生於有 有生於無."

장한 無로부터의 창조와 같다. 道를 無라고 표현했는데, 有가 無에서 생겼다는 것은 창조되었다는 뜻이다. 그래서 道는 창조 이전의 창조를 낳은 바탕(근원) 본질로서 "無狀之狀이고 無物之象(25장)이다. 無名이 천지의 始이고 有名이 만물의 母이다(1장)."[55]

"만물은 無有에서 나오나니, 有는 有에서 생겨나 有가 될 수 없고 반드시 無有로부터 생겨나야 한다(莊子)."[56]

만물은 반드시 차원을 달리한 바탕체로부터 생겨나야 한다는 인식은 창조 자리를 요구한 것이다. 창조는 발생이 아니다. 그런데도 서양은 進化論을 받아들여 진리로 인정했다. 無有는 존재하지 않으면서 존재하는 창조 이전의 비빙체이다. 그래서 無有이나. 또한 莊子는 말하길, "道는 없는 곳이 없다. 그것은 개미 속에도 있고 …… 오줌과 똥 속에도 있다."[57]

"所謂道 惡乎在?" 莊子曰, "無所不在!"

道는 없는 곳이 없다.[58] 어디에서나 道가 아닌 것이 없는 편재성(널리 두루 퍼져 있음)을 일컬은 것이다. 하나님이 창조 세계에서 無所不在하신 것은 하나님이 천지를 창조해서이고, 창조를 이룬 창조 바탕이 만상을 이룬 근원 바탕으로 존재한 때문이다.[59] 道가 개미 속에도 있고 피-[稗][60] 속에도 있고 똥오줌 속에도 있

---

55) "無名天地之始 有名萬物之母."
56) 장자철학사상에 관한 연구, 심우섭 저, 소논문, p.5.
57) 인간교육 이론, 앞의 책, p.316.
58) 유교철학사상 개설, 앞의 책, p.79.
59) 無所不在性은 하나님의 창소 본제를 인식한 것임.
60) 논밭이나 습한 곳에 자라는 잡초.

다고 한 것은 道가 만상을 이룬 본질로서 존재하는 것에 대한 인증이다. 나아가서는 창조에 대한 인증이기도 하다.

그리고 道는 모든 만물에 앞서 존재한다. 혹은 "無로서 존재 이상의 것"이라는 것은 본질로서도 그렇고 창조로서도 그렇고 하나님이란 존재자로서도 그렇다. "시간과 공간을 초월한 영원불변한 보편성과 항구성과 우주·자연·인생을 포섭하는 절대자"[61]가 될 수 있는 조건은, 그 존재 형태가 만상에 앞서 先在되어야 하고 無여야 한다. 道란 본질체가 그렇다는 것이며, 이 같은 본질 특성은 그 상위에 동행한 하나님의 존재 속성이기도 하다. 아울러서 세계 내의 시공간상에서 드러날 수 있는 하나님의 속성이고 존재 운용 능력이다. 하나님이 그러하셨듯, 道 역시 "만물에 내재하고 있으면서 동시에 만물을 초월한다."[62] 道는 하나님의 존재 본질, 곧 본체 존재이다. 본질과 속성과 운용 특성이 동시 삼박자이다. 그러니까 존재성이 확고한 천지 만상의 근원인데도 "夷·稀·微를 겸한 것으로 인식을 초월한 초감각적인 無始, 無終한 존재이다."[63] 無始無終이란 알파 시원이 동시 창조에 의해 先在되어서이다. 만상을 이룬 본질이 그렇고 규칙인 道가 그렇다는 것이니, 無始無終인 운용 시스템을 갖추어야 창조 본질을 영원히 有하게 할 수 있다.

플라톤은 道와 같은 존재 자리에 대해 "이데아는 참되고 본질적이고 근원적이고 영원한 것이고, 또 불변하고 절대적인 존재이며, 사물의 본질성이다."[64]라고 했는데, 아쉬운 것은 그렇게 판단된 결론만 표현한 것이라, 어떻게 해서 그렇게 될 수 있는 것인지에 대

---

61) 노자의 도에 관한 연구, 정용두 저, 소논문, p.148.
62) 21세기 문명 동양정신이 만든다. 오국주 저, 살맛난사람들, 1994, p.180.
63) 노자의 도에 관한 연구, 앞의 소논문, p.148.
64) 가치론, J. 헤센 저, 진교훈 역, 서광사, 1992, p.212.

한 설명이 결여되었다. 인류로 하여금 이데아 세계로 인도하게 할 구체적인 과정이 없다. 그냥 사진만 찍어 던져 주면서 그런 세계가 있다는 것을 보여 준 것과 같다. 하지만 道는 그렇지 않다. 道의 근원성, 창조성, 생성성, 先在性, 無所不在性, 無始無終性은 한결같이 道의 불변한 항구성과 영원성, 보편성, 편재성, 초월성, 초감각, 절대성을 결정한 본질 운용 체제들이다. "왜 道는 절대무차별이며, 스스로 本이 되고 根이 되는가?"[65] 바탕체인 道가 창조 이전에 차별이 있었겠는가? 극이 나뉘기 전에는 무엇을 本이라 하고 根이라 할 것도 없었다. 無本인 一本이 만상으로 나뉘어 本이되고 根이 된 것이므로, 道는 통합성인 本으로서 원인과 결과가함께 한 상태이다. 원인이 무한하게 소급되는 분열 이전이라, 스스로 本인 동시에 根일 수 있다. 그것이 통합성이고 하나님의 창조본체이다. 곧 하나님이다. 道生一, 一生二, 二生三, 三生萬物인만유 생성의 법칙 근거가 여기에 있다. 道는 통합성인 無이고 一은 本이다.[66] 道를 一切의 本이라고 보았다는 것이 중요하다. 창조 원리를 인식한 것이다. 세계는 A＋x, x＋B＋C로 진척된 것이아니다. 세계의 본질은 A＋(x＋B＋C……)로 만상을 이루었다. A인 통합 본질은 항구불변이다. 하나의 本(근본)인 道로부터 三生萬物했다는 것이 老子가 밝힌 창조 변증법이다. "만물의 최종적인근원으로서 道는 시간적으로 하나님보다도 앞서 존재한다."[67]는말을 기이하게 생각해서는 안 된다. 그렇게 될 수 있는 道의 先在

---

65) 장자철학사상에 관한 연구, 앞의 수논문, p.172.
66) 만물이 발현되기 이전의 통합성은 無이며, 창조되어 발현되었더라도 분열되기 직전은 一本이다. 一本 역시 존재로서의 조건이 성립되지 못해 無인 상태이지만, 만물이 분열하여 생성함과 동시에 의식적으로 지각됨으로써 一本化 되었다(一本은 창조 이전, 생성 이전, 분열 이전임).
67) 천인관계론, 풍우 저, 김갑수 역, 신지서원, 1993, p.120.

性과 본체성을 道生一이란 만유 생성 법칙을 통해 함께 밝힌 것이다. 道의 창생 논리는 곧바로 창조논리로 직결되어 제 방면에 있어 하나님의 존재 근거가 된다. 만상의 근원인 것만이 아니다.

또한 "道는 만물에 대하여 無爲로 작용한다(37장)."[68]는 표현이 있는데, 이에 근거한 無爲自然은 道家의 중심사상이기도 하다. 왜 道는 만물에 대해 無爲인가? 그것은 만물의 존재 이전에 이미 作爲가 있었다는 뜻이다. 창조란 일체 作爲 행위이다. 이미 선행된 창조 作爲 위에서는 만상 가운데 존재하는 어떤 作爲性을 보태도 그것은 無爲이다. 대낮에 불을 켜면 켜나 마나이다. 이미 만상은 창조되었고 作爲되었다. 그냥, 절로 되었다는 말이 아니다. 버스를 탔다면 나는 無爲하나 버스는 作爲이다. 이 같은 선행 창조 作爲가 있어서 천지 만물이 유구하였을진대, 老子는 인간 행위에 있어서도 이를 본받아 人爲인 과욕을 경계한 無爲的 삶의 가치를 선양했던 것이다. 기독교적인 신앙에서 본다면 "내가 원하는 대로가 아니라 하나님의 뜻대로 되소서!"이다. 이미 道를 통해서 선행된 作爲가 있은 만큼, 인간은 "道를 벗어나서 억지로 무리하게 만사를 처리해서는 안 되며, 오직 道에 맡겨 행동을 해야 무엇이든 저절로 이루어진다."[69] 대창조력은 인식되지 않으면서도 엄연히 작용되는 힘이며, 當爲이기 때문에 분별이 안 되는 無爲이다. 老子가 道의 창조 본질을 얼마만큼 깊이 있게 파고들어 갔는가에 대한 시사이다. 이 같은 창조 인식에 근거해서 제 사물에 대한 운용 가치가 파생된다.

"道는 모든 實이 나오는 虛이고 모든 用을 낳는 無用이다."[70]

---

68) "道常無爲而無不爲."
69) 21세기 문명 동양정신이 만든다. 앞의 책, p.181.
70) 노자를 웃긴 남자, 이경숙 저, 자인, 2001, p.145.

사실상 無爲的 작용력은 道가 편재된 그대로 온 누리에 퍼져 있다. 창조는 하나님의 특별한 사랑이고 심혈을 기울인 作爲 메커니즘이다. 그런데 그 作爲性이 온갖 창조 꽃으로서 만발해 있는 만상 위에서는 보편적인 현상일 뿐이다. 어떤 특별함과도 비교될 수 없다. 無爲이다. 하지만 이 같은 푸른 별이 드넓은 우주 안 그 어디에 또 있는가? 왜 절로인가? 作爲하지 않아도 作爲된 無爲는 창조 작용을 절묘한 역설로서 표현한 것이다. 만물에 先在된 道라는 존재 자체가 초감각적이듯, 道의 작용력도 무인식인 無爲이다. 드러나면 파생되는 것이라 근원이 될 수 없다. 無는 어떤 존재도 아직 머물지 않은 자리, 작용하지 않은 자리, 그래서 無는 모든 것을 창조한 作爲의 근원일 수 있다. "無爲 · 無欲 · 無知 · 無名 · 無物 · 無狀"[71]이 道의 본체이고 근원인 본질체이다.

나아가 老子가 道의 생성 법칙을 일관하고 道의 전체 大用을 통관하였다는 사실의 결정적 증거는 "反者道之動(40장)"이라고 본데 있다. "動이 극한즉 반드시 돌아온다."[72] 근본으로 돌아간다는 것이다. 道가 그렇다는 것인데, 여기서의 道는 그러한 道의 작용 법칙이 일정한 순환 궤적을 그리는 것이다. 그래서 우리는 道가 본질체로서 어떤 모습과 형태를 갖추고 있다는 것을 알 수 있다. 道의 體는 본질로서 여러 가지 각도에서 동체성을 시사했는데, 이것은 道가 생성하여 순환한다는 결정적인 근거이다. 道가 되돌아오고 순환됨은 본질이 하나인 體를 이루고 있다는 것이며, 그 이상의 존재로서 구성된 존재 내의 본질이라는 증거이다. 道는 내적본질체라 형체도 없고 끝도 없다. 그러면서도 道는 반드시 그 운

---

71) 노자의 도에 관한 연구, 앞의 소논문, p.147.
72) 노자철학의 연구, 앞의 책, p.75.

동성이 반향된다. 바탕이 그러하므로 "만물은 극단에 이르면 반드시 제자리로 되돌아온다(物極必反)."73) 만상을 영원히 有하게 하는 道의 구조적 作爲 시스템이다. 본질 구조와 운동과 바탕된 특성이 만상 만물과 긴밀하게 연관되어 가히 道가 천지 만물의 근원자라 일컬을 만하게 되었다.

"만물의 시원자, 보편자, 초월적 내재자, 고차적 통일자, 현상계의 지배자……"74) 총괄하여 창조주 하나님이시다. 모든 道의 본질을 지혜를 다해 밝힌 분, 이 땅에 강림한 보혜사 진리의 성령이시다. 道는 우주 내의 어떤 物에서도 존재하듯 하나님도 그러하고, 삼라만상이 道의 현상이듯, 동시에 하나님의 창조물이기도 하다. 道 외에 萬有가 없고 萬有 외 道가 없는데, 하나님은 道와 萬有조차도 일체를 품 안에 두신다. 道의 발현이 만물이라,75) 하나님도 만물을 떠날 수 없다. 하나님의 존재 본체가 化한 것이 道이고 만물이다. "만물과 인간의 활동 일체가 道의 규정성에 의해 진행된다."76) 하나님의 구속 의지에 대한 道的 표현이다.

동양의 覺者들이 하늘 가운데 편만한 道의 기운으로 우주의 근원적 실재성을 지각하고 하나님의 창조 사실과 존재 본체를 드러내려고 하였다는 판단은 老子의 道를 통해서 볼 때 거의 확증적이다. 하나님의 창조 목적을 실현하기 위한 섭리가 인류의 문명 역사에서 거의 동시에 이루어졌다. 출발 위치가 동일하다. "하나님이 성령의 역사를 가시화시킨 이래 기독교를 통해서는 하나님이 존재 의지를 분열시킨 역할 분담이 있었고, 동양은 道를 통해 하

---

73) 중국철학 개론, 앞의 책, p.120.
74) 도덕경에 나타난 노자의 도에 관한 연구, 김승동 저, 소논문, p.24.
75) 장자철학사상에 관한 연구, 앞의 소논문, p.2.
76) 천인관계론, 앞의 책, p.120.

나님의 존재 본질을 진리로 갹출하는 데 一家를 이루었다."[77]

이 같은 노력 성과를 총괄하여 하나님이 창조 본체를 드러내시고 강림하여 後天 시대를 개창할 수 있게 된 것이나니, 만약 2,500년 전에 老子가 道의 본질성을 진리로 각인시키지 않았다면 오늘날 강림한 하나님이 무엇을 근거로 존재 본체를 어필할 수 있었겠는가? 유구한 세월을 바친 생성과 道의 완성 자리에 창조주 하나님이 정좌하셨으니, 이분이 인류 지혜의 총괄자로 강림한 보혜사 하나님이시다.

4. 유교의 심

과거에는 찾았으나 지금은 찾은 그것이 필요가 없어졌다고 해서 버린 사람이 있고, 과거나 지금이나 아무것도 찾지는 못했지만 지금도 계속 찾고 있는 사람이 있다면 어느 쪽에 더 희망을 두겠는가? 동·서양이 추구했던 문명 본질의 결말이 여기에 속한다. 서양은 과거에는 神의 은혜로 충만되었으나 지금은 神을 버린 문명인데, 동양은 아직까지 神을 보지 못했지만 神을 찾아 나선 문명이다. 무엇이 더 소중한 문명이겠는가? 동양의 天 → 理 → 性 → 心을 통한 존재화 과정이 그 주된 백이다.

先天에서는 인격신이든 이법신이든 한편만의 얼굴로서는 창조주 하나님으로서 존재한 본체를 완성시킬 수 없었다. 그래서 인격신은 이법을 體고 해야 했고 반내로 이법신은 體의 존재화를 지향했다. 절대 인격신의 이법화에보의 전향 노력은 서양에서 두드러진 역사 발자취인데, 스피노자 등에 의해 주도된 인격신의 汎神論化

7/) 세계수행론, 졸저, 완본, 2006, p.423.

와 볼테르 등이 제창한 理神論化 등이 그 예이다. 그리고 이것은 儒家의 天卽理에서 心卽理에로의 이행 노력과 대비된다. 하나님의 존재성을 드러내기 위한 만법귀일 섭리 일환이 서양에서는 인격신 → 이법신으로, 동양에서는 이법신 → 인격신으로 섭리 방향을 달리 해서 나타났다. 종교 다원론자들은 神에게 인격을 부여하는 것은 서양 신학의 산물이라고 하여 강한 저항을 보였다. 그들은 제 종교에서 주장하는 神格들이 모두 동일한 神임을 역설하였고, 神의 종교성보다는 추상적인 개념으로서의 철학적인 神을 선호했다.[78] 언급한 바 하나님은 인간만의 하나님이 아니고 만물을 창조한 하나님인 이상 일리 있는 생각이다.[79] 그래서 인격성을 해체하는 작업이 이루어지기도 했지만, 문제는 이법으로서도 神의 모습을 재조합하지 못했다는 데 있다. 그러니까 결과는 神의 인격성마저 잃어버리게 되어, 이것도 저것도 아닌 神이 되어 버렸고(神 아닌 神), 서양 문명의 주류 파동이 神을 등져 버린 결과를 초래했다. 神을 버려 神이 존재해도 보지 못하게 된 심각성을 인류는 알고 있는가? 神이 없어서 보지 못한다면 그것은 당연하지만 살아 계신데도 내버렸다면 이것은 두려워 해야 한다.

이에 비해 동양은 하나님의 지상 강림을 위한 섭리 목적에 발맞추어, 보지 못했는데도 불구하고 충실하게 하나님의 본체를 맞이하기 위한 이법의 존재화 작업을 추진했다. 세계의 진리화가 존재화, 인격체화로 완수되기 위해서는 더한 세계 완성과 규명 성과가 있어야 했지만, 하나님이 강림을 하신 결과론적인 관점에서 보면, 하나님이 이루고자 하신 섭리 목적에 한 치도 벗어난 것이 없다. 불

---

78) 종교 다원주의와 타 종교 선교전략, 전호진 저, 개혁주의신행협회, 1992, p.71.
79) 만물에게 있어서 하나님은 理的인 하나님인 것이 맞다.

교만 보더라도 "불교가 神이 없는 종교라는 것은 너무나도 상식적인 일"80)로 여겨지는데, 불교가 절대 無神論的인 종교라고 하는 것은 불교라는 종교 자체에 대한 몰이해이기 이전에 판단한 기준 관점인 神의 존재 본체를 잘못 이해한 세계관에 근거한 것이다. 불교에서는 흔히 "一心法界"81)라는 말을 쓰며, 이것은 儒家의 心即理 사상과 더불어 세계를 인격적으로 존재성화한 것이다. 아직 모습이 하나님으로서 완성되지는 못했다 하더라도 완성시켜 간 전 단계이다. 一心法界뿐만이겠는가? "四法界가 곧 法身"82)이라고 본 것도 儒家가 理로부터 心에로의 과정을 거친 것처럼, 法의 法身化를 통해 이법의 존재화를 추진한 것이다. 그 理와 法과 나아가서 道가 본체를 구성할 때 하나님이 강림하실 것이었다. 一心法界와 心即理 등이 불교와 유교가 도달한 세계의 존재화 상태였다면, 신유학에서 理의 인성화를 도모했던 역사 역시 같은 맥락이다.

이 같은 섭리 특성은 老子라고 해서 예외가 아니다. 老子도 사실 존재의 원리가 되는 道로부터 덕성을 추출하고 道와 하나된 인간을 이상향으로 삼았으며, 性即理나 道即德 지향은 서양이 神을 인격화시켰던 것과 같다. 차이점은 동양은 하나부터 끝까지 모습을 자체로서 구성해 나가고자 했는데, 서양은 처음부터 끝까지 하나님으로부터 계시된 것을 신잉한 데 있다. 道家는 道와 德과 자연과의 관계에 있어서 道로부터 말미암은 "德은 인간만이 가진 것이 아니라 오히려 만물과 통할 수 있고 공유할 수 있는 것"83)으로

---

80) "불교는 다른 종교에서와 같은 神을 가지고 있지 않으며, …… 오직 인격적 神의 관념을 완전히 버린 자라야만 불교를 알 수 있으리라." 인도 철학사상, 원의범 저, 집문당, 1988, p.261.
81) 동양윤리사상, 김길환 저, 일지사, 1985, p.240.
82) "一法도 法身 아님이 없다. 일체의 현상 그대로가 바로 法身인 것이다." - 동양 철학의 본체론과 인성론, 앞의 책, p.74.

보았으며, 이것은 종교 다원론자들이 神의 인격성을 다각화하고 다각도로 분배하고자 한 노력과 같다. 언젠가는 그렇게 되어야 하고, 그렇게 추진되는 것이 세계 완성을 위한 이상적 지향이다. 어떤 길이 보다 합리적이고 영원히 무너지지 않을 탄탄대로인가? 서양은 너무 일방행으로 하나님의 절대 의지에 의해 구속당한다고 생각한 인간이 이를 저항해 해방을 부르짖고, 급기야는 神을 버린 逆行 노선을 걷고 말았지만, 동양은 객관 道(理)로부터 충실하게 세계의 존재화 구성 역할을 수행함으로써 하나님의 지상 강림 역사를 예비했다. 그 대단원에 걸친 섭리행이 유교가 이어 온 연면한 추구 맥을 통하여 표출되었다.

유교에서 말한 天이 참된 의미에서의 하나님인가 아닌가 하는 문제를 검토하다 보면 항상 기독교가 제시한 神에 대한 가이드라인에 의해 자격 미달 판정이 나고 만다. 유교에서 신봉한 天은 오랜 세월을 두고 완성을 기한 神이라, 기준에 못 미칠 것은 당연한 일이다. 하지만 언젠가 완성될 것이라면 이런 것은 그 전에 잠재된 가능성을 확인하는 것이 중요하다. "詩經과 書經에 나타난 周代의 天은 기독교의 神과 같은 의미의 창조신은 아니더라도 주재적, 인격적, 의지적인 天으로 표현되었고, 내부에는 이법적인 성질이 존재했다."[84] 이때의 天은 인간들에 의해 그렇게 생각하고 표현된 天일 뿐, 기독교처럼 어떤 체계적인 성령의 역사로서 엮어진 바는 없다. 섭리상 이법화의 단초를 이룬 역할이다. 이것이 孔子代에 이르게 되면 天이 탈인격화하면서 도덕 법칙적 天으로 변모되며,[85] 이후로는 객관적인 질서를 나타내는 법칙성화의 길을 걷

---

83) 위의 책, 247.
84) 공자의 천관에 관한 연구, 앞의 논문, p.7.
85) 위의 논문, p.32.

게 된다.[86] 곧 가치화된 인간이 마땅히 향하고 지키며 인격으로서 완성해야 할 仁·義·禮·智·信 덕목은 다름 아닌 天으로부터 추출된 품성이었다. 天은 理로 존재하는데, 그 理가 인간의 마음 속에 내재하게 됨으로써 天理는 인간으로서 마땅히 해야 하는 도리가 된다. 天의 理가 인간의 性을 이루어 도리로 구성된 것이 仁·義·禮·智·信으로 대표된 性의 理, 인간성의 이치 도리, 理의 인성화, 天의 품격화이다.[87] 과연 天理가 인간의 性을 이루고 인간의 마음속에 내재해 있다면 인간은 어떻게 살아야 할까? 그 존엄함이 하늘에 가 닿지 않겠는가?[88]

그래서 宋儒의 거장들은 본격적으로 天의 理化를 통한 인성화 작업에 돌입했다. 성리학자들은 天의 품성인 仁·義·禮·智·信을 현실 가운데서 구현할 원리적 논거로서 찾기 시작했는데, 그 주된 캐치프레이드가 곧 性卽理이다. 이천은 人性이 곧 理라고 하였다. 理가 인간 생명의 性이라고 규정함으로써 人性論에 새로운 시대를 열었고, 섭리상으로는 天의 理化에서 性化 단계로까지 진입했다. 하나님이 태초에 천지를 창조하셨지만, 세상 가운데 남겨진 것은 창조의 근거 흔적인 理(眞理)뿐이다. 이 理가 天을 통해 이법화된 후로 하나님의 존재 원형을 구성하기 위한 대장정이 이루어졌는데, 이것이 이천의 경각-驚覺에 의해 性化 단계에까지 이르렀다.

---

86) 위의 논문, p.15.
87) "성리학자들은 주로 심성 문제를 깊이 탐구했는데, 그런 과정에서 仁·義·禮·智와 같은 덕목을 理가 발현된 것으로 규정함." - 신비문화, 2004 서울, 제4호, 남명학 연구원, p.48.
   理가 仁·義·禮·智란 덕목으로 발현되기 위해서는 결국 그 理가 인격적으로 품성화되어야 했음.
88) 위의 책, p.48.

"性은 곧 理다. 理는 요순으로부터 도인-塗人에 이르기까지 동일하다."[89]

"이천의 性卽是理라는 한마디는 인성론사에서 볼 때 새로운 견해임이 틀림없지만",[90] 이 말이 한편으로는 인간의 性이 理라는 뜻을 넘어서 理가 性을 이루었다는 뜻이다. 理가 인간을 창조했다. 곧 하나님이 인류를 창조했다는 말과 같다. 서양의 進化論은 인간과 만물이 여러 가지 환경 요인에 의해 형태상·기능상에 변화가 있은 것으로 보았을 뿐, 그렇게 존재하게 된 어떤 이치성을 드러내지는 못했다. 進化論은 법칙과 원리가 아니다. 인간은 수억 년 동안 조합된 우연의 종합물일 뿐이다. 그런데 유교는 처음부터 天의 본성을 이법화시켰고, 다시 이것을 性化시킴으로써 理를 통해서 인간을 볼 수 있게 되었다고 한 이 견해는 중요하다. 進化論은 도무지 理나 이치가 인간과 만상이 되었다는 생각이 없다. 그런데 性卽理는 理를 통해 세계를 존재화, 인성화한 길을 텄다. 性과 理를 직결시켰다. 理의 인격신화를 위해 한 걸음 나선 발판이다.

그렇지만 宋儒들이 추구한 理 중심의 본연에서 볼 때, 性卽理 입장은 만상에 걸친 理의 보편화 과정에서 강상-綱常[91]의 질서와 윤리 질서를 확고히 하기 위해 人性論이 강조된 것일 뿐이다. 理는 氣라는 개념과 더불어 천지 질서를 설명한 宇宙論으로서 구축되다 보니 理의 확대된 존재화가 진척되지 못했다. 여기에 때마침 주장된 육상산(1139~1192)의 心卽理가 理의 존재화를 심화시키는 결과를 낳았다.[92] 상산이 주장했던 心은 본심이고 도덕적 理

---

89) 하남정씨유서, 제18, 이천선생어-동양철학의 본체론과 인성론, 앞의 책, p.254.
90) 위의 책, p.254.
91) 三綱과 五常, 곧 사람이 지켜야 할 도리.
92) 보혜사 하나님은 세계의 본질을 존재화시키고 완성시킨 섭리역사(진리의 성령)를

이며 우주의 근원으로서의 道였다. "사단 - 四端은 곧 心이요 天이 나에게 부여한 것도 이 心이다. 사람은 누구든 心을 가졌으며, 心은 理를 구비하였으므로 心卽理이다."[93] 상산은 모든 사람들이 과실을 저지르고 물질에 유혹되어 본심이 가려지는 이유가 본심을 구하지 못하는 데 있는 것이라 여겼다. 진실로 마음이 존재하면 이 이치 또한 자명하다. 그래서 그는 절대로 지리 - 支離하지도 않고 일체의 사리를 외물상에서 구하지 않았다. "육경은 모두 나 자신의 각주인 것이다."[94] "程·朱에서 心의 우위에 섰던 理는 상산에서 心과 卽一의 관계로 되어 마음의 理가 우주의 실재로 강조되고, 心과 우주가 一元化되는 철저한 주관적 唯心論으로의 출발을 보이게 된다. 理는 이제 마음을 떠나서 존재하는 것이 아니라 마음이 곧 理인 것이다."[95] 물론 마음속에서 理를 구하였다는 것은 그렇게 해서 구한 마음의 理가 아무리 객관적이라도 주관성의 바탕 위에 있은 것만은 틀림없다.

하지만 유교가 상산에 이르러 理를 心으로 본 것에 대한 세계관적 의의는 참으로 크다. 세계의 一體化와 존재화에 대한 일대 노력일 뿐 아니라, 理의 품성화를 통해 세계를 인격신으로 존재화하려는 한, 본질의 객관적인 전환 노력이다. 여기에 유교 진리의 섭리 역할이 있다. 세계는 心이 주체화되어야 존재로서 완성된다. 세계를 원소적으로 세분한다면 空이 있고 色이 있고 心이 있을 뿐이다. 그런데 여태까지는 空(본질, 道의 세계)과 色(물질세계)에 대해서는 나름대로 역밀 분담이 있었는데, 心의 존재성에 대해서

통해 강림하셨다.
93) 중국 근세철학사, 앞의 책, p.191.
94) 중국철학사, 앞의 책, p.29.
95) 양명철학의 연구, 앞의 책, p.81.

는 미진했다. 이 같은 心이 空과 色에 대해서 견주어진 주관성을 벗어나 우주의 중심에 선 世界心이 될 때, 진리를 통한 세계의 존재화 목적은 비로소 달성된다. "세계 내에서 心의 존재성과 객체성과 주체성을 동시에 확인할 수 있어야 세계의 인격체화가 달성되는 것이고, 하나님이 세계를 기반으로 한 존재자로서의 본체 화현과 강림이 실현된다. 하나님이 心, 즉 뜻으로 천지를 창조하시고 의지로 주재하신 주체 원동력을 찾을 수 있다."96) 이 같은 인류 역사의 섭리적 틀 안에서 유교는 心의 의지 본질적 주체성을 포착했다. 心은 존재의 주체이고 인식의 주체이며 우주를 포유하고 함께할 수 있는 원동 요소이다. 가장 본질적이다.97) 알고 보면 인류가 뜻을 갖추어 하나님에게 도달할 존재의 주체 요소도 결국은 心이다. 마음의 理, 즉 본질 작용이 존재를 神聖化하고 차원적으로 격상시켜서 존양, 헌신, 일치, 합일시킨다. 道가 마음을 벗어난 적이 없듯, 하나님은 내 마음 안에 계시다. 心卽神이다.98) 理의 존재적 지향이 유심주의이다. 진리가 마음에 집약된다.

그래서 상산의 心卽理說은 明의 왕양명(1139～1192)이 제창한 致良知說에 이르러서 정밀한 이론 체계로서 확립된다(양명철학).99) 양명은 성인의 학문은 단지 하나의 心學으로 단정하고 "천하에는 마음 밖의 事가 없고 마음 밖의 理가 없다."100)고 했다. 마음속에 있는 良知는 마음이 본체이며 동시에 天理라, 학문의 최종적인

---

96) 세계수행론, 완본, 앞의 책, p.415.
97) 마음은 다분히 본질적인 작용의 요소를 갖추어 충분히 마음이 곧 理라고 할 수 있다. 마음이 존재의 본질적인 요소를 함유한 것인 한에서 心卽理일 수 있는 요건을 갖춘 것임.
98) 중국 근세철학사, 앞의 책, p.189.
99) 양명철학의 연구, 앞의 책, p.13.
100) "天下無心外之事 心外之理."

궁극성은 致良知에 있을 뿐이다.[101] 세계의 존재화 지향을 양명이 가닥 잡았다. "맹자로부터 先天的이고 직관적인 인식능력으로 말해졌던 良知는 왕양명에 의해서 그러한 인식 능력을 포괄함과 동시에 나아가 心의 본체로서 조화의 精靈 및 만유의 근원으로 고양되었다. 朱子는 만물의 근원을 太極으로 보았고 양명은 心으로 보았으며, 이것은 理學과 心學의 가장 근본적인 차이이다."[102] 이들이 각자의 주관을 굽히지 않았던 것은 세계사가 존재화를 지향한 과정에 있어 서로의 진리성을 내세우는 데 급급한 때문인데, 향후 太極이란 본체성의 중심 자리에 주체성인 心이 안주함으로써 창조주 하나님은 명실상부한 우주의 주인자로서 등극되었다. 이같은 대역사의 결실을 볼 수 있게 한 것이 儒家 선현들의 지고한 노력 덕분이다. "朱子는 세계 속에 사물의 본성으로 내재해 있는 理를 탐구하는 것을 학문의 출발점으로 삼았으며(대상 세계에 대한 지식 중시)",[103] 이것은 理의 존재화 지향에 있어서 섭리 의도에서 벗어난 것이었다.[104] 그래서 理의 사물화에 문제를 제기하고 방향을 튼 것이 心學이다. "朱子는 理가 心을 떠나 독립할 수 있다고 생각했지만 양명은 사실상 혹은 논리적으로 心이 없으면 理역시 없다고 생각했다."[105][106][107] "주자학의 卽物窮理는 필경 心과 理의 기리를 좁힐 수 없는 것이라",[108] 양명의 주자학 비판은

---

101) 중국철학사, 앞의 책, p.29.
102) 양명철학의 연구, 앞의 책, p.240.
103) 동아시아의 사상, 오이천 저, 예문서원, 2003, p.158.
104) 세계의 理化 인식이 본질적 創造論으로서는 대성되었음.
105) 중국 근세철학사, 앞의 책, p.250.
106) "朱子는 理는 만물 즉, 사물의 이치를 따져 밝히는 데 있다고 했고, 양명은 理는 物에 있는 것이 아니라 人心에 있는 것이라고 했다(전습록)." - 중국의 유가와 도가, 임계유 편저, 권덕주 역, 동아출판사, 1993, p.223.
107) 하나님이 말씀으로 천지를 창조하셨다는 것과 동일 인식임.
108) 중국 근세철학사, 앞의 책, p.249.

타당한 것이다. 의도는 세계사의 섭리 뜻과 일치되지 않았다 하더라도 세계의 理的 현상 가운데서 心의 존재성을 강력하게 요청하였다는 것은 우주 만상 가운데 홀로 계신 하나님과 더불어 있는 존재 요청이다. 동양은 본질적으로 하나님의 존재를 요청하고 있었고, 찾고 있는 문명으로 지상 강림 기반을 터 닦았다. 양명은 적어도 주어진 이 세계가 완성을 기할 수 있기 위해서는 반드시 충족되어야 할 요소가 무엇이라는 것 정도는 알고 있었다.

아무리 보편의 理가 득세해도 주체 의식과의 관계가 해결되지 못하면 소용이 없다. 우선적으로는 天理와 합일될 주체 의식의 근거를 확립해야 하겠지만,109) 이것은 나아가 세계와 관계된 絶對心으로서 확대되어야 한다. "物理가 밖에 있지 않고 마음이 곧 物理 (心卽理)"110)라고 할 때, 이것은 天理에 소속된 지엽적 心이자 보편 理를 마음속에 가둔 주관적 心이다. 이 心이 萬理를 구족한 절대 본연이자 至靈 · 至善한 본체가 될 수 있을 때,111) 우주심이 될 수 있고 창조심이 될 수 있으며 천지 만물을 창조한 하나님의 마음자리가 될 수 있다.

"心의 전체는 담연허명 – 湛然虛明하여 萬理를 모두 갖추고 있다."112)

그렇다면 心을 理로부터 독립시키고자 했던 양명 역시 비판받아 마땅하다. 心이 우선은 만상으로부터 독립할 수 있어야 하겠지만, 언젠가는 절대 본연으로서 만상을 초월해서 존재할 수 있어야 한

---

109) 양명학, 양국수 저, 김형찬 · 박경환 역, 예문서원, 1995, pp.24∼25.
110) 양명철학의 연구, 앞의 책, p.96.
111) 주자철학에 있어서 공맹 천인관의 승수와 전개, 앞의 논문, p.165.
112) 주자어류, 권 5 – "心之全體 湛然虛明 萬理具足."

다. 理의 존재화와 心의 주체화가 병행해서 추진되어야 했다. 心만의 단독 주행은 불가하다. 그래서 주자학과 양명학은 대립된 관계가 아니라 항차 절대심의 주체성을 내세우기 위한 양대 기둥의 초석 다짐이다. 선현들이 세월을 두고 고심한 이면에는 반드시 이유가 있은 것인데, 결국 큰 줄기에서 보면 理의 존재화, 인격화 과정에 理의 性化, 心化 과정이 있은 것이고, 이것은 理가 지닌 보편적인 창조성을 절대 본체로서 인격화하기 위한 치열한 지적 작업이다.113)

> "心은 만 가지 理를 포함하고 만 가지 理는 하나의 心에 갖추어 있다."114)

理의 단행석인 心化 과정은 지극한 주관주의의 온상이다. 理의 존재화 작업 과정을 거쳐야 그 가운데 절대심이 안주될 수 있을진대, 이 理의 세계 본질화 작업에 유교의 주된 역할이 있었다. 理는 몸이고 心은 그 눈이다. 그래서 주자학은 몸통학으로서 근세 이전까지 700년간 동아시아 사회를 지배하면서 세계를 존재화, 본체화, 창조체화하기 위한 충분한 숙의 과정을 거쳤다.

---

113) "性卽理와 心卽理의 대립이 마음과 性의 두 개념이 지닌 내포·외연의 광협 관계에 그치는 것이라면 이 둘 사이에는 질적 차원에서의 차이가 있을 수 없다." - 불교와 유교, 아라키겐고 저, 심경호 역, 예문서원, 2000, p.419.
114) "心包萬理 萬理具十一心(수자어류 상, 권 9, 학 3, p.208)." - 범주로 보는 주자학, 오하마 아키라 저, 이형성 역, 예문서원, 1997, p.312

제4장

도덕의 타락 근거

1. 도덕의 본성적 타락 원인

인류가 끊임없이 진리를 추구하였다면 도덕성도 함께 병진해서 탐구한 발자취를 남겼다. 우주란 무엇인가, 진리란 무엇인가, 인간이란 무엇인가란 문제를 탐구하다 보면 인간은 어떻게 살아야 하고 무엇을 위해 살아야 하고 행동해야 할 것인가에 대한 방향 설정과 기준, 도리, 목표 등이 문제시된다. 세상에 대한 온갖 궁금증을 담당한 철학의 주요 몸통 구성도 存在論, 認識論과 함께 價値論이 인간의 윤리 도덕 문제를 주제로 하여 주요 진리의 탐구 영역으로 설정되어 있다. 동양의 儒家에서는 宇宙論과 人性論이 밀접한 관련을 가졌고, 오히려 인성의 제반 문제를 해결하기 위해 宇宙論이 전개된 듯한 인상마저 있다. 학문 역시 인성 문제를 중심으로 해서 펼쳐졌는데, 여기에 대한 정론 - 正論은 인류 사회를 이끄는 중요 원동력으로서 작동되었다. 사회가 도탄에 빠지고 질서가 무너졌다고 생각되었을 때, 정치가들은 혁명과 제도의 개혁을 통해서 바로잡고자 한 처방을 내렸다면, 성현과 철인들은 보다 항구적인 처방책을 밝힘으로써 인류가 실천해야 할 고귀한 가치를 캐치프레이즈화해 윤리와 제반 道德論을 체계 짓기 위해 진력했다. 인간이 있는 곳에는 항상 도덕으로 인한 문제가 발생했고, 삶이 있는 곳에는 윤리에 관한 고뇌가 있었다. 윤리 도덕은 인류의 지성사에서 무언가 체계 짓고 싶은 끊임없는 관심사였다.

그만큼 道德論은 인류의 정신사를 주도하였고 수없는 세월 동안 논의되었는데도 불구하고 아직 正論은 없다. 도덕은 인간과 사회가 피폐되었어도 원인으로서 작용해야 하지만 태평성대를 누리는 상황에서도 항상 떠 있어야 하는 태양이다. 도덕성은 사회와 인류의 본성을 가늠하는 척도라 언젠가는 정립이 요구되었는데도 正論이 없다는 것은, 이것이 오늘날 인류가 당면한 도덕적 피폐상을 가늠하게 하는 주요 원인이다. 도덕만큼은 성현들의 말씀이나 논리 주장에만 의존할 수 없는, 대우주의 생성과 연관된 문제라 반드시 세계 규명 절차를 따라 원리적으로 해명되어야 한다. 먼저 하늘에 근원된 인간의 본성이 명백하게 밝혀져야 인간이 天倫에 근거해서 어떻게 살아야 할 것인가에 대한 人倫의 법칙과 價値論이 거론될 수 있고, 天倫에 어긋난 죄악의 본질이 간파될 수 있다.[1] 누구라도 이 시대의 도덕적 참상에 대하여 타락한 세상을 도덕 · 윤리적으로 개혁할 의도는 가지고 있을 것이나, 활발하게 표면화되지 못하는 이유는 무엇인가? 선결되어야 할 과제 때문이다. 우주와 본성의 본질 실타래를 모두 끄집어내어야 본질 작용으로 엮어 낸 윤리, 도덕, 가치, 죄악, 영생의 문제를 거론할 수 있다. 인간의 가치 본질과 인성의 본원과 윤리 · 도덕의 문제는 분리될 수 없다. 우주의 핑조와 생성 및 하나님의 뜻과 연관하여 통합적이다. 결국 인간의 도덕 윤리적 본성은 나를 낳고 모든 것의 근원이 된 天이 발원한 의지 뜻(질서)에 부합해야 하는 것 외 아무것도 아니

---

1) 우주론 → 창조론 → 본성론 → 도덕론 → 가치론 → 심판론

다. "우주 속에 眞·善·美에 이바지할 창조적 정신이 존재할진 대, 인간은 善한 삶을 실현시키기 위해 이 같은 목적에 협동하도 록 해야 한다. 인간의 태도와 행위는 인간이 필요로 하는 것 외에 우주의 기본적인 구조와 과정에 일치해야 한다."2)

인간의 본성이 무엇인가? 인간은 홀로 독자적일 수 없는, 부여 된 존재이다. 그런데도 독립성을 선포하였다면? 인간의 우주를 향 한 관여성과 우주로부터 인간을 향한 일체 天意性의 소통 교감로 가 차단된다. 오늘날 인류의 도덕적 피폐상은 바로 天意와의 단절 로 인해 본성 본질이 오랫동안 고여 버린 관계로 썩어 버린 일대 현상이라는 것을 진단 하고자 한다. 누구라도 문제의식은 가질 수 있으되, 문제는 어떻게 핵심을 잡아 시도, 준비, 해결할 수 있는가 이다. 본원을 알고 원인을 진단해야 피폐한 도덕성을 재건할 실마 리도 찾을 수 있다. 도덕 윤리에 대해서 어떤 생각을 가지고 합당 한 관점을 확보하였는가? 선결된 과제를 해결하였는가? 인류가 끊 임없이 도덕성을 추구한 것은 이 같은 관점의 우위성을 확보하기 위해서였다. 과정에서는 결론이 추출될 수 없다. 先天에서의 진리 추구 역사가 그러하다. 연면한 과정과 역사가 있어 오늘날 바야흐 로 정론을 확립할 수 있는 때를 맞이하였다고나 할까?

인류의 도덕성 역사는 天과 人과의 올바른 관계 설정을 위해 모색, 탐구, 의심, 추방, 반동, 거부, 회심, 복귀하고자 했던 몸부림 이었다고 해도 과언이 아니다. 天을 어떻게 보았는가에 따라 人의 위치와 가치 척도가 변한다. 眞·善·美는 얼마만큼 天의 질서에 부합하는가의 여부에 달렸고, 일치된 상태 그것이 至善이다. 어떻 게 하면 인간의 일체 행위가 天의 질서, 혹은 하나님의 뜻에 부합

---

2) 가치론의 문제와 역사, 이대희 엮음, 정림사, 2001, p.63.

하고자 했는가를 모색한 것이 윤리의 정립 과제이다. 일치성이 윤리를 성립시킨 근거이다. 天倫을 지향한 인간 본성의 추구 목적이 없다면 인간에게 있어서 윤리는 존재할 이유가 없다. 끊임없는 관계성을 모색하는 과정에서 서양의 기독교는 그들 식으로 神人 관계를 설정했고 동양의 유교는 유교식으로 天人 관계를 모색했는데, 양자 모두 너무 神과 天에 대해 절대성을 부여하는 바람에 만민 평등과 자유성이 저해되었다. 봉건적인 계급 질서를 유지하는 데 필요한 이념으로서 도구화되어 버려, 이에 대한 반동 의지가 역사상 인간만의 세상을 모색하게 한 결과를 낳았다. 면면하게 지속되었던 天人 간의 관계 고리가 끊어졌다. 그리하여 표면적으로는 산업 혁명에 따라 생산 체제가 급격하게 변화되고 삶의 양식이 전환됨에 따라 인류의 추구 가치가 달라졌다고는 하지만,3) 그 속 내 원인은 인류의 도덕성을 붙들어 주었던 天人과의 교감 단절에 있다. 인간을 인간답게 했던 도리(윤리)의 생성 젖줄이 끊어져 버리니까 인간의 본성에서 이기심이 발동하여 "金權과 權力이 난무하고 물질 만능과 향락 지향 풍조에 편승하여 건전한 윤리 규범이 내동댕이쳐졌다. 전통적으로 지켜 왔던 윤리적 도덕률이 산업사회에 따른 구조적 변화에 대처하지 못하여 새로운 인간관계에서 발생히는 새로운 유형의 문제들을 해결할 윤리 규범을 확립하지 못했으며, 비인간화 현상이 가속화되었다."4) 선진 산업사회에 있어서는 윤리보다는 기술이 통제와 지배의 새로운 형태로 등장하게

---

3) "현재 사회가 도덕성이 위기를 맞고 있는 이유를 기의 예외 없이 인류의 산업화 과정에서 일어난 구조변동에서 찾고 있다. 즉 농업적 생산 방식에 의한 농업사회에서 공업적 생산 방식에 의한 산업사회에로 사회 자체가 구조적으로 전환함으로써 기존의 윤리, 질서 모델이 더 이상 작동할 수 없음으로써 일어난 현상이라 구명하고 있다." ─ 공자 사상의 발견, 윤사정 외 저, 민음사, 1992, p.335.
4) 맹자의 인격 수양론, 라만기 저, 소누문, p.17.

되었고, 산업사회의 초기 단계부터 인간의 권리와 자유는 고도로
발달한 기술에 굴복하게 되었다(마르쿠제).5)

天倫이 단절된 상태에서 인간의 본성 탐구 문제를 뒷전으로 내
몬 것은 다름 아닌 인간들 자신이다. 옛날에는 그나마 본성을 수
호할 인격 수양과 마음 수련 공부 문화가 팽배했었는데, 지금의
복잡한 생활 여건은 도무지 그런 가치관을 추구하고 정열을 쏟을
수 있는 여유를 허락하지 않는다. "실존주의 철학의 대두는 개개
인의 인간성을 말살시키는 이 같은 현대 산업사회의 비인간화를
저지하기 위한 반항이었지만",6) 비인간화의 핵심 원인을 바르게
진단하였는지는 의문이다. 고대로부터 중국의 "순자는 세상이 이
토록 타락하고 인간이 비인간화하는 것은 인간의 본성이 본래부터
惡하기 때문이라고"7) 하였는데, 정말 인간이 어느 시대에서 삶을
호흡하건, 天倫과 도리를 자각하지 못한 상태에서는 언제라도 惡
하게 될 소지를 지닌다. 그런데 지금의 인류 전체가 집단적으로
인간성 상실의 냉혈 상태에 빠진 것은 다분히 인류가 직접 저지른
역사적 과오에 근거한다. 인류는 의도적으로 성현과 선지자들이
쌓아 올린 神權 질서를 무너뜨렸을 뿐 아니라, 르네상스 이후 숨
가쁜 세계사를 소화하면서 지리상의 발견, 과학이란 자연 탐구 방
법론 개관, 산업사회로의 돌입, 進化論의 확산, 무신·공리·실용
·유물 사상 등을 맹종하다시피 추종했다.8) 이들 사상은 한결같이
겉으로는 인류 문명사에 거대한 변화를 불러일으키는 듯 보이지만,
인간의 본성 면에서는 치명적인 타격을 입혔다. 선진을 향한 발전

---

5) 일차원적 인간, 마르쿠제 저, 차인석 역, 삼성출판사, 1985, p.21.
6) 교육철학, George E. Knight 저, 김병길 역, 교육과학사, 1993, p.95.
7) 동양윤리사상, 김길환 저, 일지사, 1985, p.111.
8) 공자 사상의 발견, 앞의 책, p.17.

과 진보의 뒤에는 인간성의 말살이 담보되었다. "실용주의에 기초한 물량 위주의 가치관, 공리주의에 기초한 감각적 욕구 충족의 당연화 풍조 및 이기주의의 만연이 도덕적 감각을 망각시킨 것은 물론이고 온갖 범죄를 야기했다. 강도·강간·방화·마약중독·인신매매·살인·가정파괴·도덕성 상실 등등. 인간으로서는 차마 눈뜨고 보지 못할 비정의 범죄가 자행된 판국이다."[9] 이 같은 윤리 의식의 마비 상태는 도무지 법치의 사고만으로서는 치유 불능이다.[10] "오늘날의 사회에서 성적 일탈에 관한 소식은 더 이상 놀랄 만한 뉴스가 아니다. 우리는 청소년 성매매, 각종 음란물의 유통, 성폭력, 성희롱, 성을 대상으로 한 향락 산업의 번창, 사이버섹스 등에 관한 보도를 연일 접하고 있다."[11]

자식은 부모가 사랑으로 키워야 하듯, 인간은 부여받은 본성을 天倫과 일치시켜야 가장 존귀한 삶의 가치를 발휘할 수 있다. 天과의 관계가 긴밀하게 교감되고 젖줄이 보양되어야만 걷잡을 수 없는 욕망의 불꽃이 컨트롤되고 인간의 본성이 定位된다. 그런데 이 같은 정맥 - 正脈이 단절된다면 인간의 본성 상태가 어떻게 되겠는가? "무지·빈곤·의견의 대립과 감정의 충돌로 인한 자위부지 - 自慰不知, 권익과 이해득실의 상반, 허욕과 탐욕, 허탐과 성욕 충족, 불법 부당한 이득 추구, 환락과 쾌락과 노락의 과대 심취, 사리 사물의 현혹과 착각, 인륜 도리의 무시 부지, 악성적인 성품과 습성 발아, 역리와 역천의 도리 자행, 善惡의 구별 무시, 자애심의 배싱 사족 등",[12] 길 길(天倫)을 잃은 인간의 본성이 결국은

---

9) "극단적인 개인주의, 향락주의, 공리주의의 풍조를 나타내어 정신의 가지와 도덕적 생활을 볼 수 없게 됨." - 중국의 유가와 도가, 임계유 편저, 권덕주 역, 동아출판사, 1993, p.264.

10) 위의 책, p.238.

11) 인성론, 인성교육교재편찬위원회 저, 박이정, 2002, p.133.

인류의 공륜 도덕성을 타락시키고 파괴하여, 종말을 가속화시켰다고 할 수 있다. 이 같은 결과를 초래케 한 주된 원인이 天과의 관계 고리를 끊어 버리고 홀로 서기를 단행한 데 있을진대, 인류가 이렇듯 처참해진 인간성과 타락한 도덕성을 회복할 수 있기 위해서는 무엇보다도 단절된 天과의 관계 루트를 개선하는 것이 급선무이다. 그리해야 天과 人과의 관계 교통로가 원활하게 되어 정상적인 天倫과 人倫 질서가 정립될 것이다. 그것이 인간의 타락한 본성을 치유하고, 인간 사회를 건전하게 할 윤리를 샘솟게 할 것이며, 인류가 공동으로 추구할 공유의 가치관을 창출할 것이다. 이를 위해 필자는 인류의 지성들이 판단할 보다 확고한 도덕의 타락 근거를 제시하고, 도덕 윤리의 당연 원리성을 제시하기 위해 인간의 도덕성과 이를 바탕 지은 天性과의 떨어질 수 없는 통합 관계성을 하나하나 밝혀 나가고자 한다.

2. 도덕의 진리적 타락 원인

무엇이든지 원인을 정확하게 알면 대처할 수 있는 길도 빨라진다. 세상의 도덕이 타락한 것은 사실은 손바닥 보듯 그 원인이 확연하다. 원인이 그러하니까 당연한 결과를 맞이한 것이라는 공식 결과이다. 그렇다면 당연한 결과를 낳게 한 원인은 무엇인가? "서양은 정신적 생활보다 물질적 풍요와 번영에 치중하도록 한 기계적 세계관의 구축이 인간들에게 물질만을 중시하는 가치관을 낳게 하였다. 아예 물질적 부를 창출하고 이를 위해 욕망을 충족시키는

12) 인간 윤도, 박정우 저, 국제신문출판국, 1981, pp.32 - 33.

것이 목적이 되어 버렸다. 현대인들은 물질적 진보, 능률, 전문화 등을 중요시한 결과 가정, 사회, 전통과 같은 인간적인 라지 - 蘿 智의 結晶을 파괴하고서 점점 빠져나올 수 없는 미궁의 길로 들어섰다."[13] 그런데도 원인에 대한 초점을 명확하게 잡지 못하면 거기에 대한 해결책도 공식화되기 어렵다. 단지 정신 가치보다 물질적 가치를 목적시한 데 초점을 둔다면 그 처방책은 달라진다. 인간이 삶을 영위하는 데 있어서 경제적인 윤택과 물질의 풍요는 당연하게 갖추어 나가야 하는 기본적인 조건이다. 조건은 조건이고 수단은 수단이 되어야 하는데 지나칠 정도로 욕망을 끝없이 충족시키려 한 데서 문제가 발생하였다. 원인 진단이 이렇다면 처방책은 목적을 조절해서, "인간들이 추구할 궁극적 목적은 물질적 욕구나 소유를 한없이 만족시키는 데만 있는 것이 아니라 건강하고 과부족이 없는 세상을 만들면서 우주의 근원적 진리를 이해해 그것과 융화 · 합일을 이루는 데 있다."[14]는 것을 자각하는 것이다.

이렇게 판단하면 현 세태의 도덕적 타락상에 대해서 많은 원인 가닥이 드러날 수도 있겠지만, 한편으로는 오히려 덮어 버리는 부분이 더 많을 수도 있다. 서구의 물질문명, 과학문명은 사회와 인류의 문명 생활에 있어서 기여한 바가 크다. 그런데 그것은 물질 문명에 국한된 깃일 뿐 오히려 정신적, 문화석 측면에서는 엄청난 폐해를 가져왔는데,[15] 이것이 문제이다. 제방은 전체가 부실해져야만 무너지는 것이 아니듯, 물질문명의 과대 확산과 팽창은 인간을 개인주의, 물질주의, 기능주의도 내몰아 각종 사회악과 도덕상의 다럭 온싱이 되있다.[16] "현내의 과학기술이 불질의 풍요와 생활의

---

13) 노자의 사상에 대한 서양적 이해, 장기수 저, 소논문, p.4.
14) 위의 소논문, p.4.
15) 도덕 전서, 이병호 저, 도덕성회복국민운동본부 출판국, 1996, p 193

편리를 가져다준 긍정적인 측면도 있지만, 인간의 편의를 위한 방편이어야 할 과학이 지나치게 비대해지고 상대적으로는 철학적 가치가 부재되어 인간이 도리어 과학에 예속되어 버리는 결과를 가져왔다. 그로 인해 윤택해야 할 인간 생활이 무의미한 기계의 작동처럼 변해 가고, 풍요로운 생활은 비례하여 퇴폐, 향락 풍조를 일으켜 도덕성의 타락 현상을 가속화시켰다."17) 아울러서 급속한 문화 접변과 문화 충돌을 일으켜 지구상 곳곳의 전통 신앙과 윤리를 파괴하고 뒤흔들어 뚜렷한 가치 기준 없이 정신적으로 방황하게 만들었다.18)

이 같은 결과 현상을 초래케 한 핵심 원인은 다름 아닌 인류가 본질 밖의 진리를 더 신봉하고 추종한 데 있다. 온갖 대상은 자체로서의 원목적으로 존재하는데, 그 같은 대상으로서의 진리가 우리의 의식 가운데 인식되는 것은, 사실은 그것이 우리의 본질로부터가 아니라 본질로부터 비롯된 본질 밖의 진리성에 대한 파악으로 인해서이다. 오늘날 자연 가운데 편만한 보편적인 원리들은 그것이 만인에게 객관적으로 파악이 가능한 진리성을 제공하지만 그것이 본질 밖의 진리인 한에서는 우리의 영혼을 근본적으로 변혁시킬 수 없다. 즉 영혼을 구원할 수 없다는 것이다. 본질 밖의 진리는 인간의 외면적인 생활을 변화시키고 처우는 개선할 수 있다 하더라도 정신과는 무관하다. 그렇다면 인류는 과연 영혼에 대해 영향을 끼칠 본질 안의 진리를 얼마만큼 신장시켰는가? 로봇은 본질 밖에서 추구된 진리가 만들어 낸 제2의 우리 자신이다. 인류는

---

16) 위의 책, p.193.
17) 장재 기철학의 천인합일적 인성론 연구, 함현찬 저, 성균관대학교대학원 유학과 유교철학전공 박사학위논문, 1999, p.2.
18) 위의 논문, p.2.

본질 밖의 진리를 추구하여 일군 진리들에 의해 인간성을 전면적으로 상실한 로봇과 같은 기계적인 인간으로 전락해 가고 있다. 본질 밖의 진리를 추구한 결과 인간의 본성 본질이 참담함을 면하지 못한 것은 당연한 공식 결과이다. 그래서 "현대인은 후기 산업사회의 아노미 현상과 인간 소외의 늪에 빠져 허우적거리면서 올바른 가치가 무엇인가를 물을 겨를조차 없으며 사회적 진화론, 프로이트 사상, 기계적인 기능주의, 행동주의와 같은 唯物論이 사람다움의 고유한 본질을 전면적으로 부인하거나 망각시키고 있다."[19)]

그래서 살펴보면 서구 문명은 역사상 한 번도 진실하게 인간의 내면 본질을 파고든 문명 역사를 이루지 못했다. 소크라테스가 "너 자신을 알라"란 명제를 통해 당시 그리스 철인들의 자연 탐구 관심을 인간에게로 전환시키고자 한 시도가 없었던 것은 아니나, 유교처럼 실질적인 진리적 성과를 각출시키지는 못했다. 그들이 중요하게 여긴 이성, 분석, 논리적 사유방식은 결국 본질 밖의 자연현상을 탐구하는 데 적합한 것이라, 이 같은 추구 결과가 오늘날까지 인간이 이루고자 한 본성 세계와는 거리가 먼 기계적인 세계상을 만개시켰다. 인간성을 등한시한 객관적 진리를 추구하고 있는 과학이 어떻게 본성이 타락해 버린 인류를 구원할 수 있겠는가? 인간성이 메밀라 버린 진리를 신뢰하고 있는 세대는 그 같은 진리를 추종한 결과로 인하여 인간이 살 수 없는 기계적인 세계를 만들어 버릴 것이다. 과학이 인류 진보를 위한 수단은 될 수 있을지니오 침다운 인간성의 진리를 우습게 알신대, 세계는 그것 하나만으로도 멸망의 소지를 지닌다. 그릇된 지혜 개안이 바벨탑을 쌓는 자멸의 무덤이 되어서는 안 된다.

---

19) 가치론, J. 헤센 저, 진교훈 역, 서광사, 1992, p 5

본질 밖의 진리 추구가 인간 본성을 소외시킨 세계관을 낳으리라는 것은 당연한 공식 결과라 하더라도, 더 큰 충격은 인간 자신이 스스로의 고귀한 본성 가치를 격하시켜 더 이상 회복이 불가능할 정도로 매장시켜 버린 데 있다. 이 같은 일체 원인이 곧 神과 단절된 인간 이해에서 비롯된다. 인간이 神을 떠나, 혹은 무관하게, 혹은 어떤 착취, 억압, 구속, 예속 상태로부터 벗어나 독자적인 자주성을 실현하고자 하였지만,20) 그렇게 해서 세운 실존 본질은 어디에도 뻗어 날 길 없는 숨 막히는 자가당착 자체였다.

> "실존은 본질에 앞선다(Sartre). 인간은 無에서 출발하여 자기를 결정하고 자기를 만들어 나아가고 자기가 자기에게 본질을 부여한다."21)

이 말이 웬 말인가? 인간 자신이 자신을 스스로 창조했다는 말과 같다. 인간이 무엇과도 관계될 수 없는 순환, 교통, 합일될 목적의식을 잃어버린다. 완전한 독립성의 선언이 도리어 인간을 완전하게 고립무원 – 孤立無援化 해 버린다. 참칭과 교만이 극치에 달한 상황이다. 神權 문화에서 호흡을 했던 서구인들로서는 "神 없이도 우주와 자연이 설명되고 존재의 이유가 밝혀지는 데 대해 참으로 신기함과"22) 대견함과 일시적이지만 해방감을 만끽하였으리라. 하지만 마약은 효력이 지속되는 동안 이미 육신은 헤어날길 없는 수렁으로 빠져들듯, 인간은 神에 대해 독자성을 선언한 결과로서 인간성이 황폐화하는 재앙을 맞이했다. "인간은 자유의

20) 철학 산책, 유지혁 저, 대동, 1990, p.240.
21) 케에르케고르 사상, 안병욱 저, 삼육출판사, 1983, p.65.
22) 동양을 위하여 동양을 넘어서, 홍원식 저, 예문서원, 2000, p.23.

존재라 자신의 존재를 스스로의 결단과 선택에 의해 창조해 가고 자 한"[23] 논리 취지는 건전해 보인다. 하지만 이 같은 행위 유형 들이 인간의 본성 취지를 근본적으로 이탈한 행위라고 할진대, 神 을 떠난 독자 노선으로서 인간 본성을 바르게 이해할 리 만무하 다. "인간은 원시 박테리아로부터 돌연변이와 자연도태 과정을 통 해 진화한 고등동물일 뿐이며, 사회과학적으로도 사회적 제반 관 계 안에서 규정된 역할에 따라 자기 정체성을 형성해 나가는 경험 과 문화의 산물에 불과하다. 인간은 물질로 이루어져 있고, 인간 정신도 물질적 신체의 작용에 불과하다는 唯物論的 인간관이"[24] 아무런 제약 없이 확산되었다. 정말 인간은 그와 같은 존재자인 가? "에덴동산에서 아담과 이브가 행한 하나님에 대한 불복종 행 위가 인류에게 자유를 가져다주고 눈을 밝게 한 결과를 안긴 듯도 하지만",[25] 결과는 죄악을 불러들였고 낙원을 파괴시킨 종말을 맞 이했다. 인류의 고난이 이로부터 시작된 것인데도 지성인들은 에 덴동산의 섭리 의미를 어떻게 이해하였던가? 神으로부터 해방을 선언함으로써 인류가 쟁취한 자유의 의미 결과는? 神을 떠나고 神 이 부여한 본성을 떠나 구축된 어떤 세계관 위에서도 인간과 하나 님이 원한 나라는 없다. 이것이 인류 역사가 先天 세월을 바친 결 괴로 얻은 결론이다. 天人 간의 올바른 관계 조성을 위해 진력해 야 할 것이니, 여기에 타락한 인류의 본성을 회복할 길이 있다.

---

23) 인성론, 앞의 책, p.29.
24) 동서양의 인산 이해, 한자경 저, 서광사, 2001, p.171.
25) 불복종에 관하여, 에리히 프롬 저, 무국주 역, 법우사, 1987, p.16.

3. 도덕의 세계관적 타락 원인

인류의 문명과 세계와 역사가 진보하는가 퇴보하는가 묻는다면, 여기에 대해 대답할 철학자, 역사학자, 과학자, 교육학자, 사회학자들은 많이 있으리라. "진보니 섭리니 종말이니 창조니 발전이니 하는 규합 개념이 없이도 역사의 가치는 엄존하는 것"[26]이라고 보는 관점이 없는 것도 아니나, 대부분의 서구 학자들은 진보나 발전 개념에 의거해서 그들의 사상 세계를 구축하고 있는 것이 사실이다. 특히 서구의 "계몽주의는 인간의 삶을 향상시킬 수 있는 이성의 위력에 대해 거의 절대적인 믿음과 신뢰를 가진다. 즉 이성을 통해 발아시킨 과학적인 방법을 통하여 개인의 이익(의학과 교육 분야 등)을 위해서는 물론이고, 사회의 개선(경제와 정치 분야 등)을 위해서도 적용 가능한, 이제껏 유례가 없었던 인간의 진보를 이끌어 낼 것이라고 여겼다."[27] "근세 과학은 분명 서유럽 문명이 제시한 과학 체계를 일컫는 것인데, 그것은 근세 서유럽의 이성주의와 불가분의 관계를 갖는 인류의 성취이다. 그 성취의 찬란함은 인류사를 뒤바꾸어 놓은 강력한 보편성을 지닌다. 그 위대성은 오늘에 이르기까지 회의할 바가 아니다. 아직까지도 습득의 대상으로서 흘립－屹立하고 있다."[28] 괄목할 만한 성취 성과와 자신감을 바탕으로 다른 제 인문과학 분야로까지 확대시켜 인간과 역사와 사회를 이해, 개조하고자 하는 세계관적 바탕 척도로 적용되고 있

---

26) 혜강 최한기와 유교, 김용옥 저, 통나무, 2004, p.81.
27) 인간의 본성에 관한 10가지 이론, 레슬리 스티븐슨·데이비드 L 헤이버먼 저, 박중서 역, 갈라파고스, 2006, p.214.
28) 주자의 자연학, 야마다 케이지 저, 김석근 역, 통나무, 1992, p.17.
　　屹立: 산이 깎아 세운 듯이 우뚝 솟아 있음.

다. 하지만 이 같은 이성, 계몽, 진보 지상주의가 두 차례에 걸친 세계대전을 거치면서 청사진에 먹구름을 드리웠는데도, 보다 확실하게 잘못된 세계관이라는 것을 근거 짓지는 못했다.

인간은 옳다고 생각하는데, 그것이 진정한 세계관적 본질과 어긋나 있는 것이라면 어떻게 되겠는가? 진보라고 생각한 그것이 헛된 거품일 수도 있지 않겠는가? 오늘날의 이 같은 종말 현상은 인간이 구축한 세계관과 진리가 일치되지 못한 데서 기인한 것일 수도 있다. 그 커다란 오류를 인류의 지성들이 한시바삐 발견해야 한다. 특히 進化論이 구축한 세계관적 관점은 진심 본질과 초점이 어긋나도 크게 어긋나 있다. 진화론적인 세계관으로서는 도무지 인류의 도덕적 타락 현상과 종말 상황을 설명할 길이 없다. 인간의 도덕성은 타락하는가 진보하는가? 인류의 본성이 생존 경쟁에서 낙오되어 도태될 시점이라도 도달해 있단 말인가? 進化論은 물고기가 강을 거슬러 올라가는 것인지 떠내려가는 것인지를 분간하지 못하는 것처럼 착각에 빠져 있다. 착각을 하고 있다는 뚜렷한 근거 예가 인류의 도덕적 타락 현상에 있고, 타락하게 된 주된 원인 역시 인류가 세계를 잘못 바라보고, 세계관을 잘못 바탕 지은 결과 질서정연하여야 할 진리가 대혼란을 겪은 데 있다. 역사가 진보한다면 세계의 도덕적 상태 역시 진보하여야 하는 것이 마땅하다. 그런데 인류의 조상인 아담의 창조 때부터 이미 타락이 거론된 이유는 무엇인가? 이것은 인간의 도덕적 본성을 좌우하는 메커니즘 원동력이 다른 데 있다는 말이다.

그렇다면 그 원동력은 어디에 있는가? 그것을 찾아야 인류의 타락 원인을 이 시점에서나마 제대로 판단할 수 있다. "이신론적 세계관에서는 우수가 완벽하게 지어졌고 타락하지 않았기 때문에 세상에 惡은 존재하지 않고 도덕(윤리)도 사라져 버린다."29)고 보았지만, 이 같은 관점으로서는 아무런 희망도 발견할 수 없다. 플라톤은 "인간의 영혼은 본래 완전하고 영원한 이데아의 세계에 속했으나 지금은 타락하여 물질적인 생멸의 세계로 떨어졌다고 보았다. 그래서 두 세계에 대해 관계를 가진 영혼은 이데아적인 높은 면(이성)과 물질적인 낮은 면(감성적 욕망)이 아울러 있어, 인간성 가운데서 낮은 면은 높은 면인 이성에게 완전히 복종하는 동시에 이성이 그 기능을 잘 발휘하도록 도와야 한다."30)고 했다. 이성의 기능을 높인 서양 문명의 시조답게 이성에 대해 본성의 타락성을 저지할 권한과 자율적인 컨트롤 기능을 부여했다. 하지만 이 같은 근거 논리로서는 인간이 어떻게 해서 완전하고 영원한 이데아 상태로부터 타락하게 되었는지에 대한 명확한 원동 작용력을 발견할 수 없다.

노자는 "무위자연 − 無爲自然의 큰 道가(大道) 없어지니 仁이다 義다 하는 것이 있게 되고, 인간에게 지혜라는 것이 생기니 큰 거짓이 있게 되었다."31)라고 개탄하였다. 여기서의 無爲自然은 아무런 작위 없이 저절로 그러한 바, 일체 인간적인 의지 없이도 천지자연이 저절로 운위될 수 있게 한 창조의 원동 작용력 상태를 인식한 것이다. 그러니까 인간의 작위력은 천지자연의 無爲性에 대해 역행적일 수도 있다. 따라서 仁과 義와 효행, 자애, 忠이 강조되면 될수록 세상은 원초적인 무위 질서성을 잃어 가고 있는 상태가 된다. 비상한 논리인 듯한데, 그렇더라도 仁·義·禮·智 같은 덕목의 강조 자체가 세상을 더럽힐 요인은 아니다. 육친이 화목하

---

29) 세계관이란 무엇인가, 인터넷 자료, p.4.
30) 세계사상 대계(인간의 발견), 박종홍 외 2인 감수자, 신태양사, 1968, p.36.
31) 인문과학 잘 알기, 백종현 편저, 벽호, 1994, p.노자 편.

지 않으므로 孝가 있게 되고 국가가 암흑하고 혼란하여져 충신이 있게 되었다고 하지만, 세상의 타락상과는 상관없이도 갈길 몰라 하는 인류에게 仁·義·禮·智·信·忠·孝와 같은 덕목들은 긍정적인 방향에서 정립될 수 있는 보완 가치가 될 수 있다. 그러므로 노자의 역사 진단 관점은 도덕에 영향을 끼친 원동력을 찾는데 있어서는 적합한 요인이 아니다.

피아제의 도덕성 발달 이론을 낳은 서양은 객관적인 학문성을 가장하여 인류를 세계관적으로 착각에 빠지게 한 대표적인 예이다. 도덕적 본성이 발달하다니! 그것도 인간의 인지 발달 단계와 병행된다고 보다니![32][33] 법칙이 진화에 의해 형성될 수 없듯, 부여된 도덕적 본성(천성)이 발달하고 변할 수 있다고 본 것은 기본적인 원칙과 근본조차 무시된 무지에서 온 것이다. 전혀 세상 돌아가는 이치와 핀트가 안 맞다. 도덕성이 발달하는 것이라면 죄인은 어떻게 해서 양성되는 것인가? 도덕성이 제대로 발달되지 못한 사람들이 죄악을 저지를 소지를 지니는 것인가? 도덕성의 발달 이론은 현행 도덕적 본성의 실존 상황과는 너무 동떨어져 있다. 무엇을 적용해 보아도 인간이 주장한 세계관 메커니즘과 도덕의 타락 원인이 초점이 안 맞다.

그렇디면 정말 인류의 도덕이 타락한 원인은 어디에 있는가? 그

---

32) 도덕적 판단 능력 신장을 위한 도덕적 수업연구의 실제, 충남민주시민교육연구회 편, 문인방, 1993, p.27.

33) "19세기 초엽에 많은 연구자들은 모두 형태의 발달적 변화에 저차저으로 관심을 갖게 되었다. 과학자들은 발달이 관찰되는 곳이면 어디든지 관심을 가지게 되었다. 용암에서 대륙과 대양으로 변한 지구의 역사에서부터 생명이 초기의 형태에서 수많은 종으로 진화하는 생명의 역사에 이르기까지, 지식사회의 이러한 변화의 한 측면에서는 배아로부터 시작하여 성숙할 때까지 지속적으로 발달하는 개별 유기체의 발달사에 대한 관심이 증가하였다. 즉 발달에 대한 연구는 모든 변화에 내한 연구에서 출발하였다."–학생인성지도의 이론과 실제, 한국교총 원격연수원, 2005, p.28.

것은 인간에게 생명을 준 젖줄과 연관이 있다. 엄마의 젖이 모자라면 아기의 성장에 문제가 생기듯, 인류가 타락하게 된 직접적인 원인은 하나님에게 있다. 인류 역사는 하나님과의 관계가 소원해진 정도에 비례해서 도덕적 본성이 타락되었다고 볼 수 있다. 아담이 그렇고 서구 문명이 그러하며 인류의 문명 역사가 그렇다. 핵심된 근거 원인이 동양이라고 해서 예외는 없다. 동양도 天을 통해 관계성이 고조되었을 때는 역사상 보기 드문 도덕 문명을 이루었었다. 天이 神과 무관하다고 본 것은 기독교의 편협한 세계관에 의한 억측일 뿐, 하나님은 동서양을 불문하고 동일하게 창조 섭리 역정을 병행하셨다. 天이든 神이든 어떤 형태로든 하나님은 先天에서 그의 본체를 완성하기 위해 과도기적인 섭리 역정을 펼치셨다. 그런데 오늘날은 동서양 전체가 하나님을 떠난 문명 체제에 휩싸여 인간성의 회복이 어려울 정도로 도덕적인 타락에 직면하였다. "배은, 불효, 불충, 불윤, 부덕, 죄악, 불법이 횡행한 것은"[34] 인간이 저지른 일체 모순이 天倫을 어긴 것과 연관이 있고, 神을 멀리한 정도에 원인이 있다.

따라서 인간의 도덕성이 타락하게 된 원인은 인간이 天倫을 자각하지 못하고 神을 제대로 알지 못해 神을 떠나 그릇된 세계관을 구축한 데도 있지만, 왜 인간이 그럴 수밖에 없었는가를 묻는다면 神 자체의 본체성이 세계 본질로서 규명되지 못한 데도 원인이 있다. "왜 나에게 이런 일이? 내가 무엇을 잘못했기에?"[35] 인간에게는 충분히 인간이 판단한 생각과 도덕적 결과가 다르게 나타날 수 있다. 그것은 인간이 근원을 모른 무지 때문이고, 무지가 타락을

---

34) 인간 윤도, 앞의 책, p.82.
35) 고통 그 인간적인 것, 송봉모 저, 바오로딸, 2002, p.11.

일으킨 원인이다. 그러함에도 인간이 두 눈을 갖고 판단할 수 있는 사고력을 가진 존재인데 근원을 모른 데는 하나님 자체의 창조 본체성이 진리적으로, 의지적으로, 섭리적으로 완성을 이루지 못한 것에 있다. 곧 진리가 아직 완전한 전모를 드러내지 못하였고 하나님의 창조 뜻이 지상 위에서 목적을 완수하지 못했기 때문이다. 세상의 도덕이 피폐되고 온갖 사설들이 횡행한 것은 하나님의 살아계심이 확실하게 증명되지 못한 데도 원인이 있다.

혹자는 "전통 形而上學은 항아리 속의 X를 요청했고 그것을 철옹성으로 지키려 했으며, X가 들어 있는 항아리의 존재가 실체를 드러내는 동안 많은 철학자들이 그 X에 대해 논쟁을 벌였다. 하지만 오늘날은 이미 항아리가 깨어져 X가 어디에도 없다는 사실을 확인하였고, 깨어진 항아리의 파편마저 찾아볼 수 없게 되었는데도 그 아련한 논쟁을 끝내지 못하고 있다."[36]고 비판한다. 적절한 비유인 듯도 하지만, 진실과는 별개이다. 세계의 섭리 역사에 대한 인간의 판단은 마지막 순간까지 결과를 보지 못하면 오판될 수 있다. 인류의 도덕이 타락하였는데도 제대로 된 진단과 정확한 근거를 찾지 못한 것은 인간에게도 원인이 있지만, 오히려 하나님의 존재 본체가 밝혀지지 못한 데도 있다고 보는 한, 도덕성이 개선되기 위해서는 그만한 시기의 노래가 성숙되어야 했다. 그리하여 하나님의 본체성이 세계관으로서 제대로 정초된다면 인류의 도덕적 타락상에 대한 고뇌도 해소될 수 있으리라.

써니시 우리는 세상을 마냥 거무만 하고 있을 수 없다. 세상이 변하지 잃고 너욱 타락하고 있으므로 그들이 무엇을 하고 있는 것

---

36) D. Hume의 노덕 인식론 연구, 윤종현 저, 연세대학교 교육대학원 윤리교육전공 석사학위논문, 2002, p.1.

인지 질타할 수 없다. 도덕의 타락은 인간의 노력만으로 저지될 수 없다. 세상이 이런 것을 인간에게만 탓할 수 없다. 세계는 각박하다. 온갖 사상이 난무하고 문명의 진보는 인간 정신을 혼란시키며 양식을 해체시켜 도덕을 파괴한다. 아, 우리가 사랑해야 할 이 세계는 장차 어떻게 될 것인가? 인간을 사랑하고 세계를 사랑하는 만큼, 인간은 나를 주신 하나님께 가까이 다가서야 하고 영혼의 문을 열어 일체의 관계성을 회복해야 한다. 멀어지면 타락하고 가까워지면 건실해지는 것이 인간에게 부여된 도덕적 본성이다. 天性을 세계관으로 한 바탕 위에서 인류의 도덕성은 회복될 기미를 보이리라.

4. 도덕의 신학적 타락 원인

현대 문명의 특징은 여러 가지로 규정할 수 있겠지만, 세계가 온통 無神論에 입각한 사상 바탕 위에 서 있다는 것은 역사상의 발자취로 볼 때 피할 수 없는 판단 관점이다. 현대 문명은 고대에 뿌리를 두고 있지만, 문명의 특징을 가닥 짓게 한 것은 서구 중세가 천 년 동안 구축한 神權 문화에 발원점을 둔다.[37] 서양이 이성과 합리주의, 학문, 사상, 종교, 제도, 기술, 국방력 등, 여러 방면에서 인류 역사를 주도해 세계 문화를 압도하기에 이름에, 이 주된 원동력은 중세의 神權 질서에 대해 이를 극복하고 벗어나고자 한 피눈물 나는 근대인의 노력 결과에 있다. 태백산의 주목 나무

---

37) "중세(middle age, Mittelaltertum)란 말은 15세기의 인문주의자들이 붙인 말로서, 일반적으로 서로마제국(476년)의 멸망에서 아메리카 대륙의 발견(1492)까지를 가리키고 있다." - 법사상사, 최종고 저, 박영사, 1995, p.53.

는 살아 천 년, 죽어서도 천 년을 산다고 하였는데, 기독교의 神은 존재 자체로 추종되어서 중세 문화를 이루었고, 단절되어서는 근대 문명의 그림자 역할을 했다. 서구 문명이 아무리 애써 神을 떠나고자 했더라도 神에 대한 의식을 버릴 수 없어, 神에 대한 반동 의지로서 근세가 구축된 것인 한, 그들은 결코 神을 완전히 떠난 문명 체제가 아니다. 神에 대한 의식을 뇌리에서 지워 버리고 잊어버렸다면 모를까 조금만 들추어도 神에 대한 의식과 문화가 노출되는 상태에서는 눈감고 아웅 하는 식이다.

카멜레온은 계절 따라 색깔을 변화시키지만 몸은 그대로이다.『주역』에서 말하는 변화(易)도 본체는 그대로인 상태에서의 제 현상에 대한 변화 질서를 통찰한 철학이듯, 서양 문명 역시 이와 같은 상태이다. 우리는 임을 사랑하기 때문에 미워할 수도 있고 이별을 결단할 수도 있듯, 서구도 알고 보면 神을 떠났다고 하나 神을 떠날 수 없는 문명적 본질을 지녔고, 언젠가는 神權 질서를 확고하게 구축하기 위해 변화를 겪고 있는 가변적 체제일 뿐이다. 神을 아는 문화는 神을 떠나 봄으로써 더욱 공고하게 소중함을 안다. 집을 떠난 자는 언젠가는 귀향할 채비를 차리듯, 시점과 결단을 내릴 계기가 언제 주어질지는 알 수 없다 하더라도, 서구 문명은 神을 떠나서 우여곡질 끝에 다시 神에게로 돌아설 시점에 와 있다고 해도 과언이 아니다. 풍운아가 꿈을 안고 떠나 보지만 맞이하는 것은 거센 비바람과 세파의 소용돌이이듯, 지금 세상의 타락상과 고등이 극에 달한 것은 인류가 神을 떠남으로써 맞이하게 된 미로역사이다. 헤매어 보고 한계점에 이르면 결국 생각나는 것은 지나온 옛길이고 본향이다. 결자해지라 했듯, 현대 문명의 발원이 중세에 있을진대, 인류는 중세가 구축한 문명 본질을 다시 한 번

점검하는 절차를 통해 현대 문명이 양산한 문제 요인을 진단하고 반드시 귀환할 루트를 터야 한다. 이 일을 어떻게 진행할 것인가? 인류가 神을 떠남으로해서 꿈을 이룬 듯도 싶지만 돌이키지 못할, 인간으로서는 감당이 안 되는 더 큰 문제를 야기하고 말았으므로 왜, 어떻게 해서 神을 떠나게 되었는지 원인을 진단하고 그렇게 해서 구축된 결과 세계를 가늠함으로써, 인류로 하여금 하나님께로 나아갈 새로운 세계상을 제시해야 한다. 하나님께로 나아가되 새로운 세계상이 되어야 한다는 것은 필수 조건이다.

禮는 동양 사회에서 禮的 문물을 고양해 인간을 격조 높은 문화인으로 승격시켰고 계급적인 봉건 질서를 안착시킨 대문명적 근간이다. 하지만 禮의 근본정신을 기린 성인의 뜻은 항구적이라 할지라도 세부적인 행위 지침들마저 항구적인 것은 아니다. 시대가 변한 만큼이나 현실과도 맞지 않다. 그러므로 다시 성인이 난다면 인류 전체의 禮的 질서 근간이 재정립될 수 있어야 하나니, 그것이 성인의 새로운 사명 역할이리라. 그렇다면 神權 질서도 마찬가지이다. 인류가 하나님에게로 돌아가되 그 품 안은 새로운 통합 가치 질서 체제로 재편되어야 하나니, 여기에 인류가 고민해서 정열을 쏟아야 하는 과제가 있다.

그렇다면 중세는 과연 후세 역사가들에 의해 어떻게 평가받은 문명 본질 체제인가? "중세의 문화는 게르만민족에 의해 유럽 대륙에서 고전문화, 특히 로마문화와 그리스도교의 영향을 받아 이루어진 문화이다."[38] "神과 교황권을 정점으로 하고 봉건 영주 계급이 이끄는 장원 질서를 기반으로 한 중세는 안정과 질서, 조화가 구현되었던 시대라고 보기도 하지만(신토마스주의자)",[39] 근대 서

---

38) 위의 책, p.54.

구인들은 자연과학적 힘과 사회 · 경제적 실력의 획득으로 중세적 질곡을 벗어나기 위해 고뇌했던 것도 사실이다.[40] 그래서 "중세는 神의 왕국이 지배한 시대인 동시에 사상사에서 이성의 암흑기라고 한 비평도 타당하다."[41] "현대인이 잃어버린 神, 신앙의 빛, 그리고 지성의 비상－飛翔을 성취한 시대이고 성 토마스를 비롯하여 천사의 칭호를 받은 사람들의 세계에도 접할 수 있는데",[42] 이토록 안정된(?) 질서 체제를 거부한 것은 인간 자신이다. "사슬 풀린 프로메테우스, 그가 인간을 속박한 神에 저항하고 이성의 무한한 힘을 믿었던 근대 사상가였다."[43] 아무리 고대광실－高臺廣室에서 잘 먹고 잘 살아도 마음에 근심이 있다면 행복하다고 할 수 없듯, 神이 천국을 보장하고 악한 자를 무저갱에 가두어 버리는 세계에서 무엇이 부족한 것이 있어 神의 가호를 구속이라고 생각하여 자신이 바라는 이상과 자유를 찾아 나섰는가? 서구 사회가 하나님에 대한 철저한 가호 체제를 뿌리치고 새로운 진리와 세계를 찾아 나선 이유를 알아야 한다.[44]

이유는 神을 거부하고 나선 인류가 발을 내디딘 이후의 행보 발자취를 보면 알 수 있다. 즉 "중세 기독교에 대항한 근세 인간 중심주의 휴머니즘의 대두"[45]가 그것이다. 중세는 어김없이 神을 절대적으로 추앙한 사회였다. 이 말은 반대로 인간의 인권과 개성과

39) 진영첩의 주자 강의, 진영첩 저, 표정훈 역, 푸른역사, 2001, pp.10－11.
40) 위이 책, p.10.
41) 세계사상 대계(사상의 여명), 앞의 책, p.5.
42) 위의 책, p.5.
43) 위의 책, p.5.
44) "인간, 인성, 인권, 인도주의로써 중세기의 神, 神性, 神權, 신도주의에 맞서게 되어 중세의 신권 사회는 질서가 무너지고 인문주의 사상을 낳음." － 인문과학 개론, 유소천 저, 이승민 역, 청년사, 1986, p.259.
45) 세계사상 대계(명상익 희랑), 앞의 책, p.52.

자유가 상대적으로 억압 내지 무시되었다고 보는 것이 옳다. 그래도 神이기 때문에 천 년은 족하였다 하지만, 그 이상은 아니었다. 인간이 인간으로서 마음껏 인간다운 자유를 만끽하고 개성을 발휘하고 싶은 것은 언젠가는 신장되어야 할 근본 욕구이다. 기독교가 경건과 신앙으로 인간이 궁금하게 생각하는 진리의 문제를 해소하고, 제기되는 문제들을 열린 의식으로 받아들였더라면 깊게 잠재된 근본 욕구들을 자극하지는 않았으리라. 하나님의 올바른 인도 역사 안에서 승화될 수 있었다면 지금쯤은 오히려 인간이 독단으로 건설한 세계 이상의 휴머니즘을 달성할 수도 있었으리라. 결과적으로 기독교는 안타깝게도 神을 위한 충정심이 인간과 진리를 희생양으로 삼는 길을 택하고 말았다. 타협할 줄 모르는 교회가 기독교 신앙의 우위성과 절대 진리성만을 고수하게 됨으로써, 그만 세계의 변화와 격리되고 말았다. 그것이 중세가 한계성에 부딪힌 신호탄이다. 한계는 인간이 힘을 다 쏟아 버렸는데도 문제가 해결되지 않을 때 주어진다. 인간은 천 년 동안을 기다리고 기다렸지만 神이 존재함에 대한 증거는 확실하게 이루어지지 못했고, 인간은 열심히 기도하고 기도하였지만 교회는 신앙에 대한 확실한 열매를 제시하지 못했다. 영생과 천국과 재림과 하나님의 영광은 아직도 실현되지 못하고 있다. 아무리 노력하고 기도해도 결과를 보지 못한 참담함에 대한 회의가 神으로부터의 대집단 탈출을 기도하게 만들었다.

神은 존재하지 않는다. 그렇다면 인간은 어떻게 해야 하는가? 無神論 사상이 본격적으로 가동된 역사 시발이 여기에 있다.46) 無神論이 세계적으로 확산되고 이론적으로 정교화된 근원에는 그만

---

46) 세계유신론, 졸저, 인쇄본, 2000, p.41.

한 세월과 신앙으로 구축된 토대 위에서도 해결할 것을 해결해 주지 못하고 세계적 변화에 대처하지 못한 기독교 신앙의 편협성에 책임이 크다고 할 수 있다. "신앙인들은 神을 떠나서는 세계가 아무것도 운행되지 않을 것처럼 엄포를 놓았지만 인간은 과감하게 새로운 진리를 찾아 나서게 되었다. 그리고 이제는 정말 神이 없어도 세계 운행이 장구한 것처럼 보이는 無神論的 세계관 위에서 살고 있다."47) 神은 인간을 완전하게 놓쳐 버렸고, 인간은 돌아서서 神을 악평하기를 서슴지 않았다. "종교란 현실적인 사회 문제로부터 관심을 딴 데로 돌리게 하는 인민의 아편(칼 마르크스)이라고 정죄했다."48) 神과 인간과의 관계가 단절되고 소원해진 지 이미 오래다. 정말 중세의 세계관은 온전히 와해되고 말았는데, 완전한 신권 질서의 확립을 자부한 교회가 어떻게 하여 휴머니즘(人文主義) · 종교개혁 · 합리주의에 의해 허물어지게 되었는가?49) 그 이유를 기독교와 교회는 아직도 모르고 있다. 중세는 전격적인 하나님의 神權 질서가 아니며 그날의 영광을 위한 과도기인 성자의 신성화 질서이다. 이 핵심 원인을 제대로 파악했어야 했는데, 기독교는 성자에 의한 질서 구축 과정을 세계의 영원성을 위한 절대 단계로 단정해 버림으로써 그 이상인 세계적 단계를 맞이하는 데 실패하고 말았다. 이에 만족할 수 없게 된 인류의 역사 추진 에너지가 결국은 다른 방향에서 분출로를 찾게 된 것이다.

---

47) 위의 책, 완본, p.286.
48) "우주의 그 어느 곳에서도 神은 존재하지 않고, 우주는 그 자체만으로 존재하며, 그리고 모든 것이 물질이 과하적 법칙에 의해서 결정되기 때문에 우주의 본실은 근본적으로 물질저이다(唯物論)." - 인간본질에 관한 일곱 가시 이론, 레슬리 스티븐슨 저, 임철규 역, 종로서적, 1995, p.8.
49) "合理主義는 근본적으로 사람들의 마음을 낡은 사고방식과 세계관에서 탈피시키고, 새롭고 밝은 세계보의 시야를 열어 주었다." - 방법서설 · 성찰 · 데카르트 연구, 최명관 저, 서광사, 1987, p.233,

정처 없는 나그네처럼 神의 고삐를 벗어난 인류가 도달할 목적지는 어디에도 정해져 있지 않았다. 하지만 神의 구속 끈을 벗어던지고자 한 반동 의지만큼은 분명했다. 그리고 이것이 오히려 인간의 추진 방향을 선도했다고 해도 과언이 아니다. 자립심을 기르고자 하면 부모의 도움을 끊어야 하지만 그래도 스스로 이룬 성취감은 있다. 神을 떠난 인간은 정말 아무것도 없는 無로부터 진정한 인간에 의한 인간의 창조 역사를 출발시켰다. 神을 떠난 인류가 점철시킨 근세 역사는 철저하게 神의 고리를 끊어 버리고 완전한 독립을 시도한 몸부림 자체이다. "중세 사회가 붕괴되었을 때, 서구인은 그들이 갈망하던 꿈과 비전이 마침내 실현될 때가 왔다고 믿었다. 그들은 전체주의적인 교회의 권위, 전통적인 사상의 중압감, 세계의 절반밖에 알려지지 않았던 지리적 한계로부터 자유롭게 되면서 인간은 자연과 개인을 발견했다. 인간은 자신이 지닌 힘과 능력으로 스스로 자연과 전통적으로 주어진 환경에 대한 지배자가 될 수 있다는 사실을 인식하게 되었다."[50] 이 같은 성취 과정에 올라서게 한 원동력이 곧 神에 대한 철저한 독립 의지에 있었다. 근대 문명이 인간에 의해 개척되고 구축된 세계상인 것 같지만 알고 보면 철저하게 神權 질서를 무너뜨리고 그 자리를 메운 대체 문명이다. 세계 질서의 기본 틀은 이미 중세가 구축했다. 그것을 근대 문명이 열심히 내용을 바꿔 치기 했다.

데카르트(1596~1650)는 "자연의 세계를 은총의 빛에 비추어서가 아니라 어디까지나 자연의 빛에 비추어 인식하고자 한"[51] 근세 철학의 아버지이다. 인간을 종교적 권위로부터 해방시켜 자율성을

---

50) 불복종에 관하여, 앞의 책, p.128.
51) 데카르트의 철학과 사상, 이등언 저, 김문두 역, 문조사, 1994, p.72.

획득하여 사물을 이성의 순서에 따라 합법칙적으로 인식하고자 한 길(방법론)을 제시했다. 합리적인 방법으로 자연의 일 전체를 필연적인 因果의 연쇄로 잡을 수 있다고 생각했는데, 이런 사고방식이 자연의 세계 전체가 하나의 거대한 기계 체계로 보는 기계론적 자연관을 성립시켰다.[52] 데카르트가 제시한 철학의 제일 원리는 "나는 생각한다. 그러므로 나는 있다."는 명제인데, 어떻게 보면 당연하기도 하고 잠꼬대 같기도 하지만 근본적으로는 神과 대항할 인간이 지닌 가장 강력한 무기를 빼어 든 것과 같다. 생각을 인간 존재의 주체 근원으로 삼음으로써, 인간이 지닌 사고력은 능히 神이 이룬 창조 능력을 대신할 수 있다고 믿었다. 정말 주체성을 확립한 핵심이(사고) 새로운 역사를 창조하고 문명 체제를 전환시켰다. 사고력에 대한 주체적 자각은 神 중심의 권위주의적 우주관과 사회 체제를 해체시키고(중세적 세계관과의 결별) 나아가서는 자연을 정복하여 인간이 자연의 주인이 되게 한 현대적 인간의 주체성 확립의 대선언이다.[53] 데카르트가 神이 아닌 '고기토'의 확실성으로부터 철학을 출발시킴으로써, 그 같은 발아 씨앗이 과학적·기계론적인 자연관을 성립시킨 원리의 근거가 된 것은 물질, 즉 연장이라는 명제하에 자연에서 온갖 심적, 영적인 성질을 배제시키고자 한 작업과 같다.[54] 實體形相이나 목적론적인 사고방식을 철저하게 타파하여 세계에서 작용됨 직한 영성, 의지성, 神의 창조에 지탱된 목적인을 하나하나 제거해 나갔는데, 이 같은 작업이 얼마나 청소 진실과 동떨어신 일이었는가 하는 것은 이들 사상이 얼매

---

52) "합리적 인식: 사물을 계시적 이성에 의해서가 아니라 자연 이성에 의해 질서를 바르게 방법적으로 인식함." - 위의 책, p.73.
53) 방법서설·성찰·데카르트 연구, 앞의 책, p.1편 1장.
54) 데카르트의 철학과 사상, 앞의 책, p.126

맺을 몇 세기 이후에나 판가름 날 일이었다. 즉 "15, 16세기의 자연철학자들에 의해 중세적 코스모스 개념이 파괴되어 생명적·유기적인 자연관으로부터 기계론적인 자연관으로 대체되었고",55) "17세에 이르러서는 기술문명의 기초가 형성되었다."56) 기계론적인 자연관이란 인간이 神을 버리고 神에 근거를 두었던 질서의 근원을 자연으로 이관시킨 것이다.57) 그리고 이 같은 관점에 철저했던 것이 唯物論者들이다.

헤겔의 사변철학과 기독교 신학을 비판하여 唯物論의 직접적인 포문을 연 자는 포이에르바하(1804~1872)이다. 그는 『기독교의 본질』이란 책을 통하여 군소리 없이 唯物論을 일약 왕좌에 올려놓아 모순을 일격에 분쇄해 버렸다.58) "자연은 모든 철학과 독립하여 존재한다. 그것은 인간 존재가 성장하여 온 토대이며 자신은 자연의 산물이다. 자연과 인간 이외에는 아무것도 존재하지 않으며, 종교적 환상들이 창조해 낸 보다 높은 존재자들은 단지 자신의 본질이 환상적으로 반영된 것일 뿐이다."59) 인간이 神을 버리고 찾은 근원이 자연이다. 그는 神 대신 자연을 대체시켜 "자연이 우주만물의 근원이고 완전한 총체성으로서 하나라고 보아 자연에로의 무한한 복귀가 인간이 본래 모습을 찾는 것이라고 주장했다."60)

---

55) 위의 책, p.65.
56) 위의 책, p.29.
57) "법에 있어서도 중세의 자연법론이 神에게서 출발하였다면, 그로티우스(1583~1645)는 자연법을 神과 단절시킴으로써 근대적 자연법론의 선구자가 되었다." - 법사상사, 앞의 책, p.103.
58) "포이에르바하는 『기독교의 본질』에서 종교와 철학의 불융합성을 주장하면서 기독교는 인간이 구성한 것이라는 것을 증명하려고 했다." - 포이에르바하의 인간학적 유물론의 형성 과정과 그 사상, 안현수 저, 서울대학교대학원 철학과 서양철학전공, 1989, p.30.
59) 위의 논문, p.1.
60) 위의 논문, p.140.

프리드리히 니체(1844~1900)는 철저한 無神論者로 분류되는데, 그가 선언한 "神은 죽었다."는 명제는 시사하는 바가 크다. "神은 죽었으므로(종교의 환상은 간파되었으므로) 우리는 우리의 삶의 전 토대를 다시 생각해야 하며, 삶의 의미와 목적은 오직 인간적 관련 속에서만 찾아야 한다."[61] 곧 神이 없다는 사실을 실존적 현실감으로 받아들여 삶의 가치와 의미를 새롭게 구축해 나가야 한다는 것이다. 그것은 인간의 의도적인 거부이고 인간 자체가 영혼의 문을 폐쇄시켜 버린 병적인 반항이다. 神이 죽었다는 아이러니적 명제가 그것이다. 神은 불멸한 존재인데 인간이 죽었다고 선언하면, 그 같은 선언에 의해서 정말 神은 죽임을 당하고 만다. 인간이 어떻게 해서 이토록 부정적인 가치관을 가져 神마저 거부할 불신을 쌓게 되었는가 하는 것은 시대정신을 대변한 니체란 한 철인의 절규이기 이전에 통탄할 세계 본질의 대변이다.

니체의 시대적 통찰 이후로 인류는 정말 마지막 남은 神의 숨통마저 끊어 버리고 神의 속박을 벗어난 해방감을 만끽하였는데, 그렇게 할 수 있도록 사상적, 철학적 과정을 공고히 다진 자는 칸트와 헤겔이란 철학자이다. 그중에서도 칸트(1724~1804)는 여러 영역에 걸쳐 철학이란 미명 아래 인류를 神의 세계로부터 이탈시킨 주도자이다. "칸트는 神의 후광을 입은 전통과 권위에서 벗어나 철저하게 이성의 자율성을 신뢰하며, 신학적 논쟁에서 벗어나 도덕의 부흥을 중요시하였는데",[62] 『실천이성비판』에서 그는 "인간은 자유로운 도덕의 실천사"[63]라고 했다. 인간은 드디어 神을 떠나서라도 양심석으로 도덕성을 지켜나갈 수 있는 이성 작용과 도

61) 인간의 본질에 관한 일곱 가지 이론, 앞의 책, p.121.
62) 윤리와 종교, 배석원 저, 경상대학교 출판부, 2005, p.98.
63) 세계사상 대계(인간의 발견), 앞의 책, p.211.

덕 법칙을 자체 보유하였다고 선언했다. "칸트는 神과의 관계를 떠난 인간적 입장에서 도덕성이 강조되는 사회를 동경했다."64) 이 것은 참으로 인간에게 부여된 창조 본성과는 거리가 먼 세계관의 설정 작업이다. 고양이에게 생선을 맡기듯 무리수가 눈에 보이는 데도 칸트는 애써 인간의 이성에 희망을 걸었다. 인간은 완전한 존재인가? 스스로의 의지 규정에 의해 자제되고 도덕적으로 완벽, 완성될 수 있는 존재인가? 숱하게 실패한 경험을 안고서도 근대를 이끈 철학자들은 神의 절대 구속 상황을 벗어나는 것이 급선무인 과제라, 인간의 자율 의지로서 세계를 선의지적으로 구성할 形而 上學的 도덕 체계를 추진시켜 나갔는데, 그 선두에 선 자가 임마누엘 칸트였다. 칸트는 인간의 도덕성을 神이 아닌 자연의 법칙성에 근거해서 법칙화하고자 했다.

그러므로 "칸트의 도덕 법칙은 인간이 神을 떠난 자유 규제방식으로서의 이성의 법칙이다."65) 비슷하게 대체시키기는 했지만 그러나 인간의 이성, 의지, 자연에 근거한 것과 神의 법칙은 차원이 다르다. 영원성을 유한성에 근거 지음으로써 인류로 하여금 세계의 종말성을 자초케 했다. 하지만 그 같은 결과를 맞이하기 위해서는 더한 세월을 기다려야 하므로 단계적인 상황 입장에서 보면, 칸트가 설정한 도덕 形而上學 체계는 중세의 神權 질서로부터 이성적으로 독립하려는 인간의 자아 의지적 노력이다. 그렇게 해서 추출된 것이 곧 의무론이고 가언적 명령을 벗어난 정언적 명령법이다. 근대 자연과학자들은 神 없이도 어김없는 자연의 법칙 질서

---

64) 윤리와 종교, 앞의 책, p.106.
65) "도덕은 행위와 의지의 자율과의 관계이다. …… 그 격률이 필연적으로 자율성의 법칙에 일치하게 되는 의지는 절대적으로 선한 성령의 의지이다(윤리학의 이론과 역사, W.S 사하키안 저, 송휘칠·황경식 공역, 박영사, 1992, p.170)." 곧 神을 떠난 인간의 자율적 규제 의지가 칸트가 세운 도덕적 격률, 즉 도덕 법칙임.

를 설명하였으므로 인간에게서도 神 없이 도덕성을 규율할 자연적인 의지 법칙이 있을 것인데, 그것이 칸트가 세우고자 한 도덕 법칙이었다. 인간의 이성적 자각과 의지와 실천 시스템을 최대한 가동시키면, 인간은 스스로에게 명령하는 바를 잘 가늠함으로써 도덕성을 수호할 수 있다. 그리고 칸트는 그 같은 도덕률(인간이 행위를 하여야 하는 의무적 강제성)을 자연 가운데서 발견되는 자연법칙과 같은 보편성에서 구했다. 그렇게 행위를 해야 할 의무적 당위적 준칙이란 다름 아닌 자기 이성이 가늠하는 바 자연법칙처럼 보편적인 법칙이 되기를 바라야 한다는 도덕적 판단 기준에 있었다. 자살이나 거짓 약속 같은 것은 당연히 보편 법칙에 모순되므로 행위를 해서는 안 된다는 논리이다.66) 하지만 인간은 정말 자연법칙의 보편성처럼 늘 이성에 근거해서 보편 준칙을 판단할 수 있는 온전한 존재인가? 인간의 판단은 두 눈을 뜨고서도 실수를 저지르는 어리석은 자가 아닌가?

서구인들이 이성을 중시한 것은 그리스적 사고방식의 강력한 영향 결과이다. 아리스토텔레스에게서도 인식의 우위는 그대로 지켜졌고 이성은 인간의 최고 능력이었다. 지성적 인식은 인간이 수행할 수 있는 것 중에서 최고의 것이다. 이 같은 전통이 근세에서도 합리주의의 자율적 이성의 이본인 합리적 사고를 중시하게 했고, 독일 관념론의 절대적 이성에 이르기까지 강력하게 작용했다.67) "18세기의 프랑스 철학자들은 현존하는 모든 것에 대한 유일한 심판자로 이성에게 호소하였으며, 이성과 모순되는 것을 가차 없이 없엘 것을 요구하였다."68) 이성이 이제는 도덕성의 판단 기준을

---

66) 도덕 형이상학을 위한 기초 놓기, 칸트 저, 이원봉 역, 책세상, 2005, p.55, 72, 75.
67) 철학적 인간학, 에머리히 코레트 저, 진교훈 역, 종로서적, 1990, p.150.

넘어서 神의 심판자 역할까지 대신하게 되었다. 이성으로 영원한 정의의 나라를 건설하려고 했다.[69] 하지만 정의란 이상적 캐치프레이드는 神을 떠난 인간이 내세운 자율적 도덕선의 기준이다. 그러니까 기준인데도 코에 걸면 코걸이이고 귀에 걸면 귀걸이일 뿐이다. 근본과 창조 본질을 떠난 인간은 그 위에 무엇을 세우건 결과는 유한성과 대립성을 면하기 어렵다. 인류가 무언가 포부를 가지고 神을 떠났다면 결과 역시 온당해야 한다. "칸트가 神의 후광을 버리고 전통과 권위에서 벗어나 이성 외에는 아무것도 인간을 이끌 수 없다고 하면서 이성의 자율성을 전격 신뢰하였다면",[70] 자율성이 인간의 본성과 문명 체제를 더 나은 방향으로 진척시켜야 했다. 그런데 돌아온 결과는? 칸트는 神으로부터 독립하기 위한 강력한 수단으로서 도덕 법칙을 수립했지만, 결과는 세계적 본성을 잘못 판단해 인류로 하여금 天倫을 끊어 버리게 한 대죄를 저질렀다.[71] 물론 서구 중세는 神의 계율에 의한 일률적 순종이 강요된 전횡이 있었으므로, 인류는 새로운 가치 질서를 찾아 나선 것이지만, 그렇게 하여 건설한 인간 지상주의가 가져다준 현 세계의 실태는 어떠한가? 神의 속박을 벗어난 자유인, 그들이 도달한 곳은? 인류가 도달한 현 도덕적 실태가 모든 척도이다. 처처에서 세계적 본성의 한계성과 종말성이 적나라해졌다. 근대인들이 더

---

68) 공상에서 과학으로, 엥겔스 저, 나상민 역, 새날, 1990, p.16.
69) 위의 책, p.15.
70) 도덕과 종교(칸트와 마리땡을 중심으로), 배석원 저, 이문출판사, 1993, p.9.
71) "神으로부터 도덕을 증명한다는 것을 칸트로서는 받아들일 수 없는 관계였다. 그는 항상 도덕으로부터 神을 상정했을 뿐이다. 그는 『이성의 한계 안에서의 종교』 초판 서문에서 도덕의 올바른 실천을 위해서는 아무런 목적도 필요하지 않으며, 자유 사용 일반의 형식적인 조건을 내포하는 법칙만으로 충분하다고 했다." - 칸트철학에서의 악의 문제, 문성준 저, 서강대학교대학원 철학과 석사학위논문, 2004, p.42.

이상 중세인들처럼 살 수는 없다. 루터와 캘빈이 종교개혁을 부르짖을 정도로 기독교가 주도한 중세적 세계관은 한계성에 직면했었다. 그래서 참아 내지 못할 정도로 속박이 있었다면 굴레를 벗어던질 수 있어야 하고, 무한한 자유를 추구하고 평등한 사회를 건설하고 싶다면 그것도 시도해 보아야 한다. 인간이 노력하여 이룬 진보를 확신하고 神으로부터 독립을 선언하여 모든 문제를 자체, 자율적으로 해결해 나갈 수도 있다.

하지만 문제는 그 노선이 단독, 단선적인 데 있다. 중세가 너무 神 위주의 절대 노선을 고집해 문제를 일으켰다면, 이후는 소원된 관계성을 회복하고 문제를 개선하기 위해 노력했어야 했는데, 神을 버리고 인간 위주의 세계관을 건설했다는 것은 역시 동일한 문제를 일으킬 소지를 안은 출발이었다. 그리고 그 소지에 대한 일체 결과가 드디어 오늘날에 이르러서 적나라하게 드러나고 있다. 한 인간에 대한 평가는 그가 일생을 마감하고 났을 때이듯, 사상으로서 발아된 세계관에 대한 평가는 그것이 온전히 생성되어 분열을 마감했을 때이다. 데카르트가 이성과 합리주의 사상으로 근대를 열었는데, 거기에 대한 세계관적 평가가 이제야 가능하게 된 것이다. 서양이 개화시킨 無神的, 唯物的, 합리성에 근거를 둔 과학 사상은 神을 떠난 인류가 더듬어 나온 미로 역사 외 아무것도 아니다. 인간은 한계를 지녔고, 그렇기 때문에 이성을 밝혀 나아갈 진로를 가늠하고자 하였지만, 이성은 하나는 철저하게 분석할 능력을 지녔을시 놀라노 전체를 알 길은 없다. 정말 하나는 알았는데, 나머지를 몰라 돌이킬 수 없게 된 과오들이 태반이다. 그것이 인간이 지닌 이성이다. "인류는 근대 이성의 찬란한 위력을 만남과 동시에 가공할 폭력성도 함께 맞이해야 했다."[72] "근세 합리주의가 이성을 주체로 내세움으로써 자연을 대상화하고 지배할 수는 있었지만 한편으로는 더 소중한 인간 고향을 상실하고 말았다."73) 神을 버림으로써 인간의 격은 神으로부터 부여받은 숭고성을 잃어버렸고 본능의 장으로 전락해 버렸다(다윈의 진화론, 프로이트의 성적 충동 본능 등). 神을 떠난 세계는 인간 본성의 말단화와 종말성을 가속화시켰다. "현대만큼 인간성이 몰락한 시대는 일찍이 없었다."74) "니힐리즘은 어느 겨를에 우리의 생활신조로 여겨온 모든 가치, 최고의 가치까지도 거부해 버리고 인간의 생존에 하등의 의의를 발견하지 못하는 공허, 허탈에 빠지게 했다."75) 19세기에 니체는 일어서 神이 죽었다고 했는데, 神이 죽어 버리니까 20세기에 이르러서는 인간마저 죽어 버렸다.76) 근원된 뿌리가 뽑혀 고사화되면 거기에 딸린 가지와 잎사귀가 메말라 버릴 것은 시간 문제이다.

잎사귀와 가지는 홀로 존재함이 가능한가? 인간 역시 자체만으로 존재함이 가능한 자연물이라면 근본도 神의 은총도 필요가 없다. 그렇게 알고 독자 노선을 선택한 결과가 참담함을 면치 못한 것일진대, 그렇다면 반드시 인류는 인간 본성을 재인식할 필요가 있다. "노자가 도덕이나 법, 규범 같은 인위성을 혼란의 원인으로 보고 자연의 원리인 無爲自然을 이상적인 상태로 여겨 참다운 행복을 인간 내부의 天性에 따라 자유롭게 사는 데서 찾았을 때는",77) 인류가 아직 神을 떠난 시행착오의 결과를 보지 못했을 때이다. 노자가 도덕, 법, 규범을 인위적인 강제 요인으로 본 것은 神의 구

72) 동서철학의 교섭과 동서양 사유방식의 차이, 송영배 저, 논형, 2004, p.217.
73) 정의의 철학, 김태길 외 저, 대화출판사, 1977, p.195.
74) 위의 책, p.195.
75) 선의 세계 1(서양철학과 선), 고형곤 저, 운주사, 1995, p.116.
76) 불복종에 관하여, 앞의 책, p.151.
77) 인간교육 이론, 김수동 저, 책사랑, 2000, p.331.

속을 강압으로 본 것과 비슷하다. 그래서 장자는 "자신의 삶을 다른 어떤 것에도 맡기기를 거부하고 스스로 자유로운 세계를 살고자 했고, 분수에 따라 자연의 도리를 따라 자연스럽게 사는 것이 절대 자유의 세계요 절대 행복의 세계"78)라고 생각했다. 하지만 그렇게 해서 산 삶에도 결과는 주어진다. 옳다고 생각하고 절대 행복이 반드시 있을 것이라고 생각했는데, 오늘날 주어진 세계의 종말성과 도덕의 타락상은 그 같은 진리에 대한 환상을 일축시켰다. 인류가 하나님을 떠나 독자성을 선언한 결과일진대, 이것은 인간의 본성과 인류의 역사 본질이 무엇인가를 시사하게 한다.

창세기에 기록된 아담의 행적은 인류의 원판 역사에 대한 교훈이다. 태초에 인류의 시조가 에덴동산이라는 낙원에서 생활을 하였지만, 善惡을 알게 하는 열매를 따 먹음으로써 하나님의 말씀을 어겨 낙원으로부터 추방되고 말았다. 그 결과 인류는 善惡에 대한 근본 판단 능력을 부여받게 되었지만 자체 善惡을 분별할 수 있는 능력을 지녔음에도 불구하고, 善惡의 행위를 분별하여 실행하지 못하고 면면히 인류사에 죄악이 도사리게 된 것은 에덴동산을 떠남으로써 하나님의 본질을 떠난 때문이다. 인류가 神을 떠나게 됨으로써 맞이하게 된 오늘날의 타락상과 같다. 이렇게 원인이 압축되었을진대, 인류가 비워진 에덴동산으로 복귀할 수 있기 위해서는 회개와 구원을 통한 대역사 과정을 통하여 하나님의 본질 가운데 서야 한다. 여기서 인류는 비로소 善惡 간에 영원한 생명력의 의지를 부여받아 낙원의 세계에 발을 들여놓을 수 있다. 그것이 인류의 미래 역사가 도달할 지상천국이다. 神과 함께 하고 도사린 죄악을 제거하며 타락된 도덕성을 회복할 수 있다면 인류는 종말적인 한

---

78) 동양윤리사상, 앞의 책, p.192.

계 상황을 극복하고 새로운 차원 세계에 진입할 수 있다. 이전에는 확실한 원인을 몰라 전전긍긍하였지만, 이제는 인류의 도덕적 타락 근거가 神으로부터 창조된 인간이 神을 떠난 데 있었다는 것을 안 이상, 이후의 역사는 일체 영역에서 그 관계성을 회복하는 데 주력하여야 한다. 그리하면 인류의 문명 역사는 새롭게 창도될 수 있을 것이고 하나님이 약속한 시온의 영광을 맞이할 수 있을 것이다.

제5장

도덕의 본원 원리

1. 도덕성 본질

칸트는 『순수이성비판』 첫머리에서 "인간의 이성은 어떤 종류의 인식에 있어서는 도저히 회피할 수도 없고, 그렇다고 해서 해답을 줄 수도 없는 그런 문제들에 시달리는 기구한 운명을 지니고 있다."[1]라고 적었다. 그중에서도 "철학은 근본적으로 주로 形而上學的인 문제들이며, 이들은 본질적으로 처음부터 오늘날에 이르기까지 항상 새로운 해결을 요구하는 그런 문제들이다."[2] 어쩌면 철학은 끝까지 해결될 수 없고, 따라서 영원히 계속될 문제를 다루는 것이라고 할 수밖에 없다. 그런데 道德論(윤리, 가치론)은 存在論, 認識論과 더불어 철학을 뒷받침하는 중요한 영역이다. 빌라도는 "진리가 무엇인가"를 물었다고 하는데, 삶의 한가운데서는 "무엇이 善인가"를 물어야 할 경우가 생긴다. 진실한 것과 善한 것은 불가분리일지라도,[3] 벌써 善은 인간에게 그만한 판단과 인식을 요구하고 있다. 善을 분간할 수 있기 위해서 인간은 기본적으로 善惡에 대한 개념을 형성하고 있어야 한다. 그래서 "종교와 윤리의

---

1) 철학의 흐름과 문제들, N. 하르트만 저, 강성위 역, 서광사, 1989, p.17.
2) 위의 책, p.15.
3) 상황 윤리, 조셉 플레처 저, 이희숙 역, 종로서적, 1990, p.26.

분야에서는 무엇이 善하며, 무엇이 인간의 궁극적 가치냐 하는 것을 찾아 나섰고, 좀 더 직접적으로는 무엇이 정당한 것이고 정의이며 옳은 행위이냐 하는 질문에 대해서도 씨름했다."4) "철저한 자기 인식과 성실한 실천으로"5) 문제 해결을 시도해야 한다. 도덕과 윤리는 존재의 문제이기 이전에 인식의 문제이고(깨달음), 인식이전에 세계관적 본성 규명 과제가 따른다. "윤리학의 주요 관심사인 도덕적 가치판단과 가치판단의 근거 탐구는"6) 선행된 세계관과 본성 규명 여부에 달려 있다.7) 이 같은 도덕의 본원 원리 문제를 해결하지 못한 상태에서는 그야말로 도덕의 形而上學性을 면하기 어렵다. 원리에 근거해야 판단의 기준이 요동치지 않는다. 하물며 도덕의 근간을 이룬 인간의 본성 본질은 무형의 작용 실체라, 본원 바탕을 드러낸다는 것은 벌써 방법적인 면에서부터 어려움이 있다.

칸트는 "『순수이성비판』에서 이론 이성을 감성, 지성, 이성으로 분류하였는데",8) 이 같은 사변적인 인식 능력 도구로서는 도덕의 본원을 파고들기 어렵다. 그도 인정했듯이, 인식은 현상계에서만 가능하고 物自體에 대해서는 불가능하다고 한 것이 그것이다. 그것은 오직 칸트가 이성을 도구로 삼았기 때문에 주어진 결과이다. 칸트는 이와 같은 인식을 기초로 "진리를 말하는 학문으로서 가능

---

4) 종교와 인간, 서광선 저, 이화여자대학교 출판부, 1995, p.44.
5) 동양윤리사상, 김길환 저, 일지사, 1985, p.1.
6) 윤리학의 이론과 역사, W.S. 사하키아 저, 소흥렬·황경식 공역, 비영사, 1992, p.2.
7) "윤리학은 도덕적인 편단과 신덕, 그리고 그 기준에 관하여 탐구하고 분석하는 철학의 한 분야이다. 도덕적인 가치판난의 구조를 밝히려는 것이 윤리학이다." - 위의 책, p.1.
8) "이론 이성을 다시 대상 수용 능력으로서의 감성, 대상 규정 능력으로서의 지성, 이념 형성 능력으로서의 이성으로 나눔." - 인문과학 잘 알기, 백종현 편저, 벽호, 1994, p.212.

한 것은 순수 수학, 순수 자연학, 경험적 자연과학뿐이며, 종래에 모든 학문 중의 학문이라고 자칭한 形而上學(전통 철학)은 학문적 요건이 결여된 것"9)이라고 하였다. 늦게 들어온 사람이 집을 팔아 먹는다고 하듯, 칸트는 경험적 현상 원리를 판단할 이성 도구를 개발해 놓고, 본성 세계를 뒤덮어 버렸다. 하지만 도덕은 그가 불가하다고 한 物自體, 곧 본성의 분야에 근간을 둔 것이라, 서양의 도덕 윤리 체계는 이 시점부터 벌써 사변적인 한계성을 면하지 못했다. 도덕 문제에 본질적으로 대처하지 못했다. 장님이 앞을 못 본다고 해서 세상이 존재하지 않는 것은 아니다. 칸트는 인간의 인식 능력을 비판(한계 설정)한다고 하면서 도리어 인간의 영원한 도덕적 본성을 회복할 길을 막아 버렸다. "이전의 독단적인 철학에서 인간이 알 수 있는 영역으로 간주되었던 神, 영혼, 자유 의지 등은 원래 인간 인식의 영역이 아니며, 반면에 그동안 확실하게 알고 있다고 주장했는데도 근거가 의심되었던 과학적 인식을 안전하게 확보했다."10)고 자부했다. 도덕의 본성 본질을 잘못 판단한 과오 하나가 인류의 도덕적 본성을 눈멀게 하고 잘못을 근본적으로 해결할 길을 차단시켜 버렸다. 하나님을 볼 수 없게 한, 보이지 않는 바리케이드다.

서구의 몰락과 인류의 도덕성 타락은 이렇게 해서 예고되었다. "오늘날 인류는 인간복제, 안락사, 낙태, 동물의 권리, 사형제도, 테러리즘, 동성애 등 수많은 도덕적 문제에 부딪히며 살아가고 있다. 인간이라면 어느 시대, 어느 곳에 살든 올바른 행위를 해야 한다는 도덕적 요구를 피할 수 없고, 현대 사회라고 해서 그 요구가

---

9) 위의 책, p.212.
10) 도덕 형이상학을 위한 기초 놓기, 칸트 저, 이원봉 역, 책세상, 2005, p.145.

더하지도 덜하지도 않을 것인데, 현대 사회에서는 과연 무엇이 옳은 것인지를 알아내는 것이 어느 시대보다 더 어려운 과제가 되어 버렸다."[11) 죄악이 분명한 것인데도 불구하고 정의의 자의적인 판단 기준에 따라 온갖 악행들이 공공연하게 자행되고 있다. 그러므로 우리는 도덕의 본원 원리를 추적하여 바로잡아 놓지 못하는 한 인류가 당면한 도덕적 악행에 대해 누구 하나 제대로 막아 설 수 없는 지경에 이르렀다. 낙태가 아무리 살인과 다름없는 죄악이라고 해도 씨알이 먹히지 않는다.

그렇다면 인류는 그동안 도덕을 어떻게 보고 기초적인 개념을 형성시켰던가? 고대의 플라톤은 "德은 죄 없음을 나타내는 단순한 결백이나 惡의 결여를 의미하는 것이 아니라 오히려 적극적인 탁월성의 성취요, 인간의 모든 능력이 이상적으로 발휘되어 완성되는 것을 의미한다. 그리고 이런 德의 완성은 국가라는 인간 공동체를 통해 실현된다."라고 보았다. 이것은 분명 서양이 여태껏 추진한 德의 외연화 시발이다. 동양이 수신제가란 德의 내면적 실현을 통해 사회적 이상을 추진하고자 했던 시각과 대조적이다. 서양이 도덕적 본성을 어떻게 보았는가를 판단할 수 있는 중요한 단초이다. "아리스토텔레스는 위대한 영혼을 가진 인간과 정의를 德의 두 가지 대표로 들었는네",[12) 여기서도 정작 도덕의 근간인 본성에 관한 냄새는 맡을 수 없다. 정의의 德은 플라톤처럼 위대한 영혼을 가진 인간이 추구하고자 한 사회성을 지향한 질서의 근간일 뿐이다. "정신분석학적 입상에 선 프로이트는 도덕성을 자아(ego)를 동세하는 초자아(super ego)로 집약시켰다. 도덕성으로서 초자

---

11) 위의 책, p.7.
12) 서양 윤리사, Alasdair MacIntyre 저, 양걸 역, 학문사, 1996, p.182.

아는 인간의 사회화를 위해서 필요 불가결한 것이고, 사회로부터의 통제를 내면화하는 것이며, 문명인으로 생존하기 위해 없어서는 안 되는 통제"13)라고 보았다. 유태교나 기독교 전통에서는 "神이 우리를 바른 삶으로 인도하기 위해 따라야 할 규칙을 선포했다고 가르쳤다. 神은 강요하지 않되, 만일 우리가 살아야만 하는 방식대로 살려고 한다면 神의 법을 따라야 한다. 이것이 이른바 도덕의 본질이다. 즉 도덕적으로 옳음이란 神이 명령한 것을 의미하고, 도덕적으로 그름이란 神이 금한 것을 의미한다."14) 자아를 통제하는 초자아나 인간의 일체 행위를 神의 명령으로서 근간 지은 것이나 도덕성을 규정한 규정 틀은 비슷하다. 神의 명령에 근거했건 초자아에 근거했건 인간의 도덕적 본성 개념이 정확하게 추적되지는 못했다. 그야말로 인간의 사회화를 위한 변함없는 조건 설정 정도이다. 듀이는 실용적인 교육 철학자답게 "도덕을 누구나 신봉하고 맞추어 행위를 해야 할 추상적 규범성과 목적성을 배제하고 인간성에 대한 이해를 바탕으로 한 구체적인 생활의 마당에서 비롯되고 또한 형성되는 것"15)으로 생각했다. 도덕의 사회적 실용성을 부각시킨 것이라고나 할까?16)

도덕성은 이처럼 인간이 지닌 고유한 본성인데도 세계관으로서 접근한 철학들이 도덕에 대해 개념을 정확하게 초점 잡지 못했다. "도덕성은 한 사회가 문화적 특징을 가지고 있는 도덕적 가치판단

---

13) 도덕적 판단 능력 신장을 위한 도덕적 수업 연구의 실제, 충남민주시민교육연구회 편, 문인방, 1993, p.23.
14) 도덕철학, 제임스 레이첼즈 저, 김기순 역, 서광사, 1989, p.76.
15) 서양교육 사상사, 주영흠 저, 양서원, 2001, p.374.
16) "듀이에 있어서 도덕의 근원은 인간성이며, 그 인간성은 행위에 의해 파악됨. 본성이 아님."－존 듀이의 가치론 연구, 박종모 저, 전남대학교대학원 국민윤리학과 석사학위논문, 1992, p.46.

의 일반적 기준과 지향하는 도덕적 이상을 통칭하는 말"[17]이기는 하다. 도덕은 공유된 사회적 본성 뿌리를 가진다. 현 세태의 도덕적 타락상은 한두 사람의 도덕적 전횡에서 격조된 분위기가 아니다. 사회 전체의 가치판단 기준과 지향 이상이 무너져서 그렇다. 왜 그렇게 되었는가? "근대에 이르러 칸트가 윤리를 실천 이성의 문제로 파악했고(윤리를 종교에서 분리함), 많은 학자들이 윤리학을 인간관계의 방식을 묻는 학문으로 규정해서이다."[18] 무엇이 잘못되었는가? 도덕성을 정초하고자 하는데 관계를 물어서 되겠는가? 본성을 물었어야 했다. 도덕성은 인류가 공통으로 본유한 본성이다. 도덕성을 통해 인류의 공통된 창조 본성을 추출할 수 있어야 했는데, 본성을 굳게 둘러싼 종교란 테두리를 걷어 버리고 인간 간의 관계성만을 묻게 됨으로써 도덕의 일체 가치가 상대성에 노출되었다.[19] 惡의 향연을 위한 기발한 눈가림이라고나 할까? 그 같은 가치판단 상태에서는 누구도 단호하게 심판의 칼을 쳐들 수 없다. 인간으로부터 어떤 도덕적 가치 요소를 추출한다고 해도 그것만으로서는 한계가 불분명하다. 神의 명령으로도 안 된다. 도덕성의 인류 공통적인 요소, 즉 인간 본성의 창조성을 개념 지을 수 있어야 도덕성이 세계의 절대 가치 본성으로 등극할 수 있다. 그리해야 "도덕은 인간만이 가진 것이 아니라 오히려 만물과 통할 수 있으며, 공유한"[20] 무엇이 될 수 있다. 인간만으로서는 불가하

---

17) 노녁석 판단 능력 신장을 위한 도덕적 수업 연구의 실제, 앞의 논문, p.21.

18) 기독교 윤리사상사, 성서문학연구위원회 편, 한국기독교문학연구소 출판부, 1980, p.15.

19) "칸트가 당시까지 확고한 것으로 여겨지던 사변신학의 기초를 무너뜨린 이래로, 이제 신학에서 윤리학의 근거를 찾는 이는 드물다." – 도덕의 기초에 관하여, 아르투르 쇼펜하우어 저, 김미영 역, 책세상, 2004, p.24.

20) 장자의 이상적 인간론, 이강수 저, 소누무, p.81

다. 善意志(도덕성)는 하나님과의 관계를 통해서만 존재성이 규정될 수 있다. "도덕은 일반 대중에게 신학을 통해 神의 특별한 의지로 증명된다."[21]라고 하였는데, 그렇게 일방적일 수는 없다. 슈트라우스는 "기독교의 근본적인 진리는 神性과 인간성의 동일성이며, 이 진리는 반드시 한 모범자(예수)만 아니라 인류 전체를 통해 실현된다고 주장해 헤겔은 물론이고 기독교의 정통성과도 결별하였다."[22] 하지만 그것은 인간이 지닌 도덕성을 제대로 규명함을 통해 진실에 다가설 수 있다.

도덕성은 바로 하나님으로부터 근거한 하나님을 향한 인간 본성의 지대한 발판이다. 인류가 도덕의 본질을 바르게 바라볼 수 있다면, 그것은 인간과 하나님을 바르게 바라본 것이다. 진화론자들은 동물들의 행동을 연구, 관찰, 실험한 결과 동물들로부터 어떤 인간적 단초를 발견하였던가(스키너 등과 같은 행동주의 학자들)? 발견할 수 없었지만, 도덕성은 그렇지 않다. 인간이 본유한 도덕성을 통해 우리는 세계의 창조 본질은 물론이고 하나님의 존재 근원까지 추적할 수 있다. 도덕성은 神의 보다 고차원적인 본성 규정 본원이다. 도덕성은 지극히 차원적이다. 인간과 神의 본성이 규명된 다음에야 밝혀진 인간의 神的 본질 요소 일환이다. 하나님의 天性이 인간성에 투영된 제반 결과물이 도덕성으로 표출되었다. 도덕성은 인간에게서 확인이 가능한 하나님의 신성한 창조 본성이다.[23] 슈트라우스는 神性과 예수와 인간성을 동일선상에 놓음으로써 기독교의 전통적인 신념과 결별하였지만, 창조를 통해 인간에게 투영된 결과물이 神性의 도덕성화라고 할진대, 도덕성은 인간

---

21) 도덕의 기초에 관하여, 앞의 책, p.23.
22) 다비드 슈트라우스: 예수전(그 비판적 연구-1835)의 저자.
23) 神의 본성이 창조에 의해 규정된 것이 인간의 도덕적 본성임.

과 하나님을 연결하는 직접적인 창조 끈이 된다. 도덕성은 존재화된 神의 인격이고, 창조화된 神의 원리이며, 계율화된 神의 의지이다. 도덕성은 보편화된 神의 본성이다. 그래서 儒家는 性卽理를 통해 인간의 도덕적 창조 본성을 天性에 더 가깝게 접근시킬 수 있었다. 도덕성은 神的 의지의 인격적 분화 일환이라, 자체 실행을 위한 의지적 명령이 생성된다.[24]

　그러므로 도덕은 인간이 수용, 수호해야 할 계율적 의무를 지며, 일체 결과에 대한 책임이 뒤따른다. 도덕성은 하나님과 연관되어 있어 도덕성의 실현과 상태 여부는 천국 보장과 심판을 판가름하는 척도 역할을 한다. 그만큼 도덕성은 창조를 통해 인격화된 하나님의 보편 의지가 인간의 본성 깊숙이 내재화된 것이다. 따라서 인간에게 주어진 당위 임무는 도덕을 지키고 도덕성을 간지하며 끊임없이 자각해서 일구어 내는데 있다. 도덕은 인간이 갈고닦은 수양과 인격을 통해 품격화해야 하는 내면화된 하나님의 계율적 명령이다. 하나님의 창조 중심에 인간이 있고 인간 창조의 근거에 도덕성이 있다. 인류가 도덕성을 소홀히 할 수 없는 이유이다. 도덕성은 하나님이 인간을 창조한 제일의 증거 일환이다. 그런 만큼 인류가 부여한 도덕적 본성 속에서 하나님의 위대한 창조 본성, 기록성, 경건성, 고귀성, 궁극성을 발견하고 증험하게 될 때, 인간의 도덕적 타락성은 치유되고 영혼의 구원은 가속화되리라. 하나님의 위대한 창조 본성을 인간이 간직한 도덕적 본성 가운데서 자각할 수 있어야 한다. 노덕의 본원 원리와 도덕성의 본질을 하나님의 창조 본성 안에서 정초해야 인간의 타락한 본성이 회복될 수

---

[24] 도덕은 신리를 자체 가늠이 가능한 순수 이성적 형식이기 이전에 본성을 가늠하여 실행을 가능하게 하는 순수 의지 형식임.

있고, 그것은 곧바로 지상천국 건설을 위한 초석이 될 수 있다.

2. 도덕 근거

인류는 한때 도덕적으로 건실한 사회와 시대가 있었다. 그리고 현재 극치를 달리고 있는 타락상과 비교할 때, 주된 이유가 하나님으로부터 모든 것을 부여받은 인간이 근본을 떠났기 때문이라는 것을 밝힌 바 있지만, 이것을 달리 이해한다면 도덕의 근거를 어디에 두었는가의 여부에 달려 있기도 하다. 다른 분야에서는 부족함이 있다 하더라도 도덕적인 면에서는 그래도 서구의 중세 사회와 동양의 유교 사회는 건실한 도덕적 바탕이 인간 사회를 리드했다. 비록 神과 天에 대한 존재적 근거가 확실하지는 않았다 하더라도 그것을 신앙했을 때의 인간 영혼은 행복했다. 그런데 현대인들은 도대체 도덕의 근거를 어디에 두었기에 타락상이 극에 달했는가? 신기루를 보았는가? 무엇에 현혹되었는가? 틀림없는 사실 하나는 도덕이 타락한 분명한 원인이 도덕의 근거를 잘못 둔 데 있다는 것이다. 아니면 아직까지도 확실한 근거를 찾지 못했다는 것이 이유 중 하나이다. 그중에는 인간인 입장에서는 확실하다고 생각했는데 정말 신기루를 본 것처럼 결과적으로 잘못 판단한 경우도 있다. 그렇다면 인류는 "이천 년이 넘도록 도덕의 확실한 기초를 찾으려고 했는데 그 노력이 헛되었단 말인가? 아니면 도덕이란 인간이 철두철미 하나의 인공물이자 이기적인 수단으로서 고안된 것인가?"[25] 이토록 회의감에 휩싸인 것은 그 이유 자체가 파악되

---

25) 도덕의 기초에 관하여, 앞의 책, p.126.

어야 할 원인 대상이다. "근대의 철학자들은 도덕이 더 이상 종교나 神에 의존할 수 없다고 보았기 때문에 전통적인 신학의 권위에서 벗어나 인간 행동의 옳고 그름에 대한 합리적 기준을 제시하려고 했다."[26] 근본 원인은 전통 종교들이 도덕의 근거에 대해 합리적인 진리성을 제시하지 못한 데 있다. 그렇다면 이 같은 비판에서 출발한 근대철학은 윤리학을 통하여 합당한 기준 근거를 제시하였는가?[27] 상대가 惡人이라 하여 자신이 반드시 善人은 아니듯, 전통 신학의 틀을 벗어던지고 나온 윤리학은 자체로서 다시 근거된 기준의 확실성에 대해 평가받아야 한다.

근대 철학자들이 도덕이 더 이상 종교적 교리에 근거할 수 없다고 보았다면 그 이유는 무엇이며, 그렇게 해서 설정한 근거가 또다시 도덕적 혼란상을 조장하였다면 그 이유 또한 무엇인가? 이것도 아니고 저것도 아니라면 인류가 찾아야 할 궁극적 도덕 대상은 어디에 있는가? 인류는 神을 떠난 이래로 아직도 본원을 찾아 헤매고 있는 중이라고 해도 과언이 아니다. 근대를 연 데카르트는 오죽하면 자신의 사고 행위 자체 위에 존재의 확실한 근거를 두었을까만,[28] 神을 떠나 보아도 뾰족한 수가 있는 것은 아니다. 오히려 탐구 범위가 축소된다. 기껏 인간이 "도덕의 주체임을"[29] 근거 지어 보아도 만인에 대한 상대적 관계 속에서 그 힘이 얼마나 발휘될

26) 위의 책, p.251.
27) "윤리학의 목표 가운데 하나는 어떠한 도덕적 판단이나 표준, 규칙 등에 대해 이를 인정하고 받아들일 수 있는 합리적인 근거가 마련될 수 있는지른 인아니는 것이다. 그리고 만약 합리적인 근거가 마련될 수 있다면 그것이 어떤 것인지를 구체적으로 밝히는 것이나." - 윤리학의 기본 원리, 폴 테일러 저, 김영진 역, 서광사, 1985, p.11.
28) "나의 존재의 본질은 어디까지나 생각한다는 사실, 즉 사고의 행위에 있는 것이지, 다른 어떤 행위에도 있지 않다(성찰)." - 방법서설·성찰·데카르트 연구, 최명관 저, 서광사, 1987, p.156.
29) 윤리 질서의 융합, 황경시 외 저, 철학과 현실사, 1996, p.173.

수 있을지는 의문이다. 칸트는 "목적의 왕국에 있어서 누구나 자기의 자유 의지에 의하여 보편적 도덕률에 따를 것을 요구한다."[30]고 했지만, 인간이 자유의지로서 행사할 목적 의지만큼 근거가 불확실한 것도 없다. 칸트가 아무리 인격은 자기 목적이요 절대적 목적이라 "인간성을 언제나 동시에 목적으로서 사용하고 결코 수단으로서만 사용하지 않도록 행위를 하라고 해"[31] 도덕률을 고무해도, 눈만 감으면 저질러지고 있는 것이 인격의 참혹한 수단화이다. 神을 벗어난 인간이 미처 도덕적으로 자립심을 기르지 못해서인가? 아니면 정말 神과 인간이 가진 불가분리의 관계를 끊어서인가?[32] 그렇다면 "도덕의 토대를 전격적으로 神에 두었던"[33] 절대 신권 사회에서는 인간에게 죄악이 없었던가? 죄악이 도사렸다면 이유는 무엇인가? 하나님의 뜻에 일치하고자 한 노력이 부족해서인가? "교부 중의 교부라고 할 성 어거스틴(354~430)에게 있어서 하나님은 만물이 존재하게 되는 근원이요, 올바른 원리요, 인간에 대해서 최고선이요, 인간 생활의 절대 규범이었다. 하나님은 모든 존재, 지식, 가치, 행동의 중심이다. 인간의 도덕적 의지는 역시 善의 원본(최고선)으로서의 하나님 중에 근거가 있는, 영원의 질서를 표준으로 해야 한다."[34] 이렇게 되면 인간이 당위로서 인식해야 할 도덕의 근거가 너무 고상, 고원화되어 버린다. 인간이 자각하고 인식해야 할 도덕성의 근저가 최고선으로서 요원하고, 비례해서 절대 규범이라는 중압감을 벗어나지 못하게 한다. 도덕성은 인간이 본유한

---

30) 가치론의 문제와 역사, 이대희 엮음, 정림사, 2001, p.134.
31) 위의 책, p.134.
32) "당신을 위해 우리를 내시었으니, 당신 안에 쉬기까지는 우리 마음이 잠잠하지 않습니다(고백록, 1장)."
33) 기독교의 본질, 루트비히 포이에르바하 저, 김쾌상 역, 까치, 1993, p.407.
34) 서양윤리사상사, 최재희 저, 서울대학교 출판부, 1981, p.91.

본성인데, 도덕성의 규제 근거를 너무 神 중심으로 설정해 버렸다. 이렇게 되면 이 같은 도덕적 이상에 도달하지 못한 인간 존재는 항상 불안하고 기대에 못 미친 질타를 피할 수 없다. 인간이 어떻게 인간다운 본성을 만개시킨 도덕성을 실현할 수 있겠는가?

그래서 神의 절대 전횡을 탈피하고자 한 근대인들은 일체 도덕성의 근거를, 거론된 바 이성을 통해 찾고자 했다. 칸트는 자신의 이론 철학에서 이성의 법칙은 우리가 세계 안에서 찾아낸 어떤 것이 아니라 인간이 세계에 대해 부과한 것이라고 했다(코페르니쿠스적 전환). 드디어 인간이 神과 결별한 이래 도덕성의 자율 의지 시스템을 완숙하게 구축한 것이다. 칸트 이전의 도덕철학자들은 도덕성의 원칙을, 즉 의무의 근거를 인간 밖에서 찾으려 했기 때문에 실패할 수밖에 없다고 보았다.35) 인간 밖이란 神에 근거를 두었던 전례의 우회적 표현이다. 그래서 인간은 스스로 이성의 법칙을 자신의 행위에 부과하고 행위를 함으로써 그 법칙을 세계에 부과할 수 있게 되었다.36) 칸트가 "도덕을 근본적으로 이성의 기능"37)으로 본 데는 그만한 근거가 있다. 38) "자연 속의 만물은 법칙에 따라 움직이는데 오직 이성적 존재자만 법칙의 표상에 따라, 즉 원리에 따라 행위를 하는 능력인 의지를 가지고 있다. 그리고 법칙으로부터 행위를 도출하기 위해서는 이성을 필요로 하므로, 의지는 실천적 이성 외 아무것도 아니다."39) 그런데 칸트는 중요

---

35) 두디 헐이싱회은 위힌 기초 놓기, 잎이 체, p.173.
36) 위의 책, p.173.
37) 인간의 본성에 관한 10가지 이론, 레슬리 스티븐슨·데이비드 L. 헤이버먼 저, 박중서 역, 갈라파고스, 2006, p.232.
38) "칸트는 보편적인 도덕 법칙은 선천적으로 우리의 이성에 주어져 있다고 봄." – N. 하르트만의 가치 윤리학 고찰, 노우호 저, 성균관대학교대학원 철학과 서양철학전공 석사학위논문, 2004, p.1.
39) 도덕철학 서론, 칸트 지, 최재희 역, 박영사, 1981, p.207.

한 한 가지를 간과하고 말았다. 인간이 본유한 도덕성에 대해 이성은 본성의 후차적인 판단 기능이라는 것이다.40) 기능이 어떻게 도덕성을 창출할 바탕 근거가 될 수 있겠는가? 없는 것인데 근거로 삼은 여기에 잘못이 있다. 누구나 이성은 가질 수 있으되 이성은 기능성이므로 누구에게서나 기능이 동일하게 작동하고 있다고 볼 수는 없다. 그런데도 이성만을 믿었으니, 여기에 서양철학이 세운 道德論 체계의 한계성이 있다. 인류의 도덕성 달성이 어렵게 되었고, 타락성이 급속도로 가속화되었다. 칸트가 판단한 이성 도덕은 완전한가? 인간을 神으로부터 격리시킨 장본인이 세계를 감성계와 예지계로 나누어 놓고 도덕의 달성을 위해 불가결한 영혼의 不死와 神의 존재를 필연적으로 요청한 이율배반은 무엇인가?41) 서양의 이성은 과연 온전한 것인가? 프로이트는 도대체 무엇에 근거해서 오이디푸스 콤플렉스에 대해(근친상간을 하고자 하는 마음) 최대의 의미를 부여하였는가?42) 인간 본성을 성적인 본능 욕구에 빗대어도 되는 것인가? 이것은 서양철학이 도덕성의 근거를 잘못 제시한 데 따른 몰이해이다.

인간의 도덕성은 부여된 바에 걸맞은 창조 본성에 근거되어야지 관념적인 학문이나 사변적인 이성 기능에 근거되어서는 안 된다. 그래서 역사상 건실한 도덕성을 지향했던 사회를 더듬어 보면 그만큼 창조 본성을 도덕성으로서 실현하고자 한 노력이 돋보였다는 것을 알 수 있다. 동양 사회가 전반적으로 추진했던 道와 天을 통한 도덕성의 추출과 이상 실현 노력이 그것이다. 이것은 "인간에

---

40) 도덕은 이성 작용이 아닌 본성 작용임. 본성적임.
41) 선과 현대철학, 아베 마사오·히사마쯔 신이찌 저, 변선환 엮음, 대원정사, 1996, p.175.
42) 건전한 사회, 프롬 저, 이규호 역, 삼성출판사, 1993, p.29.

게 내재해 있는 天道로서의 性이 곧 진리"[43]라는 우주관적 바탕
이 있어 가능했다. "본성을 그대로 실천하는 것이 진리의 구현이
며, 여기에서 도덕적 가치와 규범이 정립된다."[44] "인간의 본성을
매개로 天道에 근거하여 인륜질서(人道)를 정립하려 한 것은 유교
의 근본 이론이다."[45] 인간의 도덕성은 본래 天이 지닌 본성이다.
"서양은 도덕, 법률 등을 神이나 무상 명령 등의 선험적인 이념
위에서 성립시켜 문제가 있었는데, 동양(중국)의 도덕, 법률은 모
두 인성에 근거하여 성립되었다."[46] 그런데 그 인성의 근원을 道
나 天에 두었다는 데 대해서, 宇宙論的으로 道는 세계를 이룬 근
원 본질과 연관이 있었고, 天은 총체적인 우주 본체의 과도기적인
인식 체제에 놓여 있었다. 그러니까 동양은 서양처럼 객관적인 법
칙이나 쥬칙에 근거하지 않고 도덕성을 존재 본질의 작용 원리에
근거하여 표출할 수 있었다.[47] 노자는 "인간은 땅의 법칙을 본받
고, 땅은 하늘의 법칙을 본받고, 하늘은 道의 법칙을 본받고, 道는
자연의 법칙을 본받는다."[48]라고 하였다. 무엇이 무엇을 본받건 반
드시 본받아야 존재가 성립된다. 독야청청할 수 없다. 돌고 돌아
순환하니 인간과 땅과 하늘과 자연이 하나이다. 본받는다는 것은
근거한다는 말과도 같다. "인간의 윤리 도덕이 道·자연에 근본하
고 있다는 인식에 대한 소이가 여기에 있다."[49] 하나님은 아니라
할지라도 道와 자연은 하나님의 존재 요소에 대한 또 다른 표현일

---

43) "在人之天道"－성신선 연구, 친회연구 3집, 1968, p.111
44) 동양철학 연구, 유승국 저, 근역서재, 1983, p.26.
45) 유교사상의 본질과 현재성, 최영신 저, 성균관대학교 출판부, 2002, p.20.
46) 윤리 질서의 융합, 앞의 책, p.198.
47) "도덕과 윤리는 인간의 선천적인 도덕적 본성에 정초하고 있음." － 동양윤리사상,
    앞의 책, p.83.
48) 노자 도덕경, 25장.
49) 동양윤리사상, 앞의 책, p.168.

수 있다. "道가 하늘과 땅이 성립되기 이전에 있었다고 했으니"[50]
道는 기독교가 말한 하나님일 수도 있다. 하나님도 하늘과 땅이
창조되기 이전에 홀로 존재하신 것은 마찬가지이다. 다만 하나님
은 주재적인 인격자로서, 그리고 道는 그렇게 해서 존재된 본질성
의 표현일 뿐이다. 그래서 "인간의 본성인 德이 道로부터 얻어진
것(장자)"[51]이라고 주장하였을 때, 이것은 도덕의 근원을 神에 둔
것과 같은 논리 틀이다. 道로부터 德을 인출하고자 한 것과 神으
로부터 도덕적 의지를 인출하고자 한 것은 비슷한 사고 일환이다.
道로부터 德의 인출은 道의 존재화 지향이고, 神으로부터의 도덕
성 인출은 神의 인성화 지향이다. 다만 문제는 形而上學的인 道
로부터 어떻게 인성적인 德性 개념이 도출될 수 있는가? 혹은 神
的 본질로부터 인간의 도덕성을 추출할 수 있는가 하는 것은, 창
조 분열이 완료되지 못한 先天에서는 쉽게 찾을 수 없는 연결고리
였다.

그러므로 인류가 그동안 쌓아 올린 절대 존재인 神, 天, 道, 理
등, 어떤 영역으로부터이건 그들이 정말 인류가 믿은 절대적인 존
재인가 하는 것은 중요하지 않다. 어차피 이들은 先天에서 존재성
이 완전하게 규명될 수 없는 조건을 가졌다. 앞이 가리어진 상황
이라 누가 어떻게 존재성으로부터 인간의 도덕성을 합리적으로 인
출할 수 있었는가 하는 것이 진리를 가름한다. 인출을 위한 노력
과 논리화를 위해 제공된 근본 틀은 같다. 비교할진대, 서양은 神
을 근거 대상으로 하여 도덕성을 논거하였지만 일방적이었는 데
비해 동양은 天과의 상호 관계를 밝혔기 때문에 합리성을 띨 수

---

50) 노자 도덕경, 4장.
51) 장자의 이상적 인간론, 이강수 저, 소논문, p.56.

있었다. 물론 이들 절대 존재 개념들로부터 인성적인 도덕성을 인출하고자 함에 있어서는 단도직입적인 연결이 어렵다. 道 혹은 神으로부터 덕성 개념을 도출하기 위해서는 道와 神으로부터의 직결은 안 되고 연결시킬 창조 메커니즘이 생성되어야 했다. 절대 존재로부터의 합리적인 도덕성 인출은 창조가 관건이다. 이 문제가 해결되어야 인간의 도덕성이 확고한 기반 위에 설 수 있다. 일방적인 神만의 절대 神權化나 직결 논리, 그리고 인간만의 본성 추출로서는 도덕성이 제자리를 차지할 수 없다. "에피쿠로스는 윤리학의 원리는 쾌락이다."[52)라고 했는데, 이렇게 되면 인간의 도덕성이 제한되고 한정될 뿐, 정초되고 근거될 수 없다. 세계 원리와 인간 본성에 근거하고자 한 노력은 있어도 정처가 없다.

하지만 동양의 성리학은 "太極을 理로 파악하여 太極을 조화의 중심축이요 만물의 생성 근원으로 정의하여 하늘의 궁극적 실재성을 확인하였다(朱子). 그래서 太極과 理는 하늘의 보편성과 전체성 내지 근원성과 합리성을 지시하는 개념이 되었고, 天道는 하늘의 작용으로서 유통성과 규범성을 가리킬 수 있게 되었다."[53)] 太極과 理를 하나님의 창조 본체로서 완전하게 벗겨 내지는 못했지만, 儒家는 太極과 理와의 관계를 통하여 人과 天 간에 창조성을 확인하고자 한 노력이 있었기 때문에 다른 문명 체제와 비교될 만큼 인간의 도덕성을 절대 존재 개념으로부터 합리적으로 인출할 수 있었다. "왕부지가 仁義는 하늘이 부여한 것이라고 생각하여 하늘이 命하는 바가 없으면 仁·義·禮·智는 근원을 상실하게

---

52) "모든 생물은 당연히 쾌락을 추구하고 고통을 피한다. 삶의 목적은 따라서 쾌락이다." – 그림으로 읽는 철학사, 페터 쿤츠만·프란츠 – 페터 부카르트·프란츠 비트만 저, 홍기수·이정숙 역, 예경, 2000, p.59.
53) 공자 사상의 발견, 윤사정 외 저, 민음사, 1992, p.215.

된다."54)라고 본, 仁義와 하늘과의 命에 의한 확고한 함수 관계가 그것이다. 여기서 仁義와 하늘을 연결한 命은 다름 아닌 창조의 이명－異名이다. 아직 창조 본체의 분열이 다하지 못한 상태에서의 유교식 창조 인식 메커니즘이다. 유교가 "인간의 도덕 근원이 天에 있다."55)고 볼 수 있은 것은 그만한 創造 宇宙論, 곧 太極 本體論이 뒷받침된 결과이다. 그리하여 제시된 "天人合一은 하늘이 인간에게 부여한 본래적인 性을 완전하게 실현하는 데 초점이 있었다."56) 인간의 본성 근거가 확고하므로 인간이 추구하고 지향해야 할 도덕성의 목표 또한 확고하다. 인간은 도덕성 함양과 수양을 통해 본유한 德性을 깨닫고, 다른 무엇도 아닌 바로 그 도덕의 길을 통해 天道에 도달하고 合一할 수 있을 때 天道, 곧 절대 신권과 창조 영역을 이해할 수 있다. 인간 삶이 구현할 수 있는 최고의 목표이다.57) 德과 至善의 앎은 우리 의식의 머무름 상태의 궁극을 의미하며 至善의 궁극, 그곳에 도덕의 근원이 있다. 인류의 도덕적 실존 상태가 하나님의 창조 실존을 대변한다. 도덕성 자체의 본성 규정과 근원성 추적이 宇宙論과 創造論과 本體論을 해결할 수 있는 관건으로까지 확대된다. 도덕의 근거는 도덕의 원리를 성립시키고 그것이 도덕 법칙으로까지 확대되어 인류를 구원할 실질적인 무상 법칙, 곧 본질, 창조, 통합 진리가 되리라.

---

54) 상서인의, 권 3, 태갑이－중국철학과 인성의 문제, 방립천 저, 박경환 역, 예문서원, 1998, p.159.
55) 왕양명의 만물일체에 관한 연구, 권상우 저, 계명대학교대학원 동양철학전공 석사학위논문, 1994, p.4.
56) 위의 논문, p.4.
57) 위의 논문, p.5.

3. 도덕 원리

세상에는 인류가 쌓아 올린 위덕 - 偉德들이 있다. 성현들이 이룩한 고귀한 인격적 이상과 도덕적 가치가 있다. 그런데도 불구하고 세상이 타락한 것은 이유가 무엇인가? 인간의 선택이 도덕률이나 가치보다는 욕망을 더 따르고 본성보다는 본능에 의존하는 인간 이전의 동물이라서 그런가? 인간의 욕망은 이성 이전의 감정에 뿌리를 두고 있어 보다 본능적이고 충동적이다. 율법도 계명도 어떤 도덕률도 마음의 결단이 없는 자에게 있어서는 형식적인 가치일 뿐이다. 이성적으로 생각해서 무엇이 참되고 그릇된 것인지를 가늠하지 못하는 것은 아니나, 어떤 미사여구도 유혹과 욕망이라는 본능 앞에서는 바람 앞의 등불이다. 인간이 참되게 살고, 의롭게 살고, 가치 있게 사는 것은 인생의 위대한 목적이다. 그런데도 가치성이 무시되고 결정적인 순간에 무너지고 마는 것은 인간에게 주어진 보편적인 원칙과 양식으로서의 도덕 원리 확립을 긴요하게 한다. 아무런 원칙과 바탕 없이 주관과 이성에만 의존할진대, 인류가 자체적으로 도덕성으로 충만한 새 하늘을 열기는 어렵다. 여기서 인간은 본유한 도덕성이 어떤 본질의 작용 원칙, 즉 생성 질서에 의해 원리적으로 인생과 운명을 주도하고 있다는 준엄성을 알아야 도덕성 수호에 박차를 가할 수 있다. 뉴턴이 우주 간을 지배하는 어떤 공통된 법칙이 있다는 것을 발견하였을 때(만유인력) 물리학계에서는 새 하늘이 열렸다. 법칙과 원리가 있다는 사실을 모르고 자연계의 현상을 바라보았을 때는 얼마나 우매하였는가? 도덕성 문제도 마찬가지이다. 어떤 윤리학자가 도덕의 원리성을 확립하였는가? 원리를 제대로 보지 못하고 제시하지 못한 관계로 인류는 도덕성의 문제에 있어 원칙을 세우고 자각하지 못해 방황한 것이다.

그렇다면 도대체 도덕의 원리성이란 무엇인가? 도덕 법칙이란 말은 들었어도 원리란 말은 생소하다. 원리는 법칙 이전이고 원리는 근거된 바탕이 있은 연후이다. 어떤 원리가 생성되기 이전에는 근거 바탕이 확정되어야 하고 그렇게 해서 생성된 원리성에 의해 제반 법칙이 결정된다. 그런데도 이전까지는 근거를 찾지 못하고 원리성을 제대로 추출하지 못한 채 법칙 운운한 관계로 도덕성이 무분별하였다. 도덕과 양심을 지키는 문제는 결국 마음의 자율적인 규제 문제인가(불교)? 아니면 "도덕은 공감처럼 본성의 일부인 욕구와 도덕적 감정에서 발생하는 것인가? 다윈은 사회적 본능이 저급한 충동과 충돌하는 수도 있음을 인정하여, 미래에는 우리의 고급한 충동과 저급한 충동 간의 갈등이 덜 격렬해지고 마침내 德이 승리할 것"58)이라고 했는데, 그 예견은 적중했는가? 원리를 보지 못한 상태에서는 콩을 심어 놓고도 팥이 나리라 판단하기도 한다. 그렇다면? "도덕은 인간에게 내려지는 어떤 일방적인 명령이나 요구가 아니다. 인간이 지닌 근본적인 특성의 결과이다. 도덕은 인간 본성의 표출이다."59) 감정이나 욕망에 의한 표출이 아니다. 도덕은 본성의 생성 원리성에 의해 지배되고 있다. 본성의 올바른 품이 도덕성이다.

『中庸』에서는 하늘이 명령한 것을 性이라고 했다. 무엇을 부여했는가? 五常인 仁·義·禮·智·信이다. 五常을 응축시킨 것이 하늘이 명부한 性이다. 이것을 인생의 과정을 통해서 바르게 풀어

---

58) 인간 본성에 관한 10가지 철학적 성찰, 로저 트리그 저, 최용철 역, 자작나무, 1996, p.79.
59) 위의 책, pp.58 - 59.

헤치면, 그것이 곧 도덕적 본성이 된다. 인생의 과정은 원리로서 확고하다. 생성하는 세계에서는 직접 호흡을 같이하고 있는 인생의 과정만큼 세계적인 질서 원리를 드러내는 것도 없다. 도덕의 인과 원리와 심판 원리가 인생의 생성 결과에 의해 결정된다. 본성의 생성에 근거를 둔 도덕 원리는 본질 작용에 의해 인간의 행·불행과 善惡 결정에 영향을 끼친다. 본성의 생성에 따라 본질의 풀어헤침이 어김이 없어, 인생은 도덕성 원리를 벗어나면 타락하고 지키면 건실해진다. 아퀴나스는 "자연법, 곧 神의 영원한 법칙을 따르는 행위만이 인간의 善을 보장한다. 神의 창조 속에 계시된 인간 목적을 위배하는 자들은 스스로에게나 타인들에게 마음의 고통과 불행을 낳을 뿐이다."60)라고 하였다. 자연은 神에 대해 창조라는 한 단계 차원적인 과정을 거쳤으므로, 神이 직접 인간의 일체 행위에 대해 善惡과 고통·불행을 보장하고 부여한다기보다는 인간의 性에 명부된 창조 원리의 적용 상태인 도덕 원리가 그렇게 작용하고 있다는 것에 대한 아퀴나스식 표현이리라. 이 같은 지적 전통과 판단이 있는데도 불구하고 서양은 神을 버리고 도덕성 원리를 판단할 지혜마저 버리고 말았다. "벤담은 하나의 궁극적인 도덕 원리, 즉 유용성의 원리가 존재한다고 논술하였는데",61) 이것은 과정을 통하여 본성을 결정짓는 원리가 아니라 본성 성향의 한 가닥인 판단을 위한 기준을 제시한 것일 뿐이다. 어디까지나 도덕 원리는 내면적인 본질의 생성 과정을 통해 운위되는 것이며, 외석인 가지 성향의 결정물이 아니다. 가치 적용은 원리성이

---

60) 위의 책, p.235.
61) "유용성의 원리란 이해관계가 걸려 있는 당사자들의 행복을 증대시키거나 감소시키는 경향성에 따라, 다시 말해 행복을 증진시키느냐 감소시키느냐에 따라 모든 행동을 시인하거나 비난하는 원리를 이미한다." - 도덕철하, 앞의 책, p.138.

작용된 결과이다. 원리에 의해 제반 가치가 생성하고 결정체를 이룬다고 보는 것이 옳다. 동화에 보면 하늘에서 동아줄을 내리는데 썩은 동아줄과 튼튼한 동아줄이 있다. 서양 역시 도덕성의 근원을 추적한 것은 마찬가지이지만 神을 버린 이상은 선택의 여지가 없다. 아이들을 잡아먹으려 한 호랑이에게 튼튼한 동아줄이 내려질 리 만무하듯, 서양 문명은 도덕을 통해서 타락한 인류를 구원할 제대로 된 원리성 가닥을 붙들지 못했다. 그것이 神을 버린 자들에게 주어진 심판 아닌 심판 형태이다.

그러나 동양은 그렇지 않다. 칸트는 『실천이성비판』에서 도덕을 인간 자체로서 해결이 가능한 문제 범주로 보아, 도덕법 혹은 무상명령이라는 도덕의 최상 원리를 이성에 의하여 제시하고 확립하며 또 증명하려고 했는데,62) 儒家에서는 "도덕을 천지의 본성을 지칭하는 개념으로 보아 천지의 본성을 도덕성이라고 했다. 따라서 천지에 道가 있다는 것은 그 자체가 도덕 원리가 된다. 인간의 본성이 도덕성이므로 인간 삶의 원리도 도덕 원리라고 하지 않을 수 없다. 나아가서는 천지와 인간을 일관하는 원리도 도덕 원리이다."63) 도덕 원리가 인생과 세계를 지배한다고 한다면 문제가 되겠지만, 무시할 수 없는 권한을 지닌 것만은 분명하다. 칸트가 오죽하면 "무상명령"이란 말을 사용했을까만 도덕의 원리 본원, 곧 그 근원을 추적하면 하나님의 창조 명령이 도사리고 있는 것만은 분명하다. 원리는 작용에 근거하는데 그것이 창조 작용이었다. "칸트는 모든 인간이 각자 추종할 수 있는 보편타당한 도덕 원칙을 윤리학에서 확정 지으려고 했듯",64) 도덕은 추종할 보편타당한 도

---

62) "양심은 상식 중에서 도덕성의 원리를 직각하고 있다." – 실천이성비판, 칸트 저, 최재희 역, 박영사, 1981, p.역자의 말.
63) 역경과 사서, 이현중 저, 역락, 2004, p.39.

덕 원칙을 확정 짓는 것이 중요한 것이 아니라, 도덕 원리의 보편타당한 근거를 절대 창조 바탕으로부터 합리적으로 인출하는 것이 급선무이다. 그리해야 도덕이 반석 위에 설 수 있다. 당연히 칸트는 모래 위에 집을 지은 꼴이다. "유교에서는 삼라만상의 궁극적 원리를 理 또는 太極으로 보고, 理의 太極은 자연 질서인 동시에 도덕 원리로서, 인간은 도덕 원리인 理 즉, 本然之性을 나면서부터 심성 속에 구현하고 있는 도덕적 존재로 인식하였다."[65] 유교에서 내세운 理나 太極은 우주 創造論의 핵심 개념이다. 더 이상 보편타당한 객관성과 절대 진리성을 구할 수 없을 정도로 유교는 우주 원리를 곧바로 도덕 원리로 직결시켰다. 그러니까 도덕성이 사회를 지배하는 힘을 발휘했다. 도덕 원리의 유출이 서양처럼 일방적인 지배 형태가 아니라 지극히 합리적이다. 서양은 끝까지 인간의 도덕성을 이성을 통해 논리적으로 풀려고 한 반면,[66] 동양은 확고한 본체 본성에 근거함으로써 인간성 전체를 도덕성에 바탕 지으려 했다.[67]

그 理나 太極이 先天에서는 곧바로 하나님으로 직결될 수 없었다. 그리고 하나님도 창조된 세계에서는 하나님은 무엇이란 등식을 곧바로 성립시키지 않았다. 거기에는 반드시 化된 매개 방정식이 필요했는데, 거기에 理가 있고 太極이 있고 도덕 원리가 있었다. 化됨으로 인해 인간이 직접 하나님을 볼 수는 없게 되었지만, 太極＝하나님이라고 빗댈 수는 없다 하여도, 창조 본질의 化됨을

---

64) "너의 행위 순칙이 항상 동시에 보편타낭한 입법의 원칙이 되게끔 행동하라(정언적 무상명령)." - 니체와 현대 철학, 강대석 저, 한길사, 1988, p.61.
65) 비교사상론 개관, 김태창 엮음, 충북대학교 출판부, 1987, p.249.
66) 도덕성은 준칙이나 법칙에 근거하지 않는다. 존재 본질의 작용성에 근거한다. 그래서 서양은 도덕성의 인출 원리가 지극히 관념적이었음.
67) 도덕성은 존재 본질의 작용 원리성에 근거하여 생성함.

알면 그것이 바로 그것이라는 것을 알게 된다. 하나님은 道와 德이 아니며 道와 德의 근원이다. 하나님은 무엇을 낳는 근원인 본질 형태로 존재하신다.[68] 그래서 우리는 도덕 원리가 있다는 것을 통해 결국은 하나님의 창조 원리까지 유추한다. 도덕성을 구현하고 도덕 원리를 추출하면 그곳에 하나님의 지극한 창조 목적이 스며 있다. 진리를 본체로 하신 하나님은 장차 인간으로서 거부할 수 없는 도덕성의 작용 원리를 통해 존엄한 절대 神性을 드러낼 것이다. 인간 내에서 道의 운용성이 德의 형태로 드러나듯, 하나님은 인류 사회에서 도덕 원리의 준엄한 적용과 구현을 통해 하나님의 창조 본성을 드러내시리라.

동양은 애써 윤리학을 내세우지 않았는데도 정확한 본성에 근거한 관계로 진리 인출 하나하나가 합리성을 띠었는 데 비해, 서양은 애써 강조하였는데도 본원 설정이 뒤틀어져 버렸다. 도덕은 본질적인 것인데 어떻게 본질 밖의 진리 추출이 본질을 변화시킬 수 있으리라고 기대하는가? 도덕의 작용 원리는 어디까지나 본질의 작용이고 원리는 그 본질이 작용된 규정 틀이었다. 그래서 『대학』에서는 "자신의 밝은 德을 밝히고 사람들의 德을 밝히게 하여 完全善에 도달하고자 한"[69] 도덕성의 인출 원리를 제시할 수 있었다. 본성이 지닌 종합적인 정서가 융합되면 義가 소생하고 도덕이 발생하는 것이며, 정서가 분열되고 해체되면 義가 파괴되어 온갖 죄악이 생겨났다. 이것이 생성에 근거한 도덕 원리의 어김없는 적용 결과이다. 칸트는 "흄이 말한 도덕에 대해 주관적인 감정에 뿌리박고 있다는 견해를 극복하기 위해, 경험이 아닌 순수 이성 자

---

68) 천주실의(상), 마테오리치 저, 송영배 외 5인 역, 서울대학교 출판부, 2000, p.68.
69) 동양윤리사상, 앞의 책, p.49.

체에 기초를 둠으로서만 도덕이 객관성과 보편성을 가질 수 있다고 보았다. 그래서 그는 실천 이성의 선험적 혹은 필연적인 원리를 발견하기 위해서 진력하였는데",[70][71] 그것이 곧 본성의 작용성 인출이 아닌 자연계의 보편타당한 객관성을 이념으로 적용하려고 한 것이다. 그러니까 "윤리학 문제의 핵심은 자유란 문제가 있는데, 이유인즉 자유 없이는 도덕률이 있을 수 없는 것이라 했다."[72] 하지만 인간이 아무리 자유를 갈망하더라도 정작 주어진 자유로 인해 온갖 죄악이 방임되었다는 사실을 놓고 본다면, 자유가 인류의 도덕성을 컨트롤할 원리가 될 수 없는 것이 분명했다. 그 무원리적인 대안을 동양의 선현들이 섭리적으로 입안했다. 다 같은 본질 작용인데도 서양은 신앙이란 마음 작용과 믿음 행위가 이룬 결과성을 원리화하지 못한 반면, 동양의 선현들은 그들이 인지했던 진리 본성의 불분명성에 대한 믿음을 어느 정도는 합리적인 원리 인식으로서 구체화시킨 성과를 드러냈다.[73] 그들은 道가 人性을 통해 덕성화되듯 천지 만상을 바탕 지은 창조 진리가 인간을 통해 본성화되고 원리화됨을 확인시켰다. 하나님이 천지를 창조하셨다고 함에, 그 창조에 대한 확인이 정작 동양의 선현들이 추구한 天理의 도덕 원리화 과정을 통해 추적되었다. 그 성과와 가치를 볼 수 있어야 본성을 규율한 도덕 원리가 타락한 인류의 본성을 회복할 구원의 진리, 구원의 원리, 구원의 도덕률이 될 수 있으리라.

---

70) 세계사상 대계(인간이 발견), 박종홍 감수자 외 2인 저, 신태양사, 1968, p.172.
71) "흄은 도덕이 감정에 바탕을 두고 있다는 것을 반복해서 말하기도 함." - 윤리학의 이론과 역사, 앞의 책, p.215.
72) 위의 책, p.172.
73) 본질의 작용 메커니즘이 창조를 이루었듯, 인간을 통해서는 도덕적 본성을 구축하고 원리화함을 규명함.

4. 도덕 법칙

도덕 법칙 하면 칸트가 연상된다. 칸트는 "나의 머리 위에 있는 별이 총총한 창공과 내 마음속에 있는 도덕 법칙"이란 말을 썼다. 인간은 자연법칙의 제약을 받으면서도 도덕 법칙에 따라 행위를 할 수 있는 존재로 보아 칸트는 이것을 인간 존재의 특이성으로 이해했다.[74] "인식의 근저에는 보편타당한 자연법칙이 있듯, 결정의 근저에는 선천적인 도덕 법칙이 있다고 보아 이 같은 도덕 법칙(도덕법)을 인간 생활의 법칙, 즉 규범으로 삼고자 했다."[75] 칸트 (1724~1804)가 생존할 당시는 과학이 발흥하여 전성가도를 달리던 시대로서 고전물리학을 대성한 뉴턴(1643~1727)의 입몰 연대와 맞물리고 있다. 서구 사상에 지대한 영향을 끼친 데카르트(1596~1650)로부터 唯物論의 조짐을 보인 라메트리(1709~1751)에 이르기까지, 중세를 탈피하고자 한 몸부림 가운데서도 칸트는 이성 비판과 윤리학을 통해 인간이 神으로부터 독립을 선언할 사상 근저를 제공한 장본인이다. 당시 뉴턴이 완성한 고전물리학은 "시간과 공간 모두에서의 모든 사건에 적용될 수 있는 법칙을 제공하였는데",[76] 칸트도 그 같은 법칙을 도덕 가운데서도 찾고자 했다. 단지 조건 하나는 일체 神을 거론하지 않은 상태에서 성립 가능한 인간의 자율적인 법칙 시스템을 구축하는 것이다. 그래서 칸트는 神이란 개념을 하나도 도입하지 않고, 자연법칙에 빗대어 인간에게는 선천적인 도덕 법칙이 있는데, 그 같은 법칙에 따라 행위를 하는 존재로 보았다. 따라서 일단은 칸트가 호흡했던 시대상의 풍조에

---

74) 도덕과 종교(칸트와 마리땡을 중심으로), 배석원 저, 이문출판사, 1993, p.14.
75) 실천이성비판, 칸트 저, 최재희 역, 박영사, 1981, p.역자의 말.
76) 서양 윤리사, 앞의 책, p.249.

따라 절대적인 神을 전제하지 않은 상태에서 인간이 도덕 법칙으로 존재하는 것을 설명하는 데는 성공했다. 자연법칙과 같은 도덕 법칙의 발견이 그것이다. 그러나 설사 인간에게 도덕 법칙이 내재하고 법칙성을 따르는 본성을 지녔다 해도 그것만으로 인간이 자율 시스템으로 자존이 가능한 완전한 독립체일 수는 없다. 법칙은 무엇도 어길 수 없는 결정성인데, 인간에게 도덕 법칙이 있다면 그 법칙을 누가 결정했단 말인가? 도덕 법칙으로서 지녀야 할 先天性을 전제했을 뿐, 궁극 원인을 파헤칠 수 없다면 그것은 묻지마식 이론이고 가설일 뿐이다. 근원을 추적해서 밝히지 않아도 되는 한 가지 방법이 있다면 그것은 일체 타율에 의한 도덕적 명령과 계율성을 거부하고 스스로에게 도덕률을 부여하고 자신이 직접 도덕 법칙을 결정하는 입법자가 되는 것이다. 겸손하게 그 정도까지야 하고 꼬리를 내릴 수도 있지만, 神의 명령을 저버린 마당에서는 그렇게 되어야 하는 것이 피할 수 없는 추세이다.

그래서 살펴보면 칸트가 내세운 도덕 법칙은 일체 神으로부터의 영향력과 간섭을 배제시킨 홀로서기식 격률이고, 자신이 스스로에게 내리는 자율적 명령 형태이다. 칸트가 설정한 가언적 명령법에 대비된 정언적 명령법이 그것이다. "정언적 명령법은 인간이 준칙으로서 따라야 하는 하나의 법칙이로되, 법칙은 어떤 조건이나 더 상위의 어떤 법칙을 가지지 않는 무조건적인 것이어야 한다. 우리에게 무조건적으로 명령해야 하기 때문에 어떤 조건에 의해서도 제한되지 않는다. 행위를 할 때 따르는 준칙에 대해 아무런 조건을 제시하지 않는데도 불구하고 준칙이 따라야만 하는 법칙이 있다면 그것은 준칙 자체가 법칙이 될 것을 명령하는 법칙뿐이다."[77]

---

77) 도덕 형이상학을 위한 기초 놓기, 앞의 책, p.165

그 법칙이 무엇인가? 그것은 "준칙을 통해서 네가 그것을 동시에 보편적인 법칙으로 삼으려고 할 수 있는 그런 준칙에 따라서만 행위를 하라"[78]고 하는 한 가지 뿐이다. 무언가 잔뜩 기대하였는데, 정작 도덕 법칙이란 무엇인가를 규정지어야 할 결정적인 시점에서 초점이 회피되어 버렸다. 도덕 법칙을 정의 내린 것이 아니라, 어떤 준칙이 보편적인 법칙이 될 수 있는 것인지 없는 것인지를 검토하는 이성의 기능을 부각시킨 것이다. 이성의 검토에 의해 우리가 행하고 지켜야 할 법칙, 곧 의무가 무엇인지를 가려 낼 수 있다는 것이다. 기껏 전권을 의뢰하였는데 결과는 인간이 스스로 판단을 결정하는 주관성에 의뢰하고 말았다.[79] 칸트가 세운 윤리적 원칙은 "경험과 경험의 가르침에서 전적으로 독립적인, 선험적이거나 形而上學的인 것이다."[80] 도덕 법칙의 근원은 지극히 선험적인 것이며, 이미 결정적인 무엇이다. 그런데 칸트는 도덕 법칙의 핵심 된 근원성과 결정성을 파고들지 못하고 부차적인 조건에 연연하였고, 아무 조건이 없어야 한다고 하면서 한정된 조건을 내달았다. 즉 "도덕 법칙은 법칙이기 때문에 객관적이고, 나의 사사로운 주관적 욕구나 충동과 상관없이 언제나 한결같이 지켜야 할 나의 의무가 되어야 한다."[81] 도덕 법칙만을 놓고 본다면 "도덕 법칙인 것인 한 모든 것에 대해 보편적인 구속력을 가지는 것이며,

---

78) 위의 책, p.165.
79) "定言的 命令: 直言命令, 無上命令이라고도 한다. 조건이나 예외를 허락하지 않는 보편절대의 도덕법이다. 칸트가 처음 쓴 말로서, 그는 도덕의 최고 원칙을 '너의 의지의 격률이 동시에 항상 보편적 법칙으로서 타당할 수 있는 격률에 따라 행하라'고 표현하였다. 이러한 도덕법은 사람의 의지를 강제하는 명령인 동시에 어떠한 가정도, 목적도 끼어들 수 없는 그 자체로서 반드시 지켜져야 하는 명령이다." - 교육학대사전, 서명원 외 편, 교육출판공사, 1984, pp.855 - 856.
80) 도덕의 기초에 관하여, 앞의 책, p.34.
81) 도덕 형이상학을 위한 기초 놓기, 앞의 책, p.148.

영원히 참된 무엇이다."[82] 법칙은 반드시 지켜야만 하는 규범이고 사물 사이에 있어 보편적 · 필연적인 불변의 관계이다. 자연 사물에 법칙이 있듯 도덕도 그 같은 관련 법칙성이 존재하는가 하는 이것이 논증되어야 하고, 인간 본성이 법칙에 의해서 어떻게 작용하는가 하는 문제가 밝혀졌어야 했다. 그런데 번다한 도덕 법칙의 개념 조건에만 머물러 진척이 없었다는 것은 先天이 지닌 세계적 한계이기도 하다.

"칸트가 밝히고 있듯이 어떻게 해서 정언적 명령법이 가능한지, 왜 필연적으로 명령법을 따라서 행위를 해야 하는가 하는 문제는 더 이상 도덕 形而上學의 한계 안에서 해결될 수 없는 과제이다. 칸트의 주장대로 도덕 법칙이 무엇이건 간에 법칙이 명령하는 힘을 가지려면 우리가 어떻게 해야 하는지를 알고 있어야 했다. 인간은 자율적인 존재여야 하고, 스스로를 목적의 나라의 시민으로서 법칙을 제정한다고 생각해야 한다."[83] 인간을 고상하게 격상시킨 도덕 법칙의 본질이 사실상 인간 스스로가 왕이 되고 창조주가 되었을 때만 적용될 참칭법이었다니! 이것은 인간에게 부여된 본성으로 보나 법칙의 결정성으로 보나 근본에 어긋난 교언영색 – 巧言令色이다. 칸트는 자신이 행위를 할 바의 보편타당성을 검토해서 걸림이 없는 그것이 노녁 법칙이라고 했지만 법칙은 그런 검토, 이성 작용, 판단 결정과 상관없이 이미 결정적인 것이다. 법칙이 인간 단독으로 입법, 제정된다는 것은 어불성설이다. 법칙은 세싱 가운데시 번함없는 어떤 보편석 · 필연적인 불변의 관계이다. 관계에 관한 법칙이 어떻게 인간 단독에 의해 성립될 수 있을 것

---

82) 가지론의 문제와 역사, 앞의 책, p.76.
83) 도덕 형이상학을 위한 기초 놓기, 앞의 책, p.174.

이며, 옳다고 판단한 입법 의지에 의해 제정될 것인가? 법칙이 결정된 관계의 근원을 추적했어야 했는데 칸트는 근원을 역류함으로써 인류의 도덕을 무너뜨렸다. 성립될 수 없는 법칙이고 시행될 수 없는 명령인데도 정언 명령이 "규칙이 타당하기 위한 최고 원리의 척도 또는 도덕의 궁극적 기준으로서 선천적인 도덕 법칙을 만족시킨다고 자찬했다."[84] "행위가 그 자체로서 善하다고 생각되고, 따라서 스스로 이성을 따르는 의지에 필연적인 것으로, 그 의지의 원칙으로 생각된다면 그 명령법은 정언적이 되는가?"[85] 인간의 생각이 이성의 원칙에 순응적이라면 만사 OK라니! 법칙은 그런 것이 아니다. 인간이 이성을 따르는 의지에 의해 필연적이었더라도 법칙은 전혀 다르게 적용될 수 있다. 그것이 죄와 벌이고 심판이다. 관계성과 근원을 고려하지 않은 때문이다. 칸트는 도덕률을 자체 근원에 내맡긴, 스스로 객관적으로 판단해서 옳다고 결단 내린 자율적인 규제 문제로 생각했다(혼자서 북 치고 장구 치기 식). 하지만 그 도덕률이 정말 神이 인간의 본성을 규정한 보다 고차원적인 것이라면 어떻게 할 것인가? 무조건 神을 버림은 능사가 아니다. 인류는 인간의 본성과 도덕 법칙을 결정한 근원에 대해 보다 심도 깊은 우주론적 탐색 여정을 겪었어야 했다. 긍정적인 측면에서 "마음속에서 들려오는 도덕 법칙의 명령을 듣고 거기에 따르려고 하는 태도는 인간의 숭고한 모습을 드러내는 원천이다."[86] 그만큼 인간은 마음속에서 들려오는 도덕 법칙의 명령을 듣기 이전에, 혹은 도덕 법칙을 자체 결정하려고 하기 이전에, 보다 선험적인 도덕 법칙을 따르려고 한 본성 자체를 규명해야 하는

---

84) 윤리학의 기본 원리, 앞의 책, p.123.
85) 도덕 형이상학을 위한 기초 놓기, 앞의 책, p.61.
86) 도덕과 종교, 앞의 책, p.4.

것이 선결 과제이다. 인간이 명령하고 지키려고 스스로 의지를 자작한 의무 같은 것은 도덕 법칙이 아니다. 인간 본성은 부여된 것이고 결정된 것이므로, 그 같은 본성이 지향하고자 한 성향성의 추출이 도덕 법칙이다.

본능은 수양에 의해 컨트롤하고 제거할 수도 있지만, 본성은 항상 지니고 있다. 곧은 대나무의 본성이 곧으려 한다는 것은 대나무가 휘었을 때 알 수 있다. 인간 본성도 마찬가지이다. 인간이 애써 도덕을 지키고 인간된 의무를 다하려는 것은 본성의 성향으로부터 결정된 도덕 법칙을 위배하지 않으려는 선험적 직관에 의한 노력일 뿐, 자체가 도덕 법칙은 아니다. 여러모로 관찰하고 비교, 경험한 결과 인간이 참된 진리와 가치를 따르고 있다는 것을 객관적으로 확인하였다면 그 같은 성향이 바로 도덕 법칙이다. 도덕 법칙은 이미 결정된 본성의 일정한 룰이다. 그런데도 본성 룰은 여러 인생 현상 가운데서 애써 관찰하고 원인을 궁구하지 않는다면 발견되지 않는다. 마치 대나무가 곧게 서 있을 때는 곧으려 한 본성을 모르듯이. 인간 본성은 인간이 본성을 이탈하였을 때 비로소 도덕 법칙으로서 生하고, 법칙답게 어김없이 적용된다. 인간이 존재해도 정직해야 할 상황이 도래하지 않는다면 정직은 단지 본유한 성향으로서 잠재할 뿐이다. 그런데 정직해야 할 상황에서 그렇지 못한다면, 주어진 본성 성향을 위배함에 따른 준엄한 법칙의 지배를 받는다. 도덕 법칙은 본성을 지배하는 본성이 가진 성향이 결정적이다. 고민되당한 의무가 법칙이 아니란 말이나. 쇼펜하우어는 "윤리학에서 정직은 단순히 권고되는 것일 뿐 아니라 또한 실행되어야 하는 것이며, 이 증명이 실행될 때까지는 윤리학에 법칙, 지침, 당위의 개념을 도입할 어떤 근원도 인정하지 않는다."[87]라고 했다. "헤겔은 세계사를 자유의식의 진보 과정으로 파악했는데, 역사가 하나의 필연적인 법칙에 의해서 지배된다면"[88] 그 역사를 지배하는 필연 법칙은 무엇인가? 자유의식이 한 사람으로부터 만인에게로 인식된 변증법적 법칙을 일컬은 것인가? 그것은 헤겔이 지극히 주관적으로 세계사를 일관한 관점의 피력일 뿐이다. 역사를 지배하는 필연 법칙은 세계관적 본질이 주효한 것이고, 본질은 의지성의 결집체이다. 역사 법칙이 이러할진대 도덕 법칙도 세계 본질의 의지성 구현과 무관하지 않다. 밑도 끝도 없이 존재가 결정될 수는 없듯, 역사나 본성도 그러하고 법칙 자체의 결정성도 마찬가지이다. 우주로부터 사물에 이르기까지 법칙의 결정성은 지극한 존재 내에서의 특성이다. "도덕 법칙은 이성적인 일체 존재에 적용되어야 하는 것이지만",[89] 그 뿌리는 만상에로 개연화되어 있다.

인간은 우주 가운데서 우주를 본원으로 한 존재자로서 준엄한 도덕 법칙이 적용되는 세계를 벗어날 수 없다. 지배를 받으므로 따라야 하고, 모르더라도 적용되므로 알아야 하는 것이 도덕 법칙이다. 그래서 도덕 법칙은 의무가 되는 것이고 명령이 되는 것이다. "인생에 고통과 불행이 생기는 것은 본성 성향을 무시하고 인위적으로, 혹은 억지로 무엇을 하려고 한 결과 현상이다."[90] 도덕은 외부로부터 뒤집어씌워진 그물이 아니다. 부여된 天性을 따르는 것이 제일의 도덕률이다. "인간은 본성적·천성적으로 존재하는 것, 행위 자체가 이미 윤리적·도덕적이다."[91] "많은 학자들은 도덕을 내면적인 내심의 규율 또는 자율적 동기규범이라고 하는

---

87) 도덕의 기초에 관하여, 앞의 책, p.39.
88) 열린사회와 그 적들(1), 칼 포퍼 저, 이한구 역, 민음사, 1982, p.285.
89) 도덕 형이상학을 위한 기초 놓기, 앞의 책, p.57.
90) 인성론, 인성교육교재편찬위원회 저, 박이정, 2002, p.행복을 얻는 길.
91) 절대의 철학, 신오현 저, 문학과 지성사, 1993, p.312.

데",92) 그 내심의 규율 또는 자율적 동기 규범은 이성으로 가늠되고 판단되기 이전의 본성적인 것이다. 본성을 따르는 것이 도덕률인데, 칸트는 또다시 "우리 행위의 준칙이 하나의 보편적인 법칙이 되기를 바랄 수 있어야 한다."93)고 함으로써, 도덕 법칙이 마치 사고나 의지에 의해 좌우되는 것처럼 표현해서 심원한 본성적 규율성을 가려 버렸다. 본성을 무시한 채 "내 행위의 준칙이 보편적인 자연법칙이 될 수 있는가"94)를 어디에 빗대어 판단할 수 있단 말인가? 내 행위의 준칙이 사고된 논리성에 의해 가늠되어야 하다니! 儒家의 왕양명도 칸트처럼 "良知가 시비와 善惡을 판단하는 준칙으로서 각각의 모든 개체 가운데 부여되어 있다는 것을 강조하였는데",95) 良知나 이성이나 시비 능력과 사고 기능에 근거를 둔 것인 한, 결과는 마찬가지이다. 天倫에 근거한 인간의 도덕적 본성이 뭇 존재 현상에 대해 얼마나 법칙적인가 하는 것은 분간할 수 없다. 善惡은 인간이 판단하기 이전에 본성적으로 맞이하는 결과 열매이다. 칸트가 이성적 존재에게서 확인한 "자율적인 도덕의지"96)는 天倫으로부터 부여된 본성에 대한 곡해이다. 시계가 완제품이라고 해서 자체로서 완전한 독립체는 아니듯, 인간에게 자율적인 도덕 의지가 있는 것은 창조된 결과성이다. 그런데도 칸트는 일제 神과 창조로부터 관계 고리를 끊기 위해 "자율적인 도덕 의지를 인간에게 무조건적으로 존재하는, 善으로 존재하는

---

92) 법철학 개론, 이한녕 저, 박영사, 1992, p.265.
93) 도덕 형이상학을 위한 기초 놓기, 앞의 책, p.75.
94) 도덕철학 서론, 앞의 책, p.216.
95) "너의 良知는 내 자신의 준칙이다. 내가 무엇인가를 생각하게 될 때 그것이 옳으면 곧 그것이 옳다는 것을 알고 그르면 곧 그것이 그르다는 것을 알게 되므로 조금도 그것을 속일 수 없다." - 양명학, 양국수 저, 김형찬·박경환·김영민 역, 예문서원, 1995, p.75.
96) 가치론의 문제와 역사, 앞의 책, p.98.

善意志"97)라고 규정해 버린 것이다. 밑도 끝도 없이 단절된 善意志에 기초해서 도덕 법칙을 확립하려 하다 보니까 "인간 모두에게 보편적으로 부과될 도덕적 의무를 모든 상황에 있어서 자체로 인간 존재에 대해 구속력을 갖는 보편적인 정언명령에서 구하게 되었다."98) "한 사람에게 옳은 일은 모든 사람에게 옳은 것이어야 하며, 한 사람에게 그른 것은 모든 사람에게 그른 것이어야 한다."99) 드디어 인간의 일체 행위를 도덕 법칙이란 미명 아래 자연법칙의 적용처럼 획일화하고 일정한 틀에 집어넣어 기계화해 버렸다. 하나님이라도 이 같은 준칙 틀로서는 인류를 바르게 인도하고 혹은 심판하실 수 없으리라. "도덕 이성은 입법 형식을 거쳐 하나의 행위 규칙을 보편적 도덕 준칙으로 만들어 준다고 하는데",100) 이런 입법 준칙의 전횡을 우리는 칸트 이후의 서양 역사를 통해 실감했다. 인간의 도덕적 본성이 잘못 규정된 입법 절차로 인해 더욱 본원과 거리가 멀어졌다. "자연의 모든 것은 일정한 법칙에 따라 움직이나"101) 본성에 기초한 도덕 법칙은 오히려 세세한 행위성에 따라 유동적이다. 온갖 주관적인 의지 표출을 가름해야 하는데, 틀이 획일적이어서는 제대로 적용될 수 없다. 도덕 법칙은 본성의 작용 룰이자 어김없는 질서로 지극히 본질적이다. 오히려 법칙이 없는 것이 법칙이라는 아이러니마저 있다. 본성이 본질에 근거하고 본질이 창조가 이룬 天倫에 근거하는 한 그렇다. 도덕률은 물리법칙처럼 수치화할 수 없다. 무량하고 形而上學的인 창조 의지의 결정체이다. 그래서 자연적으로 우러난 본성의 생성과 응결

---

97) 위의 책, p.98.
98) 위의 책, p.98.
99) 위의 책, p.99.
100) 유학과 현대 세계, 사중명 저, 김기현 역, 서광사, 1998, p.206.
101) 도덕 형이상학을 위한 기초 놓기, 앞의 책, p.58.

이 도덕률을 형성한다. 인고와 희생과 봉사와 사랑은 의도적이고 의식적이며 고의적인 작심에서 나오는 것이 아니다. 자연적으로 우러난 것이다. 자연적인 본성의 생성, 그 우러남이 天倫을 구성한다. 도덕률은 복잡한 이론의 전개로 확인되는 것이 아니다. 天心이 天性이고 天性을 인간적으로 구현시킨 원리성이 곧 도덕률이다.[102]

그러므로 인간에게 부여된 도덕적 본성과 본성 가운데 내재된 도덕률이 자체로서는 생성될 수도 입법화를 통해 명령될 수도 없다는 것이 확실할진대, 인간에게 불변의 도덕적 본성을 부여하고 도덕률을 통해 본성을 절대 지배하고 있는 근원을 끝내 추적하지 않을 수 없다. 살펴보니 누구라도 "우주의 사물 변화를 통해 만물의 근원이며 시공을 초월해 영원불변하는 본체로서의 일정한 운동 법칙이 있다는 것(道)을"[103] 부인할 수 없다. "세계에는 물리적인 인과관계와 질서뿐만 아니라 확고한 도덕적 법칙과 질서가 존재한다는 것을 모든 종교가 인정했다. 도덕을 인간이 스스로 제정할 수는 없다. 세계 자체에 깃들어 있는 질서이고 철칙이다."[104] 도덕이 세계에 깃들어 있는 철칙일진대, 도덕은 인간이 제정할 수 없을 뿐 아니라, 자연이 도덕을 만들 수는 더더구나 없다. 그래서 무언기 절대 근원을 추적하고 판세 고리를 밝히려 하였는데, 문제는 그렇게 해서 파헤친 절대 본원의 이름과 형상이 달랐다는 것이다. "헤겔은 우주의 법칙을 정신에서 reality를 찾았고, 마르크스는 물길에서, 듀이는 경멸에서 reality를 찾았다."[105] 마치 인류가 전체

---

102) 동양적 가치란 무엇인가(논어의 세계), 송복 저, 지식마당, 2004, p.183.
103) 노자의 도에 관한 연구, 정용두 저, 소논문, p.138.
104) 보살 예수, 실희성 저, 현암사, 2004, p.102.
105) 비교사상론 개관, 앞의 책, p.321.

우주를 총괄하고 계신 창조주의 어떤 부분을 보았는가에 따라 근원에 대한 설명을 달리한 것과 같다. 인류가 도덕률의 근거를 달리 설명하고 인출한 것도 이와 같다. 인류가 인지한 도덕률은 우주를 지배하는 절대神의 다양한 형태를 반영한 것이다. 인격 반영의 대표적인 예가 기독교였다면, 의지 반영은 儒家에서 말한 天命이고, 법칙적 인식은 天道·天理이며, 본질적 반영은 天性과 人性간의 불가분리 관계 밝힘이다.

물론 先天에서는 하나님의 창조 본의와 본체가 완전하게 진리화되지 못한 상태라 누구에 의해서건 하나님의 절대 본체는 부분적으로 파악될 수밖에 없다. 그 한계성을 인정한다면 신학자들이 도덕률의 근거를 神에게 두었다고 해서 비판할 것은 아니다. 부족분은 도덕률의 절대 근원을 파악한 상태에서 이해할 수 있으면 된다. 칸트는 『이성의 한계 내에서의 종교』에서 "종교란 우리의 모든 의무를 神의 명령으로 인식, 인지하는 것, 혹은 받아들이는 것"[106]이라고 하여 놓고서도 정작 칸트 자신은 그 같은 규정을 진리로서 받아들이지 않았다. 종교라고 하면 너무 포괄적인 범주 개념이라서 그럴 수도 있겠지만, 도덕률로 치면 神의 명령성을 곳곳에서 발견할 수 있다. "기독교 윤리의 핵심이 되는 것은 말할 것도 없이 십계명이다."[107] 하나님이 인격의 현실체로서 말씀을 통해 계명을 내리셨으니, 그곳에는 불변한 행위 준칙 외에 하나님의 약속과 하나님 스스로의 존재성을 부각시키기 위한 금기 사항들도 나열되어 있다. 이것을 예수는 "네 마음을 다하고 목숨을 다하고 뜻을 다하고 힘을 다하여 主 너의 하나님을 사랑하라."[108] "네 이

---

106) 문화종교학, 한숭홍 저, 장로회신학대학 출판부, 1987, p.70.
107) 성경과 기독교 윤리, 존 머리 저, 김남식 역, 엠마오, 1990, p.서론.
108) 마가복음, 12장 30절.

웃을 네 몸과 같이 사랑하라"109)로 요약하였는데, 이것은 명백히 계율적 명령을 통한 행위지침, 곧 도덕률이다. 왜 지켜야 하느냐고 묻는다면 창조주의 뜻이고 말씀이고 약속이 담겨 있기 때문이라고 할 수밖에 없겠지만, 그래도 인류가 믿음을 지키는 한 영혼의 안위는 보장된다. 계율적 말씀이(계명) 온전히 인류를 구원할 수 있는 도덕적 법칙이 되기 위해서는 좀 더 부언되어야 할 하나님의 본체 규명 과제가 선결되어야 할 것이나, 해결이 되더라도 도덕률이 결과적으로 안주되어야 할 곳은 하나님의 존재 의지이고 뜻이며 마음의 표명인 계명에 있다고 할 것이다.

하나님은 만세간을 초월한 통합적 본체자이시라, 하나님의 뜻을 한꺼번에 파악할 수 없는 것은 현실이다. 말씀의 저변에는 그야말로 차원적인 뜻이 내재되어 있다. 한꺼번에 이해할 수 없으므로 신앙인들에게 절대적인 순종과 믿음이 강조되었고, 믿지 못하는 인간들은 신비적이고 비합리적이라고 하여 거부하였다. 하지만 하나님의 뜻이 주관적일지라도 뜻을 순종하는 자에게 있어서 영혼의 안위는 보장되었다.110) 도덕률은 본래 그렇게 주관적인 의지력이 결집된 것이었다. 천지를 운행하는 우주 법칙도 근원은 하나님의 창조 의지가 결정한 것이다. 물론 자의적인 해석이 있기는 하지만,111) "종교에서는 인간의 도덕적, 윤리적인 생활은 하늘의 뜻이며 하나님의 명령에 복종하는 생활이라고 가르쳐 왔다."112) 타율에 의한 절대 명령인 것 같지만 神命을 자각하는 자 결국은 자율

---

109) 마가복음, 12장 31절.
110) 인간의 뜻과 하나님의 뜻이 상충되어 충돌할 때 자신의 뜻을 버리고 하나님의 뜻을 따르는 것이 순종의 도덕률임.-자유론, 존 스튜어트 밀 저, 서병훈 역, 책세상, 2005, p.118.
111) 神의 명령을 사의적으로 해석함에 따른 전횡 예가 인류 역사의 곳곳에 있었음.
112) 종교와 인간, 서광선 저, 이화여자대학교 출판부, 1995, p.40.

에 의한 도덕률이 된다. 아퀴나스는 "인간의 본성은 神의 피조물이라, 본성 안에 있는 자연법은 영원법, 즉 神法의 유출로 나타나므로 도덕법은 결국 神의 法"113)이란 논리를 세웠다. 그의 논리가 보편타당한 진리로서 입증되기 위해서는 부수된 神人과의 확고한 관계 고리가 밝혀져야 하겠지만, 일체 조건이 충족되었더라도 도덕법이 결국 神法이라는 논리 근간은 바뀔 수 없다. 하나님이 인간을 창조하시고 만유의 主가 되신 한(그것이 사실인 한) 하나님은 인간에게 고귀한 목적을 두셨기 때문에 도덕성이란 당위 규율을 요구하신 것을 인류는 피할 수 없다. 하나님은 어제도 요구하셨고 오늘도 요구하시며 내일도 요구하실 것이므로, 요구가 있기 때문에 영혼에 대해 무지한 인간이라도 끝내 영원한 창조 본향을 찾아갈 수 있다.114)

이처럼 기독교는 인간에 적용되는 일체 도덕률을 인격화된 神의 의지적 명령, 즉 말씀화된 계시 형태로 표현했는데, 유교는 도덕률의 절대 작용 근거를 인격이 아닌 본질에 두었다는 데 대해 차이를 드러낸다. 하지만 하나님은 化된 창조 세계에서 인격체로서 존재하기도 하고 의지적, 이법적, 본질적으로도 존재한다고 하였으므로, 도덕률의 근원을 추적한 논리 틀은 기독교나 유교나 달라진 것이 없다. 기독교에서 말한 神의 의지나 세계 의지에 순응한다는 것은, 儒家的 표현을 빌면 天命을 따른다는 것과 같다.115) 기독교는 인간이 神의 의지에 순응하였을 때 영생을 보장했듯, 儒家에서는 天命을 따르는 것이 天性이요 天心이며, 나아가서는 天心과

---

113) 가치론, J. 헤센 저, 진교훈 역, 서광사, 1992, p.196.
114) 아퀴나스가 규정한 "영원법은 세계를 지배하는 神의 이성 그것이요, 그것은 천계 - 天啓에 의하여 소여 - 所與되는 神의 의지요, 인간들이 신앙에 의하여 받아들여야 할 것이라 하였음." - 법철학 개론, 앞의 책, p.138.
115) 절대의 철학, 앞의 책, p.226.

人心, 天性과 人性, 天道와 人道가 合一된다고 했다. 하나님과 인간을 心과 性과 道로 나누었지만 결국은 하나님과 하나되고 함께 하며 일체가 된다는 말이다. 그래서 『中庸』에서는 아퀴나스가 도덕법이 곧 神法이라고 한 것처럼, "인간의 본성을 하늘에서 내린 天命으로 규정했다."[116] "天道가 곧 人道요 우주적 질서가 도덕적 질서이며 천지자연의 길을 본받아 사는 것이 인간의 길이다."[117] 天道, 天命이 곧바로 인간이 지켜야 할 도덕률 자체이다. 기독교는 神의 명령을 타율화하여 인간과 거리감을 둔 감이 있지만 儒家는 본령을 회피하지 않았다. 단도직입적이고 직설적이다. 너무 직설적이라 부연 설명될 때를 기다려야 했는지도 모른다. 동양철학의 기저에는 "하늘의 운행 방식과 인간의 운행 방식이 동형적이라는 전제가 깔려 있는데",[118] 이것을 가능하게 하는 메커니즘이 바로 창조이다. 직설화하지 못해 설명이 우회되어 기독교건 유교건 神과 人을 연결할 핵심 실마리를 붙들 수 없는 것 뿐이다. 天命을 지키면 天德을 쌓게 되고 天德을 쌓게 되면 하늘나라로 승천할 수 있는 것이 지상 제일의 도덕률인 것인데도,[119] 先天에서는 초점을 명확히 하지 못한 것이 한계이다. 마냥 "본능을 억제하는 것만이 도덕의 직분"[120]은 아닐 것이로되, 儒家가 "天理를 보존히고 인욕을 제거하라"[121]는 구호를 제장할 수 있었던 것은, 기

116) 한국철학사(중), 한국철학회 편자, 동명사, 1987, p.396.
117) 동양과 서양이 127일간 e-mail을 주고받다. 김용석·이승환 저, 휴머니스트, 2001, p.215.
118) 동양을 위하여 동양을 넘어서, 홍원식 외 지, 예문서원, 2000, p.237.
119) 장재 기철학의 천인합일적 인성론 연구, 함현찬 저, 성균관대학교대학원 유학과 유교철학전공 박사학위논문, 1999, p.5.
120) 존 듀이의 가치론 연구, 박종모 저, 전남대학교대학원 국민윤리학과 석사학위논문, 1992, p.41.
121) 천인관계론, 풍우 저, 김갑수 역, 신지서원, 1993, p.346.

독교 윤리가 神의 절대 명령에 근거한 것 이상으로 天命에 의한 인간 본성의 결정성을 확신한 것이다. 거기서 天理를 보존하고 인욕을 제거함은 인류가 파라다이스에 이를 수 있는 지름길, 곧 儒家식 도덕의 황금률이었다. 인간의 행위 범위는 무량하기만 한데 어떻게 하는 것이 본향에 이를 수 있는 길인가? 그것은 본래 나를 부여하고 결정한 法道·법칙을 따르는 것이 최선이므로, 그것은 나의 인생을 주도하고 관장하는 이의 뜻을 알고 지키고 보존하는 것이 첩경이다. 그것이 인간에게 부여된 당위로서의 天命, 곧 神의 뜻이 내면 가운데서 본성적으로 규정된 도덕률이다.

창조 없는 존재는 있을 수 없듯, 神 없는 도덕률은 성립될 수 없다. 그런데도 근대의 서구 철학이 윤리학을 통해 神과의 일체 관계 고리를 끊어 버리고 자율적인 도덕 법칙 시스템을 구축하려고 한 것은 참담한 인간성의 상실을 부추기고 도덕성을 실추시킨 무리수였다. 하나님은 창조자로서 살아 계셔서, 인간이 버렸다고 해서 버려지는 존재가 아니다. 죽었다고 선언한다고 해서 죽는 존재자가 아니다. 인류의 도덕성이 회복될 때를 기다리고 계신다. 모든 지혜를 다하고 뜻을 다하고 혼신을 바쳐 이루고자 하신 것은 인류 사랑 하나 뿐이다. 하나님의 사랑은 유일하시니, 하나님은 반드시 시온의 영광을 드러내실 것이고, 도덕적 파라다이스를 건설하실 것이다.

제6장

도덕의 질서 재건

1. 도덕의 정립 요청

　재건은 허물어진 것을 다시 일으켜 세운다는 것이고 정립-定立은 구체적인 전체에서 그 특정한 면이나 일정한 내용을 추출하여 고정하는 일이다.[1] 현대 사회가 도덕적으로 건실하고 진리적으로 근거 가치가 분명하다면 재건이나 정립을 위한 요청은 있을 수 없다. 정부가 국정 운영에 실패했다면 정권 퇴진 요구가 거셀 것이지만 세상이 잘 돌아가고 있다면 성인이나 영웅조차 출현할 필요가 없다. 그렇다면 오늘날의 세태는 어떠한가? 집이 다 낡아 버렸는데 다시 지을 대책조차 없다면 그것 또한 문제이다. "현대는 회의와 불안과 위기의 시대이다. 인간이 믿고 의지한 生의 기반과 목표가 근저에서 흔들린 시대요, 생존과 행동에 의의와 가치를 부여하던 역사의 목표가 무너진 시대이며 거기에 대처할 새로운 목표를 암중모색하고 있는 시대이다."[2] 흔히 "현대 사회는 윤리의 부재와 도덕성의 상실이라는 말을 많이 사용한다."[3] 그중에서도

1) 새우리말 큰사전, 신기철 · 신용철 편저자, 삼성출판사, 1985, p.2950.
2) 케에르케고르 사상, 안병욱 저, 삼육출판사, 1983, p.16.
3) 어거스틴의 윤리학 연구, 최낙현 저, 샌프란시스코 기독교대학 기독교교육학 박사 학위논문, 2002, p.164.

특히 "우려할 일은 人命을 가볍게 여기는 풍조의 만연인데, 이것은 현대인들이 확고한 윤리 의식을 가지지 못한 데서 연유된다. 급격한 변화를 몰고 온 산업사회에 대처하는 과정에서 건전한 윤리 의식이 외면당한 채 금권과 권력이 난무하였고, 산업사회의 인간관계에서 발생하는 새로운 유형의 문제들을 해결하지 못한 데다 새로운 윤리 규범이 확립되지 못한 상태이기 때문에 비인간화 현상이 가속화되었다."[4] 재건의 필요성이 절실한 것이라면 파괴되고 허물어진 원인을 정확하게 진단해서 다시 일으켜 세울 프로젝트를 기획해야 한다. 도덕의 전면을 담당했던 수많은 성현·종교가·윤리철학자가 출현했었고, 그들의 인도·노력·업적이 있었는데도 불구하고 인류의 도덕성이 급속도로 타락하였다면 그 이유는 무엇인가? 그리고 도덕을 다시 재건해야 한다면 세계관적 뒷받침과 추진 방향은 어떠해야 하는가? 21세기의 도덕적 상황은 어떤 윤리 질서와 가치를 요구하고 있는가?

원인의 진단은 대책을 강구하게 한다. 앞에서도 언급되었듯이, 사회가 변하고 시대가 달라졌는데 윤리 규범은 그대로라면 어떻게 되겠는가? 주어질 결과는 당연한 것이지만, 새로운 윤리 의식에 대한 태동이 늦는 데도 그만한 이유는 있다. 生과 역사의 한가운데서 호흡을 하고 있는 인류는 역사의 진행 방향과 사회 변화의 본질을 쉽게 파악할 수 없다. 무수한 시행착오를 겪고 결과를 목도한 이후에야 안다. 그래서 막상 알고 난 연후에 보면 이미 뒤틀어져 있고 어긋나 있다. 아무리 성현이 말한 도덕적 지침이 영원한 진리성을 내포하고 있다 한지라도, 달라져 버린 사회의식과 구조 사이에는 어느덧 틈이 생기게 된다. 그 차이는 감지하기 어렵

---

4) 맹자의 인격 수양관, 리민기 지, 오늘문, p.17.

고, 조금씩 달라지는 것이다 보니까 수많은 세월이 흐르도록 무감
각하여 혁신을 일으킬 동기를 자극받지 못했다. 하지만 그 조그만
변화들이 쌓여서 오늘날 도덕의 질서 재건과 정립을 요청하게 만
든 것은 과학기술의 발달로 인류의 생활권이 지구촌을 이루어 통
합 문명권 체제로 돌입하게 되었다는 데 있다. 윤리 도덕적 규범
들은 이미 수십 세기 전에 다양한 단위 문명권에서 발생하여 지역
의 문화적 특성과 전통과 가치 추구 영역을 반영한 결정태들인데,
이것이 20세기가 지난 지금도 굳은 신앙으로 지켜지고 있고, 도무
지 변화되기를 거부하고 있다. 계절이 바뀌면 철 따라 옷은 갈아
입는 인간이 의식과 신앙과 제반 가치 규범들은 고유성을 지키는
것이 義를 다하는 것이라고 생각하고 있다. 새로운 질서 수립 요
청을 수용할 수 있어야 하는데 종말이 다하도록 옛 가치관과 함께
끝까지 운명을 함께 할 듯하다. 그러니까 인류는 기존 가치 체제
로부터 소원해져 버리고 새로운 윤리 자양분은 공급이 안 되어 윤
리 의식의 대공황 상태를 맞이하였다.

　인류는 한시바삐 사태의 심각성을 자각하여 도덕의식이 사멸하
여 버리기 이전에 인류가 경험한 지혜를 총동원하여 풍성한 자양
분을 공급할 물꼬를 터야 한다. 인류는 근세를 맞이함과 함께 神을
떠난 이후, 아무런 목적도 없이 자유만을 움켜쥔 채 근원된 본질
세계로부터 너무 이탈되어 버렸다. "근대의 기계론적, 무생명적 자
연관이"5) 영원히 안주해야 할 환경을 파괴시킨 것은 물론이고 도
덕성마저 괴멸 직전으로 내몰았다. 그래서 지각 있는 지성들은 "다
시금 자연 자체에 고유한 자기 법칙성을 보장하는 유기체적인 자
연관으로 대체되어야 한다."6)고 안타까워하는데, 부분적인 결과에

5) 동서철학의 교섭과 동서양 사유방식의 차이, 송영배 저, 논형, 2004, p.204.

대한 원인 파악만으로 전면 교체는 무리이다. 진단되었듯, 세계는 그야말로 기계가 아닌 유기체요 통합적으로 운위되는 우주적 생명체이다. 기계라면 고장 난, 혹은 낡아 부서진 부분만 부품을 갈아 끼우면 다시 정상화될 수 있겠지만, 유기체는 다르다. 원인이 결과를 낳은 보다 근본적이고 본질적인 문제부터 해결을 시도해야 한다. 그중에서도 "유기체적인 생명 우주에 걸맞은 새로운 윤리학의 정립은 우리들의 철학적 문제의식에 있어서 각별한 현실성을 갖고 있다."7) 하지만 모든 일이 구호만으로는 해결이 안 되듯, 새로운 윤리학은 새로운 시대적 사명과 세계관에 입각해야 한다.

헤겔은 윤리과학에 있어서 경험적인 것과 선험적인 것8)에 대한 새로운 종합 체계를 구성하려고 하였는데, 부분적인 체계 정립으로 윤리학이 새로운 세계관에 입각할 수는 없다. 니체(1844~1900)는 "도래하는 세기말 유럽의 정신적 위기가 기독교적 '神의 죽음'으로부터 비롯된 것으로 보고, 사상적 공백 상태인 허무주의를 새로운 가치 창조를 통해 채우려 했다."9) 하지만 기존 기독교 形而上學의 가치관과 결별하고 神을 죽이기는 쉬웠어도, 그 터전 위에 새로운 것을 건설하기는 어려웠다. 기독교가 구축했던 "영원한 가치로 정착된 가치 목록들의 허위성을 낱낱이 파헤치고, 그것이 약하고 불리한 자들의 전략이라는 것을"10) 호소하였지만, 그 이상의 대안을 제시하지는 못했다. 새로운 세계관을 생성시키지 못해서이

---

6) 위의 책, p.204.
7) 위의 책, p.206.
8) "認識論에서 자주 다루는 개념으로 인간의 경험 이전에 인간에게 이미 갖추어져 있는 인식의 소질로서, 경험에 대해 형식적 보편성을 부여하는 선천적 태도이다. 곧 대상에 관계하지 않고 대상을 인식할 수 있는 가능성이다." – 마르크스주의의 철학적 기초, 루이 뒤프레 저, 홍윤기 역, 미래사, 1986, p.28.
9) 인문과학 잘 알기, 백종현 편저, 벽호, 1994, p.241.
10) 선과 악, 안네마리 피퍼 저, 이재황 역, 이끌리오, 2002, p.140.

다. 다만 니체는 역설적으로 神을 떠난 서구 사회에 있어서 도덕적 파멸의 고통을 누구보다도 절감하여 절규했던 세기적 철인으로서 기억되리라.

이 시대에 새로운 윤리학이 모색되고 도덕이 진리로서 힘을 발휘하기 위해서는 무엇보다도 먼저 物理로 지배되는 세계의 구조성이 바뀌어야 한다. 그 전도 과정에서 도덕 윤리가 중추 역할을 담당해야 하고, 나아가서는 物理를 倫理(人理)에 귀속시킬 수 있는 도덕 체제를 모색해야 한다. 마치 "유교의 앎이 物理보다 人理를 추구하였고, 人理를 통해 인륜 사회를 주도하였으며, 物理를 人理에 귀속시켰듯",11) 앞으로는 倫理가 지금의 物理가 진리력을 발휘하는 것 이상으로 物理를 포함해서 인류 사회를 선도할 수 있어야 한다. "이천 년대는 발전하는 과학기술을 능가할 수 있는 倫理에 기초한 새로운 도덕 문화를 창출할 수 있어야 하는데",12) 그것이 물질문명에서 정신문명에로의 대전환 기반이다. 이 같은 전도 계기를 마련하기 위해서 倫理는 도덕을 통하여 섭리적으로 분파된 제 문명권을 통합할 수 있는 인류 공영의 윤리사상 가치를 제시해야 한다.13) 그야말로 인류는 지리적으로는 한 몸을 이룬 지 오래전인데 신앙, 가치, 사상, 윤리, 도덕 등 정신 면에서는 여전히 배타적, 이질적이다. 그런데도 "세계 인류가 공생 · 공영 · 공동으로 추구할 윤리와 행동 강령은 제시되지 않고 있다."14) 종교와 사상과 제도와 이념의 벽을 넘어 인류 공동으로 달성할 공영의 가치 목표를 세워야 함에 그 대업을 윤리사상이 도맡아야 한다.15)

---

11) 혜강 최한기와 유교, 김용옥 저, 통나무, 2004, p.197.
12) 한반도에 기가 모이고 있다. 이충웅 저, 집문당, 1997, p.98.
13) 증산사상 중심의 인류갱생철학 개론, 배용덕 · 황정용 공저, 태광문화사, 1995, p.13.
14) 한국사회와 종교, 한국종교협의회 편, 신명출판사, 1989, p.326.

이 같은 대업이 어떻게 인간의 힘만으로 달성될 수 있겠는가? 새로운 윤리 도덕의 정립에는 하나님의 창조 목적과 섭리 역사와 뜻이 관여되지 않을 수 없다. 하나님은 태초 이래로 끊임없이 인류 구원 역사에 관여하셨으며, "만상의 창조주로서 모든 영역 속에서 역사-役事하셨다."[16] 지난날의 구원 사역이 그러했듯, 인류의 도덕적 타락이 총체적인 위기를 몰고 온 이때, 하나님도 하늘에서 그냥 계실 리 만무하다. 하나님이 세계의 도덕성을 정립하고 재건하려하시는 것은 종말에 처한 인류를 구원하기 위한 방법이다. 그런데도 여태껏 뜻이 미치지 못했던 것은 뜻이 없어서가 아니라 道德論을 완성하기 위해 때를 기다렸다고 보는 것이 옳다. 타락한 인류를 구원하기 위해서는 먼저 세계 자체의 창조 본질이 완성되어야하고 이를 인식한 인간의 인생 행적이 완성되어야 하며 세계를 구성한 진리가 완성되어야 했다. 이 같은 바탕 위에서 인류가 새로운 윤리 체제를 모색해야 하는 당위 이유는, 창조주 하나님이 강림하신 역사를 통해 새 하늘을 개창하셨다는 놀라운 사실에 있다. 하나님이 강림하신 상황에서의 神國의 도래는 하나님의 뜻과 의지가 인류의 제반 삶의 형태에 있어서 규범, 목표가 되는 것이다. 그런데 지금의 사회 현황은 일반적인 법과 관습과 상대화될 수밖에 없는 전통적인 가치들이 시배하고 있고, 神의 뜻은 일부 신앙인들에 의해서만 추존되고 있을 뿐이다. 神國의 도래를 위해서는 神의 의지가 범규범화 되어야 하는데, 그 목적과 가치를 인식하고 의지를 추출하여 진리의 기초로 삼으려 한 노력이 없다. 하지만 만약 구체

---

15) "국제적, 정치적, 사회적, 학문적, 문화적, 제도적 …… 시점에서 새로운 윤리의 모색이 향후 인류의 과제가 되어야 함." - 기독교 윤리사상사, 성서문학연구위원회 편, 한국기독교문학연구소 출판부, 1980, p.17.
16) 기독교와 문화, 조인서 저, 하올출판사, 1996, p.185.

화될 수 있다면 동서양이 함께 달성할 공영의 가치는 설정될 수 있다. 새로운 道德論과 가치 인식과 윤리관 정립이 인류를 구원으로, 하나님에게로, 神國으로 인도하는 길을 이루리라.

이를 위하여 한국은 세계 속에서 도덕적 철학이 피어날 가장 좋은 여건을 갖추었나니, 동서양의 문명이 교차하고 제 문명의 진수가 모여 있는 이 곳, 이 땅, 이 대한민국의 역사 위에서 인류 문명을 선도할 도덕 문명은 재건되리라.

2. 도덕의 함양 방법

구슬이 서 말이라도 꿰어야 보배이듯, 우리에게 아무리 보배로운 인성적 가치와 진리가 내재되어 있더라도 이것을 함양할 방법을 모른다면 소용이 없다. 성현들이 인간 가치의 숭고함을 얼마나 강조하였는가? 길을 가리켜 인도하였고 온갖 약속을 보장하였는데 인간이 자각하고 따르지 않는 바에는 일깨운 진리가 무용지물이다. 그렇다면 인류의 도덕이 타락한 이유는 무엇인가? 도덕을 함양할 진리가 없어서인가? 방법을 몰라서인가? 아니면 다 제시되었는데도 무관심해서인가? 道德論의 정립이 요구될진대, 그것은 보다 상세한 도덕성의 함양 방법의 제시로 구체화되어야 한다. 인간이 천부의 도덕성을 본유하였다는 사실을 확인하는 것만으로는 안 된다. 가치를 이끌어 내고 배양할 수 있어야 일차적으로는 타락상의 확산을 저지하고 더 나은 세계를 건설할 수 있는 계기가 마련된다. 그리고 보면 인류의 도덕이 타락한 데는 그만한 이유가 있다. 인류의 도덕적인 본성 본질을 잘못 파악한 흔적도 보이고, 진리에 근접되었는데도 초점을 명확하게 잡지 못해 확고한 진리로서 주장되지 못하고 있다. 그러니까 인류는 도덕의 타락상을 지켜보면서도 대책을 강구하지 못하였다. 어떻게 해야 국면을 전환할 수 있는 것인지 도덕성을 함양할 원리를 찾지 못하고 있다. 무엇보다도 더 이상의 타락을 막고 새로운 질서를 재건할 수 있기 위해서는 지금까지 유지된 도덕에 대한 인식, 가치, 문화, 제도, 교육 시스템 일체가 밑바닥부터 전환되어야 한다. 인류가 타락한 데는 현 문명 시스템 전체에 원인이 있는 것이라, 그것을 자세하게 들여다보면 인간이 도덕에 대해 생각하고 행위를 한 하나하나가 일조를 한 것이다. 도덕성의 타락 수치를 함양 수치로 대체시키기 위해서는 물질문명을 정신문명으로 전환시켜야 하는 대전제가 깔려 있다. 곧 도덕성을 함양하기 위해서는 물질 원리보다는 정신 원리가 확고하게 부각되어야 한다. 정신의 지배 원리가 물질 원리보다 더 진리성을 지녀야 도덕성 함양 방법이 세계적으로 확산될 수 있다.

지금 교육 현장에서는 인성 교육의 부재 현상을 두고서 논란이 많은데, 그 원인이 비단 "현행 교육이 너무 성취를 강조하는 지식 습득 위주의 교육에 치중하고 있기 때문만은 아니다."[17] 인성 교육은 지적인 영역과는 달리 정서, 의지, 가치의 영역에 소속되어 있나는 것을 모르는 바 아니다. 다만 지식을 배양하는 방법만큼 인성 함양 방법이 원리화되어 있지 못하기 때문이다. 그리고 목적은 전인교육을 표방하면서도 교육 시스템은 주지주의에 편중되어 있어, 이넌 상내에서는 노덕적 이상수의가 실현될 수 없다. 주지주의가 우선된 것은 현 물질문명의 우세가 그대로 반영된 결과이다. "인간에게 도덕성에 대한 교육이 없다면 욕망의 자제력과 판단력의 결

---

17) 학생 인성지도의 이론과 실제, 한국교총원겨연수원, 2005, p.9.

여로 인하여 미풍양속은 사라지고 퇴폐적이고 타락한 풍속만이 자리 잡게 될 것이라 걱정하는데",[18) 현 교육 시스템은 오히려 이 같은 결과를 방조하고 있다. 일부 할애된 도덕 교육만으로는 해결될 일이 아니다. 지금 가동되고 있는 물질문명 전체가 도덕 문명으로 전환되어야 한다. 물질문명 세계를 구축한 주요 기둥인 進化論과 唯物論의 맹아라고도 할 서구의 도덕관념은 그 자체가 이미 도덕이 지닌 고유한 본질 원리적 시스템을 반영하지 못했다. 제반 도덕 체제가 도리어 물질 시스템 체제를 반영한 것이라면 어떻게 되겠는가? 오늘날의 교육 현장과 제도가 실상을 그대로 드러내고 있다.

프로이트는 그의 "정신분석 이론과 사회학습 이론에서 도덕성은 외적인 사회 규범을 내적인 신념으로 내면화하는 과정에서 발달한다."[19)고 했다. 피아제는 인지적 발달 이론의 입장에 서서 인지가 발달하는 것처럼 도덕적 가치·태도도 인지적 발달의 일반적 과정의 일부분으로 보고, 그 발달의 단계적 과정을 체계 지어 놓기도 했다.[20) 인간에게 본유한 도덕성을 과학이 발달하고 정서가 발달하는 것처럼 발달하는 것으로 보다니! 그렇게 되어서는 더 이상 인간의 도덕성에 함재된 심원한 본원성은 추적되기 어려울 뿐더러, 도덕성을 함양할 방법은 더더욱 구하기 어렵다. 인류의 도덕성이 개선되지 못한 이유이다. 발달론은 진화 메커니즘의 아류이다. "다윈이 직면한 문제는 어떻게 德이 교육이 아닌 유전을 통해 상속될 수 있느냐 하는 것이었는데",[21) 이 같은 인식은 인류의 도덕성을 고유한 생성 본원으로부터 이탈시킨 신호탄이다. 이 같은 사상에

---

18) 수도에서 득도까지, 배일우 저, 구도의 길, 1994, p.15.
19) 학생 인성지도의 이론과 실제, 앞의 책, p.51.
20) 가치·태도 교육의 이론과 실재, 정세구 저, 배영사, 1989, p.56.
21) 인간 본성에 관한 10가지 철학적 성찰, 로저 트리그 저, 최용철 역, 자작나무, 1996, p.82.

기초해 있기 때문에 서양이 전파한 학문, 지식, 공부, 제도, 교육의 목적 시스템은 인류를 타락시키는 데 동조할 수밖에 없었다.

도덕성은 판단이건 무엇이건 발달되는 것이 아니다. 부여된 본질 품성을 天德으로 인식해서 직접 내면을 형성해 가는 것이다. 자고로 유교에서는 "天理에 순응함으로써 도덕적 인격을 함양할 수 있다."22)고 했는데, 이것은 기독교인이 신앙으로 하나님의 뜻을 따르려 한 것과 같다. 추종한 결과는 다르게 제시되었다 하더라도 인간 본성의 숭고성을 함양시킨 것은 다름이 없다. "인간은 누구나 자기의 내재적 도덕성을 자각하게 되면 곧 天德을 인식할 수 있게 된다."23)고 했을 때의 天德은 하나님의 존재 품성과 다른 것이 아니다. 德은 우주의 본원 비밀과 인생의 총체적인 추구 가치가 망라되어 있다. 인류가 도덕성을 함양하고 天德을 쌓아야 하는 이유가 여기에 있다. 德을 쌓으면 그렇게 추구된 본성의 도달 결과를 통해 우주의 본원성을 추적할 수 있게 되고, 함양된 도덕성은 인류를 온갖 죄악으로부터 보호하는 방충막 역할을 담당한다. 그래서 인간이 德을 체득한다는 것은 하늘의 품성을 깨닫는다는 것과 진배없다. 바로 이 같은 天德이 각자의 인생 노력을 통해 잠재된 본성 가운데서 일깨워지는 것이고 축지된다는 사실을 알진대, 德의 축지는 면밀한 본질 작용 원리로서 정신분명을 일으킬 수 있는 단초이기도 하다.

노자는 생지축지24)란 말을 했는데, 道는 生이요 德은 蓄이라, 쌓아서 이루어지는 것이라고 했다. 道의 세계는 생성하는 본실의

---

22) 국민윤리, 유인철 편저, 고시학원, 1996, p.13.
23) 장재 기철학의 천인합일적 인성론 연구, 함현찬 저, 성균관대학교대학원 유학과 유교철학전공 박사학위논문, 1999, p.77.
24) 노자 도덕경, 10장.

세계이다. 德은 하루하루 쌓아 가는 것이고, 오로지 쌓음으로서만 되는 것이 공부이다. 도덕은 인간의 근원적인 욕망과 감정의 문제를 해결할 수 있어야 하는데,[25] 날마다 德을 쌓는 정진이 문제를 해결할 수 있다. 욕망은 본성을 방치한 결과 드러나는 해방욕이다. 儒家에서는 마음 씀을 통해 德을 논했다. 君子는 大德을 쌓아야 하는데, 그 德을 쌓기 위해서는 따지기를 말고 먼저 베풀기를 힘써야 한다고 했다. 소인은 베풀기 전에 얻을 것을 먼저 생각하므로 그래서 소인이다. 바람 없이 먼저 베풀어야 그것이 고스란히 德으로서 축적되며, 따지기를 멀리하고 끊임없이 베풀기를 게을리하지 않으면 그것이 大德이 되어, 하늘의 뜻에 상달하는 天德을 이룬다.

도덕성의 함양은 인격성의 고양과 자신을 바르게 세움은 물론이고 천지자연과 조화되고 근본을 되찾는 길이고, 하나님과 하나되는 길이다. 누구라도 德은 쌓을 수 있고, 도덕성은 함양할 수 있으며, 본질의 변화 상황을 체득할 수 있다. 德은 得이라. 본질성, 즉 도덕성을 획득한다는 것이다. 정신문명을 일으킬 이보다 더한 본질 원리와 타락한 인류를 구제할 도덕성 함양 방법은 더 이상 없다. 쌓은 德이 축적되어 본질에 변화를 일으킨다는 것은, 고금을 통해 성현들이 체험으로 제시한 바요, 이제는 이 같은 진리성을 우리들이 숙지하여 증험할 차례이다. 그 위에 장엄한 인류 창조의 대파노라마 세계가 펼쳐지리라.

---

25) 2000년 2월 9일, 도올 김용옥 강의.

3. 도덕의 질서 창출

한때는 정치가 세계사를 전격 주도한 것처럼 보일 정도로 정치 위주로 구성된 역사서도 있었다. 나중에는 문화, 사상, 일반 서민들의 생활사를 부각시킨 史觀이 대두되기도 했지만, 오늘날에 있어서도 정치가 역사의 전면에 나와 있는 상황은 달라진 것이 없다. 왕이나 대통령은 항상 권력의 핵심에 있다. 사회는 다양한 이익을 추구하는 구성체이므로 이들의 대립과 충돌을 조절하고 통합할 수 있는 보다 상위의 권력과 통치력은 필요하다.[26] 그리고 法은 이 같은 정치권력과 기능과 이념을 실현할 "조직적인 정치 수단이다."[27] "法은 강제성을 띤 사회규범으로서 자연법칙과 구별되고 강제성이라는 점에서 法은 도덕과 구별된다."[28] 法 역시 정치권력과 동반하여 사회를 지배하는 강력한 실체인 것만은 분명하다. 하지만 法은 강제성을 대유－帶有하였으므로, 동방에서는 法으로 사회를 규율하는 것보다는 도덕과 도덕적 질서의 표현인 禮에 의해 규율되는 것을 더 존중하였다.[29] 그렇다면 과연 인류 사회를 이끈 힘의 실세는 어디에 있는 것인가? 정치권력인가? 法인가? 제 이념 사상인가? 아니면 정말 도덕적 질서인가? 그래서 살펴보면 정치와 법은 사회를 통치, 통제하는 표면화된 질서이고 사상 역시 세계관을 이룬 근간이기는 하지만 관점에 따라서는 숱하게 역사를 오도하기도 했다. 辨證法的 唯物論이나 經驗論, 觀念論, 미국의

---

26) "정치라 함은 사회적인 대립의 통합 과정을 말하며, 사회생활에 있어서 하나의 통일성을 확립하고자 하는 것이 정치이다."－법철학 개론, 이항녕 저, 박영사, 1992, pp.276－277.
27) 위의 책, p.277.
28) 위의 책, p.249.
29) 위의 책, p.248.

실용주의 등은 한때 인류 사회와 세계영혼을 지배했지만 그것은 부분적인 진리성을 반영한 것이라, 때가 지나면 또 다른 관점에 의해 대립되고 비판되었다.[30] 하지만 도덕은 그렇지 않다. 도덕은 역사와 더불어 인류 사회를 이끈 실질적인 질서를 창출하였을 뿐만 아니라, 그 영향력은 보다 항구적인 것이었다.

흔히 체감하고 있는 정치권력이나 法이 아닌 도덕과 도덕 원리가 세계 질서를 주도하고 담당하였다고 한다면 그 연관성에 대해 이해가 안 갈지 모르지만, 막스 베버는 "캘빈주의를 중심으로 한 금욕적인 신교 윤리에서 근대자본주의 정신의 뿌리인 합리성을 이끌어 냈다."[31] 도대체 자본주의와 프로테스탄트란 종교 신앙이 무슨 상관이 있는가? 여기에 대해 베버는 근세 서양에서 일어난 자본주의 특징은 합리성과 계산성인데, 이 같은 특성을 프로테스탄트의 직업윤리, 특히 캘빈주의의 직업윤리에서 찾았다.[32] 근세 자본주의의 결정적인 추진력을 프로테스탄티즘의 내면적인 금욕 속에서 발견했다. 왜냐하면 근세 이전까지의 강력했던 종교적 열정이 근세에 와서 금욕정신을 통해 현세적인 경제적 활동으로 전환되었다. 말하자면 퓨리탄적인 종교성이 근세 자본주의의 고유한 경제적 정신태도를 불러일으켰다는 견해이다. 만약 이 정신태도가 없었다면 중세 유럽의 정적인 경제 질서가 극복되기는 어려웠을 것이다.[33][34] "프로테스탄티즘의 윤리가 자본주의의 정신을 추진시키고

---

30) "실용주의는 미국 자본가들의 이익을 대변한 철학이다. 실용주의자들에 의하면 진리는 실용성, 유효성이라는 것인데, 이러한 견해는 미국 자본계급의 침략과 전쟁도발 의지를 합리화한 것이다." - 철학 다이제스트, 철학연구회 저, 일송정, 1989, p.23.

31) 동양철학은 물질문명의 대안인가, 김교빈 외 13인 저, 웅진출판, 1999, p.235.

32) "종교개혁기의 프로테스탄트 지도자인 캘빈은 세속 안에서의 경건하고 금욕적인 청결과 절약 및 직업에 대한 충실을 강조함으로써 근대 시민사회의 윤리를 확립하는 데 공헌했다." - 종교학 개론, 황선명 저, 종로서적, 1990, p.153.

발전을 촉진시켰다니!"35) 이것은 인간이 옳다고 생각한 윤리 도덕적 가치가 제도를 변혁시키고 이끈 행동 추진의 중요 사례이다.

사상이 제도를 결정함에 있어서 도덕적 신념과 가치는 法이 지닌 강제성보다 오히려 서설이 더 날카로울 수 있다. 신유가인 정이천은 과부가 결혼해도 좋은가 하는 주위의 질문에 대해, "결혼해서는 안 된다. 만약 절개를 잃어버린 사람과 결혼한다면 자신도 절개를 잃어버리게 된다."라고 대답했다. 이유인즉, "굶어 죽는 것이 문제가 아니라 절개를 잃어버리는 것이 문제"라는 엄격한 유교 윤리의 존재론화 때문이다.36) 인간 사회는 "사람들이 저마다 나라에 충성하고 부모에게 효도하며 형제간에 우애 있게 지낸다면 질서가 잘 잡힐 것이라고 본 것은"37) 인간의 도리와 근본에 근거해서(윤리) 인간 질서를 바로잡고자 한 것이다. 물론 부정적인 측면이 없는 것은 아니나, 도덕 질서는 사실상 인간의 본성과 우주의 원리에 관한 심오한 탐구 결과 창출된 것이다. "종교는 인간 윤리 생활의 바람직한 모델을 지속적으로 제시하였고 또 모색하고 있다고 하는데",38) 그 전례가 바로 儒家의 성리학에서 비롯된 동양 전통 사회의 윤리 규범이다.39)

---

33) 서양 사학사, 이상신 저, 청사, 1984, p.764.
34) "캘빈주의자들을 비롯한 청교도들은 현세 속에서 사회적 노동을 할 때 神의 영광을 위하여라는 지향을 갖고 있다. 이것이 노동의 신성함을 긍정하고, 이는 돈벌기를 긍정하는 방향으로 발전하였다. 다시 말해 神의 이름으로 부자의 죄의식을 벗어나게 되었고, 정반대로 부자가 되는 것이 神의 영광을 재현하는 것이 되었다."-동양철학은 물질문명의 대안인가, 앞의 책, p.182.
35) 역사철학 강의 2, 헤겔 저, 김종호 편자, 1983, 삼성출판사, p.260.
36) 유교윤리의 인도주의, 최형식 저, 한울, 2000, p.158.
37) 세계역사 1000년, 허순봉(글구성), 한민(만화), 능인, 1998, p.14.
38) 종교와 인간, 서광선 저, 이화여자대학교 출판부, 1995, p.48.
39) "성리학은 기본적으로 인간의 불평등을 인정하고, 관혼상제에서의 엄격한 규범, 남녀차별을 규정하는 등 인간의 감정적인 면에 소홀하고, 형식 윤리를 지나치게 강조하는 등 문제점은 있었으나(문화사, 나종일 외 2인 저, 한국방송통신대학,

또한 "막스 베버는 동양의 충효 윤리를 지배층의 통치 윤리인 수직적 규범으로 해석하였는데",40)41) 동양 사회를 이천 년 이상 지배한 것은 어떤 절대 왕조에 의해 통치되었기 때문이 아니다. "天子의 독재력에 도덕적 근거를 주고 이것을 합리화하는 데 커다란 역할을 한 儒家 때문이다."42) 儒家는 춘추 말에 생존했던 孔子(B.C. 551~B.C. 479)로부터 시작되었지만, 그는 결코 귀족적인 신분이 아니었다. 그러나 그가 제시한 현실 구제의 원리는 붕괴해가는 西周 질서의 회복에 있었으며, 그 방법은 正名이었다. 孔子는 조상 숭배를 기초로 한 전통적인 친족 윤리(孝悌)로부터 정치, 사회의 규범을 도출하려고 하였다. 법률과 형벌에 의한 통치를 반대하고 周 봉건 사회의 약속 규범인 禮의 재확립을 주장하는 등, 尊尊·親親의 원리를 매개로 한 신분질서를 강조하였다.43) 그리고 이 같은 질서를 뒷받침하기 위해 내세운 것이 다름 아닌 三綱五倫이다. 나라를 다스리는 통치자들은 너 나 할 것 없이 "三綱五倫을 적극적으로 고취하였을 뿐만 아니라",44) "영원불변한 윤리 규범과 최고의 정치 준칙으로 삼았다."45)46) "三綱과 五常을 합하여 綱常이라고도 하는데, 五常은 仁·義·禮·智·信이다. 五常

　　1991, p.127)", 질서 창출 면에서는 전혀 근거가 없는 것만은 아니었다.

40) 불교에서 본 인생과 세계, 불교신문사 편자, 홍법원, 1988, p.84.

41) "참다운 군주는 오로지 자신이 도덕적 모범을 보임으로써 백성을 지배하는 군주다." - 그림으로 읽는 철학사, 페터 쿤츠만·프란츠-페터 부카르트·프란츠 비트만 저, 홍기수·이정숙 역, 예경, 2000, p.23.

42) 중국사상사, 森三樹三朗 저, 임병덕 역, 온누리, 1990, p.140.

43) 개관 동양사, 동양사학회 편, 지식산업사, 1987, p.38.

44) 한국철학사상사, 주홍성·이홍순·주칠성 저, 김문용·이홍용 역, 예문서원, 1993, p.216.

45) 중국철학개론, 이강수 외 3인 공저, 한국방송통신대학, 1987, p.116.

46) 삼강: 임금과 신하, 어버이와 자식, 남편과 아내 사이에 마땅히 지켜야 할 도리. 오륜: 사람이 지켜야 할 다섯 가지의 도리 - 父子有親, 君臣有義, 夫婦有別, 長幼有序, 朋友有信.

은 다섯 가지 영원불변한 도덕규범으로서 각 개인들이 지켜야 할 덕목이었고, 三綱은 사회의 질서를 유지하는 기강이었다. 전통 사회에서는 綱常의 문란을 곧 사회질서의 붕괴로 간주하였다. 혈통을 중시하는 종법 사회에서는 당연한 생각이라고 할 수 있다. "47)48) 三綱五倫을 더욱 신성화하고 영구화하는 데 심혈을 바쳤다. "三綱은 天에서 나왔고"49) "五倫은 하늘이 내린 질서이며, 또한 사람이 되는 까닭(이색)"50)이다. 특히 신유가에서는 "임금과 신하가 있기 이전에 이미 임금과 신하의 理가 있고, 부모와 자식이 있기 전에 이미 부모와 자식의 理가 먼저 있다."51)라고 하여, 봉건 질서의 유지를 위한 이론을 더욱 강화하였다. "이 같은 논리 이론은 결국 현실 속에서 진행되고 있는 신분적 차별을 필연적이고 합리적인 것으로서 정당화하는 작업과 연결되었고, 후세인들에 의해 더욱 고차원적인 논리의 개발로 신분적 차별을 합리화했다 ."52)는 비판도 있다. 흔히 "孔子의 도덕은 봉건 질서 유지의 방법 이었고",53) "맹자의 性善說은 봉건 윤리 학설과 정치 학설의 이론적 토대이자 근거를 제공하였다."54) "그리고 송·명리학은 理氣論을 통하여 봉건 지배자의 필요에 부응할 수 있는 이론을 완벽하게 하여 약 천 년을 더 지배적 위치를 차지할 수 있었다."55)56)고 보

---

47) 위의 책, p.116.
48) 五常＝五倫, 혹은 仁·義·禮·智·信, 혹은 아버지는 의리로, 어머니는 자애로, 형은 우애로, 아우는 공경으로, 자식은 효도로, 각각 대하여야 할 마땅한 길.
49) 위의 책, p.116.
50) 소선철학 연구, 편집부 엮음, 광주, 1988, p.55.
51) 주자어류, 권 95 - 유교윤리와 인도주의, 앞의 책, p.134.
52) 위의 책, p.134.
53) 세계사상 대계(사상의 여명), 박종홍 감수자 외 2인, 신태양사, 1968, p.48.
54) 중국철학과 인성의 문제, 방립천 저, 박경환 역, 예문서원, 1998, p.39.
55) 천인관계론, 풍우 서, 김삼수 역, 신지서원, 1993, p.256.
56) "理가 지니는 고도의 추상적 성격은 현실 속에서 집권 통치 계급의 견해에 반하

는데, 이 같은 비판적 관점은 과연 어디에 근거한 것인가?[57] 현재 자유와 평등과 인권을 구가하는 민주주의 제도와 자본주의에 비견한 것이라면 그렇게 본 관점 자체에 비판의 여지가 있다. 進化論이나 계몽사상에 의할 것 같으면 현 인류 사회는 분명 봉건 질서보다 나은 진보 상태에 있는 것으로 착각하기 쉬운데, 도덕 면에서는 더 퇴보되고 지배력을 상실하였다면 어떻게 할 것인가? 중세 봉건 사회는 그나마 天과 神에 대해 관계를 유지하고 지향하고자 한 노력이 사회를 유지시킨 질서였는데, 지금은 오히려 단절된 상태가 아닌가? 봉건 사회든 현대 사회든 질서 체제가 완벽하지 못한 것이라면, 우리는 도덕 면에서 보다 완벽한 이상을 추구할 수 있는 길을 찾아야 한다.

그리고 보면 현대를 이끈 도덕 질서는 도리어 버려야 할 부분이 많고 봉건 사회를 이끈 도덕 질서 속에서는 되찾아야 할 것이 많다. 忠孝 가치나 三綱五倫이 봉건 사회의 주축인 계급적 질서를 유지하기 위한 통치자의 지배 이데올로기로서 제공되었다 하더라도, 필요 요구에 의해서 운용이 그렇게 된 것일 뿐, 인간 삶의 관계와 사회에서 충효나 綱常의 도리가 저버려질 수는 없는 것이다. 세월이 흐르고 시대가 바뀌었다고 해서 고유한 진리성이 지워지는 것은 아니다. 근본은 변함없고 세워진 인간 도리는 영원하다. 그런데도 사회 구조가 바뀌고 다른 세계 질서가 이입되었다고 해서 옛

는 것을 정치적이 아닌 도덕적으로 매장할 수 있는 여지를 남겨 줌으로써 중세 전제정부의 유지에 강력한 이론적 무기가 되어 주었던 것.”-관념철학과 신유학의 기본적 문제점들, Gregor Paul 저, 현대중국연구 창간호, 1992, p.132.

57) “각 시대의 지배적인 관념은 언제나 지배계급의 관념이었다(마르크스와 엥겔스). 한 사회를 지배하는 관념은 지배계급이 자신의 이익과 통치질서를 정당화하기 위하여 만들어 낸 것이라는 유명한 구절임.”-칼 마르크스의 사상, 데이비드 맥렐런 저, 신오현 역, 민음사, 1982, p.91.

선현들이 신명을 바쳐 일구고 지켜 내었던 도덕 질서와 규범들이 내팽개쳐져 버린 지금, 세계는 정말 綱常의 윤리 질서가 무너진 말세를 맞이하였다. 어디서부턴가 잘못된 것을 알고 근본 된 질서를 되찾을 수 있어야 하는데, 그것이 옛 봉건 질서로의 복귀를 의미하는 것일 수는 없다. 하지만 세월이 지나더라도 변할 수 없는 것이 있는데, 인류가 예로부터 근원으로부터 취했던 도덕 질서가 그것이다. 현 세태의 타락 원인은 이 항구적인 도덕 질서의 진리성을 저버리고 이탈된 데 있다. 다시 그 가치를 재인식하고 회복해야 하는데, 그것이 바로 근원을 향한 天과의 관계성이다. 인간이 근본과 天을 지향한 것은 때와 장소를 불문하고 동서양 어디서도 발견되는 보편적인 인간 행위였다.58) 특히 儒家에서 표방한 禮的 질서는 法이 아니면서도 사회를 이끄는 지배력을 발휘하였으며, 원동력은 天과의 관계 유지에서 오는 것이었다. 禮의 본질을 되살릴 수 있다면 이것이 곧 미래의 인류 사회를 이끌 새로운 도덕 질서가 되리라.

하지만 禮的 질서가 다시 보편화되기 위해서는 반드시 선결되어야 할 조건이 있다. 고래로부터 "禮는 神에게 드리는 의식이 원초적인 의미라고 할 정도로"59) 神과 밀접하게 연계되었다. 우리는 아무에게니 절하지는 않듯, 인류가 나양한 형태로 神에 대해 의식을 바친 것은 神의 절대 권위와 근원성과 은혜 입음을 인정해서이다. 그런데 오늘날 이 같은 질서가 사라진 원인은 무엇인가? 神은 죽어 비렸고 더 이상 존재하시 않는다는 無神論과 唯物論의 확산

---

58) "기독교, 유태교, 회교, 시크교, 힌두교 등의 예배 형식은 다양하지만 예배의 대상은 근본적으로 같다." – 종교다원주의에 대한 복음주의적 비판과 대안 연구, 권동진 서, 숭실대학교 기독교대학원 조직신학전공 석사학위논문, 2001, p.25.
59) 선비문화, 2004년 봄 창간호, 남명학연구원, 2004, p.45

때문이다. 神이 존재하지 않고 인간과 아무 연관이 없는데 神에게 바칠 무슨 의식이 필요하겠는가? 하지만 진실은 어떠한가? 죽었다고 생각한 神이 이 땅에 강림하여 계시다면 인류가 神에게 바쳤던 禮的 의식은 되살아나야 한다. 하나님이 존재하시는 한 하나님을 향한 예배 형식은 반드시 문화화, 제도화되어야 한다. 하나님이 살아 계시는 한 인류가 禮를 바쳐야 하는 것은 필연적이다. 그런데도 서구의 근대 사상은 神을 버리고 인간이 인간 자체만으로 자연을 대상으로 한 도덕 질서를 창출한 결과, 일구어진 禮的 질서가 사장되어 버렸다. 이 연구에서는 동양의 儒家가 세운 禮的 질서를 통해 강림한 하나님과의 관계를 새롭게 조성시키고자 한다.

유교는 분명 홀로 독자적인 인간만의 문명 체제가 아니다. 인간을 자연의 天이란 제삼의 도덕적 질서 원천에 귀속시킴으로써 기독교가 神의 존재를 전제했던 것과 동일한 도덕 질서를 창출했다. 인간은 다양한 인간을 귀속시킬 차원 본질성을 지니지 못했지만, 儒家와 기독교가 신앙한 天과 神은 그렇지 않다. "天은 人・物 대립의 통합자요 人・物 양계의 질서를 생성하는 자이다."60) 이것은 결코 전제되거나 가정된 사실이 아니다. 단지 神의 본체가 생성을 완료하지 못해 전모를 드러내지 못한 것일 뿐, 본체를 드러내기 위한 섭리 역사는 끊임이 없었다. 그것이 인류 사회에서 禮라는 행위 의식과 본질 구축 과정을 통하여 부분적으로 표출되었다. 하나님이 천지를 창조하신 한에서 인간의 행위 가운데 神과 天에 대한 공경 의식과 예배 형식은 어디에나 있었다. 그것이 禮로 통칭된다. 禮는 문명화한 인간 사회 내에서 人과 天(神)과의 관계성을 유지하고 회복하기 위해 전체로 공인된 공통적 목적의식 시스템이다. 따라서

---

60) 세계사상 대계(사상의 여명), 앞의 책, p.53.

인류가 禮的 질서를 다시 회복한다는 것은 人과 神을 일치시키는 사회 통합 실현의 관건 역할을 하는 것이다. 따라서 인류가 공동으로 추구하고 지향해야 할 목적 가치와 근본을 禮的 질서로서 창출해야 한다.

『춘추』에서 "禮는 하늘의 법칙이고 땅의 규범이며 백성들이 행하는 것이니, 천지의 법칙을 백성들이 본받는 것이다."[61]라고 했다. 하나님이 모든 것을 주셨는데 인간이 하나님을 기려 공경하지 않고 몸과 마음과 뜻과 영혼과 生을 바치지 않으면 어떻게 되겠는가? 禮는 神을 향한 이 같은 은혜 기름 일체가 포함되어 있다. 그래서 "禮는 성인이 이루어 놓은 法이고 천지의 德"[62]이라고 할 정도로 禮를 지키면 인간의 도리를 지키는 것인 동시에 天德도 쌓게 된다. "禮란 반드시 하늘에 근본 하는 것"[63]이라고 함에 있어서 禮는 바로 하늘과 직통한다. 그것이 제물을 바침으로서건, 의식이란 절차를 통해서건, 헌신과 믿음 바침을 통해서건, 하나님은 다 아신다. "고대 중국에서는 인간의 길흉화복을 주관하는 神에 대한 숭배가 지극하여 神을 숭상하고 제사를 성대히 하는 일정한 의식, 곧 절차가 禮의 시단이었다."[64] "제기에 제물을 담아서 神에게 올리는 敬心의 표현이 禮라는 것이다."[65][66] 禮의 시단이 시사하듯, 禮는 고대로부터 神을 향한 인간의 일체 행위 절차를 뜻했다. 더 나아가서는 "모든 나라에서 모든 사람으로 하여금 몸과 마음을 가

---

61) 춘추, 소공 6 - 잠재, 합현찬 저, 성균관대학교 출판부, 2003, p.168
62) 위의 책, p.169.
63) 예기, 예운년 - 위의 책, p.168.
64) 유교의 이해, 정진일 저, 형설출판사, 1997, p.에 사상.
65) 유학원론, 성균관대학교 유학과 교재편찬위원회, 성균관대학교 출판부, 1995, p.145.
66) "禮의 본의는 神을 섬겨서 복을 구한다는 의미를 지님." - 공자 사상의 발견, 윤사정 외 저, 민음사, 1992, p.109.

다듬어 하늘을 예배하는 거룩한 힘이다."67)68) 神에 대하여 인간이 지켜야 할 도리가 확산된 것이 禮的 질서라, "禮가 인간 행위의 전반에 확대되고, 또 제사와 정치가 분리됨으로써 神에 대한 의례와 세속 의례도 분리되었다. 그리고 세속 의례는 다시 정치와 윤리 방면으로 분화되어, 통치 계급 간에 지켜야 할 준칙과 사람들 사이에 지켜야 할 도덕적 준칙의 의미로 발전하였다."69)

禮는 인간이 神을 근간으로 하여 사람의 내면적인 도리나 덕성을 완성시키는 최종적인 德이라고나 할까?70) 그것은 인간만으로서는 결코 성립될 수 없는 天人 간 커뮤니케이션의 총화 질서이다. 禮야말로 人性과 天性을 동시에 완성하고 교감, 연결, 合一케 할 인류가 개척한 가장 이상적인 문화 형식이었다. 이 같은 禮의 기준과 본질 기준만 확고하다면 예나 지금이나 미래에 있어서도 인류가 창출하고 달성해야 할 행위 목표와 가치는 확고해진다. 孔子는 "자기를 극복하고 禮에 돌아간다(克己復禮)."71)라고 했는데, 이것은 인간이 본향을 향한 生의 헌신과 귀의 시스템이 禮라는 것을 직시한 것이다. 인간은 神을 향한 도리를 지키고 경건성을 다했을 때 가장 인간다울 수 있고 "동물적인 욕구나 부도덕한 격정에 더 이상 좌우되지 않는다."72) 禮로 돌아간다는 것은 근본에로의 지향을 의미한다. 天에로 나아가기 위해서는 그냥은 안 된다. 인간적인 준비와 격식을 갖추어야 하는데, 그러기 위해서는 인간된 욕망을

---

67) 동양윤리사상, 김길환 저, 일지사, 1985, p.63.
68) 인류는 역사상 수많은 신전을 건립했고 거대한 신전을 거룩하게 장엄하는 데 총력을 쏟음.
69) 유교의 이해, 앞의 책, p.예 사상.
70) 장재 기철학의 천인합일적 인성론 연구, 앞의 논문, p.150.
71) "子曰, 克己復禮爲仁." - 논어, 안연편.
72) 공자의 철학, N. 핑가레트 저, 송영배 역, 서광사, 1993, p.122.

214

극복해야 하는 것이 기본 조건이다.

"禮는 옛날 주천자와 제후들, 제후와 제후, 그리고 제후와 경대부 등 귀족들이 그들의 지위에 따라 지켜야 할 규범이었다고 하는데",[73] 그것은 禮의 본질이 아니고 변형이다. 人이 天에 바친 행위 의식을 인간의 상하 계급 간에 적용한 질서 의식이다. 우리는 항상 禮의 본질에 근거해서 새로운 규범 질서를 창출할 수 있어야 한다. "孔子도 仁을 실천하기 위해서는 禮라는 형식을 갖추어야 한다고 역설했을 정도로",[74][75] "禮는 天에 근본하여 天을 향하여 인간이 실천해야 할 인륜을 정한 것이었다. 하늘을 경배하고 하늘에 순종하며 인간의 행복을 누리도록 하는 제천의 禮는 敬天愛人한 윤리의 기틀이다."[76] 인간 본성의 바탕인 仁도 알고 보면 人이 天을 향한 공경과 순종 의식의 발원일 수 있다. 그래서 유교 사회에서는 "禮를 治國의 大本으로 삼았다."[77] "인간에게 있어서 禮가 없다면 야수와 다를 바가 없고 인간 사회는 존재할 수 없게 되리라"[78]고 본 우려도 여기에 있다. 하늘을 모르고 근본을 모르는 자에게서 인간으로서 기대할 것은 아무것도 없다. 禮는 人의 행위 지표이다. "성인이 일어나 禮를 만들고 사람을 가르쳐서 사람으로 하여금 禮를 가지게 하여, 스스로 금수와 다르다는 것을 알게 했다."[79] 天을 향했던 관계가 "인간과 인간 간의 관계를 생동적으로

---

73) 공자 사상의 발견, 앞의 책, p.21.
74) 중학교 도덕 1, 교육부, 2001, p.222.
75) 위의 책, p.182.
"인간 본성의 직접 표현은 禮에 의하여 억제되어야만 仁의 원리를 고수할 수 있다." - 세계사상 대계(사상의 여명), 앞의 책, p.86.
76) 동양윤리사상, 앞의 책, p.11.
77) 예기, 앞의 책, p.9.
78) 세계사상 대계(사상의 여명), 앞의 책, p.86.
79) 예기, 앞의 책, p.23.

살려 내기 위한 인간 고유의 형식으로 정착되었다."[80] 禮는 기독교처럼 神을 향한 일방적인 의식 형태가 아니다. 神을 근간으로 하여, 神을 통합적으로 모신 상태에서의 인간관계에 관한 질서의 창출이 禮이다. 이런 연유로 "禮는 인간 사회의 질서를 바로잡는 기본법이 되는 것이며, 인간으로서 마땅히 걸어야 할 제반 규범으로서 제시되었다."[81] "마땅히 지켜야 할 법도의 근본이자 사회의 기강이므로 학문인들 禮를 실천하는 것을 최종 목표로 두지 않았겠는가?"[82] 근본이 법도가 된 것이고 형식이 된 것인데도 禮의 근본과 법도가 오늘날 지켜지고 있는가? 근본과 법도를 이탈한 현대 문명이 가야 할 곳은? 인류의 타락 원인이 天을 향한 근본과 법도를 잃어버린 데 있을진대, 禮의 본질을 다시 회복하고 새로운 질서를 창출해야 하는 것은 필연적이다.

만약 이 땅에 진정한 지상천국이 건설된다고 할진대, 그 나라가 "타율적인 교도"[83]와 강제성을 띤 법률에 의해 다스려질 수는 없다. 法이 없어도 통치되는, 곧 도덕적인 힘으로 다스려지고 禮로 질서가 잡히는 나라가 되어야 할 것이다. 法治를 초극한 禮治가 지상천국 건설의 입지 조건이다. 인류 문화가 天과 禮를 지향해야 하는 이유이다. 세찬 바람이 아닌 온화한 태양이 나그네의 두꺼운 옷을 벗겨 내었듯, 인류는 스스로의 자각에 의해 하늘의 질서를 따르는 禮의 부활을 기대해야 하리라.

---

80) 공자의 철학, 앞의 책, p.29.
81) 원불교 사상 논고, 김홍철 저, 원광대학교 출판국, 1980, p.100.
82) 유교의 이해, 앞의 책, p.189.
83) 불교철학의 이해를 위하여, 불교신문사 편, 대학문화사, 1984, p.209.

4. 도덕이 이룰 이상 세계

"사회를 규율하는 강도를 보면 法은 도덕만 못하고 도덕은 종교
만 못하다. 물리적 강제보다 양심적 명령이 더 엄숙하고 양심적
명령보다는 종교적 신념이 더 강력하다."[84] 그런데도 "근대 계몽
주의 사조의 가장 큰 특징 가운데 하나는 종교 비판이었다. 대부
분의 계몽주의자들이 종교를 구시대의 유물, 혹은 비이성적인 허
구로 배척했던 것은",[85] "자연종교일수록 주술적 종교(呪術宗敎)
의 성격이 강하게 지배하고 있기 때문이리라. 하지만 문명종교화
되어 갈수록 주술적 요소는 배제되고 대신에 윤리와 인간 도덕 면
이 강조되었다."[86] 칸트가 한편으로 종교를 비판하면서도 다른 한
편으로 끝까지 종교를 놓지 않은 이유이다. "인간 역사의 최고 희
망은 역시 종교적 가치들과 종교적 제도들과 결부되는 것이다."[87]
종교가 아무리 비이성적인 주술적 요소로 가득 차 있다 하나 종교
가 주술로만 지탱되고 있는 것은 아니다. 윤리 도덕적인 뼈대를
구축하고 있고, 원래 도덕은 종교에서 발생했다. 배척할 것이 아니
고 보완, 개선해서 가치 있는 부분을 부각시켜야 할 것이다. 이에
도덕의 역할이 중요해진다. "현존재의 의미가 일반적으로 끝나는
마지막 정점은 종교적 신념보다는 윤리적인 잣대 기준이 인간을
평가하는 척도로서 더 객관적이다."[88] 종교적 신념에는 독단이 가
져오는 전횡이 있을 수 있으므로 제 행위는 도덕적 관점에서 결산

---

84) 법철학 개론, 이항녕 지, 박영사, 1992, p.268.
85) 칸트철학에서의 악의 문제, 문성준 저, 서강대학교대학원 철학과 석사학위논문,
   2004, p.58.
86) 종교는 무엇인가, 최광열 저, 학우사, 1980, p.31.
87) 칸트철학에서의 악의 문제, 앞의 논문, p.58.
88) 도덕의 기초에 관하여, 아르투르 쇼펜하우어 저, 김미영 역, 책세상, 2004, p.228.

되어야 한다. 도덕은 다양한 측면에서 평가 기준 역할을 담당한다. 孔子는 "인간이 전인적으로 세련되지 못하였더라도 철저한 도덕의 식을 가지고만 있다면 성인이라 일컬을 수 있을 것"[89]이라 하였고, "맹자는 君子란 仁·義·禮·智의 도덕적 품성을 人性의 내용으로 한다고 여겼다."[90] "인간성이 궁극적으로는 도덕성에 기반을 두고 있다고 생각한 칸트는 도덕 교육을 강조함으로써 그 시대가 지녔던 문제를 해결하려고 노력했다. 우리는 문화와 문명의 시대에 살고 있다. 그러나 아직 도덕의 시대에는 살고 있지 못하다고 자신의 시대를 진단했다."[91]

이것은 孔子의 제자 子貢이 孔子에게 정치는 어떻게 하는 것이냐고 물었을 때, 믿음을 제일 중요시한 것과 일맥상통한다. 믿음은 백성과 나라가 존립하느냐 못하느냐를 좌우하는 정신과 도덕의 응집력이기 때문에 식량이나 군비보다 더 중요하다.[92] 정치에 있어서 도덕적 신뢰를 중요시한 것이나 문화의 향상 정도를 윤리에 둔 것이나 평가 기준은 같다. "윤리의 향상 없이는 문화의 향상도 있을 수 없다. 고상한 윤리 도덕이 실천되고 그것이 최고의 가치로 평가되어야 고급문화가 이루어진다. 서로 믿고 이해하고 도와 가면서 화목하게 살 수 있는 평화로운 사회",[93] 그것이 인류가 바라는 도덕적 사회이다. 도덕은 인류 문화를 업그레이드시킬 수 있는 핵심 요소이다. "인류의 발전 과정에서 도덕적 차원이 善을 향하고 있지 못하다면, 진보란 사실상 허구이다(칸트)."[94] 문화란 좋은 옷과 좋

---

89) 유학원론, 성균관대학교 유학과 교재편찬위원회, 성균관대학교 출판부, 1995, p.181.
90) 중국철학과 인성의 문제, 앞의 책, p.33.
91) 인성론, 인성교육교재편찬위원회 저, 박이정, 2002, p.머리말.
92) 동양윤리사상, 앞의 책, p.47.
93) 유교의 이해, 앞의 책, p.224.

은 음식과 좋은 집이 전부가 아니다. 학문과 과학의 발달도, 문화, 예술, 제도도 전부가 아니다. 도덕이 문제이다. "도덕이 경화－硬化되면 사회가 경화된다."95) 도덕적 진리가 빛을 잃으면 인간 사회의 많은 문제가 혼란에 빠진다. "인간복제, 안락사, 사형제도, 동성애, 테러리즘……, 수많은 도덕적 문제에 대하여 인간에게 도덕성이란 과연 존재하는 것인가에 대해 회의에 빠지게 한다."96) "도덕이 극도로 타락하면 나라도 스스로 멸망한다."97) 강성했던 로마제국은 로마 시민들이 도덕적으로 타락한 내부 요인으로 인하여 멸망하고 말았다. 성경을 보면 하나님은 늘 인류의 타락을 경고하셨으며, 인류가 저지른 온갖 도덕성의 타락으로 말미암아 인류의 멸망을 예고하셨다. 도덕은 구원과 심판을 좌우하는 기준 잣대이자 핵심 요소이다.98) 그래서 도덕은 인류가 역사상 어떤 경우에 처하여 있어도 끊임없는 관심의 대상이었다.99) "사회가 있는 곳에 인간이 있고 인간이 있는 곳에 반드시 도덕(윤리)이 있다."100)

"도덕은 心天의 日月이다."101) 인간은 왜 도덕적인 존재여야 하는가? 인간이 하나의 도덕적 존재라는 사실은102) 벗어날 수 없다. 도덕성은 生의 근본 추이라, 어디에서나 누구라도 예외가 없는 行

---

94) 칸트철학에서의 악의 문제, 앞의 논문, p.21.
95) 동양윤리사상, 앞의 책, p.195.
96) 도덕 형이상학을 위한 기초 놓기, 칸트 저, 이원봉 역, 책세상, p.표지 글.
97) 도덕 헌서, 이병효 저, 도디신체복국민운동본부 출판국, 1996, p.1
98) 도덕성이 참되어야 우리는 하나님으로부터 의롭다 함을 입을 것이므로 도덕성은 우리가 하나님께로 나아갈 의의 기반이다.
99) "철학이라는 것의 기원과 목표는 결국 윤리학에 귀착한다고 할 수 있다." – 서양윤리사상사, 최재희 저, 서울대학교 출판부, 1981, p.14.
100) 현대 한국의 윤리 문제, 유수구 저, 소누무, p.2.
101) 인도 정신, 한성규 저, 명문당, 1983, p.94.
102) 징재 기칠희의 친인협일적 인성론 연구, 앞의 논문, p.64.

의 지침이고 규제력이며 正道 기준이다. 인류의 도덕적 이상, 도덕의 심원한 근원에 대하여……. 인간의 최고 목표는 最高善, 즉 도덕의 절대적 善을 달성하는 데 있다.[103] 절대적 最高善의 달성 상태란? 인류 전체가 끝내 도덕성을 회복한 상태이고 온전하게 된 그것이 지상천국 건설의 모토이다. "앞으로 전개될 21세기의 새 역사와 새 질서의 전개는 과연 어떤 모습으로 이루어질까? 정신 원리가 뒷받침된 도덕, 윤리 문화의 구축이다."[104] 종교, 사상, 이데올로기, 제도는 오히려 세상을 분파시키고 분쟁을 일으킨 원인을 제공했지만, 도덕·윤리는 세계를 하나로 묶을 수 있는 공통분모이다. 인류는 오직 인간다운 인륜 사회를 건설할 수 있을 때 만인의 자아를 평화적으로 실현할 수 있다.[105] "인간 사회가 국가 간이나 민족 간이나 종교 간이나 개개인 간에서 생존 운명을 동일시하면, 국가 간에서는 국경을 초월하게 되고 민족 간에서는 민족 감정을 초월하며 종교 간에서는 교리를 초월해 상신상애 - 相信相愛하는 복지낙원이 될 것이다."[106] 인류 사회에 어떻게 경쟁, 대립, 전쟁, 정복이 있겠는가? 없는 이것이 도덕이 이룰 이상 세계이다. 오직 도덕만이 종교적 배타와 제 민족의 역사와 사상의 대립 이데올로기 벽을 넘어설 수 있다. 그런데 현대의 세계 질서가 정면으로 배치되고 있다면? 근원을 바르게 찾아 나서 "무질서한 도덕 윤리를 바로 세우는 것이 문제 중에서도 시급하고 반드시 해결해야 할 당면 과제이다."[107] 이것은 개인, 사회, 국가, 인류를 막론하고 선택의 여지가 없다. 누구라도 도덕성에 대한 의무감은 피할

---

103) 가치론의 문제와 역사, 이대희 엮음, 정림사, 2001, p.122.
104) 도덕 전서, 앞의 책, p.315.
105) 법철학 개론, 앞의 책, p.197.
106) 인간 윤도, 앞의 책, p.102.
107) 현대 한국의 윤리 문제, 앞의 소논문, p.2.

수 없다.

道는 얻는 것이고 德은 세우는 것인데 지금은 말세이다. 이 시대는 인간이 일생을 그냥 살기만 하면 되는 것이 아니라, 세계영혼의 일대 애통이 예상되는 시대이다. 인류는 道를 잃어버린 지오래되었고, 德은 삶의 본성 추구 목표로부터 멀어져 버렸다. 道를 세워야 하는 것이 무엇보다도 절실한 과제이다. 德을 세우지못하면 인류가 바란 이상 세계는 도래할 수 없다. 道와 德을 세우는 것은 지상천국 건설의 기본 조건이다. 세계는 결코 외부의 혁명으로부터는 종말적인 본성 타락 상황을 타개할 수 없다. 있다면일시적인 방편 현상일 뿐……. 인류 사회는 눈에 보이지 않는 도덕적 질서에 의해 천국 백성이 양성된다. 도덕은 내부로부터의 자각과 개혁을 유발하는 실천력을 가지고 인류를 구원할 보다 보편적이고 합리적이고 원리적이고 근본적인 질서를 창출해 神國 건설의 모토 역할을 다해야 한다. 타락한 인류의 본성을 회복할 일체의 구원 에너지와 가치가 하나님의 창조 본성에 기초한 인간의 도덕적 본성으로부터 창출되어야 한다.

제7장

가치의 통합

1. 가치 통합의 방법론

현대 사회가 해결해야 할 중요한 문제 요인을 한 가지 지적하라
면 가치관의 혼란 상태가 우선순위에 들리라. 현대 사회가 도덕적
으로 도탄에 빠진 것은 여러 가지 원인이 있겠지만, 여러 가치관
이 혼선을 빚고 있는 것이 중요 원인이다. 옛날에는 하나만을 진
리로서 인정한 단일한 가치 체제에서 삶을 영위한 것이 문제가 되
었는데, 지금은 거꾸로 여러 가치관이 비교되는 가운데서 살고 있
다는 것이 문제이다. "현대 문화는 통일적인 세계관이 없고 각종
의 가치 질서가 서로 다투어 끝없는 싸움을 하고 있다."1) 왜 이
같은 지경에 이르렀는가를 따진다면 인류 문명의 근본 뿌리까지
파헤쳐야 한다. 가치관이 단일 체제에 있을 때는 그 가치의 진위
성을 판단해서 진리성을 인정하여 추종하면 되었다. 하지만 다문
화 가치 체제에 깊숙이 접어든 오늘날은 여기저기서 자신들이 구
축한 신념의 체제만을 진리성으로 내세우게 되어 가치판단의 아노
미 현상에 빠졌다. 만약 어린아이에게 엄마와 아빠 중에서 누구를
더 좋아하는가를 결정하라고 한다면 아이는 어떻게 하겠는가? 이

---

1) 역사철학, 최재희 저, 청림사, 1975, p.117.

물음은 아무리 소견이 좁은 아이라도 물음이 가진 구조 자체가 무리한 판단을 요구하고 있다는 것을 직감하게 한다. 물론 논리적으로는 두 가지 긍정적인 답이 동시에 성립될 수 없는 모순이라는 것이 있지만, 어린아이가 엄마도 좋고 아빠도 좋다고 하는 대답은 두 요소를 동시에 긍정했어도 결코 모순에 저촉되지 않는다. 그런데 현대 사회는 어떤가? 제반 가치 요소들에 대해 반드시 하나만을 선택하도록 강요하고 있고, 진리를 근간으로 한 각각의 문화체제들도 한 가지만을 선택하도록 구조화했다. 아이에게는 분명 엄마 아빠가 다 소중하듯, 인류 문명이 혼란된 분열 체제를 극복하기 위해서는 인류가 지금까지 양산한 진리 가치들이 빠짐없이 소중할 수도 있다. 그런데도 우리는 지금 아무리 훌륭한 가치들이 존재하고 있어도 그중에서 하나만을 선택해야 한다는 유일 구조 상황을 벗어나지 못하고 있다. 문화적인 여건상 제 가치 체제들이 뒤섞이다 보니까 도리어 위기의식을 느껴 본격적인 경쟁 상태에 돌입하여 버렸다고나 할까? 더욱 이론적인 무장을 강화하여 철옹성을 구축하였다. 서로가 배수진을 치고 있으니까 선택을 해야 하는 자들도 선택을 결정함과 동시에 나머지 가치 체제들은 버려야 한다. 그리해야 그들만의 가치 나라에서 보편적으로 약속된 은혜를 입을 수 있다고 생각한다. 지금 서구인들이 세계에 확산시킨 문명 체제가 그렇다. 그들은 그들이 옳다고 생각한 종교 신앙과 가치관으로 "개인의 자유와 물질적이고 육체적인 향락을 추구하면서 관념론적인 철학과, 내세지향적인 기독교의 타산적 합리주의와, 독선적이고 배타적인 이념을 따라 과학기술을 발전시켜 자연을 정복하고 다른 민족과 다른 나라를 침략, 지배하면서 살아왔다."[2]

---

2) 유교의 이해, 정진일 지, 형설출판사, 1997, p.227.

문제가 무엇이냐 하면 자신들의 신념 체제를 무력적, 문화적 정복 행위를 통해 이식시키고 파급시키려고만 했을 뿐, 이해하고 융화하려고 한 노력이 없었다는 데 있다. 자신들의 것만을 내세워 우위성을 확증 짓고, 가치관의 통합을 위해 노력한 흔적이 하나도 없다. 그들이 남긴 역사적 발자취는 문화적 정복은 있을지언정 문화적 통합은 없었다.

우리는 "서학이란 이름하에 기독교와 서양 학문이 들어왔을 때 그 정체를 제대로 확인할 수 없었다. 입으로는 사랑과 인권, 자유와 평등을 말하였지만 그 눈빛은 제국주의적 탐욕으로 물들어 있었고, 그 몸은 번득이는 신식 총칼로 무장되어 있었으니 어찌 알 수가 있었겠는가?"3) 그들은 자유를 외쳤지만 우리에게도 자유를 안겨 주었던가? 그들만 더 많은 자유를 누리기 위한 탐욕이었고, 평등 아닌 억압과 더없는 고통으로 선량한 약소민족들을 상처 입혔다. 그들은 결코 인류를 하나 되게 할 통합 가치를 완비해서 다가온 것이 아니었다. 있는 것을 쓸어 버리고 자신의 것들로 채우려 한 역사이다. 이런 전철을 밟아 건립된 현대 문명이 가치관의 대혼란 상태에 빠지게 될 것은 자명한 결과이다. 상대성을 벗어날 수 없는 가치관이 독주한 독선 결과이다. 전쟁과 테러와 살상이 끊임없이 일어나고 윤리 도덕이 무너져 인류가 위기에 봉착하게 된 것이다.

孔子는 당시에 "사회의 혼란을 제거하여 화목하고 인정이 넘치는 평화로운 사회를 만들기 위해서는 누구나 수긍하고 따를 수 있는 보편타당한 禮, 곧 윤리를 수립하는 것이 중요하다고 생각했는데",4) 오늘날 이 같은 역할을 어느 문명에 속한 멤버들이 수행하

---

3) 동양을 위하여 동양을 넘어서, 홍원식 외 저, 예문서원, 2000, p.76.

였던가? 적어도 이 같은 역할이 제대로 실행되기 위해서는 일차적으로 인류의 제 문화적 가치들이 수렴되어야 했고, 그 가운데서 보편타당한 이치성을 가진 가치 요소들이 추출되어야 했다. 종교적 가치들은 물론이고 학문, 과학, 철학, 이데올로기적 요소들이 총망라되어야 한다. 제 가치를 융합한 다음, 그 가운데서 공통된 통합 가치 요소를 추출할 수 있어야 하는데, 이 같은 가치 통합의 방법론을 인류의 지성들은 미처 인지하지 못하였다. 통일은 한 체제로의 획일화 지향이고 혼합은 각자가 지닌 특성을 유지한 상태에서의 뒤섞음 상태라면, 통합은 개별적인 여러 요소들이 서로 간에 연결된 소통 경로를 터 동질적인 일체를 이룬 상태이다. 그렇게 해서 통합된 결과인 합은 하나가 모여서 이룬 십이란 수치와는 다르다. 작대기가 한 개일 때는 잘 부러지지만 열 개면 부러뜨릴 수 없는 것과도 다르다.

인류의 가치관이 통합되면 문명의 차원이 달라진다. 한두 가지의 문명적 요소를 재료로 하여 외줄기 가치관을 뽑아낼 때와는 차원적으로 질을 달리한다. 가치관의 통합 작업은 인류 전체가 단선으로만 치달은 막다른 골목길에서 헤어날 수 있는 최대의 해결 과제인 동시에, 해결하지 못했을 때는 직격탄을 맞게 될 온갖 위기의 온상이기도 하나. "현대인은 후기 산업사회의 아노미 현상과 인간 소외 의식의 늪에 빠져 올바른 가치가 무엇인가를 물을 겨를조차 없으며 사회적 진화론, 프로이트 사상, 기계적 기능주의, 행동주의와 깊은 唯物論 등이 사람나움의 고유한 본실을 전면적으로 부인하거나 방각하고 있다. 그래서 대부분의 현대인들은 냉소주의와 허무주의의 망령에 사로잡혀 성실함을 상실하고 참된 가치를

---

4) 유교의 이해, 앞의 책, p.187.

모르고 그날그날을 생각 없이 살아가고 있다."5) 선택의 여지를 없게 한 단선적인 가치관과 독선이 인류를 막다른 길로 내몰았고, 가치관을 통합할 길을 가로막은 악순환을 일으켰다. 그런데도 동양은 아직도 당근이 병행된 서양의 문물제도와 가치의 본색을 제대로 파악하지 못하고 있다. 동양은 어디까지나 天과의 관계를 조성한 문화였고 대우주의 본질과 하나되고 만물과 일체를 이루고자 한 통합 지향의 문화를 가졌는데, 서양은 神과의 관계를 끊어 버린 단선 문화이고 인간만을 최상위에 두어 자연을 정복하고자 한 강성 독선 문화이다. 그런데도 우리는 서양 문화에 현혹되어 "서양적 가치관들과 문물들이 물 붓듯 쏟아지는 현실 속에서 철저하게 파괴되어 버린 문화의 정체성에 대한 문제는 너무나 심각하다. 대부분 자신의 전통문화에 대해 무지할 뿐더러 주체적인 자긍심 또한 내동댕이쳐 버린 지 오래이다. 퇴계나 율곡의 사상이 존 로크나 임마누엘 칸트의 철학보다 더 생소하게 들린다."6)

인류를 총체적인 종말 상황으로부터 구출할 가치관의 통합 작업은 한두 사람의 사상적 착안이나 사명의 자각만으로 이루어질 수 없다. 사상과 사명을 발양시킬 수 있는 민족문화와 역사적 배경이 깔려 있어야 한다. 한민족은 일찍이 치열한 도덕적 신념과 철학을 가진 선현들을 배출한 위대한 민족이다. 이 민족이 도덕적으로 고귀한 가치를 자각하고 인류애적인 자부심을 회복할진대, 자체적으로는 민족의 도덕성이 선양될 뿐더러, 나아가서는 인류의 도덕 문명을 선도할 수 있으리라. 통합 가치관의 창출은 사실상의 後天 세계 질서를 결정지을 것인 만큼, 인류 문명과 선현들의 지혜가 총망라되어야 할 것이다.

---

5) 가치론, J. 헤센 저, 진교훈 역, 서광사, 1992, p.4.
6) 동서철학의 교섭과 동서양 사유방식의 차이, 송영배 저, 논형, 2004, p.9.

2. 가치 통합의 본질

天으로부터 부여받은 인간 본성은 生의 가치를 인식함으로서 만 개되고 가치를 추구함으로서 완성되며 온갖 가치를 극복함으로서 승화된다. 가치는 뭇 인생과 세계관을 완성시키는 소이이다. 확고한 인생관과 세계관과 더불어 인간은 가치관을 정립해야 인생과 진리와 역사를 완성할 수 있다. "인간은 운명적으로 정신(사상)적 동물이고 가치를 추구하는 동물인 이상, 제 가치관에 의해 삶과 역사와 문화가 결정되는 세계관적 동물이다. 그런만큼 올바른 가 치관은 올바른 세계관의 설정 위에서 세워져야 하는데, 가치관이 없는 세계관은 불구의 세계관이"[7] 되고 만다. 가치는 인간 본성과 깊숙이 관련되어 있을 뿐 아니라 세계의 본질과도 사실상 뿌리를 함께 한다. 그래서 가치는 한 인간의 인생 삶을 평가하는 척도로 작용하고 문명의 형태를 결정짓는 관건이다. 한 인간과 문화 집단 은 무엇을 추구하고 어떤 가치를 진리로서 인식하였는가에 따라 문명의 색깔이 달라진다. 가치관의 본질이 어떻게 규정되는가에 따라 문명의 형태가 좌우되는 만큼, 인류의 문명이 선도되기 위해 서는 가치의 제 작용 본질 하나하나가 명확하게 밝혀져야 한다.[8]

그중에서도 가치는 인생과 우주의 본질과 관련하여 통합 작용이 있다는 것을 체계 짓는 것이 관건이다. 대우주 원리는 인간 본성 에 내재된 가치 작용을 통해 첨예화된다. 이것을 우리는 진리로서

---

7) 가치론의 문제와 역사, 이내의 엮음, 정림사, 2001, p.12.
8) 인간의 생각은 그 사람의 삶의 형태를 설정하며, 도덕성과 가치관이 결핍된 인간 의 생애란 참으로 인간답지 못한 본능적 허무를 수놓지 않을 수 없다. 그것은 바 로 욕된 삶이요, 하늘과 땅 아래 고개를 들 수 없는 죄 된 삶이니, 우리가 인간 으로 태어난 이상은 자신에게 주어진 인간적 도리와 義를 확립하고, 세상을 유익 하게 할 수 있는 가치관의 정립이 선행되어야 한다.

포착할 수 있어야 한다. 본성 가운데 내재된 본질의 진리적 작용이 가치를 통해 표면화된다. 만물을 구성한 근본과 진리가 하나라고 할진대, 그것은 곧바로 가치관의 통합 성과를 통해 확인할 수 있다. 통합 작업을 거치지 못하면 제 가치는 언제라도 독자적이다. 왜 세상의 가치가 상대적으로 선택되고 판단되는 것인가? 그것은 하나인 가치의 통합 뿌리를 발견하지 못해서이다. 하나인 근원 뿌리를 보지 못하니까 제 가치가 제각각 독자적인 자리를 차지하여 대립과 분열과 절대적 아성을 구축하려 든다. 그러므로 가치관의 통합 관건은 가치의 뿌리가 각자 가진 것이 아니라 하나인 뿌리 근원이라는 것을 찾아서 제시하는 것이 중요하다. 가치든 존재든 진리든 원래 바탕된 근원은 하나이다. 그런데 어떻게 하여 삼라만상 제 진리 가치가 만개하였는가? 하나가 만으로 창조된 결과 생성하고 분열되어서이다. 분열된 가치가 통합될 수 있는 원리도 여기에 있다. 근본이 하나가 아니라면 통합을 위한 시도는 불가능하다. 하지만 제 가치가 아무리 천차만별로 색깔을 달리하고 있더라도 하나인 근본으로부터 분열된 것인 한 통합은 가능하다. 다만 분열이 생성을 완료한 때가 당도해야 하는데, 그것이 곧 先天 이래로 제 가치가 분열을 극하여 혼란상을 가중하고 있는 지금이다. 동서의 제 가치가 접점을 이루어 상대성이 최고도에 달한 이때, 인류는 창조의 문을 열어젖히고 상대성의 극점을 통합할 수 있는 절호의 순간을 맞이하였다. 그것이 곧 가치 통합의 작용 원리이고 본질이며 동서 가치의 조화와 극복 모색이다.

그렇다면 가치는 도대체 무엇인가? "가치는 바람직한 것에 대한 하나의 인지요 정서적인 느낌의 결집이며 어떤 행동을 이끄는 중개 변인이다."9) 인지, 정서, 행동이란 3요소가 동시에 작동하여 인생 삶을 영적으로 고차원화시킨다. 참된 가치는 뭇 인생 본질을 고귀하게 승격시킨다. 인간은 인간이라서 가치 있는 것이 아니라 어떤 가치관을 가졌는가에 의해 존재된 가치성 여부가 판가름된다. "가치는 삶의 표준으로서 인생의 모든 선택과 결정의 준거로서 작용한다."[10] 인생 자체의 삶을 결정할 뿐더러 그렇게 해서 갈무리 될 삶의 평가까지도 결정하는 요소이다. 그래서 가치론적인 관점에서 본다면 한 인생이 무엇을 이루었고 어떻게 살았는가보다는 무엇을 위해 살았는가 하는 것이 더 중요한 평가 요소로 작용한다. 그들은 과연 무엇을 위해 삶을 영위하였는가? 삶의 궁극적인 목적 성취가 가치에 의해 좌우된다. 한 인간이 헛된 가치에 매달렸다면 인생은 허무할 것이고, 참된 가치를 일구었다면 알찬 결실을 거두는 것이 인생 원리이다. 인류가 추구한 문명 본질도 마찬가지일진대, 만약 현재의 인류가 추구하는 가치 본색이 그릇된 결과를 가져다줄 것이 분명할진대, 가치관의 대대적인 목적 전환 작업에 돌입해야 한다. 예를 들면 지식을 배우고 자연을 정복하는 데 둔 앎의 목적을 삶과 영혼의 궁극적인 가치성을 자각하고 구원하는 데로 전도시킬 수 있어야 한다.

근대의 서구인들은 우주와 인생을 더 이상의 재기를 허용하지 않는 단명성과 우연성에 의한 존재의 무의미성으로 일관한 결과,[11] 가치적인 측면에서도 일회성과 단명성을 벗어나지 못한 문제점을 남겼다. 가치는 본래 보다 항구적인 궁극성과 영원성을 추구하고자 하는 것이 본질인데, 이 같은 근본 성향을 단절시켜 버렸다. 그러니까 수많은 영혼들이 인생 경쟁에서 낙오되어 고통당하고 있다.

<hr />

9) 가치탐구 교육론, 남궁달자 저, 철학과 현실사, 1994, p.16.
10) 위의 책, p.128.
11) 이도저으로 ▦과이 관계를 단절시켜 버림.

하지만 본성에 바탕을 두고 있는 가치는 그렇지 않다. 가치가 본질에 뿌리를 두고 있는 한 시공의 분열 한계를 넘어서 영원할 수 있는 속성을 지닌다. 가치관이 통합 작용을 일으키는 원동 요인도 여기에 있다. 이것을 인류는 알아야 한다. 왜 예수는 죽음 이후의 연장선상에 있는 천국에서의 복락과 지옥에서의 심판을 거론하였는가?

> "누구든지 사람들 앞에서 나를 안다고 하면 인자도 하나님의 천사들 앞에서 그를 안다고 하겠다. 그러나 ……."12)

그 이유를 인류는 가치의 영원한 본질적 작용 요인을 통해 이해할 수 있어야 한다. 인생은 생멸의 법칙을 벗어날 수 없지만 그를 통해 일군 가치는 영원한 본질적 요인으로서 승화된다는 사실을 알아야 한다. 하지만 이 연구에서 제시할 수 있는 것은 일체의 가치 통합 작용을 통한 영원성의 획득과 보장 가능성이며, 진리성의 확인은 만인이 직접 부여한 인생 과정을 통해서 가치를 추구해야 한다. 가치를 탐구하고 수용해서 극복할 동기를 부여해야 한다.

인간이 삶을 영위한다는 것은 가치를 추구한다는 말과 같다. "인간은 운명적으로 가치를 추구할 수밖에 없는 고상한 존재로서",13) "사람만이 가치 추구의 삶을 산다. 인간다운 삶, 의미 있는 삶, 보람된 삶, 행복한 삶은 가치의 발견과 실현 속에서 비로소 가능하다."14) 그런데도 이 같은 삶의 유형이 정형화되어 있지 못한 이유는 무엇인가? 그것은 분명 가치를 추구하는 삶이 어떤 본질의 변

---

12) 누가복음, 12장 8~9절.
13) 가치론의 문제와 역사, 앞의 책, p.머리말.
14) 가치탐구 교육론, 앞의 책, p.130.

화를 일으킬 것인지에 대한 작용 원리가 구체화되어 있지 못해서이다. 가치 있는 삶이 중요한 것이라면 그런 만큼 가치를 끝까지 지킬 수 있어야 하는데, 모르니까 有耶無耶되고 만다. "가치 수호는 세상의 가장 순수한 의지체인 본질을 더럽히지 않는다는 것이고, 이것은 모든 정조와 도덕성의 파생과도 연관이 있다."[15] 가치가 의지 본질과 연관되는 순간이다. 서양의 철인들은 가치가 순수한 정신과 사고에 의한 판단의 소산인 것으로 아는데, 가치는 어쩌면 의지가 추출한 결정적 소산물일 수 있다. 가치는 의지로 추구되고 지켜지고 극복되는 것이라, 의지와 떨어질 수 없다. 그 위에 명민한 가치의 판단 작용이 있다. 가치를 추구한 삶과 그렇지 못한 삶의 결과는 명확하다. 허무한 것이 인생이라고 하는 것은 흘려보내는 세월 속에서 아무런 가치도 일구어 놓지 않은 결과성이다. 자신의 과거와 현실이 밝은 미래를 설정하지 못한다고 하여 환경의 소용돌이 속에서 아무 목적 없이 살아간다는 것은 후회만 남기는 일. 그만큼 가치는 자기 인생을 진지하게 파고들게 하고 긍정적으로 받아들이게 하며 삶을 아름답게 한다. 가치는 추구함을 통해 주어지는 것이고 노력함을 통해 발견되는 것이다.

가치는 그것이 이루어지기까지의 일정한 시간과 병행되어야 한다. 즉 인생이란 추구 과정을 요한다. 그리하여 종국에 인생은 가더라도 그렇게 해서 추구한 가치가 남을 수 있다면 그것이 인생을 승화시키는 영생이다. 이를 위해서 인생 가치의 금자탑을 이룬 성현들은 고난과 희생을 받아들여 모든 세계에 대해 가치 구현의 길을 열었다. 가치는 수용, 추구, 일굼, 인식, 판단, 통합 작업 절차도 중요하지만, 종국에는 세계를 극복해야 가치로서 정착된다. 극

---

15) 세계통합론, 졸저, 다림, 1995, p.70.

복된 가치 속에 세계의 진정한 존재 의미가 드러난다. 가치는 사고력에 의한 판단력이기 이전에 의지와 연관되고 본질과 연관되며 결국은 대창조의 순수 본원에 직결된다. 가치는 창조가 아니면 존립할 수 없는 근원 요소이다.[16] 그만큼 가치는 근본에 기초해서만 창출이 가능하다.

인간이 가치를 인식한다는 것은 순수한 본성이 발로된 결과이다. 인간이 가치를 위해 산다는 것은 인간이 부여된 창조 본성에 기초하여 가장 正路 위에 머물고 있는 순간이다. 어떤 악조건에도 굴하지 않는 가장 위대한 영혼을 가진 상태이다. 人本이 바로 서야 참다운 세계적 가치를 밝혀 낼 수 있다. 가치는 어떤 대단한 노력을 기울여 인출하는 것이 아니다. 순수를 지키고 세계를 誠心으로 임했을 때이다. 마음의 참됨과 진실과 순정이 가치를 추구할 수 있는 자격이요 모든 가치를 부활시키고 惡을 물리칠 수 있는 능력이다. 세상의 아름다운 것, 가치 있는 것, 의로운 것을 품에 안을 수 있는 바탕이다. 인류를 약속의 나라, 목적의 나라, 영광의 나라로 이끌 수 있는 전조 기반이다.

---

16) 모든 세계의 바탕은 창조 안에 있다.

제8장

가치의 판단성

1. 가치판단의 원리성

　세상에는 천차만별인 삼라만상이 존재하는 만큼이나 천차만별인 가치가 존재한다. 만약 세상에 하나뿐인 꽃과 하나뿐인 색깔과 하나뿐인 인생만 존재한다고 한다면 어떻게 되겠는가? 생각할 필요도 없이 결코 그렇게 될 수 없는 다양성을 확인하게 될 것이다. 하나님은 헤아릴 수 없을 정도의 다양한 목적을 밑바탕으로 하여 천지 만상을 창조하셨다. 그러므로 일차적으로는 다양성을 거부하는 것이 가치에 있어서 제일 부적격한 판단 요소이다. 인류는 역사 이래 무진장한 창조 가치를 자양분으로 하여 다양한 문화를 꽃 피워 내었는데, 느닷없이 한 집단이나 이념이 가치를 일색 지으려 든다면 그것은 소중한 인류 문화를 말살하는 어리석음을 저지르는 것이다. 다양한 가치가 상존하고 있는 세계를 부정하거나 역리 – 逆理로서 생각해서는 안 된다. 인류 역사는 끊임없이 다양한 가치 세계를 창출해 온 만큼 오히려 다양한 가치가 만재된 이때를 대비해서 가치판단의 원리성을 파악해 놓았어야 했다. 그런데도 미비되었다면 혼란은 불 보듯 하다.

　"18세기 계몽주의와 19세기 산업 혁명 이전에는 세계의 각 지역이 고립되어 있었는데, 기술문명 시대가 도래함에 따라 교통 통신의 발달에 힘입어 전 세계가 단일체제로 묶이게 되었다. 아울러 각기 다양한 정보와 문화가 국가 간에 교류되기 시작하여 하나의 절대적인 이념, 사상, 체제, 문화가 무의미하게 되었다."[1] 다양화 현상을 대비하였더라면 이들을 통괄할 기준이 섰을 것인데, 구태의연한 상태에서 맞이하다 보니까 가치관의 본질 뿌리를 보지 못한 상대주의적 세계관이 발생했다. 자연히 가치가 지닌 진리력은 위약해져 버리고 권위를 상실당하였다. "상대주의 세계관 속에서는 절대성을 주장하는 어떤 이념이나 제도, 가치도 일단 의심을 받게 되고 신념을 지켜 내기가 힘겹게 된다."[2] 가치의 다양한 창출은 창조 세계에서의 당연한 현상인데도 이 같은 현상을 상대성으로 파악하였다는 것은, 애초부터 제대로 근본을 파악하지 못한 상태에서 가치판단의 획일화에 길들여진 때문이리라. 그러니까 "현대 사회의 다문화 현상과 대중화에 따른 가치의 다양성과 복잡성 때문에 현대인은 흔히 가치판단과 선택의 문제에 있어서 어려움에 직면하게 된다."[3] 가치의 꽃은 만발해 있는데 어느 꽃을 어떻게 선택해야 할지 판단이 안 선다. 참과 거짓, 흑백이 분명하다면 누가 고민하겠는가? 그러나 다 그만한 역사와 전통을 가지고 수많은 개인들이 신념으로 구축한 체제들에 대해서 너 나 할 것 없이 참된 진리성만을 내세우고 있고, 끝까지 절대성을 고수해 선택의 여지를 차단시켜 버린 데 있어서는 곤혹스러움을 금할 길 없다. 그만큼 자신감이 넘치기 때문에 절대 배수진을 치고 있는 것

1) 종교다원주의에 대한 복음주의적 비판과 대안 연구, 권동진 저, 숭실대학교기독교 대학원 조직신학전공 석사학위논문, 2001, p.8.
2) 위의 논문, p.8.
3) 도덕적 판단 능력 신장을 위한 도덕적 수업연구의 실제, 충남민주시민교육 연구회 편, 문인빙, 1993, p.104.

이겠지만, 제삼자의 입장에서 보면 그 같은 절대 논리 구조 위에서는 상대 가치들이 양립될 여지가 더 이상 없다. 무엇이라도 하나 외에는 모두 멸절되어야 한다.

이 같은 막다른 길의 조장은 분열 구조 위에 있는 先天 질서의 피할 수 없는 한계이다. 그래서 後天에서는 그 막다른 외길 구조를 벗어나기 위해 다양성 자체를 포괄할 수 있는 전혀 새로운 가치 통합 시스템을 마련해야 한다. 인류는 이미 다양한 문화 전통 속에서 다양한 가치를 창출해 놓은 상태인데, 인간의 인지가 미치지 못한 판단 자체의 한계 구조로 인하여 제 가치를 상대적인 대립 구조 속으로 몰아넣어서는 안 된다. 모두를 동시에 인정하고 고무할 길은 반드시 있다. 그렇게 하기 위해서는 제 가치를 관장할 수 있는 생성하는 세계 내에서의 정확한 판단 원리를 도출해 내는 것이 중요하다. 세상에 존재하고 있는 가치들은 나름대로 가치가 있는 것이고 변화된 시대의 요구에 의해 일구어졌다. "고대 그리스의 사상가들은 많은 가치 즉, 眞·善·美·행복 등을 논했고, 아리스토텔레스는 『윤리학』에서 다수의 德을 고려하도록 제시했다. 서양에서의 많은 가치는 성서적 배경을 가지는데 헤브루 예언자들의 가르침인 십계명, 예수의 가르침, 산상수훈 등이 특히 영향력이 있었다. 근대에 이르러서는 새로운 가치들, 즉 법의 규칙, 동의의 원칙, 자유, 안전, 건강, 사회복지 등이 추가되었다."4) 더군다나 지금은 각자 특색을 지닌 세계적인 종교 가치들과 동서의 문화 가치, 전통적인 관습들이 가세하고 있는 실정에서는 많은 것 중에서 하나만을 골라내는 선택적 판단 방식은 더 이상 유효할 수 없다. 일체를 포용할 수 있는 통합적 가치판단 방식이 원리적으로

---

4) 가치론의 문제와 역사, 이대희 엮음, 2001, p.74.

제시되어야 한다. 인류는 계절에 걸맞게 옷을 입듯, 필요가 있어 가치관들이 창출된 것인데 계절을 무시하듯, 지금은 따뜻하니까 봄의 옷만 남기고 나머지 옷들은 다 버려도 좋다고 한다면 어떻게 되겠는가? 있을 수 없는 일인데도 편협과 아집에 물든 전통적인 가치 체제들은 이 같은 억지 논리를 고집하고 있다. 통합적인 가치판단 원리에 입각하지 못해서이다. 서로 간에 대립과 반목으로 상대를 판단한다. 흔히 가치는 "감각적 가치와 정신적 가치로 대별되는데, 이들 가치를 다시 이기주의, 쾌락주의, 행복주의, 공리주의, 자연주의, 문화도덕, 완성도덕, 논리, 미학, 종교적 가치"5) 등으로 세분화시켰을 뿐, 누구도 이들을 통합할 본체 본질을 드러내려 한 노력을 기울이지 않은 것이다. 창조로 말미암은 생성 가치를 가닥 지은 先天의 분열 질서였다고나 할까? 따라서 가치도 이같은 분열 구조를 넘어서야만 대립을 넘어선 통합 가치를 창출할 수 있다.

그러면 先天에서는 도대체 어떤 한계성에 직면했기에 가치의 본질 뿌리를 보지 못한 것인가? 첫째 이유는 전체를 볼 수 없었다는 것이 원인이다. 통합성으로부터 생성된 본질이 분열을 다하지 못하다 보니까 판단의 부분적인 한계성을 벗어날 수 없었다. 마치 책을 다 읽지 못한 상태에서는 줄거리를 잇기 어렵고 일이 성사되어 가는 과정에서는 결과를 장담하기 어렵듯, 先天의 분열질서 안에서는 어떤 사상, 가치, 제도, 종교적 신앙, 진리, 天, 道, 神에 대한 개념도 과성성을 변하기 어렵다. 하물며 이들 자체를 존재 근거로 한 가지에 있어서랴? 여기서 절대성에 대한 주장 오류는 분명하게 판명 난다. 전체를 통괄하지 못한 본질의 구축은 궁극적

5) 가치론, J. 헤세 저, 진교훈 역, 서광사, 1992, p.187.

인 본질의 일면 속에 있다. 그렇게 해서 규정된 부분적인 본질은 참되나, 그렇다고 해서 그것이 전부는 아니다. 보다 함축되고 포괄되어야 할 영역이 있는데도 불구하고 가진 것만을 가지고 판단을 내린다면 그것은 진정한 참됨이 아니다. 부분적으로 참된 것은 참되더라도 참을 판단한 기준은 될 수 없다. 참됨은 전체성을 보유해야 한다. 先天에서는 어떤 경우라도 부분성을 면할 수 없는 것인데, 전체를 보지 못하니까 오히려 하나인 부분성을 전체성으로 과대하게 확대시키는 악순환을 거듭하였다. "唯物論者들은 오직 물질중심적인 세계 구조에만 존재와 가치의 실재성을 부여한 일군의 철학자들이다."6) 부분성을 전체성으로서 강조하다 보니까 일말의 진리성을 지녔으면서도 결과적으로는 더 큰 세계적인 문제를 야기했다. 절대 가치일 수 없는 가치가 절대 가치가 되어 낳은 전횡 결과이다.

그리고 가치는 아무리 객관적으로 판단한다 하더라도 세계가 생성하는 한 모든 판단은 세계 본질의 생성 조건에 따라 달라질 수 있다. 시대가 변한다는 것은 생성으로 인하여 세계적인 여건이 달라졌다는 것을 의미한다. 나 역시 어제는 웃었지만 오늘은 울 수도 있듯, 판단 역시 시대에 따라 구조가 다를 수 있다. 우리는 일률적으로 자유의 가치를 구가하고자 하지만 그것이 늘 그런 것은 아니다. 세계적인 조건에 따라 달라진다. 규율이 강조된 세계적 상태에서는 자유가 필요하지만 자유가 보편화된 세계에서는 규율이 필요하다. 흔히 세계의 본질적 구조 변화 상태를 동양에서는 一陰一陽하는 太極의 운동성으로서 설명하기도 하는데, 이 같은 변화 구조를 판단이 따라잡지 못하면 남들은 다 웃는 상황에서 자기는

---

6) 비교사상론 개관, 김태창 엮음, 충북대학교 출판부, 1987, p.355.

울게 되는 곤란한 상황에 맞닥뜨린다. 유교는 세상의 근본 바탕을 부모(조상)에게 두었고 기독교는 하나님에게 두었다. 그런데 부모에 대한 孝와 하나님에 대한 신앙은 절대 대립적인 가치 구조 선상에 있지 않다. 시대적인 여건과 전통적인 문화 구조 속에서 부모님과 하나님을 공경한 것일 뿐, 근원을 향한 가치 추구 본질은 결국 같다. 이런 관점에서 본다면 기독교나 불교, 유교 등 세계적인 고등 종교들은 하등의 가치 본질 면에서 충돌이 있을 수 없다. 나름대로 고유한 가치 추구 세계를 확보하고 있다. 세계가 조화된 통합을 이루는 데 있어서 다 필요 불가결한 요소 가치들이다. 그런데도 현실은 어떠한가? 세계의 생성적 변화에는 아랑곳없이 자신은 변하려 하지 않으면서 세상만 변하길 바라고 있다. 자신이 갖춘 구조 틀 안에 전체 세계를 억지로 끼워 맞추려 하고 있다. 여기서 온갖 무리와 악순환이 조장되었다.

"그리스도교 신앙은 예수 그리스도 안에 있는 하나님의 계시를 통하여, 우리에게 전달된 대로 전체로서의 삶의 의미를 찾으려는 총괄적, 신뢰적인 노력이다."[7] 그렇다면 근대에 과학이 태동할 당시, 기독교는 좀 더 포괄적인 세계의 생성적 변화 요구에 부응하여 과학의 세계사적 가치를 인정하고 하나님이 이루신 창조 세계 안에서 정당한 가치를 자리매김할 새로운 신학을 수립했어야 했다. 그런데 대립 구조를 벗어날 수 없었다는 것은 세계의 생성 변화에 부응하지 못한 것이다. 유태교 → 가톨릭 → 개신교 → 제 기독교적 종파들로 어쩔 수 없이 변하고 있으면서도 변하는 그것이 신앙의 순수성을 잃어버리는 것으로 생각하고 있는 바에는, 세상이 변한 끝자락에서도 변하지 않는 믿음을 고수한 그대로 종말을 맞이하리

---

7) 기독교 윤리학, G. 하크니스 저, 김계준 역, 기독교서회, 1970, p.301.

라. 판단의 아집과 어리석음이 여기에 있다. 우리는 집에 머물 때도 있고 바깥에 나가 있을 때도 있듯, 하나님은 하늘에 계실 때도 있고 아들과 함께 하실 때도 있지만, 장래에는 또 어떤 형태로 임하실지 모른다. 그런데 늘 아들에게만 머물러 있으리라고 생각한다면 어떻게 되겠는가? 인류가 저지른 판단의 오류가 바로 이것이다. 이것은 "어떤 이는 맥주를, 어떤 이는 과실주를 더 좋아하는 것과 같은 취향을 판단하는 문제와는 다르다."[8] 가치에 대한 판단 문제는 세계의 생성 변화와 함께 해야 정확성을 기할 수 있다.

한편 세계는 극성을 통해 본질을 이해할 때, 양극으로의 분화가 온갖 생성을 낳기도 한다. 극이 하나뿐인 一太極인 상태로서는 존재가 성립될 수 없어 창조와 더불어 본질이 양분화된 것인데, 이런 본질 특성 위에서 하나의 개념과 개체를 독립적으로 보게 된다면 가치를 판단한다는 것 자체가 불가능한 경우가 생긴다. 우리는 슬픔과 기쁨이 자칫 독자적인 감정의 뿌리를 가지고 있는 것으로 생각하기 쉽지만, 알고 보면 근원을 같이한 함수 관계에 있다. 그리하여 참으로 슬픔을 보지 못한 자는 기쁨도 볼 수 없다.[9] 순수한 의미에서 惡 속에서는 惡을 판단할 수 없다. 善이 배경에 깔려야 한다. 그래서 善을 모르면 惡을 모르고 악행을 저지르는 결과를 가져온다. 감기가 심하면 입맛을 잃어버려 음식 맛을 모르듯, 가치판단도 이와 같다. 역시 분화된 양 극면을 알아야 정확한 판단을 내릴 수 있는데, 한통속인 뿌리를 모르면 가치판단을 이율배반이란 대립구도 속에 놓아 버린다.[10] "주관과 객관, 개인과 사회,

---

8) 인간의 본질에 관한 7가지 이론, 레즐리 스티븐슨 저, 임철규 역, 종로서적, 1995, p.45.
9) 사랑의 언어는 침묵이다. 킬릴지브란 저, 김기태 역, 1990, p.68.
10) 善, 正義, 옳음을 위한 가치 설정은 惡, 불의, 나쁨의 깨달음 위에서 성립된다.

실천과 이론, 규범과 법칙, 당위와 존재, 정신과 물질, 문화와 자연, 자유와 필연, 특수와 보편, 부분과 전체"[11] 등, 어느 한 면으로서는 완전한 가치를 성립시키지 못한다. 어느 한 면만을 선택해서도 안 된다. 주관이 있기 때문에 객관이 있고, 보편으로 인해 특수가 있을 수 있다. 특정 진리가 선양되기 위해서는 대립된 가치 영역도 인정되어야 하는 것이 기본이다. 陽은 陽만으로 존립할 수 없다. 이면에는 항상 陰이 뒷받침되고 있다는 사실을 알아야 한다. 가치의 대립 구조를 극복할 수 있는 방안에 一陰一陽 하는 세계 원리적인 판단 근거가 있다.

우리가 아무리 가치를 바르게 판단하고 싶고 옳은 신념과 의지를 투여한 것을 가치라고 여겼어도 세계를 바탕 지은 본질 여건이 구조적으로 판단을 그릇되게 할 수 있다는 사실을 알고, 세계적 구조에 옳다고 생각한 판단 절차를 일치시킬 수 있도록 해야 한다. 그렇게 하기 위해서는 인간의 순수한 가치판단의 문제에 있어서 판단의 원리성을 인출해야 한다. 남이 화가 나 있는데도 불구하고 자신마저 화를 낸다면 그것은 기름에 불을 붙이는 꼴이다. 참으로 "너의 오른 뺨을 치면 왼편 뺨을 내놓아라."라고 한 예수의 후덕은 맞다. 판단은 자체적으로 사리분별이 분명해야 한다. 가치판단은 따지고 보면 원칙이 있고 현상의 진행성에 따른 원리가 있다는 것을 알 수 있다. 가치를 판단함에 있어서 우리는 과연 무엇을 올바른 가치라고 할 것인가? 아무리 붙들고 지키고 추구해도 의미를 찾을 수 없으니, 부가치한 것들을 가치가 있다고 생각할 수는 없다. 최소한 가치판단 원칙은 이런 것이다. "소크라테스에 의하면 무지란 아무것도 모른다는 뜻이 아니라 가장 중요한 것을 가

---

11) 법철학 개론, 이항녕 저, 박영사, 1992, p.254

장 소홀히 여기는, 말하자면 전혀 잘못된 신념과 판단을 이르는 말이었다."12) 가치성 자체를 판단하는 문제에 있어서도 객관적일 수 없는 절대 잘못이 있을 수 있다는 것이다. 인간은 분명 판단으로 존재하나 판단을 위해서는 합당한 근거를 찾을 수 있어야 하며, 판단 자체에도 엄밀한 경과가 있어 논리, 인식, 체계의 과정을 거친다. 그리고 가치의 판별을 위해서는 인식 자체의 타당성이라는 검증 절차도 필요하다.

그렇다면 우리는 "가치판단에 있어서 어떤 것이 좋은지 나쁜지, 혹은 옳은지 그른지, 혹은 바람직한지 바람직하지 않은 것인지를 어떻게 알 수 있는가?"13) 가치판단은 어떤 경우든 개인적인 신념과 주관이 개입될 수 있는데, 그렇더라도 옳음 여부는 원인에 대한 과정의 결과로서 가늠될 뿐이다. 투여된 가치는 엄밀한 시공의 경과 원칙을 따르며, 그렇게 해서 주어진 결과 여부에 따라 옳음의 여부가 판가름 난다. 그중에서도 어떤 가치 체제가 인간의 본성을 회복시키고 참담한 영혼들을 구원하여 영광된 삶으로 인도할 수 있다면 그보다 더한 판단의 실효성은 없다. 가치판단은 이처럼 투여된 가치 원인에 대해서 시공의 경과 결과에 근거해야 주관적인 판단 한계를 극복할 수 있다. 인간 중심적인 세계 내에서는 인간의 옳고 그름에 대한 正義와 가치성의 여부가 판가름이 안 된다. 너 나 할 것 없이 모두 옳다고 여기고 좋다고 생각하는 세상 가운데서 이를 판가름해 줄 자는 어디에도 없다. 형제간의 다툼에는 해결할 부모의 권위가 필요하듯, 가치판단은 세계 가운데서 세계 본질을 분열시킨 결과성에 근거한다. 판단이 사고와 인식에 의

---

12) 정의의 철학, 김태길 외 저, 대화출판사, 1977, p.193.
13) 윤리학의 기본 원리, 폴 테일러 저, 김영진 역, 서광사, 1985, p.자연주의.

존된 것인 한 더욱 그렇다. 가치판단의 절대 한계성은 세계 본질의 생성에 따른 분열성, 부분성, 인식성을 벗어날 수 없다는 데 있다. 하물며 가치판단이 인간의 이성에 의존된다고 할진대, 이성에 의한 가치의 판단 관점은 비판되어 마땅하다. 판단 자체는 판단의 기준이 아니다. 이것을 착각해서는 안 된다.

칸트는 "네 행위의 준칙이 항상 보편적인 입법의 원리로서 타당할 수 있도록 행위를 하라."14) 곧 최대한 이성 능력을 발휘해야 한다고 강조했지만, 인간의 본성에 근거를 둔 도덕적 가치들은 이성적인 판단에 준거될 것이 아니라 의지의 생성 경과를 면밀하게 살펴야 한다. "데카르트는 명석하고 판명한 생각을 진리의 기준으로 삼았지만",15) 생각 자체는 가치성을 결정지을 수 있는 物自體로서의 원리가 아니다. 수단은 목적성을 규정할 수 없다. 있다고 보면 唯物論과 觀念論의 대립처럼 물질과 의식 사이의 관계에 있어서 어느 쪽이 일차적이고 근원적인가 하는 논쟁에 휘말릴 뿐이다. 본질 자체가 아니라 분열에 근거한 사고 논리에 의하여 본질의 차원성이 한정되고 전도된 결과이다. 눈에 안경을 맞추어야 하는데 안경에 눈을 맞춘 격이다. 사고는 논리적인 분열 법칙을 따르지만 본질은 통합적이라, 가치는 본질에 생성 기반을 두고 있다. 가치가 논리적으로 판단되는 것은 선택의 문제에 한한 것이고, 가치판단이 논리, 분석, 개념, 이론적으로 판단된다면 그것은 공허한 결과만 낳는다. 인간의 가치판단은 생성되는 세계에 의해 구조적으로 결정되는 것이 분명한 것일진대, 판단은 생각의 소산이기 이전에 인간 본성의 통합성에 근거한 것이다. 가치적 판단은 부차적

---

14) 세계사상 내세(인간의 발견), 박종홍 감수자 외 2인, 신태양사, 1968, p.45.
15) 방법서설 · 성찰, 데카르트 저, 최명관 역, 서광사, 1987, p 171

인 것이고 가치는 오히려 인식의 문제, 그중에서도 직관이 더 주효하다. 하물며 감각이나 사고나 이성에 근거를 둔 가치판단은 결코 인간 본성을 생명의 세계로 인도할 수 없다. 궁극적으로는 본성이 이루는 바가 주어질 수 있는 세계가 최고도에 달한 행복 가치이다.

세계는 천차만별한데 제 가치 세계가 뿌리를 찾지 못하고 판단의 원리성마저 규명을 이루지 못한다면 어떻게 되겠는가? "정치는 본질적으로 서로 입장이 다른 사람들이 모여 입장이 다른 데서 나오는 의견의 차이와 이해의 대립을 토론과 대화를 통해서 조정하는 행위이듯",16) 가치도 그런 역할을 하는 판단의 통합 원리와 본질이 있어야 하지 않겠는가? "현대 사회가 제아무리 이질적인 가치를 내포하고 있다 하더라도 가치의 세계가 전혀 아무 구조도 근원도 없이 형성되어 있을 리 만무하다."17) 그것을 우리는 구분할 수 있어야 하는데, 그것이 다름 아닌 先天의 분열 본질과는 차원이 다른 창조의 통합 본체성이다. 천차만별인 가치는 오히려 천차만별인 가치의 분열적 판단성에 의해 영원히 천차만별화할 가능성이 크다. 그러므로 세계는 반드시 통합 논리, 통합 원리, 통합 본질에 의해서 판단의 논리성과 분열성과 부분성을 극복할 수 있도록 노력해야 한다.

---

16) 2000 신한국, 김영삼 저, 동광출판사, 1993, p.83.
17) 가치관과 교육, 정범모 저, 배영사, 1987, p.164.

2. 가치판단의 주관성

어떤 일을 추진할 때는 주관을 뚜렷하게 세워야 흔들림이 없다. "주관은 인식·행위·평가 등을 행하는 의식과 의지를 가진 주체이다."[18] 한편 우리는 어떤 대상을 바라볼 때 최대한 주관성을 배제하고 객관적이어야 할 조건을 내세우는데 이때의 주관은 개인적인 관점이나 견해가 된다. 그렇다면 우리가 가치를 판단함에 있어서는 어떤 관점을 취해야 할 것인가? 가치판단도 객관성을 취할 수 있는 것인가? 그것은 나 자신이 인식이나 행위의 대상이 아니라(객관) 주체자라는 사실을 벗어날 수 없는 것만큼이나 곤란한 일이다. 오히려 가치판단은 주관의 주체화 과정을 거쳐 결정되는 경향이 짙다. 가치는 인간이 지닌 사고의 산물인 한에서 주관의 산물이다. 가치판단은 주관성을 벗어날 수 없는 것이 본질이다. 일단은 주관성을 긍정한 바탕 위에서 가치판단의 주관성이 지닌 제반 문제점을 헤쳐 나가야 하므로 주관성의 극복 방향이 사물 대상처럼 객관성에 있지 않은 것만은 분명하다. 맹자는 사실과 가치를 엄밀하게 구분하여 "저 말이 희다는 사실성에 대한 판단의 근거는 대상 사물인 말에게 있지만, 저 어른이 어른으로서 존경해야 할 어른이라고 여기는 가치판단의 근거는 주체인 나에게 있다."[19]라고 했다. 이에 대해 朱子는, 그 어른이 누구라도 객관적으로 판단해서 존경할 어른으로서 인정되어서가 아니라 나 자신이 그분을 어른으로서 존경할 분이라고 판단한 마음에 의한 것이므로 義가 외적인 것이 될 수 없다는 사실을 명백히 했다.[20] 가치판단의 주

---

18) 새우리말 큰사전, 신기철·신용철 편저자, 1985, 삼성출판사, p.3049.
19) 유교사상의 본질과 현재성, 최영진 저, 성균관대학교 출판부, 2002, p.105.
20) 맹자집주, 주자.

관적 본질성을 인증한 말이다. "인간은 누구나 각자의 가치관과 주관적 의지를 갖고 행동하기 때문에 각인이 벌이는 행동의 종류 역시 각양각색으로 나타날 수 있고, 행동의 범위 역시 무한적으로 확대된다."21) 이런 상태에서는 인간이 무엇을 어떻게 해야 할지 가늠할 수 없는 무지 사태가 야기될 수 있기 때문에 누구나 준거해서 행동할 질서 모델(행동의 本이 되는 유형)을 제시할 수는 있을지라도(판단하게 함), 판단 절차 자체를 객관화할 수는 없다.

그렇다면 가치판단은 일단 외부적인 대상 속에서는 절대 기준 잣대를 찾을 수 없다. 나 자신이 지닌 일체의 것, 그러니까 내부적인 여건 가운데서 최대한 판단의 모순성을 걸러 내고 자체 객관성과 보편성을 확보하는 길을 찾아야 한다. 가치판단의 공인성에 개개인의 수양이 요구되는 이유가 여기에 있다. 판단이 주관성을 벗어날 수 없는 것인 한, "관습이야말로 만물의 왕이다(판다로스)."22)라고 한 말은 사실성이 있다. 어느 나라 사람도 자기 나라의 관습을 제일 훌륭한 것으로 생각하고 있다.23) 개인이든 집단이든 자기중심과 자기 집단 본위를 우선하고 기준으로 삼게 되는데, 이 것을 경계해야 한다. "모든 개인은 각자의 이익을 가장 많이 증진시키는 것을 해야 한다고 했을 때, 이 같은 입장을 보편적인 윤리적 이기주의라고 한다."24) 자신에게 관련된 이익이 가치판단의 척도가 된다면 사회는 어떻게 되겠는가? "노예제도 자체가 본질적으로 부도덕한 일이고 일반적으로 행해지던 1세기의 惡이라고 한다면 신약성경의 수준 높은 윤리는 추방을 명령했을 것이 틀림없다.

---

21) 공자 사상의 발견, 윤사정 외 저, 민음사, 1992, p.337.
22) 역사, 헤로도토스 저, 박광순 역, 범우사, 1988, p.222.
23) 위의 책, p.222.
24) 윤리학의 기본 원리, 앞의 책, p.54.

하지만 惡에 대해서 민감했던 사도들이 노예해방을 요구하지도 않고 공공연하게 비난도 하지 않았다는 사실은 아무리 온당하게 말한다 해도 기묘한 일이다."25)

그래서 "윤리학적 주관주의는 우리의 도덕적 견해들이 우리의 감정에 기초해 있으며, 그 이상의 아무것도 아니라고 하는 사상을 가졌다. 이 견해에 의하면 객관적인 옳음과 그름 같은 것은 존재하지 않는다."26) 설사 성경에 근거한 가치라 할지라도 집단적 이익에 배치되지 않은 영역에 대해서 등한시될 수 있고, 그들만의 고유한 관습의 산물일 수 있다. 아리스토텔레스는 "지혜란 이성과 학적 인식이며, 모든 원리를 파악하고 원리들로부터 연역하는 것으로서 최상의 것에 대하여 인식을 가지는 두뇌라고 말했다."27) 사고를 중요시한 서양 전통 내에서 지혜란 가치가 규정된 것이다. 서양은 사물의 현상 원리를 연역해 내는 사고의 인식 기능 내지 능력에 초점을 둔 반면, 불교에서 말한 반야란 지혜는 논리를 초월한 본체성을 직관하고 그렇게 해서 파악한 진리성을 말하기도 한다. 개인은 자신이 느끼는 직감을 통해서, 집단은 이익성의 여부를 통해서, 문화는 그들에게 고유한 전통 때문에 가장 합리적이고 최선을 다한 가치판단의 기준이라고 여길 수 있다. 그런데도 그들은 그 같은 판단이 주관성을 벗어날 수 없다는 것을 알기 때문에 가치를 실행함에 있어서는 믿음을 요구하였고, 신념을 다잡아야 하는 확신에 찬 용기가 필요했다. 도대체 "사람으로서 해서는 안 되는 일은 절대로 하지 않고, 사람으로서 꼭 해야 하는 도리는 기필고 해야 하는 것"28)이 철칙일진대, 그렇게 해서는 안 되는 일과

---

25) 성경과 기독교 윤리, 존 머리 저, 김남식 역, 엠마오, 1990, p.108.
26) 도덕철학, 제임스 레이첼즈 저, 김기순 역, 서광사, 1989, p.54.
27) 아리스토텔레스의 철학사상, W. 브뢰커 저, 김진 역, 법우사, 1987, p.47.

꼭 해야 하는 도리는 무엇인가? 누구에게 물어보아야 하는가? 결국은 부여된 실존 상황하에서 자신이 결정하고 판단해야 할 문제이다.

그러므로 우리는 어떤 가치를 판단함에 있어서 자신이 처한 실존적 여건이 절대적으로 영향을 끼친다는 사실을 알고, 이것을 주의하기를 게을리 하지 않아야 한다. 선한 정조의 형성이 그로 하여금 모든 판단을 善하게 하고 사물 자체를 善하게 한다면 그 반대도 가능하지 않겠는가? 적어도 나보다 못하는 것은 못한 것이요 나보다 잘하는 것은 잘한 것이라는 판단의 제일차적 과오만큼은 범하지 말아야 한다.29) 그래서 선현들은 가치판단에 있어서 신중을 기했고, 최대한 주어진 본질 성향을 심화시킨 연후에야 판단에 있어서 공유할 본질적 기준을 제시했다. 『명심보감』에서는 "착한 것을 보거든 목마를 때 물 본 듯이 하고, 惡한 것을 듣거든 귀머거리같이 하라"30)고 했는데, 이것은 善惡에 대한 가치 인식을 자기 몸의 본성 욕구에 견준 것이다. 子思는 孔子의 다음과 같은 말에 주목하였다.

> "내가 자식에 대해서 바라는 것처럼 어버이를 섬기는 일, 그것을 나는 아직 실행하지 못하였다. …… 내가 벗에게 바라는 것처럼 벗을 사랑하는 일, 그것을 나는 아직 실행하지 못했다."31)

孔子가 "己所不欲을 勿施於人 하라고 말한 것이라든지 예수가

---

28) 동양적 가치란 무엇인가(논어의 세계), 송복 저, 지식마당, 2004, p.83.
29) 자신을 가치 기준의 척도로 삼지 말라. 그렇지 않으면 자신이 현명한 만큼 자기보다 못한 모든 것은 진리에 대해 열등한 것으로 판단한다.
30) 명심보감, 계선편.
31) 중용, 13장.

무엇이든지 남에게 대접을 받고자 하는 대로 너희도 남을 대접하라(마태 7: 12)"[32]라고 강조한 것은, 천지 가운데 가치성을 판단할 절대 기준이 자신에게 있다는 것이다. 그것도 생각, 감정, 이성, 마음이 아니라 수양으로 고양된 본성 본질이 영원한 진리의 인식 근거요 가치판단의 기준이다. 천하 가운데서 자신의 본성 본질을 온전히 가늠했기 때문에 묵자는 "만약 온 천하가 모두 더불어 사랑하게 하여 남을 사랑하기를 그 자신을 사랑하듯 한다면 어찌 불효와 같은 짓을 하겠으며, 자애롭지 않을 수 있겠는가. ……남의 나라 보기를 자기 나라 보듯 한다면 누가 침략하겠는가."[33]라고 해, 가치판단의 어김없는 철칙 결과를 자신 있게 예측했다. 나를 근거로 해 기준을 둔 가치판단의 주관성은 벗어날 수 없는 본질적 상황이므로 우리는 우주의 중심에 있는 개개 존재의 본질성에 대해 책임감을 인식하고 보다 순수하고 경건하며 거룩한 본성을 구축하도록 노력해야 한다. 그리하면 뭇 가치성에 대한 판단은 비록 주관성을 벗어날 수 없다 하더라도 의지로서 주관된 가치판단에 따른 결과는 객관적인 절대 결과를 가질 수 있고, 만인은 이를 통해서 주관된 가치판단의 진리성 여부를 판가름할 수 있다. 가치판단이 본질의 선량함을 통해 주관성을 극복할 수 있는 길을 열리라.

3. 가치 판단의 상대성

분열하는 세계에서 상대할 것이 없는 절대란 사실상 불가능하

---

32) 노의와 노의교육, 이분태 저, 배영사, 1987, p.230.
33) 인성론, 인성교육교재편찬위원회 저, 박이정, 2002, p 43

다. 진리, 가치, 인간의 길흉화복이 모두 그러하다.34) 세계적 존재
와 현상들이 예외없이 상대적인 관계성을 통하여 존재하고 있다는
것은 당연한 것인데도 진리를 거스르는 것처럼 보이는 것은 절대
성을 지향한 先天에서의 진리 추구 집념이 너무 강했기 때문이리
라. 그것이 종교적 교권을 앞세운 문화 집단에서는 가능했을지 몰
라도 각 문명권의 교류가 활발해진 지금은 속속 밝혀져 가치관의
문화 상대성이 입증되기에 이르렀다. "서양의 문명사가들은 각기
다른 시대에 살았던 사람들의 신념이나 가치관이 많은 차이점을
나타내고 있다는 사실을 지적해 왔다. 이것은 모든 가치가 그것을
받아들이는 문화권에 따라 상대적이라는 주장을 뒷받침하는 경험
적 증거이다."35) "다른 사회들은 서로 다른 도덕적 규범을 가지고
있으므로 윤리학에서 보편적 진리는 없다."36)는 결론을 내릴 만도
하다. 그래서 "스펜서(영국)는 그의 진화론적 윤리설의 입장에서
가치 상대주의를 옹호하여 행복의 기준은 종족에 따라, 개인에 따
라, 그리고 동일한 개인에게 있어서도 그의 생애의 각 시기에 따
라 다르다고 단정하였다."37) 듀이 역시 전통적이고 종교적인 도덕
을 비판하면서 "윤리·도덕은 보다 합리적이며 세련된 모습을 지
닌 사회적 관습에 불과하다고 주장하였다. 윤리·도덕은 시대와
사회에 따라 다를 수도 있고 변화될 수도 있는 것이며, 선천적으
로 주어져 있는 절대적인 것이 아니라 인간의 생활 관습을 통해서
경험적으로 이룩된 상대적인 것이다."38) "善의 객관적인 기준은

---

34) 남사고의 마지막 예언, 박순용 저, 삼한, 1996, p.37.
35) "여러 다른 사회는 서로 다른 도덕적 가치를 가지고 있으며, 또 개인의 가치는
     그가 속하는 사회의 가치에 의존함." - 윤리학의 기본 원리, 앞의 책, pp.28 - 29.
36) "모든 시대 모든 사람에게 골고루 적용되는 어떠한 도덕적 진리도 존재하지 않
     는다." - 도덕철학, 앞의 책, p.35.
37) 가치론의 문제와 역사, 앞의 책, p.18.

존재하지 않는다. 善은 복합적이며 개인에 따라 상이하다."39)라고
본 개인주의적 도덕관이 그것이다.40)

그렇다면 인류가 애써 노력하였는데도 불구하고 "사회적 조건
형성에 의하여 도덕 판단이 좌우되는 관계로 가치판단에 있어서도
보편적 기준에 도달할 수 없는 것일진대",41) 향후 인류의 진로 향
배는 어떻게 되는 것인가? 가치판단의 상대성이 자칫 하나님의 최
종 심판 결의를 흐트러뜨리려고 한 惡의 연막술이기라도 한 것인
가? 그렇게 보기에는 상대적인 경험 근거들이 즐비하기만 하다. 하
지만 이 같은 상대성이 방치될진대 인류의 가치관 통합은 기대할
수 없다. 상대성이 두드러질수록 가치관의 혼란 상황은 정해진 공
식이다. 이것 역시 경험적으로 체감되고 있는 바이다. "한때 서구
사회는 성서에 근거한 전통적 가치관이 존재했으나 지금은 새로운
생활양식이 유행하고 있다. 각자 나름의 가치 기준을 가지고 자신
의 경우에 있어 무엇이 옳은가를 결정하는 상대적 가치관이 판을
치고 있다."42) 일찍이 프로타고라스(B.C. 480~B.C. 410)는 "인간
은 만물의 척도이다."라고 하였는데, 이것은 세상 가운데서 보편타
당한 지식이 없다는 말과 같다.43) 인간 정신의 해체 작업이 이 같
은 관점류로부터 시발되었다. "모든 사상은 상대화되고, 어디에서
도 절대적 중심을 찾을 수 없다."44)는 것은 정말 대책 없는 진리

---

38) 국민윤리, 유인철 편저, 고시학회, 1996, p.103.
39) 현대철학의 이해, 강대석 저, 한길사, 1991, p.359.
40) "도덕에는 어떤 객관적 진리도 없다. 옳고 그름은 단지 견해상의 문제로 문화에
   따라 서로 다른 것이다." - 도덕철학, 앞의 책, p.37.
41) 국민윤리, 앞의 책, p.103.
42) 윤리와 종교, 배서원 저, 경상대학교 출판부, 2005, p.173.
43) 세계사상 대계(사상의 여명), 앞의 책, p.25.
   "인간이 만물의 척도이다. 있는 것에 관해서는 있다고 하는 것의, 없는 것에 관
   해서는 없다고 하는 것의."
44) 데카르트의 철학과 사상, 이등언 저, 김무두 역, 문조사, 1994, p.21.

성에 대한 판단이다. 상대성의 극치 지점은 결국 종말이다. 이처럼 혼돈과 종말성을 가중시킨 주된 원인은 先天이 우주의 근원된 본체 뿌리를 드러내지 못해서이다. 동양 철인 중 특히 노자의 경우는 道라는 개념을 통하여 본체성을 드러내려고 하였지만, 만물과의 관계 설정이 너무 모호하여 실패했다.45)46)

우리는 가치의 절대성을 주장하면서 등장했던 先天의 종교들이 왜 지금에 이르러 상대성을 면하지 못한 것인지 원인을 알아야 하며, 상대성을 극복할 수 있는 절대 가치 기준을 현상 가치가 아닌 본체 본질 가운데서 모색할 수 있어야 한다. "소크라테스는 소피스트의 상대주의에 대항하여 윤리적 가치의 객관성을 도모했지만, 플라톤 이후 價値論은 形而上學의 심연 속으로 들어가 버리고 말았다."47) 역사상 노력을 시도하지 않은 것도 아닌데 상대성을 면하지 못했다는 것은 先天이 지닌 본질상의 한계이다. 문제는 이같은 상대성을 직시하지 못한 데 더 큰 문제가 있었다고 보는 것이 옳다. "종교는 인간의 삶에서 때로는 매우 적극적으로, 때로는 매우 소극적으로, 그리고 때로는 한 민족의 문화적 삶 자체로서, 때로는 특수한 지배 이데올로기로서 작용하며 영향을 주어왔던 것을 부인하지 못할 것이다."48) 그러니까 자신들이 믿은 진리 기반과 가치 신념이 상대적일 수 있다는 사실은 꿈에서도 상상할 수 없었으리라. "예수는 분명히 원수도 사랑하라고 가르쳤지만, 기독

---

45) 본체의 뿌리성을 노자는 보아도 보이지 않고, 만지려 해도 만져지지 않으며, 말하려 해도 표현할 수 없는 道라고 했다.
46) 세계는 생성하는 본질에 바탕을 두고 있어, 그 생성 주기를 대관하지 않고서는 어떤 분야에서건 판단에 있어 부분, 상대, 대립성을 면하기 어렵다.
47) 가치론, 앞의 책, p.6.
48) "종교는 인류가 역사를 형성하고부터 동반되어 온 인간의 원초성임." - 문화 종교학, 한숭홍 저, 장로회신학대학 출판부, 1987, p.33, 42.

교인은 적어도 기독교 신앙에 배치되는 대적만큼은 사랑할 수 없었다. 그들의 역사에 나타난 이단자에 대한 박해, 종교전쟁, 타민족에 대한 공격성, 정복욕 등이 웅변으로 증명하고 있다."[49]

상대적인 본질을 가진 세계 내에서 절대 가치성에 대한 의식은 오히려 세계성을 한정한다. "그리스도교 도덕은 이교도들과의 투쟁을 통해 기본 성격이 형성된 관계로 전체적으로 볼 때, 반동적 성격이 매우 강하다. 긍정적, 적극적이지 못하고 부정적, 소극적이다. 고귀함과 善을 활기차게 추구하기보다는 결백과 惡을 억제하는 데 초점을 맞춘다. 어떤 일을 하라는 것보다 해서는 안 된다는 말이 압도적으로 많다."[50] 가치의 절대 독단은 비판되어 마땅하다. 존 힉은 "기독교 밖에는 구원이 없다는 교리를 天動說에 비유하면서, 기녹교가 모든 종교의 중심이라는 이론은 신앙의 중심이 기독교나 다른 종교가 아니라 神이라는 이론에 의하여 대체되어야 한다고 말했다."[51] "모든 종교는 상대적이며 제각기의 진리 요소를 가지고 있으므로 기독교를 절대적으로 우월한 종교라고 말할 수 없다는 사실을 일깨웠다."[52] 사실 그대로 초기 기독교에서는 부자는 천국으로 인도하는 문인 바늘구멍에 들어갈 수 없다고 했지만,[53] 자본주의의 문을 연 프로테스탄트의 직업적 사명 의식에 의해 이 같은 가치관은 수정되었다. 보수적인 가톨릭은 권위에 대한 순종이 미덕인 반면 니체나 마르크스 등은 동일한 태도를 노예성이라 딱지를 붙였다. 아침부터 저녁까지 교회에서 울려 퍼지는 종소리를 들으면서 한평생을 지냈던 서구의 중세인들에 비해 오늘

49) 도의와 도의교육, 이문태 저, 배영사, 1987, p.47.
50) 자유론, 존 스튜어트 밀 저, 서병훈 역, 책세상, 2005, p.95.
51) 종교다원주의에 대한 복음주의적 비판과 대안 연구, 앞의 논문, p.24.
52) 위의 논문, p.2.
53) 국민윤리, 앞의 책, p.103.

날의 "청소년들은 아주 개방적이고 비성경적인 가치관을 갖고 살아가고 있다."[54] 특히 기독교는 "예수가 인간의 몸으로 성육 - 成肉한 하나님의 아들"[55]이라는 사실을 제일의 신앙 근거로 삼고 있지만, 이 같은 교리가 중국의 유교 사회에 받아들여졌을 때는 "교리상으로 처녀잉태나 독신주의가 유교 윤리에 위반된다는 것이 기독교 배척의 주된 이유였다."[56] "그리스도의 절대적 궁극성과 보편적인 규범성이"[57] 다른 문화권에서는 전혀 구조적으로 맞지 않게 된 상대적인 가치관의 대표적인 실례다. 반대로 "유교 사회에서는 아버지가 죽으면 자식은 육식과 음주를 끊고 삼년상 - 三年喪에 복하고, 설사 공무라 할지라도 중지해야 한다고 하였는데",[58] 다른 사회에서는 전혀 이 같은 가치 관습에 대한 착안조차 없다. 우리나라의 "서경덕은 삼강오륜 - 三綱五倫을 만고에 불변하는 진리라고 보았지만",[59] 그것은 한때 동양 사회에서 봉건적 신분 질서를 유지하기 위한 가치 인식에 불과했다.

왜 이 같은 결과가 초래되었는가 하면, 先天에서는 예외 없이 진리로서 인식된 즉시 절대 의식화의 길을 걸은 때문이다. 각 문화권이 지역적으로 고립되어 있어 영향을 미치는 한에서는 거의 지배권을 행사할 수 있었다. 교류가 어렵고 비교가 안 되다 보니 그 문화권에서 패권을 차지하면 더 이상 상대가 없다. 그러니까 진리성 여부를 판단할 어떤 보편적인 가치 기준이 정립되어야 할

---

54) 레마 7집, 총신대학교 11대 신학과 학생회 편, 1996, p.9.
55) 기독교 윤리학, G. 하크니스 저, 김재준 역, 기독교서회, 1970, p.67.
56) 문화사, 나종일 외 2인 저, 한국방송통신대학, 1991, p.271.
57) 종교다원주의에 대한 복음주의적 비판과 대안 연구, 앞의 논문, p.32.
58) 역사철학 강의, 헤겔 저, 김종호 역, 삼성출판사, 1983, p.215.
59) 한국철학사상사, 주홍성·이홍순·주칠성 저, 김문용·이홍용 역, 예문서원, 1993, p.215.

필요성을 느끼지 못했다. 예수의 말대로 "내가 곧 길이요 진리요 생명이며"[60] 자신이 믿는 신앙, 자신이 속한 문화가 제일인데, 다른 가치가 자리 잡을 여지를 남겼겠는가? 그래서 "그리스도를 믿지 않는 자는 모두가 그리스도의 적이요 이교도의 신앙은 모두가 우상숭배"[61]로서 단죄되었다. 아무 상대도 없이 단독 출마된 입후보자에 대해서는 선거가 필요 없듯, 진리 설정 상황이 단독이고 독단인 상태에서는 가치를 평가할 기준이 없다. 이 같은 절대적 독단이 세상에 온갖 상대성을 양산시킨 핵심 원인이다.

先天에서 가치가 상대화된 것은 뭇 가치성을 판단할 절대 기준이 없어서가 아니다. 각자가 자기 세계의 중심인 그것을 온 우주의 중심이라고 여기니까 정말 세계의 절대 중심점과는 거리가 멀어지고 말았다. 내가 내 방의 중심에 서 있다고 해서 세계의 중심에 서 있는 것은 아니다. 아니 자신이 가진 중심점이 동시에 세계의 중심점이면서 나아가서는 대우주의 중심점과 일치할 경우는 단한 번 있다. 그것을 우리는 절대자가 지닌 기준 중심점이라고 여긴다. 그런데 기독교는 이질적인 모두를 털어 버리고 이단자로 내몰았으니, 일방적으로 치우쳐 버린 이것이 기독교 신앙이 가치판단의 절대 기준이 될 수 없는 이유이다. 善과 믿음과 신앙자 외에 惡과 이단자와 불신자까지를 받아들여야 기기서 진정한 가치판단의 보편적인 기준이 설정될 수 있다. 플라톤이 절대 기준으로서 요청했던 "형상의 세계인 영원불멸의 이데아",[62] 곧 "초월적이고 객관적인 가치 기준은"[63] 성말 새싱 기순데시 새뭐시시시 볼시능

---

60) 요한복음, 14장 6절.
61) 포이에르바하의 인간학적 유물론의 형성 과정과 그 사상, 안현수 저, 서울대학교 대학원 철학과 서양철학전공, 1989, p.126.
62) 인산 본성에 관한 10가시 철학석 성찰, 로서 브리그 서, 최용철 익, 사작나무, 1996, p.170.

해서 못 세워진 것이 아니다. 방법은 있다. 단, 일체의 가치 권위가 무장해제 되어야 하고, 소정의 통합 절차를 거치면서 그 가운데서 절대 기준 중심점을 찾는 것이다. 그렇게 하지 못한 상태에서는 어떤 절대 가치 체제라도 분열하는 세계 위에서는 상대성을 면하기 어렵다. 뭇 지성들이 내세운 가치판단과 至善의 기준은 과연 신뢰할 만한 절대선인가?

천지 역사가 태동된 지가 언제인데 아직까지도 천지 물상에 판단의 기준이 없다는 것은 불행이다. 확고한 기준이 없다 보니까 善惡 간에 善惡을 자각은 할 수 있으나, 善惡을 가름할 인간의 본질에 대한 기준이 없어 죄악을 저지른다. "서구 사상은 자유 · 평등 · 正義를 글로벌 스탠더드에 맞는 보편적 가치로 내세우고 있지만, 그것은 이성이 지배하는 합리적 자본주의 사회에서만 통용되는 사회가치일 뿐",[64] 인간 본성을 포함해서 일치시킨, 일체 본성을 충족시킬 수 있는 가치인지는 의문이다. "孔子는 仁을 앞세웠고 子思는 誠을 우주의 근본이라 하였지만",[65] 비록 본성의 근원은 파고들었다 하더라도, 세계적인 테두리 영역은 미처 밝혀 내지 못한 상태이다. 그렇다면? 세계관적 테두리가 확정되어야 가장 근원되고 핵심된 가치판단의 절대 기준이 설정될 수 있다. 그렇다면 그것은 결국 만상을 창조한 하나님과 연관되지 않을 수 없다. 하나님이 본체적으로는 세상을 지으신 창조원리와 의지와 뜻으로서 모든 가치판단과 진리의 절대 기준이요 중심자리이며, 인격적으로는 만물을 주관하신 공의이다. 세상에서 인류 섭리의 중심을 똑바로 잡고 계신 분은 오직 하나님 한 분 뿐이시다. 세계의 권력

---

63) 인간의 본질에 관한 7가지 이론, 앞의 책, p.123.
64) 동양적 가치란 무엇인가(논어의 세계), 앞의 책, p.머리말.
65) 유학원론, 성균관대학교 유학과 교재편찬위원회 및 출판부, 1995, p.149.

자들, 지성인들이 인류의 共榮과 正義를 위한다고 하면서 들이댄 잣대는 지극히 자국주의적이고 아전인수 격이다. 공의는 오직 하나님만이 전체를 통괄해서 행하실 수 있는 세계적 판단 의지이다. 그래서 인간은 하나님의 天意와 天意로서 부여한 본성 본질 가운데서만 상대성을 벗어날 수 있는 절대 기준 중심을 가늠할 수 있는 것이니, 그것이 곧 선현들이 밝힌 중용적 가치이다.

"헤겔은, 유대의 법률도덕은 주인을 자기의 외부에 갖고 있고 칸트의 도덕 법칙은 자기의 내부에 갖고 있으므로 어느 것도 동시에 자기 스스로의 노예라고 하면서 도덕의 원리는 사랑에 있다."[66]고 했는데, 이 같은 중심 기준은 보다 形而上學的인 본성 본질에 근거한 것이다. 뭇 가치는 뭇 존재가 창조된 본질과 본성으로부터 생성된다. 그런데 철인들은 본질이 아닌 표상에 근거를 두다 보니까 판단해 놓고 보면 기준이 흔들렸다. 이에 비해 중용은 본질적 가치성을 드러낸 것으로서 본질은 중용성이 척도이다. 즉 무형의 본질은 중용이 중심이고 기준이다. 동양에서 본질은 形而上學性을 띤 空이나 道로서도 표현되었는데, 한결같이 만상을 낳은 창조의 바탕체를 이루면서도 현상으로 표상된 존재 개념과는 다르다. 그야말로 볼 수도 만질 수도 없는 무형상성이다. 가장 궁극적인 실체이면서도 표상된 실체가 아니다. 空이란 존재 범위는 무한대이다. 그래서 空, 즉 본질은 자신이 가늠하는 바 가장 중심된 中이 기준이다. 어디를 기준으로 삼든지 간에 中道, 그것이 무한대인 본질 空의 핵심 자리이다. 상대성의 설내 기준이 중용의 道에 있다. 절대성의 주장은 사실은 극단에 이르른 상대성을 일컬은 말이다. 그래서 중용의 道는 가치판단 기준이 인간의 행동이 가늠하는

---

66) 비교사상론 개관, 앞의 책, p 452

바 의식의 머무름에 있고, 達道와 통한다는 善의 극치인 중용은 희로애락이 아직 발하지 않은 천부 본성의 性으로부터, 발하여 절에 맞는 化의 본질이 인간의 수양된 의지 가운데 있다. 過不及이 없는 중용의 상태는 過不及이 없게 하려는 의지 가운데 있다. 본성 본질의 중심을 찾고자 하는 노력 일환이 중용성에 의해 척도 지어진다. 중용이 자기 본성의 중심인 동시에 우주의 중심으로까지 이어진다. 이 같은 본성의 기준 가치인 중용의 道를 인식했기에 선현들은 그 중요성을 사상적으로 피력했다.

"희랍의 德은 道가 지나치는 법이 없이 하나의 페라스, 즉 한계를 가진 중용이었다. 예를 들어 美라는 것은 조화라든가 균정－均整이라고 하는 하나의 페라스를 가지고 있다는 것이다(善한 것 또는 아름다운 것은 항상 일정한 한계를 가짐)."67) "아리스토텔레스는 잘못된 극단 사이의 중용을 도덕적 德으로 규정했는데, 잘 알다시피 용기는 비겁과 무모 사이, 절제는 방종과 무감각 사이, 관대는 인색과 낭비 사이의 중용이다."68) 단지 서양 철인들은 한결같이 "德이란 하나의 중간에 놓여 있는 선택과 관련이 있는 성질의 상태이며, 중간은 우리에게 관련되어 있으므로 이성적 원리에 의하여 결정되는 것"69)으로 보았다는 데 문제가 있다. 중용을 따르고자 했으나 표상적 가치를 이성을 통해 선택적으로 가늠하게 되면 기준은 기준이되 뿌리 없는 기준이 되어 버린다. 표상 위에서 설정된 가치판단 기준은 언제라도 유동적이다. 하지만 儒家가 말한 중용은 그야말로 過不及이 없는 본질적 중용 상태이다. "모든 존재는 형

---

67) 무한과 유한, 다께우찌게이 엮음, 김용준 역, 지식산업사, 1993, p.81.
68) 그림으로 읽는 철학사, 페트 쿤츠만·프란츠-페트 부카르트·프란츠 비트만 저, 홍기수·이정숙 역, 예경, 2000, p.51.
69) 세계사상 대계(사상의 여명), 앞의 책, p.350.

평으로 돌아가려는 속성을 갖고 있으며, 자연의 변화는 균세를 유지하려는 자기 조절에 의한 율동임에",70) 이 같은 세계 원리적인 본성에 근거하여 君子는 대체로 양극단에 치우치지 않는 중용의 생활을 이상으로 삼을 수 있었다. 만인과 각 문화권과 가치관 역시 중용의 道를 기준을 삼을진대, 인류의 영혼과 사상과 문명 전체는 하나님의 창조 본질을 중심으로 통합될 수 있으리라.

4. 가치판단의 문화성

가치를 판단함에 있어서는 그것을 판단하는 근거인 진리가 상대적이었듯, "서로 다른 사회는 서로 다른 가치를 지니고 있다. 문화적 상대성이란 부정될 수 없다."71) "인간은 생물학적 존재이면서 동시에 문화적인 존재이다. 인간이 세계를 바라보는 관점은 생물학적 공통점에 따른 보편성도 존재하지만, 문화적 차이에 따른 특수성도 존재한다. 문화의 특수성을 형성하는 기저에는 기후·자연조건의 차이, 사회·경제적 조건의 차이, 그리고 언어·이념적 차이 등이 있다."72) 크게 세분하면 "서방은 그 해양성 풍토에 연유하는 상역 생활에서 인간의 자유를 생활 이념으로 체득하였고, 중방(이슬람 문화권)은 그 대륙성 풍토에 연유하는 유목 생활에서 사회의 평등을 생활 이념으로 체득한 것과 같이 동방은 그 계절풍적 풍토에 연유하는 농경 생활에서 인간의 자유나 사회의 평등보다는 인류의 평화를 더 가치가 있다고 생각했다."73) 문화적 가치의 발생

---

70) 공자 사상의 발견, 앞의 책, p.205.
71) 가치론의 문제와 역사, 앞의 책, p.74.
72) 동양을 위하여 동양을 넘어서, 홍원식 외 저, 예문서원, 2000, p.25.

근거가 각자가 처한 환경의 필요 요구에 기인한 것일진대, 이것을 인류의 지성들은 보다 심도 있게 이해할 수 있어야 했다.

"18세기 영국의 산업혁명 이후 경이적으로 발전한 서구의 거대한 문명의 힘이 동북아시아를 엄습하였을 때 유교 문화권의 삼국(중국, 한국, 일본)은 기존의 윤리적 가치관에 큰 혼돈을 가져왔다. 동북아 농경민족의 가치관이 자연과의 조화 문화에서 형성된 것이었고, 서구 유목민족의 가치관이 자연에 대한 정복문명에서 형성된 차이에서 파생된 결과였다. 그래서 동양 삼국은 中體西用, 東道西器, 和魂洋才로 사상을 무장하여 서구의 침탈을 막고자 하였지만 역부족이었고",74) 서로의 문화적 차이성을 이해하는 데는 많은 시간이 필요했다. 하지만 21세기가 된 지금도 정복문명의 물질적 가치는 형태를 달리하여 세계지배의 본색을 버리지 않은 상태이고, 문명의 본질 뿌리는 밝혀지지 않았다. "서양은 제국주의 시기 이래 자신의 문화가 유일하게 보편적이고 절대적이라고 주장한 생각을 버리지 않았다. 자기 이외의 타자가 다른 생각을 가지는 것을 철저하게 억압해 온 것이다."75) "오늘날 우리가 사회과학의 고전으로 여기는 지식인이나 사상가들, 예컨대 헤겔(1770∼1831), 마르크스(1818∼1883), 베버(1864∼1920) 등이 정도의 차이는 있을지 모르지만 기본적으로 서구(유럽) 중심주의에 젖어 있다는 사실은 이제 상식처럼 되어 있다."76) 중세에 있었던 십자군 원정은 종교 간의 전쟁이기 이전에 대문명 간의 전쟁이기도 한데, 이 같

73) 법철학 개론, 앞의 책, p.181.
74) 위의 책, p.182.
75) "제국주의의 극성기에 지구의 3/4이 서양인의 수중에 들어가기도 했는데, 그들은 자기 이외 지역에 대한 침탈을 문명의 전파라는 아름다운 구호를 통해 정당화함." – 동양을 위하여 동양을 넘어서, 앞의 책, p.25.
76) 위의 책, p.119.

은 사태는 오늘날도 여전히 아프가니스탄이나 이라크 전쟁 등을 통하여 재현되고 있다. 한쪽에서는 聖戰이라 주장하고 다른 한쪽에서는 테러로 규정한 이 현격한 인식 차이를 두고서 문명 간의 대립 구도는 달라진 것이 없다. 왜, 어떻게 해서 이 같은 절대 대립 구도가 허물어지지 않는 것인가? 그것은 제 가치의 독자성, 차이성, 상대성을 인정하지 않고 자기 문화 중심의 독선과 전횡을 일삼은 결과이다. 아이가 독자로서 성장하면 자기 위주로 생각하기 쉽듯, 독자로 성립된 제 문명권이 교통 통신의 발달로 지역성은 벗어났다고 하나 수천 년을 영위해 온 생활 습관과 관습과 사고방식, 전통 가치관까지 달리할 리 만무하다.

先天에서는 문명을 통합한다고 한 것이 자기 위주식 해석 방식에 주력했다. 자신들의 사고방식은 고정시켜 놓은 상태에서 남의 것을 억지로 개조시키려 한 방식이다. "종교는 본래 동양에서 시작되었다. 그러나 신학은 서양에서 발전시켰다. 그보다도 동양에서 시작된 종교를 서양은 종교가 아닌 신학으로 개조하여 버렸다. 종교는 직관적이고 신학은 지적이다. 그래서 서양은 초대 기독교의 직관적인 살아 있는 영성을 지적으로 합리화시켜 신학에서 죽여 버렸다."[77] "희랍의 변론가들과 로마의 법률가들이 예수의 영적·농양적 종교를 서양의 지적·신학적 종교에로 변질시켰다."[78] 영성을 직관적으로 보지 않고 이성을 통해 합리성을 따진 결과, 신학은 예수가 가졌던 고유한 종교성을 들여다볼 길을 차단시켜 버렸다. 그러니까 조직적으로는 비대했어도 영적으로는 더 이상의 진전이 없었다. 샘솟는 영적 원천을 매몰시켜 버리고 거기서 나온

---

77) 인도 철학사상, 원의범 저, 집문당, 1988, p.375.
78) 위의 책, p.376.

원천수를 저수지화해 버렸으니, 언젠가는 고갈되어 버릴 것이 당연하다. 그것이 오늘날 서구 신학에 의해 난도질당하여 버린 기독교의 현실 역사이다.

이처럼 문화 차이에 따라 형성된 사고방식의 고착 관념에 의할 것 같으면 동일한 객관적 대상에 대해서도 해석 방식이 다르다. "자연과 인간을 조화로 풀이한 대륙문명(동양)에서는 남·여, 낮·밤, 일·월을 陰陽論에 의거 조화로 파악한 반면, 해양문명(서양)은 二元論을 대립·갈등의 개념으로 파악하고 있다."79) 민족 간에도 이 같은 현상은 여전하다. 우리는 家라고 하면 핏줄의 계승을 중요시한다. 그래서 혈연적인 가문을 지탱하는 덕목은 孝가 되며, 부모로부터 받은 것은 조금이라도 훼손시킬 수 없다는 관념이 강하다. 이 같은 생각은 너무나 당연하기 때문에 주변 사람들도 다 동일한 생각을 가지고 있을 것이라고 여긴다. 하지만 가까운 나라인 일본만 하더라도 당장 차이가 드러난다. 그들은 핏줄이 아니라 가문을 추상적인 연속체로 생각한다. 가문을 이름·명예·전통으로 생각하여 孝의 실행보다는 명예·전통을 위한 忠이 강조되어 집단 관념이 되기도 했다. 이렇게 되면 가문이 중요할 뿐, 부모·처자·자식 등은 상대적으로 큰 문제가 안 된다(사무라이의 자살 경우).80)

또한 가치관은 특정 사상이나 필요 요구에 의해 윤색되기도 한다. 그야말로 보편적으로 적용되어야 하는 것이 법률인데 마르크스는 법률을 자본주의적 법률과 사회주의적 법률로 구별하고, 소위 자본주의적 법률은 부르주아 지배의 도구이자 가치의 반영이라

---

79) 서양정신의 위기와 동양의 희망, 최우진 저, 한빛문화사, 1983, p.47.
80) 길은 길을 따라 끝이 없고, 김홍균·윤구병 엮음, 한샘, 1993, p.194.

고 하였다. 부르주아가 적용시킨 正義는 만인에 대해 공평한 正義가 아니다. 사유재산과 자유계약의 개념으로 관철된 부자를 위한 正義라 빈자를 위한 正義가 아니며, 무산대중의 이익을 배제하는 개념이라고 비판했다.[81] 어차피 분열성, 부분성을 벗어나지 못하는 가치는 전체성을 커버할 수 없다. 아래를 보완하면 위가 뚫리고 위를 메우고 보면 아래가 뚫린다. 先天에서는 무엇을 통해서건 절대 부족분을 하나로 다 채울 수는 없었다. 이것이 분열하는 先天이 지닌 절대 한계성이다. 각 문화가 양산한 절대 아닌 절대성은 수천 년을 흘러오는 동안 고착화되어 버려 뿌리 깊은 병폐를 낳았다. 이 구조를 해결할 수 없다면 각 문화가 펼쳐 낸 가치관의 대양이 넓기는 하지만, 인류는 영원히 문명의 본질과 하나인 근원을 밝혀 낼 수 없으리라. 동서는 서로 환경이 달랐기 때문에 같은 知에 대해서 "서양인들은 희랍철학으로부터 근세철학에 이르기까지 진리(Truth)를 추구하기 위한 것이라 하고, 동양인들은 성인이 되기 위한 것이라고 생각한 것이 아니다."[82] 그렇다면 진정한 이유는? 하나 되기 위해서 자기 문화적 특성을 분열시킨 것이다. 전체를 구성하기 위하여 각 문화권의 역할이 섭리적으로 분담되었다고나 할까? 그러니까 先天에서는 아무리 전체를 조합해 내고자 해도 부족함을 면하지 못했다. 그렇다면 이제부터는 先天에서 분열을 완료한 제 가치 체제를 기반으로 전체를 조합해 내어야 하는데, 그것이 다름 아닌 가치관의 통합 작업이다.[83] 先天에서는 끊임없이 자기 본질적 특성을 발양시킨 과정이라 본격적으로 통합을 달

---

81) 법철학 개론, 앞의 책, p.199.
82) 한 젊은 유학자의 초상(청년 왕양명), 권미숙 저, 1994, 통나무, p.33.
83) 가치관의 통합적 접근은 先天의 대립된 모순성과 수많은 난제들을 일괄해서 해결할 수 있는 방법적 앙도이다.

성할 겨를이 없었다. 先天의 누가 이 같은 창조의 본의를 알았겠는가? 하나님의 섭리 뜻을 통찰했는가? 계시 받고 깨닫지 못하니까 세계를 통합한다는 것이 극도에 달한 분열만을 조장하였다.

각 문화의 특성이 두드러지고 현격한 차이가 있다는 것은 역사적으로 확인된 현실이다. 이런 제반 조건을 무시하고 "어느 하나의 문화만 보편적이고 절대적이라고 주장한 것도 잘못이지만, 그렇다고 합의에 의하여 인류 공통의 잣대를 만든다는 것도 가능한 일이 아니다."[84] 중요한 것은 세상을 지으시고 주관하신 이의 창조 목적이다. 그 섭리 의지를 간파할진대, 각 문화가 세월을 바쳐 일군 진리 세계는 대립과 절대적인 독단이 있을 수 없는, 세상에서 꼭 필요한 유일한 창조가치로서 빛날 뿐이다. 왜 "동양과 서양은 철학이나 종교의 연구에 있어서 동양은 통합적, 직관적이었는데 반해 서양은 분석적, 논리적이었는가?"[85] 그 분명한 이유는 어느 한쪽 방법만으로서는 세계를 완전하게 파고들 수 없기 때문이었다. 뭇 존재 세계가 본질과 본체를 근저로 하는 한 그렇다. 곧 드러난 현상 세계는 분석, 논리적인 방법이 주효하고 내면의 무형인 본질 뿌리는 통합적, 직관적으로 꿰뚫어야 한다. 이 같은 방법적 특색에 따라 서양철학자들은 관심을 밖으로 돌려 객관 대상인 지식을 추구한 과학적 성격의 전통을 발전시켰고(자연과학), 동양 철학자들은 내면으로 돌려 본체적 宇宙論과 人性論을 발전시키고 직접 주체적 덕성을 함양하는 데 주력했다(인문과학).[86] 근대에 동서 문명이 만난 접점에서 "유럽의 지성인들은 기독교가 아니면서

---

84) 동양을 위하여 동양을 넘어서, 앞의 책, p.25.
85) 위의 책, p.53.
86) 주자철학에 있어서 공맹 천인관의 승수와 전개, 최영찬 저, 충남대학교대학원 철학과 동양철학전공, 박사학위논문, 1990, p.12.

도 어떤 문화가 충분히 도덕적일 수 있다는 사실에 크게 놀랐다. 어떻게 孔子가 계시신학의 밑받침도 없이 수백만 명의 중국인들을 도덕적이게 할 수 있었는가?"[87] 이 같은 의문의 발아는 인류가 통합 가치관을 세울 수 있는 시발이었다.

인류 역사는 유구하되, 대부분은 창조 본의를 분열시키는 데 바쳐졌고, 통합을 위한 전환 역사는 이제가 시작이다. 가치관이 통합되고 동서 문명이 통합되어야 할진대, 이 같은 여건 조성을 위해 인류는 제도적으로 민주주의란 최적 가치관을 확산시켰다. 진리, 가치, 신앙을 선택할 자유를 보장하고 있다는 것이 그것이다. 先天에서는 어떤 분야도 확고한 절대 가치, 절대 진리, 절대 권위를 확보하지 못하였다. 보편성, 객관성, 세계성, 영원성, 그리고 절대성이 왕관을 차지하지 못하였다. 그래서 선택을 위한 자유성을 보장할 수밖에 없었다는 것, 이것이 先天의 분열 구조에 걸맞은 최선을 다한 제도 정착이다. 하지만 최선을 다했을 뿐, 최상은 아니다. 그러므로 세계는 더욱 진전되고 지향해야 할 여지를 남긴다. 선택으로 머물 것이 아니라 통합으로 나아가야 하는 진로가 그것이다. 세계는 이미 다각도에 걸쳐 가치관의 풀 수 없는 한계적 구조 위에서 독단과 전횡을 일삼은 지 오래전이다. 이 같은 인류의 정신적 고뇌를 해결하기 위해서 가치판단에 있어서 통합 가치를 내세웠으므로, 인류 역사는 의도했건 안 했건 새로운 국면을 맞이하리라. 가치통합은 인류 전체의 정신사를 한 실타래로서 풀어내어야 하는 문제이다.

---

87) 비교철학이란 무엇인가, P.T. 라쥬 저, 최홍순 역, 서광사, 1989, p.41.

제9장

가치의 작용성

1. 가치의 인식 작용

가치는 인생의 본질과 밀접하게 관련되어 있으며, 본성에 뿌리를 두고 있다. 자연 가운데서는 무엇이든지 작용이 있으면 영향을 끼치게 되고 현상이나 행동을 일으킨다. 가치는 무언가 자신의 존재 요소를 확보하고 있는 유요소이다. 존재하는데도 불구하고 어떤 변화나 영향을 끼치지 못한다면 그것은 가치가 없는 것으로 판명난다. 가치는 작용성을 통해 애써 유가치하다고 하지 않더라도 유함성을 자체 내포하고 있다. 그래서 가치는 이 주어진 시공간 내에서 분열하는 과정을 통하여 반드시 어떤 작용에 대한 소정의 결과를 드러낸다. 어떤 결과를 낳기 위한 작용성은 소정의 과정을 거쳐야 하는 엄정한 생성 루트를 따른다. 그것이 가치의 인식 →형성 → 축적 → 실행 → 통합 작용이다. 인식 작용은 뭇 인생 본질에 변화를 일으킬 제일 초입 원인 제공 작용이다. 최초 인식을 하고 못하고의 차이는 그 이후에 주어질 결과성과 맞먹는다. 진리를 인식함으로써 본질이 변화를 입을 수 있듯, 진리성을 동행한 가치도 예외가 없다. 가치 인식이 제대로 되어야 이후의 제반 작용 과정이 순조롭게 된다. 가치의 인식 여부가 인생의 본질을 규정한다는 것은 빈말이 아니다. 제대로 인식한 절차를 거쳐야 가치가 인간의 영혼을 구제한다. 그러지 못하면 그의 생애와 삶은 갈 곳이 없다. 가치 인식의 작용 원리성을 밝히는 것은 인류 영혼을 구원으로 인도하는 첩경이다. 가치는 인식함을 통해서 소정의 목적을 이루므로, 의미 있는 삶을 통하여 보다 영원한 가치를 인식할 수 있다면 그것은 사고하는 이성자로서의 행복이다. 가치 있는 인식을 유출할 수 있는 삶의 노력을 통하여 우리는 참다운 세계를 획득할 수 있다.

그렇다면 인간의 본성을 고무하고 본질을 변화시킬 도덕적 가치는 어떻게 인식되는 것인가? 사실, 가치를 인식하는 것 자체는 삶과 동떨어져 있지 않다. 오늘도 우리는 삶의 한가운데서 가치를 접하면서 살아가고 있고, 뭇 선현들도 가치를 인식하였다. 하지만 그것이 어디로부터 어떻게 연원되었는가란 작용 원리성을 밝히려는 것은 쉬운 일이 아니다. 뭇 진리가 그러하듯 가치 인식의 작용 원리성은 宇宙論, 創造論, 本體論的 세계관과 연계된다. 그러므로 도덕 가치가 어떻게 인식되는가를 밝히기 위해서는 우리의 의식된 본질 작용 원리가 먼저 규명되어야 하고, 본질 작용이 밝혀져야 가치의 제반 작용성에 대한 결과가 증명된다. 그래서 도덕의 가치에 대한 인식은 누구라도 할 수 있었지만 작용 원리성은 함부로 제시할 수 없었다. 가치를 포함한 인식의 문제를 단순한 사고의 작용문제로 생각한다면 그것은 큰 오산이다. 인식의 이면에는 대우주 창조와 맞닿은 거대한 본질성이 운위되고 있는 것일진대, 人이 뭇 사물과 가치를 인식할 수 있는 것은 원초적인 생성 작용(神)에 힘입은 바 크다. 서양의 철학 전통처럼 제 진리는 부단하게 인식의 문제와 병행해서 성립된다. 우리는 인식함을 통해 신리를 경험한다. 본다. 안다. 그래서 인식의 문제를 해결하면 진리의 문제를 해결할 수 있다. 善惡을 어떻게 보는가 하는 문제도 결국은 인식에 근거한다. 하지만 서양철학은 순수 사고에 근거한 認識論의 문제를 통해서 세계적인 진리의 문제를 해결하려고 했기 때문에 인식 자체가 지닌 제한성으로 인하여, 그들이 표현한 개념대로 物自體의 세계(차원적인 본질 세계)는 인식할 수 없었다. 그렇더라도 가치는 인식이 중요한 관건인데, 그 가치는 어떻게 인식되는 것인가? 가치 인식에도 物自體처럼 인식이 불가능한 한계 영역이 있는 것인가? 인간이 궁극적인 실체 영역에 접근하지 못하는 것은 인식 자체의 제한성 때문인가? 아니면 인식 방법론과 노력의 부족 때문인가? 이에 우리는 가치를 이성적으로 판단하는 것이기도 하지만 깨닫는 것이기도 하다는 사실에 주목할 필요가 있다. 깨닫는 것인 한 본질성의 문제가 동원되지 않을 수 없다. 가치를 이성적으로 판단한다고 했을 때, 그것은 기존의 가치성에 대한 선택이라든지 가치성 자체에 대한 척도가 저울질되는 경우이다. 이 문제에 대해서는 앞서 가치의 판단성 장에서 이미 거론하였다. 가치 인식은 사고력을 동원한 이성적 도덕 판단과는 차이가 분명하다. 인간의 가치성에 대한 인식은 깨달음을 통해 주어지는 것이라, 직관적인 가치 인식 체계를 밝혀야 더 진실에 가깝게 다가설 수 있다. 가치는 인식함으로써 행동 동력을 불러일으킴에 있어서는 더더욱 본성과 연관되지 않을 수 없다.

하지만 서양철학은 認識論의 정립 문제를 진리 해결을 위한 주요 과제로 삼았는데도 정작 중요한 관건인 본성과 연계시키지 못했다. 그래서 인식의 주체성을 확립하고 사물과 연계한 인식성의 합일 절차를 정연하게 규명해서 체계 지은 성과에도 불구하고 가치 인식 작용이 인간 본성을 변화시키는 원리성의 규명으로까지는 나아가지 못했다. 아예 그들의 認識論 정립 본색은 인간 본성과는 거리가 먼 객관적인 진리를 어떻게 하면 정확하게 파악할 것인가에 핵심이 있었다고 해도 과언이 아니다. 그 같은 목적 체제를 달성하려면 인식은 사고의 정연한 논리성을 추적하지 않을 수 없다. 가치 인식은 달리 본성에 근거해서 새롭게 체계 지어야 할 과제를 남겨 둔 채……. 그들은 사물에 대한 인식 체계가 우주 전체의 진리 문제를 총괄한 것처럼 유세를 떨었다. 하지만 살펴보면 충실하게도 창조 세계의 일부 영역을 인간에게 부여된 사고능력을 동원하여 규명한 것 뿐이다. 그 적나라한 예가 칸트가 자랑스러워한 인식의 코페르니쿠스적 방향 전환이다. 칸트의 표현대로 "우리의 모든 인식은 대상을 따라야 되는 것이 아니라 대상이 우리의 인식을 따르지 않으면 안 된다(인식론적 주관주의). 그래서 정말 자인한 그대로 우리가 인식하는 대상은 사물 자체가 아니고 현상에 불과하게 된다."[1] "우리가 파악한 자체가 존재의 모든 것이라고 생각하는 것은 잘못이며, 우리가 파악한 것은 단지 우리가 파악할 수 있는 모든 것으로서의 인식의 상태이다."[2] 인식은 본질과 다르며, 현격한 차이가 존재할 수 있다는 것에 대한 시사이다. 즉 "存在論에서 사물은 엄연히 있지만 認識論에서는 사물을 포착하지 못할진대, 있어도 없는 것이 된다. 절대자(전체자)인 10이 이 땅에 강림하셨어도 주관적인 인간이 아무도 인식을 하지 못하면 절대 통합자는 이 땅 위에 걸고 온 것이 아니다. 내가 그대에게 꽃이라 이름 불러 주기 전에는 그대는 꽃이 아니었다. 내가 그대에게 꽃

---

1) 윤리와 종교, 배석원 저, 경상대학교 출판부, 2005, p.45.
2) 세계통합론, 졸저, 다짐, 1995, p.33.

이라 이름 불러 준 후 비로소 그대는 나에게 달려와 의미 있는 꽃이 되었노라(김춘수)."[3] 특히 서양철학은 인간이 지닌 인식 작용을 누구에게서나 보편적으로 동일하게 지닌 사물 파악 능력이고 작용 현상이라는 것을 의심 없이 전제해 버렸는데, 인식만큼 개인차가 심한 것도 없다. 내가 의미를 부여하기 전에는 있는 것도 없는 것과 다름이 없다고 하였는데, 개개인이 각자 다른 감각적 인식으로 색안경을 끼고 있다면 그 결과가 어떻게 되겠는가? 일 더하기 일은 이라는 것과, 외부에 존재하는 사물적 대상을 파악하는 데 있어서는 감각적, 사고적, 경험적 인식이 너 나 할 것 없이 일률적일 수 있지만, 본성에 관여된 가치 인식 문제에 있어서도 그러한 것은 아니다. 여기에 감각을 동원한 인식 원리의 비판 근거가 있다. 직관을 통해야지 감각을 통해서는 본성을 볼 수 없다.

영국의 철학자인 흄은 경험론자답게 "사고의 재료들은 우리의 외적 감각이나 내적 감각으로부터 온다는 사상을 피력했다. 즉 모든 관념은 우리 인상의 복사물이다. 인상과 관념의 차이에 대해서는 눈으로 직접 눈앞의 방을 보는 것이 인상이고, 눈을 감고 방에 관해서 생각하는 것은 관념이라고 했다. 인상과 관념은 항상 서로 대응해서 나타나며, 모든 관념은 인상에서 오지 않는 것이 없다(흄이 제시한 제일 명제)."[4] 그러므로 모든 관념 형성의 종자는 감각을 통해 인풋한 인상이다.[5] "따라서 관념은 사유나 추리에 있어서

---

3) 동양학 이렇게 한다. 안원전 저, 대원출판사, 1988, pp.108 - 109.
4) D. Hume의 도덕 인식론 연구, 윤종현 저, 연세대학교교육대학원 윤리교육전공 석사학위논문, 2002, p.Ⅳ.
5) "흄은 감각이 우리에게 우리의 유일한 진정한 지식을 제공한다고 생각하였다. 외부세계에 관한 우리의 모든 지식은 감각지각으로부터 유래한다. 세계에 관한 모든 유의미한 표현은 경험에 관련된다. 우리의 마음속의 모든 관념은 궁극적으로는 외부세계로부터 제공받은 인상에서 유래하거나, 아니면 그렇게 제공받은 관념들 사이의 어떤 관계로부터 유래한다(한 이름에 한 사물 이론)." - 분석철학, 배리

나타나는 인상의 정서 등이 현재 마음에 있음 상태이고, 관념은 이미 경험한 인상을 기억 등에 의하여 마음에 모사 혹은 재현한 것이다. 곧 관념은 인상의 재현 내지 잔상, 영상이다."6) 내적 감각은 외부로부터 받아들인 인상의 관념을 통한 재현 작용이다. 철저하게 감각을 통한 인식(인상)에 의존함으로써 감각을 정신 작용과 연계하여 認識論化시킨 이론이라고 할까? 이것은 외부 사물과 현상의 내부 감각화 작업 외 아무것도 아니다. 내면의 본성으로부터 인출해 내어야 하는 가치 인식과는 동떨어진 認識論이다. 받아들이는 것과 꺼내는 것은 행위 절차가 다르듯, 인식 원리의 방법론과 용도도 마찬가지이다. 인식 절차로서는 외부 사물과 나의 감각 인식이 최대한 일치되는 것에서 진리성의 여부가 판가름 나게 되어 있는데, 감각에 기준해서는 내면의 본성과 커다란 갭을 면할 수 없다. 인식은 분열 질서를 따르기 때문에 통합 본체의 존재성 여부와는 상관없이 분열이 다하기 전까지는 전체인 본질성 면모를 파악할 수 없는 한계성에 직면한다. 분열된 것, 즉 드러남으로써 인식이 가능한 경험된 것만을 진리로서 인정한다. 하지만 사실과 달리 분열의 경로가 시공과는 상관없이 이미 先在, 선험, 삼세 간을 초월하여 존재하고 있음에, 이 얼마나 진실과는 다른 격차를 나타내는가? 흄은 "우리의 사고들이나 관념들을 분석해 보면 그것이 아무리 복잡하고 엄청난 것이라 하더라도 언제나 그것들이 선행하는 느낌이나 감정으로부터 복사되어 만들어진 단순 관념들로 분해된다는 것을 발견하게 된다."7)8)는 것을 지적하였는데, 이것은

R. 그로스 저, 문정복 역, 형설출판사, 1992, p.11.

6) 앞의 논문, p.Ⅳ.

7) 데이비드 흄, 김혜숙 저, 고려원, 1996, p.32.

8) "우리가 우리의 아무리 복잡하거나 또는 고상한 사상이나 관념이든 이를 분석하게 되면 우리는 언제나 그들이 유사한 인상으로부터 유래한 그런 단순관념들로

이미 통체적으로 존재하는 사물의 본질을 한꺼번에 파악할 수 없는 인식의 제한성을 그렇게 표현한 것이다. 통에 가득 찬 물을 부으면 시간이 걸리는 것처럼, 시공간 안에 있는 인식의 분열적 제한성은 고스란히 통합적 본체성으로 존재하는 神이나 物自體나 가치의 본성을 인식할 수 없는 한계성으로까지 직결된다. 더군다나 관념의 기원은 인상이고 모든 관념은 인상의 복사물이라고 한 이상은 더 본질적인 뿌리가 있다는 것을 시인한 상태이다. 인상마저 원실체가 아닐진대, 物自體를 볼 가능성은 서양 認識論에서는 없다. 데카르트는 "방법적 회의의 과정에 의해 정신이 감각이나 상상력으로부터 순화되어 완전히 자유로운 판단력의 주체가 되면 의식의 내부에서 발견되는 순수한 대상으로 향하는 일이 가능해지고, 神이나 물체의 존재 증명도 의식의 내부에서 찾아내지는 관념에서 이끌어 낼 수 있다."9)고 했다. 하지만 데카르트는 결과로 神의 존재성을 증명하였는가? 아니 그와 같은 方法論을 동원하여 하나님의 살아 계심을 인식하였는가? 神의 존재 증명 논리를 펼친 것을 보면 순전히 이론적 가설 설정이고 사고 놀음에 불과하다. 인간의 관념물은 순수 본체가 아니다. 인간의 의식 본질로부터 神을 이끌어 내기 위해서는 첩첩산중, 인간의 본성 규명과 관계성이 선행되어야 한다. 어떻게 허영에(복사물) 불과한 관념으로부터 神의 실체성을 인식할 수 있다고 보는가? 볼 수 없는 한계성이 분명했기 때문에 그들은 사실과 다르게 세상 가운데는 神이 없는 것으로 결론 내리고 말았다(無神論). 개념은 형성되어 있을지라도 인식을 위해서는 또 한 번의 인식의 결정이 필요한데, 그 결정의 과정

환원되어 버린다는 것을 발견하게 된다." - 분석철학, 앞의 책, p.10.
9) 데카르트의 철학과 사상, 이등언 저, 김문두 역, 문조사, 1994, p.204.

에서 그들은 본체가 아닌 인식 자체의 제한성을 고스란히 진리 상태로 파악한 것이다. 진실을 그릇되게 한 인식상의 장애 요소가 곳곳에서 감지되는데도 자신이 장애를 가졌다는 사실조차 모르는 상태에서는 영원히 세상이 잘못된 것으로 오판하기 마련이다. 경험론자들의 주장 논리는 다분히 경험에 앞선 인식은 있을 수 없다는 것이다.

"자연적 이성과 능력이 탁월한 어떤 사람 앞에 한 대상이 주어졌다고 하자. 그 사람이 그 대상을 생전 처음 본다면, 그 사람은 대상이 지니는 감각적 성질들을 아무리 면밀하게 조사해 봐도 그것의 원인들이나 결과들 중 어느 것도 발견해 내지 못할 것이다."10) "맹인 어린아이는 언어를 배우는 데 곤란을 느낀다. 색깔을 가리키는 단어는 특히 배우기가 어렵다. 세계에 대한 경험은 어떤 단어가 어떤 사물에 적용되는지를 배우는 데 있어 필수 불가결한 조건이다."11) 분열선상에서는 경험이 바로 인식의 근거 대상이다. 앎이든 지식이든 인식을 분열시키지 않고, 경험이 인식의 근거를 마련하지 않는 한 인식의 선험성은 불가능하다. 경험은 인식을 분열시키는 절차 과정이다. 창조도 마찬가지이다. 창조란 시공간 자체의 경험적 사실이 없었는데 만물이 상존할 리 만무하다. 이것은 삼라만상의 존재 현상에 적용되는 경험의 철칙이자 인식의 원칙이다. 하지만 이것은 경험 내지 인식이 가진 분열 원리이지 존재 자체의 원리는 아니다. 존재는 인식이 분열하지 않아도 존재할 수 있고 경험하지 않아 전혀 알지 못해도 존재하고 있다. 인위적인 앎은 경험을 통해 인식의 제한을 받을 수밖에 없지만, 존재가 가

---

10) 데이비드 흄, 앞의 책, p.45.
11) 인간 본성에 관한 10가지 철학적 성찰, 로저 트리그 저, 최용철 역, 자작나무, 1996, p.257.

진 본체성은 그렇지 않다. 뭇 존재는 자신의 존재 원리를 알아서 수억 년을 지구상에서 생존하고 있는 것이 아니다. 물고기는 부력의 원리를 인지해서 몸속에 부레란 기관을 장착할 수 있게 된 것이 아니다. 경험론자들은 분열 구조에 걸맞게 실례를 나열한 것일 뿐, 그 같은 경험 원리가 만상 위에서 일률적으로 적용되는 것은 아니다. 제한된 한계성을 면하기 어렵다. 하지만 존재하는 통합적 본체는 이미 존재하고 있으므로 경험과 제한된 분열 절차를 따르지 않는다. 이미 존재하기 때문에 경험을 통하지 않고서도 직관, 직시, 꿰뚫음을 통해 삼세 간을 초월한 정보 인출이 가능하다. "선험적은 知·情·意에 관하여 외부의 감각과 내부의 심리를 방법적으로 일단 초월하되 필경 경험에 참여하여 경험을 확실하게 하는 것인 데 반해, 초험적은 경험을 시종 초월하여 경험될 수 없는 것이요, 경험에서 단절된 것이다."[12] 하지만 이 같은 용어 비교는 인식을 기준으로 했을 때 성립되는 개념인 현상일 뿐, 본질 자체가 그러한 것은 아니다.

그러므로 통합적인 본성에 근거해서 가치를 인식하는 것은 잠재된 의식 가운데서 본성을 일깨우는 것이다. 가치 습득이 이루어지는 인식 경로는 경험적인 인식 바탕 위에서 논리적인 판단 절차를 거칠 수 있겠지만, 가치를 인식하는 것은 선험된 직관이 주효하다. "정치는 인간 본성에 있어서 자기 이익의 우세를 계산에 넣듯",[13] 논리는 통찰의 과정을 통하여 인위적인 추리와 구성과 결과에 대한 예측이 가능하지만, 직관은 무언가의 목적의식을 잠재시키고 관심을 집중한 추구 자세는 견지할 수 있더라도, 주어지는 인식

---

12) 윤리학의 기본 원리, 폴 테일러 저, 김영진 역, 서광사, 1985, p.410.
13) 현대 도덕철학, D.N. 라파엘 저, 김영철·김우연 역, 서광사, 1987, p.정의.

작용을 의도할 수는 없다. 어떤 일을 숙고 중에 갑자기 아하 하는 통찰의 순간이 있는 것은 경험적 사실들을 체계적으로 구성하여 논리적으로 얻은 결론이 아니다.[14] 논리성과는 아무 연관이 없다. "돈오, 영감, 계시, 도통과 같은 순간의 창조적 기연들은"[15] 모두 직감, 곧 깨달음에 연유한다. 잠재된 의식의 순수 발로라고 할까? 아니면 의문의 구조가 우주 구조와 일치를 이루는 순간이다. 그것은 달리 기연을 따질 수 없는 우연적인 현상인데도 참신한 진리성을 내포하고 있다. 이 같은 직관 상황을 논리적으로 인식화하여 재구성한 것이 원리이고 법칙이다. 그리고 인간의 가치 인식은 바로 이 같은 직관의 인식 원리를 따른다. 사물은 정연한 분열 질서를 지각하는 것이고, 사랑은 애틋한 정감을 감지하는 것이며, 가치는 그 깊숙한 곳에서 우러나는 내면의 본성을 직관하는 것이다. 세계의 놓인 존재 구조가 그러하기 때문에 인식의 루트를 감각, 경험에 의해 제한을 둘 것도 없이, 왕양명은 "마음이 곧 理이라, 마음만 밝게 닦으면 모든 사물의 이치는 저절로 밝혀진다고 했다."[16] 이 원리를 동서 간에 걸친 지성들은 알아야 한다. 직관은 내면의 본질 세계를 들여다볼 수 있는 눈이다. 사물 현상을 정확하게 인식하기 위해서 사고 훈련은 할 수 있을지언정 감각을 정제한다는 것은 어폐가 있는데, 직관은 그렇지 않다. 인식은 분열성이 주는 세계에 가로놓인 차원적인 한계가 있지만, 직관은 세계를 볼 수 있는 눈을 가지고 가지지 못한 능력차에 따른 한계이다. 내가 눈을 뜨고서도 볼 수 없는 것은 다른 사람들도 마찬가지이지만, 직관은 그렇지 않다. 수양의 정도와 본성의 갖춤 정도에 따라 만

---

14) 학생 인성지도의 이론과 실제, 한국교총원격연수원, 2005, p.95.
15) 유학과 현대 세계, 사중명 저, 김기현 역, 서광사, 1998, p.358.
16) 전습록(상권), 왕양명 저, 김하주 역, 대양서저, 1984, p.253.

인이 보지 못해도 佛陀는 般若란 초월적 본체성을 간파했고, 예수는 삼세 간을 초월해 계신 하나님과 교감했다. 통관하게 되면 우주의 본질 면모를 엿볼 수 있고, 직관을 종합하면 우주의 본질 구조를 밝혀 낼 수 있다. 그래서 "인간의 본성은 오직 자각을 통하여 밝혀질 뿐이며, 이성적 사고를 통하여 인식되지 않는다."[17] "선문의 깨달음은 찰나적 묘각 – 妙覺에 오름이요"[18] 내면의 良知는 직관을 통해 일깨워진다.[19] 하나님이 세상의 근원된 본체성인 한 하나님을 직감하는 것은 심정이지 이성이 아니다.[20] 세상의 근원된 道의 상태에 접하고 있는 것은 사고로 가늠 가능한 이성이 아니라 정신적인 의식이다. 의식이 오랜 수행을 통해 전체적인 구조를 파악하기에 이르렀을 때, 형성된 본질이 순수 道의 상태를 직관하게 한다. 진리는 의식을 통해 직관되며 본질을 통해 통찰된다. 가치의 근원뿌리가 이처럼 의식된 본질에 있을진대, 가치의 제반 인식 원리는 직관성 원리에 근거한다.

그렇다면 우리는 주어진 자신의 본성으로부터 어떤 도덕성 요소를 추출할 수 있을 것인가? 어떻게 자신의 품성을 도야해야 도덕적 가치를 인식할 것인가? 본성 작용 가운데서의 가치 인식 요소와 경로는? 이것을 밝히기 위해서는 먼저 세계의 본질 뿌리와 근원을 같이하고 있는 인간 구성 내의 본질 작용 특성을 추출할 수 있어야 한다. 쇼펜하우어에 의하면 "인식되는 모든 것, 즉 세계는 단지 주관에 대한 객관이며, 따라서 세계는 나의 표상이요 현상이

---

17) 역경과 사서, 이현중 저, 역락, 2004, p.241.
18) 불교와 유교(성리학, 유교의 옷을 입은 불교), 아라키겐고 저, 심경호 역, 예문서원, 2000, p.125.
19) "良知는 인간의 도덕적 직관력, 직관적 도덕력이다." – 불교철학의 이해를 위하여, 불교신문사 편, 대학문화사, 1984, p.174.
20) 윤리와 종교, 앞의 책, p.300.

280

다. 그는 칸트가 인식의 대상이 될 수 없다고 한 物自體를 의지 속에서 발견하였다. 의지는 세계의 가장 내적인 본질, 모든 현상의 유일한 핵심이다."[21] 의지가 세계의 근원된 핵심 본질이라는 것인데, 사물의 객관적 대상에 대해 의지는 주관적 본질이란 선입관을 가질 수 있으나, 근원된 본질은 일단 표상된 존재와는 질적인 차원을 달리한다. 그렇다면 그것이 무엇인가 하는 것인데, 의지는 충분히 만상에 걸친 무형의 본질성을 구성하는 데 있어서 창조 요소로서 참여하였다. 하나님의 창조 뜻과 의지와 원리가 거두절미된 채 객관적인 본질체로서 인식된 것이 제 표상성에 대한 의지이다. 이것은 마치 宋儒들이 존재 본성인 性을 객관적인 理로서 접근한 것과 같다(性卽理). 전통적으로 서양 創造論은 하나님이 천지를 창조한 원인 행위가 있어 만상이 존재한 것으로 여겼듯, 동양 本體論은 세계를 形而上과 形而下의 세계로 나누어 形而上을 만물을 이룬 본체 뿌리로 생각했는데, 이 같은 본체성에 해당되는 것이 인간의 본성을 주재하고 바탕을 이룬 心이고 의지이고 내면의 존재 본질 상태를 감지하고 있는 의식이다.

그러므로 우리는 반드시 의식을 통해 의지를 수련해야만 인간의 본성 본질에 변화를 가져 올 수 있다. 현장에서 도덕 교육이 지적 교육이나 판단력 배양만으로 달성될 수 없듯, 아는 단계를 넘어선 의지적 수련 과정이 뒷받침되어야 한다. 가치 인식은 분명 어떤 지식을 받아들이고 기억하고 분석, 통찰, 이해하는 작용과는 다르다. 의지의 수련과 수행을 통해 자신이 얻고자 하는 세반 가시성에 대한 덕목을 신념화할 수 있어야 한다. 제반 인식에 의지를 수반함으로써만 참된 義가 확립되고 가치의 결정체가 가슴 깊숙한

---

21) 의지와 표상으로서의 세계, 쇼펜하우어 저, 김중기 역, 집문당, 1994, p.394.

곳에서 영글어 직관으로 인출된다. 지적 인식에 비해 의지는 어떻게 육성되는 것이고, 진정 바람직한 덕목과 가치성에 대한 인식이 어떠한 경로를 통해 이루어지는 것인지 작용 원리가 밝혀지지 못한 상태이지만, 그럼에도 "눈에 보이지 않는 의지력의 덩어리가 수행을 통해 분열을 가속화시키면 일련의 추구 과정이 오히려 가장 확실한 인식의 근거 대상으로서 성립될 수도 있다."22) 참과 거짓에 대한 판단이 확실하다는 것이 아니라 의지가 수행을 통해 분열된 작용 원리가 확실하게 인식될 수 있다는 것이다. 바로 그 같은 과정 원리로 인해 인간은 제반 가치성에 대한 덕목을 수련을 통해 본성 의식 가운데 잠재시킴으로써 가치가 신념화된 의지의 결정체로서 체득하는 것이다. 이에 의지를 수련함으로써 가치를 인식하고 그 가치를 전격 본질화할 수 있듯, 나아가서는 믿음을 통한 구원의 본질 형성 작용 원리도 병행해서 밝혀 낼 수 있을 것이다. 가치는 의지를 통해 본성을 함양함으로써 직관된 형태로 인출되는 것처럼, 체득된 가치는 역으로 본성을 가치화한다. 가치 인식 작용은 본성을 변화시키는 주된 역할을 담당한다.

가치는 지극히 본질적인 것이라 종국에는 최고의 근원자에게로 연결된다. 神이 뭇 존재의 근원이라면 동시에 가치의 근원이기도 하다.23) 朱子가 "天理는 만물의 규율이고 사람의 가치 목표임을 규정한 것도"24) 만유에 공통된 동류 인식이다. 가치의 생성 본질이 神에게 있다. "善은 자체가 善이기 때문이 아니라 하나님이 절대적 자유로서 의욕했기 때문에 바른 것이라고 하듯",25) 하나님의

---

22) 세계통합론, 앞의 책, p.38.
23) "神은 모든 존재 가치의 근원이며, 또 중심이다. 그러므로 존재하고 있는 모든 것은 善하다." - 고백록, 7권 12장, 18장.
24) 중국의 유가와 도가, 임계유 편저, 권덕주 역, 동아출판사, 1993, p.220.
25) 서양윤리사상사, 최재희 저, 서울대학교 출판부, 1981, p.101.

창조가 없었다면 어떤 가치도 존재할 수 없다. 하나님이 뜻하셨기 때문에 뭇 존재는 빛날 수 있다. 지구는 태양빛을 받아야 뭇 아름다움을 생성시킬 수 있듯, 인간의 존재 가치도 마찬가지이다. 가치를 인간의 창조를 통하여 본성 가운데 모두 묻어 둔 것일진대, 이것을 우리는 소정의 주어진 生의 과정을 통하여 발양해야 한다. 가치를 인식해서 실현하는 그곳에 인생 최고의 목적이 있다.

2. 가치의 형성 작용

가치가 형성된다는 것은 인간의 본질이 생성하고 있다는 말과 같다. 인간의 본질은 생성을 이루며 생성하는 본질의 바탕 위에서 인간의 영혼과 그 영혼이 믿은 진리와 가치는 영원하다. 생성은 원래 창조를 위해 바탕된 통합적 본체가 창조의 실현과 더불어 극이 양분화됨과 더불어 출발하였다. 그래서 창조된 천지 만상은 영원할 수 있기 위해 끊임없이 자기 존재를 형성하지 않을 수 없게 되었다. 여기에서 인간이라고 예외일 수는 없다. 바탕된 본질의 생성 자체는 당위라고는 하나, 인간은 자체적으로 추진이 가능한 의지체이므로 생성을 촉구하고, 순하면 영원히 存할 수 있지만 逆하면 滅한다. 생성 본질이 의도하는 바 대로 제 본질적 요소를 일깨우고 분열을 가속화시키는 그곳에 형성 작용이 있다. 생성은 창조와 차원을 달리하되 만상을 부단하게 변화시키고 새로운 것을 샘솟게 한다. 日日新이라. 수양과 정진으로 나날이 새롭다. 하지만 본성을 끝없이 고양하지 못할진대 의로움이 없는 곳에서는 용기가 생겨나지 않는다. 義는 지극히 본질적인 요소인데,[26] 義의 생성이 중단된 마당에서는 용기가 샘솟을 리 없다. 본질을 생성할 요인의 제공이 중단된 상태라 본질이 형성 작용을 멈추어 버린 것이다. 인간은 참된 가치성에 대한 신념인 믿음으로 인하여 변화를 입으며, 참된 믿음은 무엇보다도 인간의 본질을 촉진시켜 구원의 에너지를 생성시킨다. 이것이 믿음이란 무형의 요인이 본질을 변화시킨 구원의 형성 작용 원리이다. 루터는 인간의 하나님을 향한 믿음이란 義的 가치가 인간 영혼을 본질적으로 새롭게 변화시킨다(구원)는 사실을 확인했기 때문에, "구원의 확신을 얻게 됨으로써 믿음으로 의롭게 된다고 한 프로테스탄트의 신앙 터전을 세울 수 있게 되었다."27)28) "만인에게 감동을 주는 가치의 창조"29)와 구원의 원리성에 대한 인식은 이 같은 본질의 생성 요인을 촉구한 형성 작용을 통해 가능하다. 본질이 생성하므로 그로 인해 가치는 새롭게 창조될 수 있는 것이고, 참신한 가치 일굼은 보다 많은 영혼을 구원할 수 있다. 인간이 덕성을 함양하고 하늘을 향해 영혼의 문을 열어야 하는 이유이다. 인간의 본성은 하늘로부터 주어진 것이라는 믿음이 있거니와(天性의 부여), 인간의 본성을 촉진한 본질적 요소는 천지간에 편만해 있다. 이것을 인간의 본능 요소에 국한시키게 되면 영원을 향한 본성의 촉진 요인이 고갈되어 버린다. 인간이 德을 세우기 위해서는30) 자신이 노력해서 완성해야 할, 스스로로부터 이끌어 내어야 할 德이 있고, 추구하면서 세상으로부터 얻어 내어야 할 德이 있으며, 간절하게 기루어 하늘로부터 구해야 할 德이 있다. 인간의 본질이 천지와 연계되어 있는 한 그

---

26) 義는 사고하는 인식의 구조물이 아니라 본질과 연관이 있다.
27) 기독교와 문화, 조인서 저, 한올출판사, 1996, p.227.
28) 하나님의 義는 믿음 하나뿐인 정신의 본질적인 요소에 근거함.
29) 창 나는 누구인가, 이영호 저, 한양대학교 출판원, 1995, p.50.
30) 德은 제 본질적 가치 요소를 담아 둘 수 있는 인격체적 본성 그릇임.

렇다. 그리해야 인간의 생성 본질을 중단 없이 촉진하고 목적하는 바 단계로까지 변화를 입혀 영원한 본체성의 생성 반열에 진입시킬 수 있다.

그중에서도 인간이 가치를 인식할 수 있다는 것은 본질의 형성 작용을 감지하였다는 말과도 같으며, 가치는 본질에 변화를 입히는 가장 직접적인 요소이다. "프로이트는 id(원시적 욕구), ego(자아), super ego(초자아)라는 요소들이 어떠한 경합이나 갈등을 일으키느냐에 따라 사람의 성격이나 행동의 성질이 결정된다."[31]라고 보았듯, 洋의 東西를 불문하고 보다 본질적인 요소성의 추출과 인간의 제 특성 결정 및 변화와의 함수 관계 추적은 보편적인 진리 추구의 관심사였다. 그것을 프로이트는 내면의 잠재 욕구의 변수에 의해 성격·행동이 결정되는 것으로 보았고, 그 변수 요인을 성적 에너지에 두었다. 나아가서 "개인의 심리적 발전 단계는 인류의 역사와 대응된다고도 보았다. 그는 인간의 가장 심오하고도 영원한 본성은……어린 시절에 해당하는 선사시대에 두었는데",[32] 프로이트의 이 같은 인간의 본성 형성 요인 파악은 세계의 창조 본질과 관련하여 여러 가지 점을 시사하고 있다. 인류가 세계 가운데서 핵심된 본질적 요인을 파악하기 위해서는 그야말로 세계관적 요인의 문제가 해결되어야 한다. 그렇지 못하면 피상에 그치는 한계성에 직면한다. 프로이트 역시 인간에게는 대인류적인 잠재 본성이 끊임없이 구축되었고, 의식 이면에 id란 원시 본성과 순수 본실인 초자아가 표면화된 인생의 제반 특성에 영향을 끼친다고 본 것에 대해서는 구조적으로 진리성이 인정된다. 하지만 그 함수 요

31) 성격과 행동의 지도, 이상노 저, 중앙적성연구소, 1979, p.19.
32) 인간 본성에 관한 10가지 철학적 성찰, 앞의 책, p.148.

인을 성적 에너지의 집산 여부와 갈등에 두었다는 것은 인간 본성이 본능에 의해서 형성되는 것으로 오인하게 하였다.

확인되다시피 본능은 조절 여부에 따라 인간의 외부적인 특성인 성격과 행동에 지대한 영향을 끼치지만 본질을 변화시킬 만큼 생성을 촉진하는 본질 요소는 아니다. 이것은 서양이 추구한 전반적인 사유의 특색이기도 하다. 그들은 순수 본질의 작용 원리성을 파고들기보다는 존재된 사물의 본질을 파악하는 데 주력하였고, 그것을 인간 본성의 실체성을 파악하는 데 적용시키게 되어 순수 본질의 생성과 통합적 작용을 보지 못했다. 이것은 만상의 변화와 생성에 대해서 핵심된 본질을 오판하게 한 결과를 초래했다. 進化論이나 辨證法的 唯物論이 대표적인 실례다. 그들은 역사와 세계의 변화요인을 본질에서 보지 않고 가변적인 현상 요인에서 구하였다. 가지는 쳐도 움이 돋지만 뿌리가 뽑히면 소생이 불가능한 것인데도 그들은 양적 변화의 극대화가 질적인 변화를 가져온다고 공언했다. 그것도 연속적인 것이 아니라 급격한 비약을 내포한다고 보아[33] 천지 만상을 구축한 핵심된 메커니즘 요인으로 삼았는데, 이것은 주어진 결과 현상에 대해서 세계를 거꾸로 해석한 것이다. 그들 스스로 모순이란 말을 상용하였듯, 가지도 뿌리에 영향을 끼치고 뿌리도 가지를 지탱시키기는 하지만 가지에 변화를 입히는 것은 어디까지나 뿌리이다. 본질이 제반 존재 요소를 구축하였다는 말이다. 본질이 바탕이 되어 천지를 창조하고 생성, 형성, 변화, 구원, 생멸을 관장하는 것이다. 분열하는 세계에서는 종속에 대한 질서 관계가 분명하다. 그런데도 進化論은 더욱 가당찮게 "양적 진화의 어느 과정에서 돌연변이로 인한 질적 변화가 일어났

---

33) 변증법적 유물론, p.인터넷 자료.

다고 본 것이다."[34] 원숭이와 인간은 크게는 같은 동물로서 유는 같이 하지만 본성(종)을 달리한다는 점에서는 질이 다르다. 그런데도 도저히 넘어설 수 없는 차원의 강을 비약(돌연변이)이란 미명 아래 가능하다고 본 것은 창조의 본질을 모른 무지로 인해서이다.

질을 달리하는 것은 차원을 달리한 창조로 인한 결정성이다. 이틀이 무너지면 만상은 만상으로서 개개의 특성을 유지할 수 없다. 특성을 유지하기 위해서 결정지어 놓은 법칙을 좁은 인식 틀에 맞추어 인간이 마음대로 허물어뜨려 버리다니! 빈대 한 마리를 잡기 위해 초가삼간을 태워 버린다고 하였듯, 조그만 외적 변화를 근거로 종간에 유지되고 있는 근본 법칙을 무시해 버렸다. 수많은 종의 존재와 탄생이 정말 양적 변화와 질적인 비약에 의해 최초 A로부터 B가 되고 B가 다시 Z로까지 되어 수많은 세월의 경과 후 오늘까지 도달했다면, 종을 생성시킨 근본 뿌리를 찾을 길은 더 이상 없다. 열차처럼 일렬로 연결시킨 이 같은 변증법적 인식은 분열된 질서 위에 설 수밖에 없는 어쩔 수 없는 한계 인식이다.

창조는 그런 것이 아니다. 통합적인 본체성으로부터 한순간 동시에, 그리고 한꺼번에 천지 만상과 뭇 종들과 만물을 창조하였다. 뿌리는 한 근원이고 한 본질이며, 본질은 영원히 변함이 없다. 그러면서도 본질은 생성으로 만물을 변화시키나니, 변화는 극성을 달리하여 분열을 극한 순간 다시 되돌아가게 되어 있다. 그래서 만상은 생성으로 변화무쌍하더라도 근본 뿌리에 해당하는 본체는 변함없이 무궁하다. 동양 本體論은 바탕의 순수함을 영원히 보존한 상태에서의 생성을 통한 변화를 추구하였는데, 서양은 기독교의 創造論을 무시하여 놓고 進化論이나 辨證法的 唯物論은 사실상 차원

---

34) 학생 인성지도의 이론과 실제, 앞의 책, p.32.

적인 창조를 말하였다. 바탕된 흔적을 제거하고 근본된 뿌리를 말살한, 진화가 아니라 그야말로 인류 문명의 퇴보를 부추겼다. 그래서 종말을 맞이했다. 그런데도 천지 만상이 개개의 존재 특성을 잃어버리지 않고 존속되고, 인류가 문명을 개화시킨 것은 진화 때문이 아니라 영원토록 변함없는 창조 본체가 본질로서 有한 때문이며, 부단하게 하나님의 창조 목적과 의지를 일깨운 때문이다. 본체가 변함없는 항구적 상태에서의 생성 메커니즘은 세계의 본질을 영원하게 존속시키기 위한 변화 시스템이다. 오히려 변하지 못하면 멸한다. 하지만 진화는 이와 반대이다. 변하지 않으면 그나마 본질을 유지하지만 변할수록 고유성을 희석시키는 시스템이다. 進化論이 인간의 존재 가치를 얼마나 격하시켰는가 하는 것은 역사가 증명하고 있다. 인류의 장래를 더 이상 서구인들의 진리 인식 방법론과 세계관과 가치판단에 내맡길 수 없는 이유이다.

그러나 그나마 순수 본질성에 입각해서 부족하나마 순수 작용성의 세계를 파고든 것은 동양의 本體論이라고 할까? 일찍이 맹자는 浩然之氣를 통해 "사람이 浩然의 氣를 기르게 되면 인간과의 관계에 있어서뿐 아니라 우주와의 관계에 있어서도 두려움이 없어진다고 하였다. 그리고 浩然의 氣를 확충하는 方法論으로서 그는 의로움(義)을 모아야 한다고 했는데",35) 氣는 理와 더불어 儒家가 전통적으로 제시한 만물의 바탕 형성에 참여한 본질적인 요소이다. 그래서 크게 확충, 확대하면 인간의 본성 가치인 의로움이 형성된다는 뜻이다. 창조로 인해 "천지 사이에 가득 찬 것이 浩然의 氣(본질)인데",36) 이 氣가 본성 가운데서 충일되면 義가 생성된다.

---

35) 유교의 이해, 정진일 저, 형설출판사, 1997, p.181.
36) 호연지기 연구, 금경수 저, 원광대학교 한의과 대학, 소논문, p.10.

즉 본질적 氣가 생성으로 인해 義的 본질을 형성한다. 진리가 본질을 형성하듯 浩然之氣가 본질적 가치를 형성한다. 이것이 생성으로 변화를 입은 눈에 보이지 않는 무형의 본질 작용이요, 본질 생성을 촉진시키는 가치와의 함수 관계이다. 세계의 창조 본질은 그냥 존재하지 않는다. 끊임없이 생성함을 통해 세계의 有를 형성시킨다. 이것을 우리는 항상 미래로부터의 신선함으로 받아들인다. 새싹, 새 생명, 새 역사가 그렇다. 이에 인간이 가치를 인식함은 바탕된 본질을 변화시키고 근본을 형성하는 소프트웨어 역할을 담당한다. 마치 氣라는 본질 바탕에 理라는 이치를 담당한 눈이 달려 있어 완전한 太極(창조체)을 이루듯,37) 가치는 인간의 본성을 바탕 짓는 핵심 요소이다. 사람은 천성적으로 간혹 높은 도덕적 품성을 지니고 태어나는 사람은 있으나 대개는 가치를 일깨우고 수용하여 어떤 의지를 부여하는가 하는 것이 본질 형성을 결정한다. 氣는 확충할 수 있고 성인은 배워서 된다고 한 것이 이 말이다. 어떤 요인보다도 인간은 가치를 바르게 인식해야 본질을 변화시키고 승화시켜 聖人之道에 도달할 수 있다. 아무리 인간이 도덕성을 가지고 있다 하더라도 순수한 판단만으로서는 도덕적 본성이 함양되지 않는다. 인격의 도야 가운데서 도덕적 가치를 끊임없이 일구어 나가야 한다.38) 그 같은 가치 일굼에 본성의 생성 변화가 촉진된다. 가치는 인격을 형성하고 인격은 온갖 德을 샘솟게 하는 원천이다. 가치는 주관적인 인격성이 창출해 낸 결정 메시지이나 극복되고 승화된 가치는 표출된 순간 더 이상 주관적이지 않다.

---

37) "실로 만물은 모두 理를 갖추고 있다." - 진영첩의 주자 강의, 진영첩 저, 표정훈 역, 푸른역사, 2001, p.168.
38) 인간이 도덕적 가치를 깨우쳐 감은 실로 성인의 지도라 할 것이나, 여기에는 참된 수행과 끊임없는 자기 성찰이 내성을 굳히게 하는 첩경이다.

세계적 본질과 호환되어 보편성을 확보한다. 뭇 가치를 인출하는 바탕이 인간의 본성 가운데 있으므로, 인간은 하시라도 인격성의 함양을 게을리 해서는 안 된다. 뭇 인격의 本은 가치가 본질을 변화시켜 구축한 것이다. 가치가 본성을 변화시켜 聖德化의 길을 여는 것이므로,[39] 이 같은 무형의 본질 작용성이 세계관으로서 뒷받침될진대, 이것은 인류의 타락된 본성을 변화, 계도할 수 있는 구원의 원리가 되리라. 가치의 형성 작용은 인간이 몸 바쳐 이룰 생애의 과정을 가장 가치 있게 하리라.

3. 가치의 축적 작용

머리로 구상된 가설이 사실로 입증되고 인식된 원리가 실험·관찰을 통해 확인되고 증명될 수 있다면 가설은 더 이상 가설이 아니고 원리는 누구에게서도 동일한 결과를 가져오는 보편성을 확보한다. 콩트로부터 출발한 실증주의는 모든 초월적인 사고방식을 부정하고 실증 과학에 기초하여 인식을 경험적 사실에 한정한 사고방식이다.[40] 하지만 세계는 반드시 실증이란 절차를 거치지 않더라도 존재하고 있고, 분열을 다하지 못해 인식할 근거가 생성되지 못한 선험 상태로서도 존재하는 것이 있다. 통합적 본체나 아직 다가오지 않은 채로 존재하고 있는 미래 같은 것이 그것이다. 세계는 드러난 현상적, 존재적 실체 외에 무형의 본질적인 작용이 있어 세계적 현상은 오히려 이 본질의 생성 작용에 의해 온갖 현

---

39) 위의 책, p.182.
40) 새우리말 큰사전, 신기철·신용철 편저자, 삼성출판사, 1985, p.2117.

상이 근간 지어진다는 사실을 언급했다. 실증의 뿌리라는 것도 알고 보면 본질 작용의 확고한 바탕성에 근거한다. 그런데도 문제는 뭇 존재 현상은 오감으로 확인이 가능한데 본질 작용은 물질적 경과 방식처럼 증명을 할 수 없다는데 있다. 세월의 경과 속에서 증험하는 방식이 있기는 하지만 이 역시 주관성을 면할 수 없다. 기독교에서는 믿음으로 구원을 얻는다 하였고, 불교는 믿음이 온갖 공덕의 어머니라고 했다. 하지만 왜 우리는 참되게 살아야 하는 것인지, 가치를 일구면서 善하게 살아야 하는 것인지, 구원의 본질 형성 문제라든지 영생을 입증할 진리적 증험 과제가 만만찮다. 이에 세상 가운데는 물질의 작용 원리가 있듯 본질의 작용 원리가 있다는 것을 간파해야 한다. 당연히 물질은 표상된 유형의 현상이라 눈으로 확인이 가능하고 본질은 무형이라 감각적 인식으로서는 확인이 안 되는 차이가 있다. 이 차이성을 무시한 채 물질적 현상을 잣대 기준으로 하여 존재한 본질 실체를 진리의 영역에서 퇴진시켜 버린 데 서양철학의 씻지 못할 과오가 있었다. 세계가 생성하는 한 물질이든 본질이든 분열하는 것은 마찬가지이며, 분열하면 축적된다. 단지 축적 방식이 표상되었으므로 보이는 것이고 본질은 내재되었으므로 보이지 않는다. 그리하여 생성하는 본질은 분열하고 분열한 본실은 다른 데로 사라지는 것이 아니라 끊임없이 축적되어 세계의 有를 형성한다. 가치 역시 인식이란 절차를 통해 본질을 형성하므로 작용성이 보다 구체적으로 시스템화된 것이 축적 작용이나. 불실노 사불보서의 본실을 가지는 바, 불질이 엄청난 정보를 축적할 수 있는 저장 능력을 가지고 있다는 사실을 아는 우리가 본질이 인생의 일체 행업을 고스란히 레코드화한다는 주징을 무시해서는 안 된다. 벽돌 하나하나로 쌓아 올린 만리상성이 지상 최대의 구조물을 이루었듯, 인간이 일생을 통해 쌓아 올린 행업은 눈에 보이지 않는다고 해서 허망한 것이 아니다. 쌓이고 쌓여 미래의 진로를 연다. 그 같은 쌓음이 죽음 이후의 존재 형태까지도 결정하지 않겠는가? 여느 종교인이나 철학자들이라도 이 같은 사실을 주장은 했는데, 무형의 실체 작용성을 원리적으로 설명하지 못한 데 문제가 있었다.[41]

하지만 세계가 분열을 다한 관계로 실증을 요구하듯, 본질도 실증성에 부응할 세계적 순숙 때를 맞이하였는데, 그것이 무형의 形而上學的인 가치를 인식한 의식의 추구 과정이 내면의 본질 바탕 가운데 축적되어 세계를 변혁시킬 기반을 조성한 축적 원리이다.[42] 이것은 그동안 취약했던 제반 도덕적 가치의 객관적 원리성을 확립하는 길이다. 도덕적 신념과 믿음과 義에 대한 가치 인식은 쌓음이란 작용을 통해 그대로 장래 인생을 결정하는 무형의 본성 요소를 이룬다. 우리는 오늘날의 도덕 교육이 유형무형의 도덕적 덕목체들에 대해 내면의 본질 속에 쌓이는 축적의 원리성을 현실감 있게 제시, 증명하지 못함으로 인하여 바람직한 가치 양성과 기룸과 도야를 위한 방법론을 정착시키지 못하고 있다는 사실을 알고 있다. 지식의 쌓음은 평가를 통해 객관적인 확인이 가능한데, 도덕성마저 지적 위주로 접근됨에 있어서는 문제가 있다. 도덕성 함양은 지식적 축적이 아니라 덕성을 도야해서 가치를 축적하는 방향으로 나아가야 한다. 여기에 수행·정진·성실·기룸·도야는 본질의 축적 시스템이 되고(義的 가치는 기룸을 통해 쌓임), 참·바름·순수정감·인애·진실·정직성 같은 것은 가치를 축적시키는

---

41) 세계섭리론, 졸저, 인쇄본, 2000, p.471.
42) 위의 책, p.471.

본질 그릇, 곧 바탕성을 제공한다. 즉 수행은 본질을 쌓는 것이고 "德은 수기 – 修己, 곧 인격을 닦는 데서 만들어지고 높여진다."43) "세계 위에 어떤 지존의 가치를 쌓을 수 있는 것은 생성하는 본질 이 축적됨으로서이다. 본질의 축적은 모든 세계 형성의 근거가 됨 으로 인하여 인간은 보다 선행된 본질 바탕을 보존함으로써 운명 을 개선할 수 있다."44) "무형의 성숙된 세계성의 도래와 획득은 본질의 작용성과 축적 원리를 모르고서는 설명할 수 없다. 마음을 열고 믿음을 받아들여야 세계 의지는 수용될 수 있고, 본성 근본 에 비약과 승화를 이루는 계기가 마련된다."45) "가치 인식은 본질 을 형성하므로 단순한 앎으로 끝나지 않나니, 마음을 동반한 정신 작용은 氣의 축적으로 의지의 에너지를 형성한다(무형의 본질 = 축 적됨)."46)

그렇다면 우리는 어떻게 해야 제 가치적인 요소를 내면의 본성 가운데 축적시켜 본성의 질적 변화를 기대할 수 있는가? 그 요건 은 우선 인간된 근본을 바르게 세우는 것이다. 즉 인간은 어떠한 근본으로 존재하는 것인가에서, 뜻으로 근본을 세우고 忍으로 근 본을 막으면 자아는 축적된다. 아무리 인생에 추진력을 보태더라 도 근본에 밑이 빠져 있으면 본질은 쌓이지 않는다. 근본이 서지 않은 세계는 쓸쓸한 풍상만 잦아들 뿐이다. 인생은 연륜이 중요한 것이 아니라 근본이 중요한 것이며, 인생의 본질은 근본에 대한 주기적 반복이 아닌 근본에 의한 단계적 축적이나니, 근본을 축적 시킴으로써 자아에 대한 성찰의 길을 열어라. 참된 배움은 인생을

---

43) 동양적 가치란 무엇인가(논어의 세계), 송복 저, 지식마당, 2004, p.115.
44) 세계통합론, 앞의 책, p.72.
45) 위의 책, p.73.
46) 觀念論, 經驗論의 피상성을 넘어설 수 있는 세계극복 원리임.

영속하게 하고, 보람을 긍지로 삼는 사람은 외롭지 않지만 인간이 남긴 업보 중에서도 돌이킬 수 없는 죄악은 심중 깊숙한 곳에 자리 잡고 있다. 왜 우리는 이 생에서 공덕을 쌓지 못하면 저승에서 기대할 것이 없는가? 그 이유는 마치 봄에 씨를 뿌리지 않은 자가 가을에 거둘 것이 없는 것처럼 분명하기 때문이다. 선업이든 악업이든 본질 가운데 쌓이는 것은 동일하나, 가치 있는 것을 추구하면 氣를 충일하게 하고, 그릇된 것을 추구하면 氣를 흐트러뜨린다. 참된 마음, 생각, 의지, 신념, 진리에 대한 인식, 소망, 덕성 등은 氣를 축적시키지만 감각적 쾌락은 반대이다. 아무리 좋은 찬스라도 헛발질을 해 버리면 수포가 되어 버리듯, 가치가 없는 것은 쌓여도 보람이 없다. 그래서 "사려 있는 사람은 고통이 없는 것을 추구하지 쾌락을 추구하지 않는다."[47] "인간의 이성적 의지는 신체에 의하여 불러 일으켜지는 정념에 의하여 헝클어질 수 있다."[48] 하지만 맹자가 말했던 浩然之氣처럼 "자기 마음의 氣를 기르면 그것이 천지간에 꽉 찰 정도로 크게 된다."[49][50] 가치성을 인식한 "의지와 氣는 밀접한 관계가 있어 의지는 한결같이 하고 氣를 흩트리지 말라."[51] 氣를 기르면 氣가 축적되어 본질이 충만한 결과를 가져온다. 이 같은 가치 본질의 엄연한 작용 원리를 직시했기 때문에 "君子는 비록 가난하다고 해도 끝내 제기를 팔지 않았다."[52] 의로운 가치를 저버리지 않고 수호했다.[53] 덕성을 쌓고

---

47) 니코마코스 윤리학, 아리스토텔레스 저, 최명관 역, 서광사, 1984, p.220.
48) 데카르트의 철학과 사상, 앞의 책, p.190.
49) 중국사상사, 森三樹三郎 저, 임병덕 역, 온누리, 1990, p.119.
50) 맹자 말씀하시기를 "그 氣라는 것은 지극히 크고 지극히 강하니 정직함으로써 기르고 해침이 없으면 광대한 천지의 사이에 충만하게 된다." - 호연지기 연구, 앞의 소논문, p.9.
51) 위의 소논문, p.8.
52) 예기, 이문수 역해, 전원출판사, 1995, p.56.

의로운 길을 실행하면, 그 결과가 어떤 절대자로부터의 보상이 있기 이전에 자체의 본질성이 승격된다. 이 원리를 만인은 참으로 두려워해야 한다. 가치의 축적 작용은 인류를 한 사람도 빠짐없이 生의 심판대 위에 세울 수 있는 본성 감정기이다. 태초로부터 인류의 전체 역사를 낱낱이 기억한 대메모리 시스템이다. 그것이 과연 불가능하다고 보는가?

4. 가치의 실행 작용

가치를 자각하고 일깨우고 인식하면 본질을 변화시켜 종국에는 차원적이 질적 승화를 가능하게 한다고 했는데, 이 같은 일련의 본질 생성 과정이 인식론상 관념선상에서 이루어지는 작용인가 하지만 그것은 아니다. 가치 인식은 항상 행동을 전제로 하는 것이며, 소정의 행동 수행 과정이 병행되어야 목적하는 바대로의 본질 분화가 가속화된다. 이 같은 문제로 인해 선현들은 인간의 인식 작용을 인식만으로 끝낸 것이 아니라 실행의 문제와 연결 지을 수 있는 메커니즘을 찾기 위해 고심했다. "소크라테스의 지혜는 곧 德이며, 德을 인식하는 문제는 실천의 문제였다."[54] "동서양철학이 근본 문제에 있어서는 形而上學, 인식이론, 가치의 문제가 중심과제였지만",[55] 더 나아가면 행동력이 도사렸다. 윤리·도덕은 정신적으로 가늠되는 도리이며 이치이기 이전에 온갖 행위의 바탕이다.[56]

---

53) 위의 책, p.182.
54) 교육의 역사 및 철학적 기초, 조영일 저, 형설출판사, 1993, p.42.
55) 유학원론, 싱균관내학교 유학과 교새변찬위원회, 성균관대학교 출판부, 1995, p.68.

"아직도 철학에서는 윤리학을 다루느냐"57) 하고 반문할지 모르지만, 과학이건 경제학이건 무엇이건 가치를 인식한 윤리는 제반 행동을 컨트롤하는 중심에 있다. 그래서 "행위의 규범 내지 인생의 궁극 목적에 관한 당위의 학인 윤리학이 하나의 학으로서 성립된다."58) 文→行, 知→行, 도덕 원리의 실천 문제도 마찬가지이다.59) 가치 인식은 결국 실행력이 목적이다. "수행의 핵심은 文, 즉 배우는 것이고 그리고 行, 즉 실천하는 것"60)이라고 했듯, 우리는 항상 바르게 배우는 것(正學)으로서 끝나는 것이 아니고 바르게 실천하는(正行) 데로까지 나아가야 한다. "배운 것은 또 행하여야만 한다."61) 儒家가 이상으로 삼았던 인간상인 "君子는 자신에게 주어진 天命을 자각하여 그것을 실천 구현하는 존재였다."62) "중국철학의 주요 학파들은 한결같이 孔子·묵자에서부터 왕양명에 이르기까지 인생의 실천을 위주로 하지 않은 것이 없었다."63) 특히 왕양명은 "行이 없는 知는 眞知가 아니라는"64) 점을 강조했다. "行이 없으면 知라고 이를 수 없다."65) "알고서도 행하지 않는다는 것은 정말 모르는 것이다."66) "知는 行의 시작이고 行은 知를 완성하는 것이다(知行合一)."67)

---

56) 윤리학은 실행력이 전제됨.
57) 동양과 서양이 127일간 e-mail을 주고받다. 김용석·이승환 저, 휴머니스트, 2001, p.283.
58) 가치론의 문제와 역사, 이대희 엮음, 정림사, 2001, p.120.
59) 도덕 원리는 항상 실천의 문제가 따름.
60) 동양적 가치란 무엇인가, 앞의 책, p.81.
61) 순자의 인성관과 교육사상, 문현상 저, 전남대학교대학원 교육행정전공 석사학위논문, 1982, p.12.
62) 역경과 사서, 앞의 책, p.110.
63) 중국철학사, 장기균·오이 저, 송하경·오종일 역, 일지사, 1989, p.6.
64) 양명철학의 연구, 송재운 저, 사사연, 1991, p.216.
65) 전습록, 권 중, 답고동교서, p.7.
66) 전습록, 권 상, 서애록, p.9.

하지만 문제는 行이 知의 완성 목적이라는 것은 분명한데, 왜 知行을 애써 목적 짓지 않으면 양자가 겉돌게 되는가? 연결 짓기 위해서는 의지를 다잡지 않으면 안 되는가 하는 것이다. 왜 우리는 아는 것만으로, 혹은 알고 있는 것만으로서는 行을 직접 일으키지 못하는가? 어떻게 해야 우리는 알고 있는 일체의 선함과 옳음에 대하여 도덕적 실천 의지를 발동할 수 있을 것인가? 선현들이 아무리 인간이 어떻게 행위를 할 것인가에 대한 해답인 도덕 원리를 제시하였어도 관념상에 있는 원리성 자체가 직접적인 동인이 될 수는 없다. "왓슨은 1913년의 논문에서 심리학의 주제는 의식이 아니라 행동이어야만 한다고 주장했는데",[68] 이것은 완전히 주객을 전도시킨 것이다. 마음의 작용은 행동을 일으키는 눈이다. 적어도 마음이 진리라는 것을 인식했다 해도 실행으로 가는 데는 복잡한 의지 결정 절차가 따르는데, 하물며 행동이라니! 마음이 行을 일으키는 동인인 것은 분명한데, 그것이 무엇인가 하는 것이다. "인간이 마땅히 해야 할 도리를 행하기 위해서는 자연과의 조화 속에서 인간된 이치를 깨달아야 하는 것이 우선이다."[69] 인간은 道를 얻기 위해 修身하지만, 오히려 "修身은 道를 실행하는 것이 중요한 요소가 된다."[70] 道를 얻고 나서야 修身은 道를 실행하는 기반으로서 작용된다. 道, 진리, 가치에 대한 인식이 먼저인 것만은 분명하기 때문이다. 그중에서도 가치는 인간의 본질을 변화시키는 핵심 요인이라고 했거니와, 知行 간에 있어서도 의지

---

67) 양명철학의 연구, 앞의 책, p.218.
68) 인간의 본질에 관한 7가지 이론, 레즐리 스티븐슨 저, 임철규 역, 종로서적, 1995, p.141.
69) 주자의 이기심성론에 관한 연구, 박영길 저, 충남대학교대학원 철학과 동양철학 선공 석사학위논문, 1992, p.68.
70) 호연지기의 연구, 앞의 소논문, p.91.

를 발동시키는 직접적인 동인으로서 작용한다. 知行 간에 겉돌았던 메커니즘이 가치가 본질성인 의지를 발동시키는 작용에 의해 비로소 연결된다. 가치 인식은 곧바로 일체 도덕성을 직접 실행시키고 인간의 본성을 行을 통해 발양시켜 완성한다. 知行合一을 이루는 구체적인 동인에 가치가 있다.

그런데도 선현들은 미처 가치의 실행 작용 요소를 찾아내지 못하여 가치는 만재되었어도 실행으로 꽃피우지 못하였고, 도덕적 캐치프레이드는 요란했어도 완수 성과는 미미했다. 연료는 가득한데 엔진이 낡았다면 어떻게 되겠는가? 추진력이 약할 것이듯, 제반 도덕적 가치를 곧바로 실행으로 촉발시킬 수 있는 요인을 연결시키지 못해 만재된 가치 에너지가 불연소되고 말았다. 이상 사회가 건설될 리 만무하다. 가치를 발양시켜야 온갖 것이 추진력을 발휘할 것인데, 先天에서는 도무지 도덕적 앎을 직접 실행력으로 연결할 작용 체제를 구축하지 못했다.

아무리 윤리학이 學으로서 정연한 체제를 수립한다 해도, 성인이 나서 인류의 도덕성을 부르짖는다 해도, 인류로 하여금 실천·실행케 할 동인을 발견하지 못하거나 그릇되게 설정하였다면 윤리학은 학으로서 완성된 것이 아니다. 인류의 이상 실현은 요원하다. "도덕적 동인"[71]을 바르게 드러내어야 성현들이 제시한 제반 이상 가치와 실행력이 매치되고, "도덕실천 의지"[72]가 발동된다. 과연 "인간의 행동에는 마땅히 준거해야 할 기준이 있는가? 아니면 인습에 따르고 있을 뿐인가?"[73] 서양 학자들은 "인간 행동의 동기를

---

71) 도덕의 기초에 관하여, 아르투르 쇼펜하우어 저, 김미영 역, 책세상, 2004, p.211.
72) 맹자와 순자에 나타난 인성론의 비교 연구, 이희석 저, 한국교원대학교대학원 초등교육전공 석사학위논문, 1992, p.27.
73) 철학의 철학, 신오현 저, 지성사, 1989, p.50.

소유욕이다(마르크스), 혹은 성욕이다(프로이트)."[74]라고 하여 논란을 벌였고, "헤겔은 도덕성의 성취를 세계 중에서의 최고선의 실현으로 보면서, 최고선의 가능성의 조건을 이성에 따를 것 같으면 도덕률이 심성에 합치될 수 있다고 했다."[75] 동양의 맹자는 惻隱之心과 같은 道德之心이 인간에게 본성으로 내재되어 있어서 善人 惡人의 구분 없이 어린아이가 우물에 빠지려고 하는 것을 별안간 보게 되면 놀라고 측은한 마음이 생겨 자신도 모르게 달려가서 아이를 구하려는 행동을 취하리라고 했다.[76] 이렇듯 행동의 발동 요인은 생득성, 후천성, 본능성, 이성성, 욕망성 등 다양한 요소 가운데서 추출할 수 있지만, 문제는 그렇게 의지적인 결심을 하도록 한 본질적인 발동 작용 요인이다.[77] 선언적이거나 우연성이 아니라 분명한 작용 요인을 밝힐 수 있어야 하는데, 그것이 바로 道가 실행되고 완성되기 위해서는 가치가 의지를 발동시킬 수 있어야 한다는 것이다.

인간은 가치를 인식함으로써 제반 행위성이 규정된다. "인간이 仁의 가치를 인식함은 인성의 기본이 되고 孝는 四德의 기본이 된다. 仁은 爲人之理요 孝는 百行之源으로서 행동의 방향을 결정한다."[78] 仁의 가치를 인식하면 仁의 가치를 실행하고 孝의 가치를 인식하면 孝의 가치를 실행할 행동 규범을 결정한다. 그런 가치는 그런 본질을 생성시켜 그 같은 근본 밑바탕이 정신적 이상을 구현할 수 있는 실행력을 구축한다.[79] 즉 가치는 의지를 발양하고

---

74) 의혹과 행동, 에리히 프롬 저, 최혁순 역, 서광사, 1986, p.58.
75) 헤겔의 종교철학 연구, 이부현 저, 부산대학교대학원 철학과 철학박사학위논문, 1991, p.16.
76) 맹자와 순자에 나타난 인성론의 비교 연구, 앞의 논문, p.27.
77) 현대 도덕철학, 앞의 책, p.192.
78) 오늘의 충효교육, 조진태 편저, 문궁서관, 1977, p.100.

발동시켜서 실행한다. 어떤 좋은 사상이라도 사상의 목적을 달성케 할 행동에 올바른 가치 규범이 장착(설정)되어 있지 못하다면 그 사상은 아무 소용이 없다.[80] 인공위성이 있어도 발사대가 고장났다면 우주여행을 미루어야 하는 것과 같다. 오늘날 아무리 지식이 만연되었어도 아는 것만으로는 인류의 행동이 동하기 어렵다. 성현들이 밝힌 道를 이론적으로 연구하는 학자는 많아도 정신적인 혼백을 받들어 실천하는 자는 적다. 실행력이 뒷받침되지 못하니까 진리가 생명력을 잃고 초점이 모호해져 무엇을 어떻게 해야 할 것인가를 몰라 저차원적인 향락에 몰입하고 말았다. 실행력을 잃어버린 목적과 가치와 계율과 도덕은 진리로서 생명력을 다한 것이다.

진리가 아무리 진리라도 진리력을 완전하게 발휘하지 못하고, 원하는 바 "도덕적 실천의 궁극 목적이"[81] 실현되지 못하는 것은 진리 자체가 인간 본질과 동떨어져 있거나 타율성이 강해서이다. 이때도 가치 인식은 갭을 메워 자율적인 동인의 유발로서 거의 완벽한 상태에서의 구현을 가능하게 한다. 학교 운동장에는 항상 휴지가 버려져 있고 길거리에는 항상 담배꽁초가 나뒹굴고 있는데 교육적인 힘이건 사회적인 법이건 행위를 100% 근절시킬 방법은 없는가? 교육적 노력과 강제적인 법률의 집행에도 불구하고 음주운행 수치가 늘고 범죄행위가 끊이지 않는 상황에서 인류에게 적용될 절대적인 도덕률은 도출될 수 있을 것인가? 성인의 도덕적 권위로서도 불가하리라. 先天에서는 성현의 말씀이 없어서, 혹은 절

---

79) 가치 → 의지발동 → 행동규범 결정 → 행위성 규정.
80) 증산사상 중심의 인류갱생철학 개론, 배용덕·황정용 공저, 태광문화사, 1995, p.545.
81) 유교윤리와 인도주의, 최형식 저, 한올, 2000, p.11.

대 권위를 가진 神이 존재하지 않아서 종말을 맞이한 것이 아니다. 그렇다면? 아무리 神의 절대 명령이 온당하다고 해도 인류 개개인의 실존 의지와 연결되지 않으면 만인이 실행할 동인으로서 작동되지 않는다. 神의 명령을 가치로서 인식해야만 자율적인 실행 동력이 발동된다. 즉 가치 인식은 자가 실행력의 장착 효과를 드러낸다. 궁극적인 이상 가치 구현은 누가 뭐래도 자율적인 가치 인식에 의해서만 100% 달성이 가능하다.[82]

이에 인간이 쌓아야 할 德은 자율적인 질서 원리로서 세계를 질서 짓는 자체 실행 능력을 가졌기에 고귀하다. 도덕 원리는 질서 지을 것은 질서 짓되 실천력은 자율에 맡겨져야 한다. 자율에 맡겨진 가치의 실행은 일체 흐트러짐이 없다. 예로부터 선비가 義를 행위의 근본으로 삼았던 本이 실례다. 義는 옳음이라. 자기에게도 옳음이고 타인에게도 옳음인데, 거기에 걸맞은 행위를 컨트롤하는 것이 자신이다(자율성). 하늘과 땅과 스스로에 대해서이니만큼 그 옳음(義)은 빈틈이 없다. 100% 순수 본질성의 달성이다. 오직 義를 本으로 해서 禮로 행하고(禮以行之) 겸손으로 나타내고(孫以出之) 信으로 이루게 되니(信以成之), 무엇에 대해서도 공명정대하고 투명하며 떳떳하다. 마음의 문을 활짝 열어 숨김이 없다(open).[83] 가치로서 실행된 행위에는 항상 자율적인 컨트롤과 동인 추진력이 장착되어 있다. 무슨 일을 하든지 義를 생각하고 義를 밝히고 무엇에 대해서도 부끄러울 것이 없이 떳떳하다.[84] 이 시대에 하나님이 내리실 도덕적 계율은 두려운 바이고 순엄한 것이니, 그렇더라도

---

82) 목적의 원리도 유용성의 원리도 아닌, 가치 인식과 추진 작용이 거의 완벽한 도덕성 구현 가능성을 발휘함.
83) 논어, 위령공편 17 – 동양적 가치란 무엇인가(논어의 세계), 앞의 책, p.272.
84) 위의 책, p.273.

인류에 대한 요구가 획일적인 순종을 강요한다면 실패하고 만다. 하나님의 아들인 예수는 절대로 타율적 行을 강제하지 않았다. "그들이 당신에게 행하기를 바라는 바 그대로 그들에게 행하라."[85] 철저하게 자신이 바라는 자율성을 타인에게도 그대로 적용하길 원했다. 가히 거의 완벽한 윤리학의 황금률이라 할 만하다. 또한 "제 눈으로 보는 형제를 사랑하지 않는 자가 어떻게 눈으로 보지도 못하는 하나님을 사랑할 수 있겠습니까?" 즉 行에도 가치 인식에 따른 철저한 단계 원칙과 결과 준칙이 있다. 가치가 인간 본성의 지표가 된 상태에서는 자율마저 어떤 선을 넘지 않도록 컨트롤이 되기 때문에, 동양이 선양한 君子의 행동 준칙은 만인의 本이 되었다. "君子가 그 자리를 바탕으로 하여 行하고 그 밖의 것을 원하지 않은 것은"[86] 자율행의 표본이다. "부귀에 처하여서는 부귀를 행하고, 빈천에 처하여서는 빈천을 행하며 …… 위로는 하늘을 원망하지 아니하고 아래로는 남을 탓하지 않는다."[87] 자각에 의한 당위적 행위와 이성에 의한 조화적 행위와 통제에 의한 분별적 행위[88]가 총화를 이루어, 실행에 있어서 거의 완전성을 기했다. 성인은 다름 아닌 인간이 전격 하나님의 뜻에 의해 창조되었어도 일체 뜻이 자율적인 자각에 의해 하나님의 뜻과 일치되도록 인격성이 도달된, "자율의 자유성을 확보한"[89] 행위체를 일컫는 것이다.

가치 인식이 義的 본질을 발양하여 자율적인 추진력과 실행력을 가질진대, 자신의 순수와 아름다움과 본질을 지키는 것은 자체가 살아가는 인생의 기쁨이고 보람이며 살아 계신 하나님에 대해 영

---

85) 현대 도덕철학, 앞의 책, p.112.
86) 중용, 14장.
87) 중용, 14장.
88) 동양적 가치란 무엇인가(논어의 세계), 앞의 책, p.262.
89) 윤리와 종교, 앞의 책, p.61.

광이다. 세계를 위해, 義를 위해, 가치를 위해, 본성을 지키고 또 버림에 있어 스스럼이 없다. "성삼문이 수양대군의 정권 도둑 행위에 대해 올바름이란 가치를 위해 목숨을 바쳤듯, 정몽주가 이성계의 혁명에 반대하며 충절을 지키다가 선죽교에서 피살되었듯",90) 행위를 실행함에 있어서 부러짐은 있을지언정 결코 굴절은 없다. 사랑, 우정, 正義, 진리, 길을 위하여……. 무엇을 위함은 제 행위의 목적성을 인식한 상태이자 자율적 실행의 동력이 발동된 상태이다. 이 단계에 접어들게 되면 어떤 세파의 소용돌이 가운데서도 자기 균제와 목적은 실행된다. 위함을 위한 일체 추진 과정에서 제 가치관은 통합되고, 인류의 영혼은 하나님의 뜻과 창조 목적에 일치된 완성 세계로 인도되리라.

5. 가치의 통합 작용

만상은 창조된 관계로 존재와 역사를 이룬 유형무형의 근원된 바탕을 가지는데 그것이 본질이다. 본질은 창조 이래로 생성함을 통해 세계의 有를 형성하였다. 先天을 분열의 역사로서 점철시킨 이유도 여기에 있다. 자동차가 바퀴를 굴리면서 차체를 목적지로 이동시키듯, 본질은 분열을 바퀴로 하여 생성함으로써 본체가 지닌 창조목적을 만개시켰다. 그런 만큼 인류 역사가 先天에서 수많은 세월을 바쳐 분열을 이룬 목적은 분명하다. 본체가 지닌 목적과 의지와 뜻과 존재성을 드러내기 위해서이다. 아울러 본체가 분

---

90) 성삼문, 2002년 7월의 문화인물, 문화관광부, 한국문화예술진흥원, 2002, pp.26 27.

열한 것은 통합을 위해서이기도 하다. 세계는 하나인 본질 바탕으로부터 창조된 관계로, 분열하는 힘으로 통합되고 통합된 힘으로 분열한다. 세계가 생성하고 분열하는 한 본질은 통합하는 능력을 가진다. 본질은 원래 분열을 통해 통합하는 작용이 있다. 하나인 본질 바탕으로부터 창조된 세계는 분열을 통해 만개되었으면 다시 하나로 돌아가는 것이 원칙이다. 진리, 역사, 가치, 문명, 인생의 본질도 예외가 없다. 왜 그런가 하면 만상은 하나인 통합 본체로부터 창조되어서이다. 이것을 先天에서 제대로 가닥 잡지 못한 관계로 서양은 분열성만을 진리의 근거로 삼았고, 동양은 본체성만을 진리의 근거로 내세웠다. 서로가 진리성을 인정하기는 하였는데 분열도상에서는 이들을 연결할 고리를 찾을 수 없었다는 것이 先天이 지닌 한계 본질이다. 통합 관점은 전체성을 보았을 때 확보되는 법인데, 분열 도상에서는 어쩔 수 없는 일이다. 인류가 해결하지 못한 이 같은 차원적 난제성을 지성들은 이해하여야 한다. 그러면서도 인류 역사가 지향해 온 목적은 뚜렷하였다는 것, 곧 분열을 통해 통합을 위한 기반을 터 닦은 역사였고, 원래 하나인 본체 모습을 분열을 통해 낱낱이 드러내기 위한 역사였다는 것이다.

그래서 오늘날 현실 위에서 드러날 수 있게 된 것이 하나님의 창조 본체자로서의 전모 밝힘이고 지상강림 역사이며 가치통합 사명의 생성이다. 이것은 한결같이 先天에서는 듣지도 보지도 못했던 메시지일지 모르나, 통합 관점을 개관하고 목적을 완수하기 위해 분열을 극한 것이 先天이 생성시킨 역사 본질이기도 하다. 다 풀어 놓았는데 이 시점에서 엮어 내지 못하면 어떻게 되겠는가? 그것이 창조 본체의 강림에 따른 통합 관점의 생성이다. 생성이라 함은 이전에는 존재해도 드러나지 않았던 새로운 본질의 통합 작용 원리가 인출된 것이다. 아버지가 집안에 생존해 계시고 안 계시고는 자식들에게 큰 영향을 끼치듯, 역사 위에서의 영향력도 마찬가지이다. 생성이 완료되지 않았을 때는 인류가 神을 버리고 하늘을 향해 침을 뱉어도 대책이 없었지만, 완료 이후는 통합 본체의 강림성이 증거된다. 인류가 神을 버린 이후로 세계의 진리는 급속도로 상대화되었지만, 세계의 섭리 역사가 분열을 완료하여 神의 전모 본체성이 드러난 이후로는 세계의 진리 가치를 하나로 통합할 바탕이 마련되었다고 할 수 있다. 진리가 상대화된 것은 뿌리를 잃은 근거이고, 통합 바탕이 마련된 것은 뿌리를 되찾은 결과이다. 세계는 동서 문명이 분열을 극해 제 민족과 각인들이 이룬 문명과 가치와 지혜 가닥을 한눈에 볼 수 있게 되었다. 그런데도 불구하고 이들을 하나로 엮어 낼 필요성은 절감하는데 누구 하나 실질적인 고를 풀어 내지 못하고 있는 것은 안타까운 일이다. 더욱 난감한 것은 시대의 조류를 절감하기는커녕 혼란한 세대에 더욱 움츠려져 전통과 순수성만을 고집하게 되니, 생성하는 본질의 변화성에 대처하지 못하고 있다. 인류가 추종하고 있는 진리와 가치는 어떤 경우라도 세계의 보편적인 본질성이 분열하여 구축한 문화적 양태라는 것을 알아야 한다. 그런데 소정의 역사 과정을 거쳐 별다른 교류, 비교, 분석, 비판, 통찰의 과정도 없이 독자적으로 형성한 이들 세계관이 너 나 할 것 없이 어떤 전체적인 진리와 가치판단의 기준이 될 것을 강요한다면 어떻게 되겠는가? 당장 전문적인 식견이 없어도 문산알 수 있는 깃은 다양성에서 오는 당혹감과 혼란상이다. 지금 세계의 영혼들이 고동을 딩하고 있으므로 세계의 생성 본질과 때에 걸맞은 통합의 과제들이 해결될 수 있어야 하는데 분열성을 지속하러 든다. 어떡하든 저마다이 굳은 가치 세계에 몰입해 있는 뭇 영혼들을 계도할 生의 가치를 통합해야 하는 것이 현시대를 살아가는 인류가 해결해야 할 당면 과제이다. 현대인은 행복한가? 보다 나은 善을 얻기 위해 치달은 세월이 얼마인데 그 결과는 어떠한가? "인류는 물질적으로 안락한 삶, 동등한 재산 분배, 안정된 민주주의와 평등을 추구했는데도 불구하고, 알고 보니 이 같은 목적들에 가깝게 도달한 나라들이 가장 심각한 정신적인 불균형의 징후를 나타내고 있었다니!"[91] 神을 버린 이후 우주와의 커뮤니케이션이 단절됨으로써 고립감, 무력감, 목적을 잃은 자괴감의 수렁에 빠져 들었고(귀양적 삶), 증권, 이자, 투기 등 자본주의라는 사회제도는 인류의 생활 의식을 신성한 삶의 가치로부터 이탈시켜 버렸다. 세계적 분열이 더 이상 방치될 수 없는 종말 상황에서 인류를 구원으로 인도할 가치의 통합 작용은 반드시 구체화되어야 한다.

인류의 문화 모습과 생활이 각양각색인 것은 그들의 생각과 추구하는 가치관과 正義 기준이 다른 것이므로, 이들을 통합하려는 데는 어려움이 있기는 하지만, 그들이 하나인 바탕 본질로부터 생성하여 구축된 것인 한 통합 원리는 작용하고 있다. 그리하여 분열된 세계를 통합하기 위해서는 가치를 통합하는 것이 관건이고,[92] 가치를 통합하기 위해서는 본질의 통합 작용성을 인출할 수 있어야 한다. 모든 가치 질서를 하나로 통합할 大命은 하나님이 이 땅에 강림하심과 더불어 생성된 것이다.[93] 하나님은 기독교인뿐만

---

91) "가장 민주적이며 평화스럽고 번영하는 유럽의 여러 나라들과 세계에서 가장 번영을 누리는 미국이 가장 높은 자살률과 알코올 중독률을 나타내는 등, 가장 심각한 정신적인 불균형의 징후를 나타냄." - 건전한 사회, 프롬 저, 삼성출판사, p.250, 252.

92) 세계를 통합하기 위해서는 각양각색인 인류의 가치를 통합해야 함.

93) 하나님의 지상 강림은 그 본체의 통합 작용 논리 생성을 통해 증명될 것임.

아니라 유교인, 이슬람인, 불교인, 과학인, 無神論者를 불문하고 제반 문화권에 소속된 만인들과 교통하길 원하시고, 그들의 믿음과 진리와 가치 체제 위에서 하나님의 강림 실체가 투영되길 원하신다. 그러기 위해서는 만유에 바탕된 창조 본체, 통합 본체가 실질적인 작용성을 드러내야 하지 않겠는가? 神이 강림했다는 사실 하에서 영속적인 통합 질서의 정초 작업이 이루어져야 한다. 강림 사실에 걸맞은 통합 논리, 원리, 질서, 가치, 그리고 제 역사에 대한 통찰 섭리가 드러나야 한다. 강림한 본체성의 근거 위에서 제 윤리 질서의 차원성이 통합적으로 논거되어야 한다.

인류의 제 가치와 행위를 통합할 진리로서의 근거 제시는 이전에는 불가능했던 일이다. 先天에서는 종교가 통합 바탕 역할을 대신한다고 했지만, 통합 본체 자체의 세계적 분열이 완료되지 못한 상태에서는 통합 본체가 직관되었다 해도 논거될 수는 없었고(道), 증험되었어도 드러날 수 없었다(신앙에 머묾).94) 가톨릭은 왜 부르노를 불태웠는가? 통합은 무엇이든지 수용을 통해서 원융성을 구하는 것이다. 그런데 기독교가 그러지 못했다는 것은 세계의 제 진리를 담아낼 바탕 그릇을 자체 준비하지 못한 탓이다. 그러니까 하나님이 천지를 창조했다고 선언해 놓고서도 정작 이들을 담아낼 본체 그릇을 준비하지 못한 이율배반, 창조로서 하나인 하나님의 세계를 엮어 낸다는 것이 거꾸로 관계 고리를 사사건건 단절시켜 버린 결과를 초래했다. 세상에는 어디에도 하나님의 창조 진리가 편만해 있다. 그런데도 이들을 하나로 엮어 낼 통합 원칙을 확보하지 못하면, 결국 기독교가 역사 위에서 서시른 것과 같은 한계성에 직면한다. 통합을 이룬다는 것이 세계의 분열성을 가속화시

94) 가치론의 문제와 역사, 앞의 책, p 223.

킨 것이다. 이런 연유로 서양은 사물의 분열 본질성에 대한 인식을 진리의 근간으로 했음이 분명하며, 이렇게 해서 개척한 학문 체제와 성과는 창조 이후인 사물의 본질성을 탐구하고 분석하여 이치를 밝혀낸 方法論에 불과했다. 세계를 하나로 엮어 낼 통합 논리 관점을 확보할 수 없는 것이다.

先天 진리가 세계를 통합할 역할을 수행함에 있어서 제반 한계성에 직면한 것은 사실인데, 그렇다고 해서 아무 성과를 이루지 못한 것은 아니다. 각자 스스로의 진리성을 분열시킨 것은 오늘날 세계를 하나 되게 할 기반 조성이다. 각양각색의 날줄과 씨줄이 구비되어야 아름다운 비단을 짤 수 있는 것처럼, 세계는 神의 계명만으로(기독교), 혹은 객관적인 본질 인식만으로(불교), 혹은 인간 된 본성 추구만으로써는(유교) 완성이 어렵지만, 통합 본체가 나뉘어 분열됨으로써 통합할 수 있는 조건은 구비된 것이다. 하나님이 일체 만유의 창조자이시요 만 역사의 주관자이실진대, 이들의 본체 근거가 되는 하나님은 세계 내에서 과연 어떤 진리의 형태로 드러나야 할 것인가? 객관성, 주관성, 의지성, 인격성, 이법성, 지혜성이 총괄되어야 하지 않겠는가? 그래서 선현들은 분열 인식을 거듭하면서도 세계를 하나로 통합할 수 있는 바탕 근거를 마련하기 위해 부심했다. 先天은 분열성이 본질임과 동시에 통합성을 지향한 끈을 놓지 않은 역사이다. 거유들이 性과 理를 연결 짓고, 心과 理를 등식화한 것은 특성을 달리한 존재성을 통합하기 위한 노력 일환이다. 서양 학문은 天→物로, 불교는 天→本, 유교는 天→人, 기독교는 天→子로 관계성을 규명해 天과 세계가 하나 될 일체성을 궁구했다. 天을 바탕으로 각자의 진리성을 붙들었음에도 본체 분열이 완료된 지금은 즉시 통합 본체의 구성 요소가 된다.

"儒家의 道는 人路의 道로서 인간의 윤리적인 道라 할 수 있고, 노장의 道는 천지자연의 道로서 우주 本體論的 道이며",95) 자연과학의 원리는 사물 간에 정해진 物理道라, 서로 특성은 다르지만 전체적인 입장에서는 통합을 위한 요소로 구성되는 것이다. 하나님의 창조 본체가 생성함으로 인하여 분열하다 보니 구조적으로 무형의 天的 의지는 기독교가, 본체 뿌리에 해당하는 智는 불교가, 그 가운데 빼어난 창조 열매인 人은 유교가, 모든 것의 객관적인 결정체인 진리에 대한 인식은 서양 학문이 본체성을 대신했다(天ㆍ地ㆍ人ㆍ物). 세계는 어느 한 부분만으로 구성될 수 없으므로 결국은 통합적으로 드러나야 하는데, 그 같은 구성 체제를 先天 세월 동안 구성을 완료한 것이 강림한 본체라고나 할까? 전모 실체는 곧 전능한 지혜자로서의 모습이요 세계의 진리, 가치, 본질, 섭리, 역사를 일관한 통합자로서의 모습이다. 기독교가 일부 구성하여 밝힌 일방 형태의 창조자, 계명 전달자, 인격적인 의지체가 아니다. 하나님이 세계의 본질을 통합 본체로 구성하심으로써 새로운 모습과 통합을 실현할 실질적인 능력의 주체자로서 강림하셨다. 그래서 불교는 大悟를 진리 추구의 근간으로 삼음으로써 우주 생성의 바탕인 시공의 통합성 구조를 직시하였고, 온갖 변화 가운데서도 변화하지 않는 통합 본체의 항구성을 밑걷혔다. 儒家의 朱子는 "理一分殊說로서 전체와 개체를 一本에 연결시키는 통일적 세계관을 수립하였으며",96) 이것은 하나인 통합 본체로부터 만물이 分殊(분열)되어 나온 생성성을 인식한 사실성의 징조 된니있니.

현상은 분열 질서를 창출하고 본체는 통합 원리를 생성시킴에,

95) 장자 철학사상에 관한 연구, 심우섭 저, 소논문, p.3.
96) 주자의 이기심성론에 관한 연구, 박영길 저, 충남대학교대학원 철학과 동양철학 전공, 석사학위논문, 1992, p.32.

이들을 통괄하고 주재한 것은 본질이다. 삼라만상을 창조하고 생성, 주재한 세계의 본질은 본체로서 세계의 有한 일체 만상을 수용, 포유하여 통합할 수 있는 작용 그릇이다. 가치인들 예외이겠는가? 자고로 "孔子가 仁을 통하여 諸德을 하나로 통합하여 人世를 구원할 보편적인 원리로 삼았듯",97) 하나님은 창조 이래의 제 역사와 진리와 가치를 본체 가운데 수용함으로써 세계를 하나 되게 할 새로운 통합 원리, 논리, 질서, 가치관을 창출하셨다. 제 세계에 대한 본질의 규명이 통합 의지의 부여를 통해 가능하였듯, 장차 세계에 대한 통합 역시 오늘날 인류가 당면한 가치 통합 과제를 수용함으로써 가능하리라. 인간은 원칙적으로 하나의 통합된 의식의 상태로 인식되고 통합된 본질의 상태로서 의식되기 때문에 제 세계에 대한 가치 통합은 온갖 분열된 진리성을 수용함으로써 그 결과가 본질 자체의 통합 작용 가운데서 드러나리라. 세계는 의식이 분열함으로써 인식되지만, 수용된 가치는 통합된 의식의 상태로 인식된다. 그런 만큼 우리는 이 같은 가치 수용과 본질의 형성과 통합 작용을 통하여 인류를 하나 되게 할 통합 가치 창출을 기대할 수 있다. 가치는 만 말이 필요 없다. 가치는 다만 스스로 빛날 뿐이나니(恢廣返照), 능히 인류를 하나로 엮어 낼 구심 역할을 다하리라.

---

97) 공자의 인 사상에 관한 고찰, 가도현 저, 충남대학교대학원 철학교육전공 석사학위논문, 1994, p.2.

제10장

가치의 보양성

1. 인

後天의 통합 시대에 인류를 하나되게 할 관건은 무력도, 재력도, 사상도 아닌 가치이다. 인류는 그동안 많은 가치를 일구어 왔지만, 先天에서는 세계의 바탕된 창조의 본의가 밝혀지지 못하다 보니까 가치로서 선양은 되었으되 자체로서 가치성이 입증되지는 못했다. 왜 이 같은 가치가 발의되었고, 근본 뿌리는 무엇이며, 어떻게 해서 가치가 지켜져야 하는 것인지, 전체적인 본의 안에서의 목적성이 제시되지 못했다. 그러니까 실천은 되었어도 인생 본질을 보양할 완전한 지침이 되지 못했다. 보양—保養은 건강하게 보전하여 잘 기른다는 뜻이 있듯, 후천에서는 先天에서 근본이 밝혀지지 못해 제대로 보전되고 길러지지 못한 제 가치를 완전하게 보양하여 인류 통합의 기틀로 삼아야 한다.

이에 선현들이 밝힌 가치 체제 중 仁은 가치 통합의 핵심 뿌리로서 구심 역할을 수행할 구비 조건을 충분히 갖추었다. 그리고 孝, 제례, 예배, 성실, 헌신 등은 仁의 근본성이 확립됨과 동시에 인류를 하나되게 할 가치의 보양 역할을 100% 수행하리라. 그만큼 성현들이 순수한 본성으로서 직시한 仁은 인류의 근원된 창조

비밀을 함유하고 있다. 孔子는 제자인 번지－樊遲가 仁을 물었을 때, "사람을 사랑하는 것이다(愛人)."[1]라고 대답했다. "仁은 善, 인간애, 사랑, 자비, 덕, 인간다움, 최상의 인간성 등등 다양하게 번역되었다. 다양한 주석가들에 의해 仁은 미덕, 포괄적인 덕, 정신 상태, 마음 자세와 감정의 복합체, 신묘한 존재 등으로 여겨졌다."[2] 인간의 마음, 감정, 덕성, 본성 등이 총합되어 있어 가히 신묘한 존재라 할 만하다. 그래서 仁은 누구나 다 그 존재 바탕에 깔고 있는 "인간의 도덕 본성"[3]으로 이해하지만, 왜 보편 본질적인 성향을 가진 본성이 존재하는 것인지에 대해서는 밝혀진 바 없다. 어떻게 해서 "仁은 인간의 본성에 보편적으로 구비되어 있는가?"[4] 仁은 스스로의 근본에 휩싸인 존재이면서도[5] "가까운 자기를 가지고 남의 입지를 헤아려 알려는"[6] 마음을 가지게 되는가? 이것은 너무나 당연한 실존 상황이고 현상이라 대수롭지 않은 일로 여길지 모르지만, 거기에는 그만한 이유가 있다. 곧 仁이 인간의 본성 본질로서 태초의 천지창조에 참여한 증거이다. 仁, 즉 사랑의 본체 바탕은 하늘에 있다는 것이고, 이것은 가치 통합의 핵심 뿌리로 작용할 수 있는 근거이다. 맹자는 측은한 마음이 仁의 단서라고 했지만,[7] 仁의 근원적 출발은 타인을 불쌍히 여기는 마음보다도 더 이전이다.[8] 어떻게 해서 자신이 아닌 타인에 대해 불

---

1) 논어, 안연편.
2) 공자의 철학, H. 핑가레트 저, 송영배 역, 서광사, 1993, p.70.
3) 유학과 현대 세계, 사쥼명 저, 김기현 역, 서광사, 1998, p.52.
4) 공자의 인 사상에 관한 고찰, 가도현 저, 충남대학교교육대학원 절학교육천공 석사학위논문, 1994, p.17.
5) "仁을 이루는 것은 나로부터 비롯된다." － 논어, 안연편. "내가 仁을 원하면 곧 仁이 온다." － 논어, 술이편.
6) 공자의 인 사상에 관한 고찰, 앞의 논문, p.17.
7) 맹자, 공손축 상－"惻隱之心 仁之端也."
8) "가슴속에는 가엾고 불쌍히 여기는 마음이 가득 찼는데, 이 마음이 바로 仁의 기

쌍히 여기는 마음이 생기는 것인가? 마음은 다양하므로 惻隱之心 외에도 삼단이 더 있다고 했지만(맹자의 四端), 마음이 타인을 생각할 수 있게 된 仁의 단서는 四端을 포함해서 보다 심원한 창조 작용에 근거한다. 하나님의 천지창조가 곧 사랑이란 뜻의 발동으로부터 시작되었다는 사실이 그것이다. 하나님은 언제라도 존재하시나 태초 이전에는 홀로 존재하셨다. 그런데 하나님이 천지 만상을 창조할 뜻을 발하셨다는 것은 하나님만 아닌 만상을 생각했다는 것이라, 이것이 곧 仁의 始端이다. 사랑이 있었기 때문에 창조가 계획되었고, 지혜와 정열과 노력을 바쳐 창조를 실현시켰다.

그러므로 창조는 사랑이 첫 시단이다. 하나님은 존재하시되 천지 만상을 창조할 사랑을 발의하셨을 때와 그렇지 못했을 때의 하나님은 다르다. 마치 여자가 결혼을 해서 아기를 낳아야 어머니가 되듯이, 하나님은 창조를 뜻하신 순간 비로소 만상의 창조주요 어버이가 될 수 있었다. 그만큼 사랑은 천지 만물의 존재보다도 앞서고 하나님의 존재 차원까지도 변모시킨 근원 본체이다. 사랑은 존재의 첩경이라, 사랑보다도 앞서는 것은 아무것도 없다. 설사 앞서 존재했다 해도 사랑이 없는 것은 무의미하다. 하나님이 세상을 이처럼 사랑하사 독생자를 주셨다고 하셨듯, 삼라만상과 인간은 그 존재가 미미해 보일지라도 하나님의 사랑에 바탕을 두고 창조되지 않은 것은 하나도 없다. 이 같은 창조와 존재의 始端 바탕성을 선현들이 仁으로서 인식했다. 창조의 첫 출발인 사랑 자체가 하나님만 아닌 만상을 생각한 데서 발의되었듯, 仁은 나 아닌 他를 위한 마음의 발동을 근본으로 삼는다.

점인 것이며, 불쌍히 여기는 마음을 확충시킨 것이 곧 仁의 경계인 것이다(明道)." - 중국철학사, 장기균·오이 저, 송하경·오종일 역, 일지사, 1989, p.375.

그렇다면 惻隱之心은 仁의 始端이라기보다는 오히려 仁의 본질 속에 포함된다. 인간은 마땅히 자신을 가다듬어야(수양) 하겠지만, 그 다음은 반드시 자기의 得德을 기반으로 남을 배려하고 나눔으로써 道가 완성될 수 있는 소이도 여기에 있다.[9] 남을 배려하고 헌신함은 인생 가치의 근본이다. 자신을 위해 산 모든 것은 아욕의 충족일 뿐이다. 오직 남을 위해서 바친 것만이 가치로서 의미를 지닌다. "仁은 최고의 도덕 표준일 뿐 아니라 개개의 가치를 평가하는 표준이요",[10] 인생 본질을 승화시키는 본질 원리이다. 仁의 가치를 발현시켜 "남을 나와 같이 여기고, 이웃의 고통을 자신의 고통으로 아파하면, 이것이 사람을 사랑하고 널리 귀히 여기며, 만백성을 차별 없이 베풀고 구제하는 결과를 낳는다."[11] 孔子가 말한 충서 - 忠恕의 상태이다. "충서는 마음속으로 지극히 편안하고 밖으로 남을 나와 같이 여기는 생각으로서, 자기의 내면 깊숙한 곳에서 스스로 자기를 초월하여 自他가 일체화된, 나와 남이 깊은 생명의 샘에서 하나가 된 세계이다(安心, 汎愛의 세계)."[12] 남을 생각하고 남을 위하고 남의 고통과 함께 하는 한 어떤 존재 가치와 뒤섞이고 어떤 존재 의미와 비교되더라도 仁은 그들의 바탕이 된다. "사람으로서 仁하지 않으면 禮인들 어찌하리오. 사람이로되 仁하지 않으면 樂인들 어찌하리오."[13] 仁이 바탕되지 않으면 어떤 빛나는 가치도 값진 의미도 소용이 없다. 仁이 있기 때문에 값나고 빛나는, "仁은 온 인류의 뿌리이다."[14] "천하의 公道이다

---

9) 이성론, 이성교육교재편찬위원회 저, 박이정, 2002, p.공자의 仁.
10) 위의 책, p.공자의 仁.
11) 중국의 유가와 도가, 임계유 편저, 권덕주 역, 동아출판사, 1993, p.503.
12) 위의 책, p.503.
13) 논어, 필일편.
14) 공자 사상의 발견, 윤사정 외 저, 민음사, 1992, p.33.

(이천)."15) "모든 善의 근본일 뿐만 아니라"16) 일체 "德의 근원이다."17) "자신이 서기 전에 남을 먼저 세우고 자신이 뜻을 이루기 전에 남의 뜻을 먼저 이루도록 해 주는데",18) 거부하거나 마다할 것은 세상 가운데 아무것도 없다. "仁은 남을 사랑하고 남을 독립된 인격체로서 존중함을 통해 仁·義·禮·智·信 등 일체 덕목을 통일한다."19)

"朱子는 仁이란 인간 본심의 완전한 德으로서(仁者本心之全德) 사람이 구비하고 있는 덕성의 總體"20)라고도 했다. 仁이 창조를 이룬 始端인 바에는 인간 본심의 근원이고, 그로부터 발양된 제 덕성의 총체(본체)라고 해도 거리낄 것이 없다. 단도직입적으로 인간은 사랑에 의해 창조되었고 존재된 근원 자체가 사랑에 바탕을 두었다고 할 수 있다. 사랑이 본체가 되고 본질이 되고 理가 되어 사람을 이루었다. 仁은 인간의 일체 감정을 넘어서 존재를 이룬 근본이고 바탕이기 때문에, "사람은 모름지기 仁을 잠시도 떠나서 안 되고, 참된 사람은 仁을 목표로 해야 한다."21) "仁은 결코 멀리 있지 않다."22) "사욕을 억제하고 禮로 돌아가면 천하가 仁으로 돌아올 것이다."23) 仁으로서 난 자 仁으로 돌아간다. 곧 근본으로

---

15) 근사록, 주희·여조겸 저, 정영호 역, 자유문고, 1991, p.25.
16) 위의 책, p.25.
17) 진영첩의 주자강의, 진영첩 저, 표정훈 역, 푸른역사, 2001, p.183.
18) 논어, 옹야편 - "己欲立而立人 己欲達而達人."
   仁者는 자신이 서고 싶으면 남을 세워 주며 자기가 이루고 싶으면 남을 이루어 주는 것이니, 능히 자기를 미루어 남을 이해할 수 있으면 이것이 곧 仁을 이루는 방법이라고 할 수 있다.
19) 인간교육 이론, 김수동 저, 책사랑, 2000, p.294.
20) 중국철학사, 앞의 책, p.44.
21) 공자의 인 사상에 관한 고찰, 앞의 논문, p.182.
22) 논어, 술이편.
23) 논어, 안연편.

돌아간다는 뜻이다. "정이는 仁을 세상에서의 올바른 理라고 정의한 적이 있듯",24) 인간이 仁(근본)으로 돌아가는 것은 어떤 세상 법칙과도 비견될 것이 없는 창조 이치이다. 진리가 함재된 仁을 지키고 바탕으로 삼아 仁의 道를 넓히는 것은 가히 인생 최고의 사명이라 할 만하다.

그러므로 만물을 창조한 근간으로서의 仁은 만물을 창조한 바탕체인 만큼이나 일체 만물을 모두 안아도 넉넉할 만큼 포용력을 갖추었다. 仁은 포용성을 본질로 한다. 사람을 안고 만물을 안음에 (包容)25) 어느 것 하나도 헛되이 버림이 없다. 다 귀하게 감싸 안는다. 仁만큼 사랑의 대상 영역을 확대시킬 수 있는 본질체도 없다. 仁은 끝내 존재하는 모든 것을 다 사랑할 수 있다. 포용 본질성이 한량없는 만큼, 제한된 현실의 가치에 대해서는 초월적이기조차 하다. 우리는 원수를 용서하기 어렵지만 용서할 수 있다면 그것은 근본이 神(仁)에 속해서이다. 仁하다면 우리는 무엇에든지 참되고 무엇에든지 충실하며 무엇이든지 사랑할 수 있다. 사랑은 하나님의 실체이고 마음이며 만유의 근본된 빛이다. 하나님의 근본 실체와 은혜로운 마음과 영광된 빛과 함께 하는 바에는 용서하지 못할 것이 없고 사랑하지 않을 것이 없다. 사랑에는 하나님의 온유함이 있다. 그 넉넉함과 포근함과 따뜻함이 인간의 일체 시기심과 증오와 한을 녹여 내리라. 미움을 떠나 마음을 다하고 목숨을 다하고 정성을 다해 오직 善에 충실하게 될 것이니, 용서와 버림과 기의를 통해 하나님의 사랑을 얻는 지고의 행복을 얻게 될 것이다.26)

24) 진영첩의 주자 강의, 앞의 책, p.101.
25) 동양적 가치란 무엇인가(논어의 세계), 송복 저, 지식마당, 2004, p.283.
26) 어거스틴의 윤리학 연구, 최낙현 저, 샌프란시스코 기독교대학 기독교교육학 박

"정말로 仁을 좋아하는 사람은 그것보다 먼저 고려할 것은 아무 것도 없다."27) 仁은 초월성이다. 인간은 사회를 제도하기 위해 도덕률을 내세우나, 어떤 도덕률보다도 인간을 먼저 위할 줄 아는 義와 순수와 사랑을 가지는 것이 제일의 도덕률이다. 이것은 仁에 근거한 도덕률의 기본 지침이다. 도덕률은 이성으로 옳고 그름을 가늠해서 결정하는 그런 것이 아니다. 감정은 순수하고 이지적이며 정열적일 때 살아 있는 것이고, 인간적인 감정을 느끼게 하는 것이듯, 도덕률은 義와 사랑을 간직하는 것이 세계 도덕률의 근본 바탕이다. 사랑이 있으면 도덕률은 필요 없다. 사랑이 없기 때문에 도덕률이 모든 역할을 대신했다. 왜 근대의 서구 사회가 "각 개체는 생존을 위한 투쟁을 해야 하며, 제한된 자원을 놓고 서로 경쟁해야 한다는 進化論을 받아들였던가?"28) 그것은 神을 버리고 사랑을 잃어버린 때문이다. 생존 경쟁을 위한 투쟁 상태에서 자연도 태로까지 내몰린 것은 사랑이 결여된 세계관의 종말적 씨앗이다. 仁으로서 이룬 세계에서는 결코 버림이 없다. 만물을 사랑 없이 창조한 것이 하나도 없는데 무엇을 남기고 도태시킨단 말인가? 하나님이 천지 만물과 인간을 창조하신 것은 그들의 품격과 인격을 인정한 것이다. 사랑에 차별은 있을 수 없다.29) 仁은 公道라 하였듯, 넓고 거리낌이 없어 지극히 공평하다. 어떤 物에 접하더라도 그대로 순응된다(明道).30) 仁에 근거한 인간의 본성이 그렇고 사랑에 근거한 하나님 마음이 그렇다는 뜻이다.

사학위논문, 2002, p.96.
27) 논어, 이인편.
28) 인간 본성에 관한 10가지 철학적 성찰, 로저 트리그 저, 최용철 역, 자작나무, 1996, p.70.
29) 공자의 인 사상에 관한 고찰, 앞의 논문, p.15.
30) 중국철학사, 앞의 책, p.375.

仁의 근원성과 본질이 이러하기 때문에 선현들은 무엇보다도 인간 본성으로부터 仁의 가치를 보양하고 발양시키기 위해 노력했다. "愛(仁)는 인간이면 누구나 다 갖고 있는"[31] 창조를 이룬 근원 바탕이고 뜻을 결집시킨 始端인데도, 반드시 알아야 할 사실에 대해 무지하므로 인간이 지닌 仁的 본성을 자각시키기 위해 갖은 방법을 동원했다. 근본을 모르는 결과를 경고했다. 예수는 "네 이웃을 네 몸과 같이 사랑하라"라고 했는데, 이것은 그렇게 사랑하고 있지 못한 仁의 부족과 본성에 대한 무지와 인간 사회의 비정을 일깨운 것이다. "예수의 윤리는 절대적이며 개개인의 인격을 존중하는 윤리이고, 적극적이며 긍정적이고 보복하지 않는 사랑의 윤리였다."[32] 이웃을 내 몸과 같이 사랑하는 한 내가 나를 해할 리 만무하며, 비록 해를 입었다 해도 보복할 리 만무하다. 仁의 범주를 벗어나지 않은 범주 내에서 仁的 가치를 고무했다. 이에 비견해서 佛陀는 만 생명체에 대해 자비-慈悲를 강조했는데, "자비라는 것은 아무런 조건이나 때가 묻지 않은 가장 정순-精純한 사랑을 의미했다."[33] 사랑의 순수 척도는 본성 자각의 바로미터이다. 그래서 자비 역시 仁의 본질 범주에 근거한 것은 마찬가지였다. 自他不二란 근본적 사상은 자비윤리를 실천하는 근본 전제인데, 이것은 타인도 나와 같으며 나도 또한 타인과 같다는 것이다. 이웃을 내 몸과 같이 생각하려는 것처럼, 自他不二이기 때문에 우리는 타인의 아픔을 곧 나의 아픔으로 여기게 되고 나의 아픔은 타인의 아픔으로 여겨진다.[34] 유학 선통에서는 "인간의 본성으로시의 仁 또는 사녕을 보편석인 德으로

---

31) 공자의 인 사상에 관한 고찰, 앞의 논문, p.21.
32) 교육사 교육철학 연구, 손인수 저, 문음사, 1992, p.76.
33) 동양윤리사상, 김길환 저, 일지사, 1985, p.219.
34) 위의 책, p.219.

보았을 뿐 아니라(정이)",35) 한유는 『原道』의 서두에서 "널리 사랑하는 것, 이것을 仁이라 한다(博愛之謂仁)."36)라고 했다. 仁은 보편적 본질이 만유 가운데 본유 되어 있다기보다는 오히려 仁의 본성을 자각하고 선양하고 널리 확산시키고자 한 것이 문화 양식을 초월하여 보편적인 섭리 형태를 이루었다. 왜 그런가? 여기에 仁의 단서를 넘어선 仁의 본질 비밀이 있다.

仁이 창조의 始端이요 만물을 이룬 근본 바탕이라는 것은 결코 빈말이 아니다. 근본 바탕이기 때문에 창조로 인해 만개되었어도 서로 통하여 느끼게 되는 것이고, 만상을 이루었어도 하나되게 할 매개 고리가 仁이다. 인류는 仁을 근본 바탕으로 해서 仁의 가치를 최대한 발양하고 보양했을 때 하나가 될 수 있다. 仁은 萬物一體와 인류를 하나되게 할 가장 정선된 통합적 본질 바탕이다.37) 만물이 하나인 본체로부터 창조되었고, 하나라는 것을 논증할 수 있다 하더라도 살아 있는 우리가 仁한 것만 같지는 못하다. 仁은 서로의 마음에 대하여, 사물과 만사에 대하여, 느끼고 통하는 것이다. 後天에서는 통합적인 도덕 질서 체제가 수립될 수 있어야 하는데, 그 원동 동력이 곧 仁을 통해 본성적으로 도덕적인 연대를 이루는 것이다. 先天에서 不仁했던 장애요인을 넘어선다. 不仁은 仁에 반대된 존재 상태를 말하는 것으로서, 손과 발이 마비되는 병을 일컫는 것처럼(의학) 무감각해진 상태이다.38) "明道는 萬物一體는 곧 萬物一體가 仁한 상태"39)라고 했다(萬物一體의 仁). 萬物一體는 仁 해야 "천지를 몸체로 하고 만물을 사지백체로 할 수

---

35) 진영첩의 주자강의, 앞의 책, p.183.
36) 주자학과 양명학, 시마다 겐지 저, 김석근 역, 까치, 1993, p.70.
37) 仁은 본질과 정서의 무한한 통합체임.
38) 혜강 최한기와 유교, 김용옥 저, 통나무, 2004, p.208.
39) 주자학과 양명학, 앞의 책, pp.58 - 59.

있다."[40] 不仁하다면 氣든 마음이든 一體된 몸을 관통하고 있지 않은 것, 그런 사태에 대해서 느낄 수 없는 것, 즉 생명과 하나인 존재로서의 연대가 단절된 상태이다.[41] "남의 아픔과 가려움을 자기의 아픔과 가려움으로 느껴(지각) 생명의지를 회복하는 것이 仁인데",[42] 不仁하다면 더 이상 하나일 수 없다. 내가 고통을 느낄 수 없는 상태는 내 몸이 마비되었거나, 내 몸이 아닌 상태 중 하나이다. 그래서 천지 만물을 하나되게 하는 길은 남의 고통을 나의 고통으로 느끼게 하는 仁밖에 없다. 仁하면 서로를 느끼고 통해 "피아의 구별이 없어지고 일체가 된다."[43] 그리해야 천지 만물을 자기와 한 몸으로 삼은, 천지 만물이 느껴 통하는 일체 상태가 된다.[44] 仁의 가치 역할이고 본질이다. 나 아닌 남의 아픔까지 나의 아픔으로 느낄 수 있는 지각 상태는 반드시 배려와 포용과 사랑을 동반한 仁의 통합 능력이다. 원래 하나인 통합 바탕체인 仁으로부터 천지 만상이 창조되었으므로 만개되었어도 느끼고 통할 수 있는 유대 의식이고 동류 인식이다.[45] 이것은 세계를 내 몸 안에 놓고 내 몸으로 여김으로써 가능한 관념 의식인 것만은 아니다. 세계의 놓인 바탕 자체가 그러하기 때문에 가능한 본질적 의식이다. 그래서 仁은 나의 생명 의지가 他를 향해 출발하는 단서가 되는 것이고 너와 나, 만물과 일체되게 하는 연결 고리이다. 仁

---

40) 위의 책, p.59.
41) 위의 책, p.59.
42) 위의 책, p.60.
43) 유학원론, 성균관대학교 유학과 교재편찬위원회 및 출판부, 1995, p.133.
44) 근사록, 앞의 책, p.30.
45) 정호는 그의 논문 「식인편」에서 "학자가 첫 번째로 알아야 할 것은 仁이 무엇인가인데, 仁의 의미는 전 우주와 우리가 동일함을 느껴야 하는 것이라 義, 禮, 智, 信이 모두 仁의 한 부분으로 고려될 수 있다(신유학 사상의 선개 1, Carsun Chang 저, 이진표 역, 형설출판사, 1998, p.223)"고 했다.

이 없다면 너와 나는 영원히 독자적이다.

그래서 仁은 다분히 인류 전체를 하나로 묶어 낼 수 있는 공통분모이자 담을 수 있는 본질 그릇으로서 인류애로 확대시키기 위한 노력이 선현들에 의해 진행되었다. 정이가 말한 萬物一體, 곧 天地同體的 이상은 仁을 창조적 본체성으로서 인식했기 때문에 가능하다. "천지가 만물을 生하는 기상은 仁이요 만물의 生意를 仁으로 보았다."[46)]는 것이 그것이다. 生意란 곧 하나님의 창조 본의, 뜻과 진배없다. "어떻게 타자에게서 나를 인식할 수 있는가? 고통받는 타자 속에서 나를 인식함을 통해 그의 고통을 함께 느낄 수 있다는 것은 온갖 이기성의 온상인 인간이 타자와 동일화로 나아갈 수 있는(쇼펜하우어)"[47)] "인류애의 원천이다."[48)] 우리는 仁의 본질 바탕성을 정초하는 작업을 통해 인류애의 근거를 제시할 수 있다. "孔子가 말한 仁(인간을 사랑하는 것)의 구체적인 실현 방식인 서 - 恕(나를 미루어 남을 대함)는 인도적 윤리를 강조하는 것이라, 오늘날에 있어서는 공존공생을 구현케 할 윤리 실현을 위한 발상으로서 높이 평가된다."[49)50)] 묵자는 "모든 사람을 차별 없이 사랑하는 겸애 - 兼愛"[51)]를 인류애의 큰 원천으로 내세웠듯, 인류를 하나되게 할 원리는 먼 데 있는 것이 아니다.[52)] 주어진 가치 본질을 얼마만큼 일구어서 실행할 수 있는가의 여부에 달렸을 뿐……. 그래서 우리

---

46) 중국 근세철학사, 유명종 저, 이문출판사, 1994, p.62.
47) 도덕의 기초에 관하여, 아르투르 쇼펜하우어 저, 김미영 역, 책세상, 2004, p.259.
48) 공자 사상의 발견, 앞의 책, p.35.
49) 위의 책, p.303.
50) 子貢이 스승 孔子에게 "한마디 말로써 종신토록 행할 만한 것이 있습니까?"라고 물었을 때, 孔子의 대답이 "그것은 바로 恕이다. 내가 원하지 않는 것을 남에게 하지 않는 것이다(논어, 위령공편 23)."였다. - 동양적 가치란 무엇인가(논어의 세계), 앞의 책, p.57.
51) 중국사상사, 森三樹三郎 저, 임병덕 역, 온누리, 1990, p.65.
52) 仁은 가까운 데 있음.

는 "태어나면서부터 타고난 사랑(사랑으로 인해 태어남), 본성으로서 갖춘 仁을 얼마만큼 다른 사람들에게, 곧 가족과 이웃 사회와 민족, 인류애로까지 연장·확대하여 갈 수 있는가 하는 것이"[53] 최대 과제이고 관건이다. 강유위가 주장한 大同世界는 바로 仁을 근간으로 한 도덕적 이상 세계 건설이다. "大同의 世는 지극한 仁의 世이다. 仁을 천지 만물과 人道, 혹은 인간 도덕 사회의 근원이라고 보고 우주와 인간을 일관하는 근본이라고 생각했다."[54] 동중서는 "仁 天心"[55]이라고 했으니, 人의 창조성, 본체성, 통합성을 갈 데까지 파고들었다. "태평세는 세계주의 시대(통합 시대)이라, 仁 역시 그 단계에 합당하도록 본질이 개명되고 발휘되어야 하리라."[56]

세상을 널리 이롭게 하고 유익하게 함은 하나님으로부터 부여받은 인간과 세계가 본유한 세계내적 본성인 것으로서, 이의 행위적 실천과 확대 과정을 통하여 우리는 하늘로부터 무궁한 축복과 은혜를 입을 수 있다. 인류의 정신사적 가치의 주류를 일별해 본다면 바로 자비와 사랑과 仁의 정신에 있으며, 이것은 우리의 주어진 태고로부터의 존재 속성이 세계를 유익하게 함으로써만 영혼이 구원을 얻고 대우주와 화합할 수 있는 원리의 작용이 될 수 있기 때문이다. 그래서 인류는 자신도 모르게 이 같은 주어진 존재 속성을 따라왔으며, 이의 본질적 정신을 공감하여 왔다.

하지만 仁은 거창한 세계적 본질 바탕이기 이전에 나를 참으로 나 되게 하는 본성 바탕이다. 仁은 만상에 앞선 나의 본성이다. 仁함으로서만 나는 참된 나일 수 있고, 仁한 나를 바탕으로 나를

53) 동양적 가치란 무엇인가(논어의 세계), 앞의 책, p.50.
54) 중국 근세철학사, 앞의 책, p.627.
55) 위의 책, p.627.
56) 위의 책, p.627.

바르게 이끌어 나갈 수 있다. 자신을 아끼고 사랑하며 가꿀 수 있는 자라야 자신의 삶을 위해 충실해지고 자기 존재와 삼라만상 존립 하나하나의 의미 앞에서 숙연해진다. 세계적 仁愛(인류애)로 나아가는 始端이요 확대의 제일 거점이다. 하나님이 사랑을 창조의 제일 거점으로 삼았듯, 우리는 자신의 仁한 본성을 거점으로 세계를 통합하고 인류를 하나되게 하는 데로 나아가야 한다.

2. 효 : 제례 · 예배

人世의 질서를 확립하려면 人世의 근본을 밝히는 일부터 착수해야 한다. 근원은 우주와 뭇 생명의 원천이라 신명을 바쳐 추구하고 공경해야 할 대상이다. 인간된 실존성과는 무관할 수 있지만, 근본을 모르면 인간됨을 상실한다. 자신의 근본을 모르고 자신의 근본을 더럽히는 행위를 배덕이라고 하듯, 그러지 않게 하기 위해 인간은 보다 적극적으로 근본을 향해 나아가야 한다. 세상과 인간에게 근본이 없다는 것은 있을 수 없다. 그렇다면 나와 천지 만상과 인류의 근본은 무엇인가? 내 생명의 근본 바탕은 부모님이 아닌가? 그렇다면 인류와 만상을 이룬 근본은? 그런데도 無神論者들은 神을 끌어내리고 그 자리에 무엇을 대신 세웠던가? 물질과 우연을 근본으로 삼지 않았던가(唯物論과 進化論)? 세상에 질서가 세워지려면 근원된 근본이 확고해야 하는데, 근본을 무너뜨리고서 세상이 바르게 설 리 만무하다. 따라서 우리는 근본의 소중함과 신성함을 몸소 느껴, 근본을 다시 새롭게 추적해 들어가 근본을 확립해야 한다. 근본을 확립하지 않으면 인류 문명은 그 위에 무엇을 세우더라도 소용이 없다. 인간은 나를 주신 은혜의 본원을 알아야만 근본에 대해 禮와 정성을 지극히 할 수 있다. 무엇보다도 은혜의 계통 질서가 무산되어 버린 지금, 인류는 선현들이 몸 바쳐 지키고 경배드리고 이루고자 했던 근본에 대한 행위 체제를 숙고해서 다시 제 반열 위에 올려놓아야 한다. 孝·제례·예배가 그것이다. 이들은 보은과 감사와 정성을 밑바탕으로 하여 근본을 신성시하고자 했던 공통성을 지닌 문화 양식들이다. 그리고 더 나아가서는 인류와 만상의 창조 바탕, 근원 바탕에 대한 본성적 경배 의식이기도 하다.

이에 孝는 인간이 그 근본을 향해 나아가는 데 있어 가장 근접된 행로 道이다. 이 시대에 타락한 인류의 영혼을 제도할 보양 가치로서 왜 孝가 거론되어야 하는가? "孝는 이미 인간의 천성에 구비되어 있는 선천적인 도덕적 범주로서 누구나 지켜야 할 보편적 규범"[57]이라고 정의되어 있지 않은가? "孝는 봉건시대에 사회질서를 유지하기 위한 계급적 도덕규범에 지나지 않았다는 비판적 시각조차도 있다."[58] "왜 孝를 강조하는가? 예나 지금이나 가족들이 싸우기 때문인데, 싸우지 않는다면 孝를 강조할 필요가 없다고도 했다."[59] 이런 가치 체제라면 누구라도 구시대의 전유물이라 할 만하다. 그러나 孝는 어떤 시대, 어떤 경우라도 인간이 그 가치를 몰랐다고 해서 가치 자체가 격하되는 것은 아니다. 孝는 인간 도리의 벗어날 길 없는 원리의 지배를 받고 있다. 우리가 어디로부터 났는가? 부모로부터라는 사실은 인류가 궁극적인 본원으로 나아가는 첫 관문을 다는 것이다. "孝는 百行之本이라."[60] 孔子는 『孝經大

57) 조선철학 연구, 편집부 엮음, 광주, 1988, p.21.
58) 위의 책, p.21.
59) 성악설의 흐름, 손영식 저, 소논문, p.384.

義』에서 "무릇 효도는 德의 근본이라 모든 가르침이 여기에서 시작되느니라."[61]라고 했다. 부모를 공경하지 않고 은혜를 모르고 효도하지 않는 자가 그보다 더한 근본으로 나아갈 수는 없다. 근본으로 나아가고자 하는 자 일단 효행의 여부에서 공덕이 걸러진다. 부모님께 불효한 자가 하나님, 부처님에게 열심히 예배드린다는 것은 공덕의 원칙에 어긋난다. 일체 행위가 무익하다. 반대로 孝한 자는 百行이 모두 공덕으로 가득 채워진다. 孝는 하나님을 향한 수직 관통로의 첫 관문이다. 행위 일체는 결국 다 통하게 되어 있다. 부모를 공경하는 것은 하나님을 경배하는 것과 같다.

> "지식이나 일에서 하늘 섬김과 부모 섬김은 같은 한가지 일이니, 하늘은 섬김의 대근원이다."[62]

부모의 은혜를 알아야 하나님의 은혜를 알고 부모를 봉양하는 것은 하나님을 섬기는 원리와 같다. 부모는 자기 핏줄의 근본이고 하나님은 삼라만상 본체의 근본이다. 바탕된 근본은 동일한 것이라 부모의 근본을 통해서 하나님의 근본에 이르도록 구조 체제가 그렇게 결정되어 있다. 부모님 살아생전에 효행을 그치지 않았을 진대, 그렇다면 부모님이 돌아가셨다면? 부모님은 하늘에 계시고 먼 조상들과 하나가 되셨다. 그래서 효행은 동일한 방식으로 제례를 통해 지속된다. 제례는 죽음 이후의 부모와 조상과의 연대 의식이다. 제사를 지내는 것은 죽음 이후의 삶을 연속시키는 결과를 가져온다. 산 자가 죽은 자를 잊지 않고 기림을 통해서, 사실은 산

---

60) 공자 사상의 발견, 앞의 책, p.351.
61) 성현들의 참말씀, 김린 저, 미래문화사, 1985, p.382.
62) 이지조(1565~1630)의 천주실의 재판 서문 – 동서철학의 교섭과 동서양 사유방식의 차이, 송영배 저, 논형, 2004, p.22.

자 자신의 삶을 죽음 이후에도 연장시킨다. 그래서 "제사의 궁극적 의미는 죽음에 있는 것이 아니라 삶에 있다."[63] 자식과 후손은 제사를 통해 떠난 자와의 단절을 막아야 할 책임이 있다. 그러므로 제례는 자기 자신의 근본된 귀의처를 영원히 살리는 길이기도 하다. 늘 기억하고 새겨서 끝까지 지켜야 한다. 사람은 죽으면 그만이라는 생각은 무지막지한 발상이다. 만유가 근본에 바탕을 두고 창생된 것이 분명한 것인 한, 나를 낳은 바탕이 있었는데 죽어 거할 곳이 없겠는가? 죽음 이후의 삶이 삶과 차원이 다른 방식으로 전개되는 것이 분명할진대, 이 生에서는 어떠하든 저승과의 삶의 연대, 연계, 연속 방식인 제례가 필요불가결하게 요청된다. 인간 삶의 유한성이 제례를 통해 초월된다. 어찌 배향과 정성에 지극함이 없겠는가?

그렇게 해서 일단 유형의 근본인 孝로부터 무형의 근본인 제례로까지 연결되었다면 그 다음은 이 같은 일련의 행위 체제가 만물의 근본 바탕인 하나님에게로까지 이어져야 하는데, 그것이 곧 예배 양식이다. 제사와 예배는 天意의 근본성에 대한 은혜와 순종의 표식이기도 하다.[64] 우리가 하나님을 창조주로서 예배드리고 조상들을 근본으로서 제사 드리는 것은 우리의 말미암은 바 된, 나를 지으시고 낳아 주신 분에 대해 피할 수 없는 뚜렷한 은혜에 연원함이다. 이 소중한 생명이 하늘에서 떨어졌는가? 땅으로부터 솟아올랐는가?[65] 나를 있게 한 생명의 법을 주고 생명되게 한 분들의 뜻을 저버리고 어찌 인간으로서 현생에서 복락을 비릴 수 있겠는

---

63) 도올 논어, 김용옥 저, 통나무, 2000, p.247.
64) 세계사상 대계(사상의 여명), 박종홍 감수자 외 2인, 신태양사, 1968, p.43.
65) 우리는 자신의 존재 근원을 어디서 찾으려 하는가? 나라는 존재사의 알파와 오메가는 바로 부모에게 있음.

가? 내가 없는 가운데서 태어났음이 하나님의 크신 사랑이고 은혜
일진대, 나를 주신 하나님을 위하여 나의 모든 것을 바치는 것은
생명의 근원을 아는 자로서의 마땅한 도리이다. 하늘로부터 얻은
생명, 하늘에 고스란히 바쳐야 하늘로부터 구하여지나니, 이것이
바로 예배의 원리요 人의 天에 대한 믿음의 원리이다. 바람 없이
기약 없이 하늘을 위해 모든 것을 바쳐라. 아무리 바쳐도 그로 인
해 입을 은혜는 그보다 더 큰 것이 되리라.

인간은 한 근원에서 났고 근본은 결국 동일한 것이다. 孝·제례·
예배는 모두 근본을 향한 공덕이라, 이것만큼 원리 원칙의 지배를
받아 정확한 결과를 가져오는 것도 없다고 했다. 나를 낳은 근원
은 우주와 생명의 원천으로서 참으로 신명을 바쳐 공경해야 할 신
성한 귀의처이다. 그런데 그 근본 바탕을 제대로 돌보지 않고 더
럽힌다면? 그것은 내 부모님과 조상과 하나님의 존재 자리이기 이
전에 결국 그 자리로 돌아가야 하는 자신의 바탕 자리이고 최종
귀의처이다. 그 자리를 생전에 경건함과 정성을 바쳐 터전을 닦아
놓지 않을진대, 누가 그 자리를 마련해 주겠는가? 불효한 만큼, 조
상을 잊은 만큼, 하나님께 나아가지 않은 만큼, 하시라도 머물기에
고통스러운 지옥이 되어 버릴 것이다. 孝·제례·예배는 인류가
양산한 문화가치이기 이전에 영구히 보전되고 보양되어야 할 본원
가치로서 인류를 본향에로 이끌 제도 양식이다.

3. 성

하늘은 誠으로써 만물을 이루고 인간은 誠으로써 본성을 이루었

다. 하늘이나 인간이나 誠이 결여되면 아무것도 이룰 수 없다. 儒家에서 말한 理氣나 太極이나 仁 등은 각자 제거할 수 없는 창조 요인이기는 하지만 誠은 생성상에서 만물을 이루는 데 참여한 근본 요소이다. "子思는 誠을 우주의 근본이라 하였고, 人性이 또한 여기서 벗어나지 않는다고 보았듯",66) "주돈이도 역시 誠을 우주 본체이자 인간의 본성"67)이라고 하였다. 즉 誠이 천지 만물이 창조되는 데 있어서 참여된 중요한 본질 요소라는 점에 대해서는 인식을 같이 했다.68) 서양 신학은 인격신을 가진 기독교가 가장 고등한 종교이고 동양의 제 종교들은 범신론적 형태라 종교라고 볼 수조차 없다고 했는데, 기독교가 얼마만큼 하나님을 인격적으로 드러내었는지를 객관적으로 판단하기는 어렵지만, 적어도 하늘의 본성을 誠으로 체인한 것만큼 인격성을 가장 근접하게 표현한 진리라고 할 수 있다. 誠은 하나님의 창조성, 인격성, 본질성, 질서성이 총망라된 최적 본성 상태이다. 『中庸』에서 말한 "誠者天之道 誠之者人之道"라고 한 것이 그것이다. "誠은 하늘의 道이고 誠해지려고 하는 것은 사람의 道이다."69) 어떻게 하늘 혹은 자연의 길을 성실하다고 말할 수 있느냐? 성실하다는 것은 인간적인 관점이 투영되어 재해석된 하늘(자연)이 아니겠느냐고 반문할 수도 있겠다.70) 하지만 이런 반문은 誠의 위대한 창조성을 간파하지 못해서이다. 誠은 단도직입적으로 "하늘의 道"라고 규정했다. 다시 말해 誠이 하늘의 道라는 것은 誠이 천지 만물을 결정했다는 것

---

66) 유학 원론, 앞의 책, p.149.
67) 유교의 이해, 앞의 책, p.159.
68) 유교는 人性의 창조성을 확인하기 위해 추진된 문명 체제임.
69) 대학·중용 강설, 이기동 역해, 성균관대학교 출판부, 1991, p.43.
70) 동양과 시앙이 127일긴 e mail을 주고빋다. 김용식·이승환 저, 휴머니스드, 2001, p.32.

이다. 하늘의 道가 둘이 있을 수 없을진대, 하나뿐인 하늘의 道가 誠이라는 것은 선택의 여지도 없이 誠이, 誠으로서 천지 만물을 창조했다는 뜻이다. 誠의 위대한 결정성이다. 誠은 만물을 이룬 창조 道이고 결정 道이다. 하늘이 誠으로서 만물을 이룬 것인 한,71) 인간 역시 誠해야만 만사를 이룰 수 있다. 하늘의 道를 우리는 "마음을 다하고 정성을 다하는 것으로 이해하거니와, 몸과 마음을 다했을 때 仁이 이루어진다."72) 仁은 나와 천지 만상이 일체된 상태이다. 天은 誠으로써 만물을 이루고 人은 誠을 본받아 성실성으로써 仁을 이룬다. "誠者天之道"를 일컬어서 "성실함 자체가 하늘의 道이다.",73) 혹은 "天道, 즉 자연은 그 자체가 본래 誠하다."74)고도 하는데, 이것은 다분히 인간적인 요소가 가미된 해석이다. 참된 의미는 誠으로 천지 만물을 결정했다는 것이다. 誠은 끊임없는 생성으로 천지 만물을 이루어 가고 있다. 그렇게 결정되어 있는 것이 하늘의 道이다 보니까 여차 없이 誠하지 못하면 가차 없이 실패하고 만다. 하늘은 誠을 바탕으로 만사를 이루므로 우주의 운행과 자연의 질서가 誠하지 않은 때란 있을 수 없다. 오죽하면 그 쉼 없고 어김없는 성실성을 법칙이라고까지 칭하였을까만, 그 같은 전범－典範 질서에 비추어 볼 때 문제는 인간이다.75)

인간은 誠을 근간으로 해서 창조된 본질체인데도 인간은 지각하는 주체자이라, 이 같은 본성을 자각하지 못하면 誠하지 못할 수 있다. 그래서 『중용』은 반드시 誠的 본성, 곧 天性을 깨달아야만 하는 존재자로 보아 "성실하려고 하는 것이 사람의 길"이라고 규

71) 창조－그렇게 결정됨.
72) 동양적 가치란 무엇인가(논어의 세계), 앞의 책, p.45.
73) 인간의 종교, 박병규 저, 아트 스페이스, 1993, p.76.
74) 천주실의 상권, 2편.
75) 동서철학의 교섭과 동서양 사유방식의 차이, 앞의 책, p.199.

정했다. 天道는 본래 그렇게 결정되어 있으므로 善한 것인 데 비해, 인간은 창조된 誠 자체가 아니라 본성이란 바탕을 가진 존재자이므로 인간은 반드시 자체 노력을 통하여 誠을 깨닫고 誠해야만 誠할 수 있는 존재이다. 하나님은 誠할 수 있도록 바탕을 마련한 창조자이고 인간은 誠을 직접 이루는 존재자이다. 誠을 이루어야 함은 인간에게 부여된 천부의 본무이다. 그래서 誠을 이루고자 함에 항상 本이 되고 기준이 되는 것이 하늘의 誠이다.

> "人道는 성실한 天道를 모범으로 삼아야 하는 것이 당연한 이치이다."76)

하늘이 誠으로써 만물을 이루었듯, 인간도 誠으로써 지기를 완성해야 함에, 성실하지 못하면 성실한 天의 질서를 감지할 수 없다. 誠하지 못하면 자신에게 본유한 性을 알 수 없고, 알지 못하면 天을 모른다. 긍정적인 면에서 "誠은 하늘의 질서를 파악할 수 있는 인간 삶의 근원 태도이다. 하늘이 한결같듯, 인생 자세도 한결같이 성실해야 하늘의 뜻을 붙들 수 있다. 성실은 인간이 하늘의 道에 이를 수 있는 정성의 길이며 하늘의 품성을 그대로 빼어난, 인간의 가장 근본된 삶의 자세이다."

인간이 어떻게 삶에 임해야 하는가에 대한 시사가 여기에 있다. 誠을 통해 이루어진 자가 誠을 통해 이룰 결과는 정확하다. 사람이 한세상 태어나 재질을 이루어 가운 급선무이나 얼마만큼 성실하게 참된 인생의 길을 걸을 것인가 하는 것은 문제이다. 왜 사람은 항상 성실을 강조하는가? 그것은 성실만이 인생을 책임지고 자신을

---

76) 유교윤리와 인도주의, 앞의 책, p.39.

책임질 수 있기 때문이다. 성실한 삶은 무언가 기대된다. 성실의 본의는 간단한 것이다. 세상만사가 노력하지 않고 성의를 다하지 않는데 절로 이루어지는 일은 없다. 그것이 誠의 법칙이다. 인간은 노력해야 되는 존재인 데 반해 "맹자의 天은 거짓이 없는 성실함의 상징인 동시에 작위 - 作爲 함이 없는데도 실제로는 작위하는 존재였다."77) 창조 자체가 얼마나 커다란 작위 메커니즘인가? 그런데도 온통 작위뿐인 결정 세계에서는 작위함이 드러나지 않은 상태로 작위된다. 하지만 誠으로써 작위된(창조) 인간의 본성은 이와 다르다. 작위된 誠이 생성 과정을 통해 誠을 다해 드러내야 한다. 그리하여 그 正道 루트를 밝힌 것이 인간의 誠이다.

맹자는 誠의 요체로서 "그 마음을 다하면 그 본성을 알 수 있고 그 본성을 알면 곧 하늘을 알 수 있다."78)고 했다. 誠을 다하면 본성으로부터 天性에 이르는 길이 개척된다. 誠을 다해야 바탕된 誠의 창조 결정성이 드러난다(작위성). 誠이 만물을 이루었으므로 誠해야 만물을 알 것은 당연하다. 세상에 태어난 자 誠을 본무로 한 인간이 誠을 통해 도달해야 할 목적지는 분명하다. "至誠이면 神明에 통할 수 있다(곽상)."79) 인간이 誠하려는 것은 하늘의 道가 목표이다. 하늘이 성실한 것처럼 인간도 성실하기 위한 것,80) 곧 하늘의 道와 인간의 道가 일치되기 위해서이다. 각 종교는 인간이 하늘의 道와 일치되고 하나님과 하나 되며(天人合一) 하늘나라에 이를 수 있는 길로서 기도, 수행, 헌신, 숭배 등 다양한 방법을 제시했지만, 誠은 인간이 보다 보편적인 본성을 통하여 天에

---

77) 위의 책, p.38.
78) 맹자, 이루 상.
79) 중국철학 개론, 이강수 외 3인 공저, 한국방송통신대학, 1987, p.217.
80) 하나님이 완전하심같이 인간도 완전할 수 있도록 창조된 것이 하늘의 道임.

도달할 수 있는 人道이다. 誠을 통하면 누구라도 천지를 창조하신 하나님과 하나 될 수 있다. 인간과 인간으로 하여금 인간임을 느끼게 하는 것이 情이듯, 誠의 본질은 결국 바탕된 道와 낳은 道를 일치시켜 하나되게 하는 매개 역할이다. "하늘의 道와 사람의 道를 어떠한 간격도 없이 합치된 상태로 도달할 수 있게 하는 것이다."[81) 天과 人을 본성을 통해 하나로 연결시키는 것이 仁이고, 삶의 과정을 통해 종국에 일치시키는 것이 성실 시스템이다. 誠을 매개로 해서 바탕 되었으되 창조로 인해서 떨어진 天道와 人道를 연결시키고 궁극적으로는 합일의 경지에 도달할 수 있게 한다. 장재는 인간이 가질 수 있는 지존의 가치인 "聖은 지극히 誠하여 天을 얻는 것"[82)이라고 했다.[83) "오직 하늘 아래 더 이상 없는 지극한 성실을 가진 사람만이 자신이 가지고 있는 본성을 온전히 발휘할 수 있다. 왜냐하면 誠은 만물을 이루게 한 까닭이라 자기를 완성시켜 天과 합일하게 하는 매개 역할을 하기 때문이다."[84)85) 誠은 하늘로 통하는 길이요 하나님과 하나 될 수 있는 길이며 天道와 人道를 합일시킬 가장 보편적인 삶의 길이다.[86) 일생은 誠으로써 天에 도달하는 과정 외 아무것도 아니다. 人을 天에 이르게 할 더 최상의 매개체는 없다. 誠이 만물을 이루었으므로 그래서 誠한 것이다. 誠에는 모든 이룸과 완성과 궁극적인 도달 경지가

---

81) 대학 · 중용, 주희 엮음, 김미영 역, 홍익출판사, 2005, p.57.
82) 장재, 함현찬 저, 성균관대학교 출판부, 2003, p.176.
83) 성인은 하늘의 뜻을 알아 이를 실천하고 구현한 사람.
84) 동양 천관념의 종교학적 연구, 정하균 저, 원광대학교대학원 불교학과 석사학위 논문, 1994, p.70.
85) "誠의 완벽한 실현을 통해 본래부터 자기에게 내재해 있는 天地之性을 실현함."
   - 장재 기철학의 천인합일적 인성론 연구, 성균관대학교대학원 유학과 유교철학 전공 박사학위논문, 1999, p.160.
86) 지극히 誠해야 天과 합일됨.

있다. 만물은 誠하지 못하면 存할 수 없다.

4. 헌신 · 버림 · 희생

小人은 小我를 위하기 때문에 小人이 되는 것이고, 大人은 大
我를 위하기 때문에 大人이 된다. 小人은 도무지 이익이 없는 일
에는 땀을 바치려 하지 않지만 君子는 이익과 무관하게 먼저 남에
게 베풀려 한다. "헌신은 어떤 일에 자기의 이해관계를 떠나 몸과
마음을 바쳐 있는 힘을 다하는 것이다."[87] 小我가 무엇이고 大我
가 무엇이기에, 大我를 위하면 大人이 되고, 이해관계를 떠나 남
을 위해 몸과 마음을 바쳐 헌신하면 義人이 되는가? 자신의 이익
을 위하면 인간의 我가 자신에게만 국한되어 버린다. 하지만 이해
관계와 이익을 떠나 남과 옳음과 세상을 위해 힘을 쏟고 바치고
버리면 그렇게 하는 만큼 我가 확대된다. 헌신은 我의 경계 울타
리를 허물고 바친 그대로 우주적 我를 수용하게 된다. 그래서 헌
신은 자신의 小我를 大我로 확대시키고 우주의 我를 자신의 我로
삼는 방법이다. 그런데도 小人이 小我의 테두리를 벗어나지 못하
는 것은 小我로부터 大我로 나갈 수 있는 원리성을 자각하지 못
해서이다. 천상천하에 자기만이 존재의 근거라 믿고, 세계와의 교
감이 단절된 상태에서 세계의 근원된 바탕 본질이 존재한다는 사
실을 인정하지 않는다. 그 결과 소아발상적인 아집이란 인력권을
벗어나지 못하고 만다. 제 현상을 자기 위주로, 자기식으로 생각하
고 결정한다. 그러니까 小人은 봉사란 미명 아래 실행하고 나서도

87) 새우리말 큰사전, 신기철 · 신용철 편저자, 1985, 삼성출판사, p.3696.

정당한 대가를 계산에 넣는다. 헌신 여부에 따라 본질이 근본적으로 뒤바뀌는 이타-利他와 이기-利己가 사실은 인생 본질에 대한 커다란 시각차에서 비롯된다는 것을 알 때, 헌신이 大我의 확산 작용을 의도적으로 자각한 것은 아니라 할지라도 열린 의식으로 직감했다고는 할 수 있다. 누가 헌신의 원리를 본질화하였는가? 확실하게 보장하였는가? 아무도 구체화시키지는 못했지만, 몸과 마음을 바친 자 자신은 올곧은 믿음과 신뢰에 차 있다.

佛陀가 강조한 자리이타-自利利他는 자비심을 실천하기 위한 방편이 아니다. 심오한 우주의 본체성을 大覺한 데서 추출된 佛心의 정수이다. 요컨대 나를 이롭게 하기 위해서는 먼저 자기 자신부터 이롭게 하는 것이 당연한 순서인데, 순서를 뛰어넘어 남을 이롭게 해야 한다는 것인가? 나를 이롭게 하기 위해 남을 해롭게 하는 것이 어떻게 해서 마귀의 장난이 되는가? 나와 남이 도대체 무슨 상관이고 어떻게 연결되어 있기에 상관이 깊은 결과를 드러내는 것인가? 이것은 삼라만상의 모든 사물이 하나의 뿌리에서 나왔고 나와 이웃과 부처와 하나님이 하나라는 본체성의 大覺에 근거한 것이다. 자신의 삶이 곧 삼라만상에 널려 있는 大小有無의 존재와 하나로 이어져 있다고 보기 때문에 自利利他란 헌신을 통해 나와 삼라만상이 함수관계로 성립될 수 있는 것이다.[88] 그야말로 헌신이 아무리 바쳐도 반향이 없는 고립 무원한 것이라면 세계적으로 확산되어야 할 보양 가치로서 인정될 수 없다.[89] 바치면

---

88) 불교수행 요론, 막현 서, 마나리, 2001, p.11.
89) 인류가 영구히 보양해야 할 가치: ① 인류의 가치를 통합할 핵심뿌리로서의 仁 ② 인류의 근본을 밝힐 孝 ③ 인류의 근원을 수직으로 관통할 제례 ④ 나의 근본을 향한 경배 의식인 예배 ⑤ 天의 질서를 감지할 인생 자세로서의 성실 ⑥ 인류의 고귀한 가치를 본질적으로 수호하고 확산하기 위한 희생 원리로서의 헌신 ⑦ 본길 세계를 승화시킬 최대의 충격요법인 몸 바침 희생 ⑧ 나를 버리지

바칠수록 大我로 확산되기 때문에 바침과 버림은 인류를 하나로 묶을 수 있는 통합의 필수 작용 원리이다. 바침과 버림 없이 小我, 소진리 상태에 머물러서는 영원히 하나 될 수 없다.

세상이 어두운 것은 넓은 세상을 밝힐 자들이 자기 집 안 등불만 밝히고 있기 때문이고, 세상이 어두운 것은 큰 세상을 이루어야 할 자들이 자기 기름을 아끼는 때문이다. 진정한 희생과 봉사, 그리고 헌신의 땀 흘림이 없다. 바침과 버림의 因果 결과와 헌신의 세계 본질적 확산 원리에 대해 무감각하다. 인간은 무엇으로부터 어떻게 해서 탄생된 존재이던가? 나와 삼라만상은 출발부터가 無로부터 부여되고 주어진 존재자이다. 우리가 자체로서 소유권을 내세울 수 있는 것은 하나도 없다. 따라서 우리는 정당하게 이룬 대가로 지불받아야 할 것과 덤으로 받은 것을 구분 지을 수 있어야 하며, 덤으로 받은 것에 대해서는 이웃을 위해 되돌리고 바칠 수 있는 중대한 인식 전환이 있어야 한다. 자신의 모든 것을 바쳐서라도 갚아야 할 은혜가 있다면 그것은 그만큼 고귀한 인생으로서의 영광이다. 사실은 우리가 모든 것을 다 바쳐도 결코 손해 볼 것이 없는 것이 은혜 입은 인생의 근본적인 출발점일진대, 이 원리를 인류의 영혼들은 받들어야 한다.

나를 주신 하나님은 나를 주셨기 때문에 우리들이 가진 일부를 하나님 자신을 위해 바치길 원하신다. 그것은 결코 큰 것이 아니다. 가식이 없는 것이고 거짓이 없는 것이면 된다. 자신이 가지고 있는 그대로의 마음과 정성과 헌신이면 된다. 그 행위 표적은 나를 주신 분에 대한 은혜의 자각 표식이고 인생 가치의 좌표 설정 인식이다. 그 같은 표식이 상달될진대, 하나님은 그 헌신을 바탕으

않고서는 실현될 수 없는 大我 세계와 인류를 하나되게 할 마지막 결단인 버림.

로 하여 비견할 수 없는 상상을 초월한 은혜의 기적을 일으키실 것이다. 은혜로운 복덕을 엄청나게 불릴 수 있는 길이 있는데도(헌신, 희생, 봉사), 진리를 받아들이지 않으면 철두철미하게 계산된 자기 이득 방식에 의해 재물과 욕심만 채우려 한다. 아무리 채워도 자신조차 자기 것이 아닌데 말이다.

그런 만큼 희생은 면밀하게 따지자면 손해가 아니다. "희생은 일정한 목적을 이루기 위하여 그에 따르는 자기의 목숨·개인 이익 따위를 돌보지 않고 바치거나 버림이다."[90] 가장 값나가는 것이 생명이다. 아니 자기 생명은 돈으로 계산할 수 없다. 팔다리를 그랜저 승용차와 바꾸겠는가? 목숨을 60평짜리 아파트와 바꾸겠는가? 그런데 꿈 많고 한 많은 인생을 송두리째 바쳐 버리다니! 한 순간 잃어버리다니! 얼마나 엄청난 손해인가? 아쉬움인가? 명대로, 소원대로 살지 못하고 세상을 떠나야 하다니! 현실적으로는 손해뿐인 삶이 분명한 것인데도 "역사상 수많은 사람들은 왜 일신의 안일을 버리고 진리를 얻기 위해 평생을 바쳤고, 자신을 기꺼이 희생시켜 남을 위해 헌신하는 고귀한 삶을 살았는가?"[91] 그것은 세계 본질의 영구함과 희생이 세계에 파급되는 운명적 전환의 의미에 대한 중대한 시사이다. 인생은 일회적일 수 없다. 다음 세계의 영구함을 믿을 수 없는 자는 결코 오늘의 이 희생 이런 가시밭길을 갈 수 없다. 희생은 잃음이 아니다. 다음 세계의 영구성을 보장할 인생 최대의 극적 처방 약이다. 환생을 위한 클라이맥스 구성이다. 세계는 환원될 수 있나. 하시만 환원에는 징애되는 피막을 용멸−溶滅하고 生化를 위한 본질적 매개를 필요로 하는데, 그깃

90) 새우리말 큰사전, 앞의 사전, p.3842.
91) 깨어 있는 사람들의 세상, 정탁 저, 하어, 2004, p.136.

이 인생 본질을 집약시킨 희생이다. 우리는 그때, 그 시기를 절감해서 희생의 운명적 전환 의미를 실인해야 한다. 길을 위하여 버려진 하나밖에 없는 인생의 의미, 그것은 영원과 고귀함과 순결의 추구가 아닌, 단 한순간을 살더라도 사랑을 위하여, 진리를 위하여, 하나님을 위하여 바쳐진 희생의 의미이다. 진실로 나를 버리지 않고서는 갈 수 없는 길, 자신을 버리지 않고서는 살 수 없는 길. 生의 길에서 희생은 항상 하나를 위해 모든 것을 버려야 하는 선택과 결단이란 실존적 외길로 내몰린다.

밀알의 길은 하나밖에 없다. 밀알은 아무것도 없다. 희생뿐이다. 인자의 영광을 얻을 때가 왔다. 예수는 하나님의 아들로 왔기 때문에 사명을 피할 수 없는 한 고난이 있어야 했고 희생이 있어야 했고 십자가에 못 박혀야 했다. 그리고 그 길을 의연하게 받들었다. 예수가 죽은 것은 역사적으로 유대교 제사장들의 미움을 받아 정치적 누명을 쓰고 십자가 죽음을 당한 것인데, 어찌하여 인간의 죄를 지고 속죄양이 되었다는 것인가? 그것은 희생의 세계 본질적인 파급 효과에 따른 대속 원리로 설명된다. 희생은 전 인생 과정 중에서 본질 세계에 가장 큰 영향을 끼치는 충격파이다. 희생 하나로서 일체 본질이 순식간에 정화된다. 돌멩이 하나가 호수의 물결을 뒤흔들듯, 세계적 의미를 지니는 희생은 전 우주 간에 죄악을 대속할 본질의 질적 변화, 즉 승화 작용을 일으킨다. 본질은 하나요, 한통속을 이룬 관계로 십자가 희생은 예수 한 개인의 단편적인 인생 역사를 넘어서 우주의 시대 차원을 전환시킨 역사가 되었다.92) 하나의 고귀한 희생이 세계로 파급됨으로 인하여 예수와 인류 역사가 하나로 묶어졌다. 결코 개별이 아니다. 만약 우리가

---

92) 성부의 시대 → 성자의 시대.

전 우주 세계를 다 채우라는 과제를 부여받았다면 무엇으로 채울수 있겠는가? 재력이겠는가? 권력이겠는가? 위대한 진리를 자각하고 숭고한 믿음으로 고무된 희생밖에 없다. 그렇기 때문에 영구히보양해야 할 헌신과 버림과 희생 가치는 인류에게 원리적으로 새로운 헌신과 버림과 희생을 요구하고 있다.

만약 내가 지키고 있는 가치보다 더 소중한 가치가 있다면? 나를 희생함으로써 더 의미 있는 세계의 소중한 가치를 되살리고 종국에 실현할 수 있다면? 자신을 버려 우주의 大我를 받아들일 수있다면 인류가 지금까지 소중하게 지켜 온 것이라도 버릴 수 있어야 하지 않겠는가? 큰 것을 버림으로써 더 큰 것을 영혼으로 안을수 있다면 온 인류는 단안을 내려야 한다. 이것이 진리일진대, 지금까지는 세계를 위하여 진리를 위하여 하나님을 위하여 자신을보전하였지만, 이후로는 모든 것을 버려도 좋다. 인류는 벗어날 수없는 죄인이지만 고귀한 뜻을 위해 살다 죽고, 헌신하고, 희생해서버리면 의인이 될 수 있다. 이 땅에 강림한 창조주 하나님의 문명통합과 진리 통합과 가치 통합을 위한 본의가 그것이다. 하나님이발의하신 대명 과제는 온 인류가 빠짐없이 자신을 버리고 몸 바치지 않고서는 실현될 수 없는 과제이다. 기독교는 기독교를 버리고,불교는 불교를 버리고, 유교는 유교를 버려야 한다. 어느 하나라도남아 있어서는 안 된다. 예외 없이 일체의 버림, 바침, 희생, 그 연후에야 인류는 하나 되리라. 새로운 大我의 세계, 大同의 세계, 統合의 세계가 건설되리라.

제11장

가치의 공영성

1. 가치의 공영 바탕

"공존은 둘 이상의 생활체나 활동체가 자타 함께 존재하는 것, 혹은 함께 잘살기이고, 共榮은 그렇게 함께 살며 서로 잘되고 번영하는 것이다."[1] 자연과 함께 함에 있어서는 자연과 더불어 공존할 수 있어야 하고 인류와 함께 함에 있어서는 인류 전체가 共榮할 수 있어야 한다. 제 이념적인 共榮 바탕을 마련하는 것은 인류가 하나 될 수 있는 세계관적 뿌리이자 세계를 통합할 본질 바탕이다. 先天에서도 인류가 共存 共榮을 위해 노력하지 않은 것은 아니지만, 문제는 共榮하리라고 해서 共榮하는 것이 아니라는 데 있다. 共榮하기 위해서는 共榮할 수 있는 세계관적 틀이 마련되어야 한다. 일찍이 인류는 전체가 함께 살아 본 과거 역사가 없는데, 어떻게 共榮의 바탕이 마련될 수 있었겠는가? 지역 단위 문명 체제로서 오랜 세월 동안 고착화되어 있다 보니까 동서 문명이 한 몸통을 이룬 지금도 전체 문명을 담아낼 통합 그릇이 없다. 그러니까 한정된 그릇 안에서 함께 공존할 수 없어 서로를 밀어내고 주인 자리를 차지하기 위해 아우성이다. 共榮할 바탕은 무엇이건 더 포

---

1) 새우리말 큰사전, 신기철·신용철 편저자, 삼성출판사, 1985, p.298, 303.

괄적인 세계관적 바탕을 필요로 하며, 그곳으로부터 共榮할 요소를 추출해야 일체를 담아낼 수 있는 넉넉함을 확보할 수 있다.

共存 共榮은 우주 간에서 인간이란 종만 살기 위한 틀이 아니다. 함께 번영해야 인간도 번영할 수 있다는 것을 알기 위해서는 유기체론적인 세계관이 마련되어야 하고, 인간을 포함한 자연의 요소로부터도 共榮할 진리를 추출할 수 있어야 한다. 자연 따로 인간 따로가 되어서는 안 된다. 진리성의 연결 작업이 필요하다. 도올 김용옥은 "서양 학문은 자연으로부터 도덕성을 일구지 않아 사실과 가치를 연결시키지 못했지만 노자는 자연으로부터 도덕적 가치를 일구어 낸 장본인이라고 했다."[2] 자연과 도덕성을 연결시키지 못하는 한 서양 학문이 아무리 진리적인 객관성과 보편성을 확보하였더라도 共榮을 이룰 가치 바탕으로서는 자격 미달이다. 共榮을 이룰 바탕을 마련하기 위해서는 그만한 진리적 과제를 해결해야 한다. 이 문제를 해결하지 못할진대 21세기가 요구하는 共榮의 바탕인 과학과 도덕의 융화와 통합 과제는 달성될 리 만무하다. 누구도 부인하지 못할 共榮을 위한 원칙은 분명하다. 세상이 분란스러운 것은 共榮을 이룰 세계관적 틀이 미비되어서이고, 노력은 했으나 先天의 분열하는 본질 바탕에서는 共榮을 이룰 전체적인 틀을 규합할 수 없었다. 세계관적 바탕이 마련되지 못하니까 共榮을 이룰 이상이 실현되지 못할 것은 당연한 결과이다.

그래서 이 연구에서는 인류가 그렇게 원하였던 共榮을 이룰 세계관적 비밤을 하니님의 경고 문의의 지성성님 사실에 입각해서 미련하고자 힌다. 이깃은 인류의 가치를 통합하고 그로써 하나되게 할 共榮을 위한 기반 작업이다. 왜 인류는 共榮을 이루어야 하

2) 도올 김용옥의 알기 쉬운 동양고전, 노자와 21세기, 20강, 1999. 12. 22.

고 共榮이란 본질 뿌리에 바탕을 두고서만 인류적 이상을 실현할 수 있는가? 그것은 모든 존재함의 시초를 이룬 하나님의 창조 뜻에 연유한다. 하나님이 천지 만물을 창조하심으로 일체 만상을 담아낼 共榮 그릇(바탕)은 창조 말고는 없다. 창조를 하나님이 어떻게 이루신 것인가? 사실 그대로 하나님은 직접 태초에 천지 만물을 창조하셨다. 하나님은 나만을 창조하신 것이 아니다. 만유를 창조하셨다. 하나님이 만물을 창조하심으로 인해 하나님이 쏟으신 사랑의 바탕은 전체성 위에 골고루 깃들어 있다. 이것이 인류가 共榮을 이루어야 하는 당위 이유이자 共榮 가치의 기틀 바탕이다. 하나님의 사랑과 창조 뜻이 만유 위에 편만함으로 인하여 세상의 제반 가치를 판가름하는 正道 기준이 섰다. 왜 나만을 위한 것, 利, 욕심이 나쁜 것인가? 그 해답은 자명하다. 正道에 위배되어서이다. 즉 共榮에 역행되고 하나님의 창조 뜻에 어긋난 것이다. 그래서 共榮이 正道이고 正義이며 세계 통합의 본질 바탕이다. 正義란 다름 아닌 共榮性에 바탕을 둔 하나님의 본질적 義를 실현하는 것이다. 正義는 正道를 실현하는 것이라, 正義는 하나님의 창조 뜻을 얼마만큼 자각해서 共榮된 본질 바탕과의 차이와 갭을 메우는가에 달려 있다.

우리에게는 正義를 세우고 판단할 기준이 어디에도 없다. 세상 내에도 없다. 세상 가운데서 세워진 正義의 기준은 개인과 문화에 따라 상대적일 뿐이다. "正義에 대한 定義가 진리에 맞는 올바른 도리이고 어긋난 것이 不義라고 하나",[3] 진리의 본질 규명 자체가 불분명한 상태에서는 正義도 코에 걸면 코걸이이고 귀에 걸면 귀걸이이다. "플라톤은 국가의 각 부분이 책무를 다하고 조화하는

---

3) 새우리말 큰사전, 앞의 큰사전, p.2962.

것을 正義라 했고, 아리스토텔레스는 분배의 균등을 正義라고 생
각했는데, 근대에 이르러서는 시민사회를 구성하며 유지하기 위한
도리, 혹은 사회 전체의 복지를 보장하는 것과 같은 질서를 실현
하고 유지하는 일"4)로서 개념이 변모했다. 다 정당하고 올바름을
구현하려는 목적인 것은 분명하나 正義의 본의는 보다 명백하게
제 가치판단에 있어서 원칙적, 불변적, 形而上學的인 기준 역할을
해야 한다. 우주 간에 기준이 움직여서는 正義의 이상적 구현이
요원해진다. 그래서 인류의 제 가치는 유동적인 正義의 기준 잣대
에 의해서 허물어지고 재건되기가 일쑤였다. 正道는 正路로서 옳
은 길이고 바른 길이며 정당한 도리인 것은 분명하나, 바름을 생
각하는 인간의 견해들이 달라 세상에 혼란이 가중되었다. 正道와
正義는 인간이 이성적 사고와 통찰로 가늠하는 관념의 산물이 아
니다. 正義와 正道는 어디까지나 하나님이 계시기 때문에 성립될
수 있는 것이며, 우리의 사고나 마음 속에는 옳음의 기준이 아무
곳에도 없다. 인간 역시도 일체 결과를 통보받는 입장이다. 正義
의 근거는 우주의 질서 내지 본질로써 채워져 있어 작용에 따라
세계의 正道 원리로써 결정된다. 곧 우주 간에서 정당한 옳음이
정당한 옳은 결과를 낳는다는 것이 그것이다. 결과가 명명백백하
게 원칙적으로 주어지는 것이기 때문에, "朱子는 모든 일에는 大
小를 막론하고 義와 利로 구분할 수 있다고 했다."5) 창조 본질의
共榮 가치가 작용할 결과에 의해서 義와 利가 이룰 결과는 명백하
다. 그만큼 "義니는 엇은 人理의 의닝 宜當함이다."6) 天理의 晶

---

4) 위의 큰사전, p.2962.
5) 주자철학에 있어서 공맹 천인관의 승수와 전개, 최영찬 저, 충남대학교대학원 철
   학과 동양철학전공 박사학위논문, 1990, p.182.
6) 논어집주, 이인편 - 위의 논문, p.182.

然之則이 義다. 天理에 부합하는 그것이 義요 개인에 근거해서 "人情의 탐내는 바가 利"[7]라고 했으니, 義는 본질로써 하나님의 본질 위에 근거하고 그 위에 바르게 서는 것(正)이 正義이다. 하나님의 뜻의 宜當함에 두는 것이 正義이고 正義의 판단 기준이며, 일치되도록 하는 것이 正義를 실현하는 것이다. 인류 共榮을 위해 추구한 자유, 평등, 분배의 원칙 등은 이 宜當한 正義 기준에 의거할 때 當然之則이 확고하게 판가름 난다. 인간의 개개 삶으로부터 인류 사회에 이르기까지 宜當한 正義의 적용 원칙은 동일하다. 제반 옳음이 옳은 결과를 낳음에(正道) 그것은 원칙 지어진 하나님의 正義 본질이 바탕되어 있어서 가능한 철칙이다. 마치 철길이 놓여 있는 길을 따라 기차가 다니는 것처럼 이 모든 正義(바른 본질) 바탕을 마련하신 분은 하나님이시다.[8]

正義가 이룬 본질 바탕 위에서 참된 길은 보람을 쌓고 옳지 않은 길은 허무를 쌓는다. 거짓은 실체를 형성하지 못하나니, 참된 진리가 우리의 영혼을 보존케 할 것임은, 참된 진리는 영원한 실체를 이루는 인자인 때문이다. 正道로써 도달치 못한 길에 옳은 세계가 펼쳐질 수는 없다. 인생을 살찌게 하는 것은 결국 참이요 복된 삶을 사는 자에게는 복된 은혜가 있다. 이것이 옳음이 옳은 결과를 낳게 하는 宜當한 인생의 正道 원리이다. 참세계를 이루라. 모든 인생 결과는 그냥 주어지는 것이 아니다. 우리는 활동을 통하여 무량한 사고력에 대한 방향과 위치와 한계를 인식함으로써 모든 가능성에 대한 정당한 世界觀과 건전한 人生觀과 확고한 正義觀을 수립해야 하며, 외계에 대한 올바른 價値觀을 형성시켜 나

---

7) 위의 논문, p.182.
8) 인간의 길에 正道가 존재할 수 있는 우위의 가치는 神이 존재함이다.

가야 한다. 인생은 어쩔 수 없는 운명의 형태로 드러나나 그런 가운데서도 순결을 지키고 자신을 보전하며 正道를 지키라. 그러면 그렇게 해서 간직한 세계성은 길을 영구케 한다. 인생은 불분명하나 正道가 이룰 正義의 의당함이 있는 한 正義는 믿음으로 실행되어야 한다. 正義는 언젠가는 이루어지는 법이고 백일하에 드러나는 법이다. 인생도 그렇고 세계 역사도 마찬가지이다. 진실하지 못한 자 어느 모로 보나 모순된 언행이 드러나니, 그 명백한 적용 원칙은 正道에 어긋나서이다. 진심이 참다운 세계를 이루며 정성과 지극한 정열이 참다운 세계를 성취하게 한다. 세계를 이루는 의지는 참된 진리로 존재한다. 正義와 진리가 바른 결과를 가져오는 것은 하나님의 義와 본질이 뒷받침되어서이다.

正義는 그냥 옳은 것이 아니다. 하나님이 창조 의지를 발함으로써 이고, 의지가 반영된 결과로 옳음이 성립되었다.[9] 하나님이 창조 의지(뜻)를 발하신 것은 그 자체가 절대 옳음이다(正義). 正義는 하나님의 본질 가운데서는 의지로서, 혼돈과 소용돌이 가운데서도 正義는 끝내 하나님의 본질 가운데 바르게 세워지리라.[10] 그것이 세계에서 이루어질 正義의 실현이다. 믿음을 지키고 진리의 길을 수호하다가 핍박받았던 수많은 신앙인과 수행자와 진리인들이 아무 의미 없이 산화해 버린다면 어떻게 正義가 살아 있다고 할 수 있겠는가? 반드시 하나님의 영광 가운데서 일체 존재 의미가 부활되고 은혜로 구원되는 것, 이것이 正義의 실현이다.[11] 수

---

9) 正義는 神이 이지이며 참된 질서에 대한 인식임.
10) 正義는 만유의 근본된 하나님의 본질 위에, 혹은 의지 위에, 혹은 세계의 본질 바탕에 바르게 서게 되는 대우주의 正道로서의 질서임.
11) 세계 내에서 작용되는 주체적인 존재 의지인, 그들이 옳다고 판단한 모든 행동과 신념과 사상들은 결국 세계 내의 수체적인 神의 의지 작용에 의해 그 작용의 심판을 받을 것이니, 이로써 유동적인 인간의 판단과 행동과 신념은 하나님

많은 覺者들이 믿었던 세계와 진리에 대한 신념이 하나님의 뜻으로 관철되고 일치될 때, 그렇게 산 삶의 태도가 옳았음이 正義의 실현이고, 올바로 깨닫지 못하고 義로 실천하지 못한 것은 죄악이다. 하나님의 본질은 창조로 인해 만유 가운데서 객관적인 바탕을 이루고 있음에, 이것을 다시 人本 위에, 혹은 人世의 질서 위에 다시 세우는 것이 인간이 해야 할 宜當한 일, 곧 正義를 실현하는 것이다.

창조를 기준으로 正은 근본이고 惡은 근본인 바탕 질서가 흐트러진 상태이다. "그래서 사회와 시대가 혼란할 때마다 하늘은 이 질서를 바로잡기 위해 天意를 내려 주셨고, 正義는 세상 질서의 본체 현현이 되었다."[12] 正義는 준엄한 것이고 칼날 같은 작용을 이루는 원칙이라, 이 같은 하나님의 뜻에 일치하고 본질 위에 바르게 서는 것이 正義라면, 하나님이 뜻하신 의지 본질은 과연 무엇인가? 하나님이 창조를 위해서 발하신 共榮性이다. 共榮이 正義의 본질 기준이다. 共榮이 正義를 실현할 가치 바탕이 됨으로써 共榮은 正道의 정확한 판가름과 正義의 필연적인 실현을 통해 달성된다고 해도 과언이 아니다. 共榮은 인류의 역사와 삶의 하나하나에서 불의적인 요소를 제거하고 義를 되살리는 것이다.

"네덜란드 법은 1998년 1월 1일부터 동성 간의 결혼을 정식으로 허용하였는데",[13] 이것은 과연 共榮을 이룰 하나님의 正義 기준에 합당한 가치인가? "성 아우구스티누스는 그의 『고백록』에서,

---

의 뜻 안에서 판가름 난다. "결코 자신이 옳다고 생각하는 판단 자체가 正義라고 말할 수는 없는 것이며, 正義에 대한 판단은 항상 시공의 경과를 통한 행위의 결과적 분열에 의해 옳음에 대한 검증을 거치는데, 이 같은 시공을 주도하고 있는 분이 하나님이다." - 세계통합론, 졸저, 다짐, 1995, p.475.

12) 위의 책, p.476.
13) 새 먼나라 이웃나라(네덜란드 편), 이원복 글·그림, 김영사, 2000, p.281.

결혼생활에서의 성교는 神이 정하신 것이라고 보았으며, 그 이유는 분명 하나님의 창조 목적에 합당한 생식과 사랑과 인류의 번영을 위해서이지 정욕을 위한 도구가 아닌 한에서였다."14) 그러나 동성 결혼은? "어떠한 터부나 종교적 가치관도 개인의 자유와 자율을 제한할 수 없다."15)고 주장하지만, 共榮性에 위배되는 자유와 자율은 단호히 타파되어야 한다. 共榮性에 근거를 두지 않은 개인주의는 共榮性을 분란 짓는 제일 요소이다. 정죄될 죄악은 정죄되어야 共榮性이 회복된다. 마땅한 正義 기준에 따라 선양되어야 할 가치는 선양되어야 하고, 근절시켜야 할 惡은 근절시켜야 한다. 인간의 윤리 도덕성 지향은 인간의 창조 본성 규정에 따른 본성의 개화 절차이고 본향에로의 귀의 과정이다. 반드시 알고 깨닫고 실천하고 완성해야 하는 共榮을 위한 正義의 실현 목표이다. "儒家의 天人合一的 사유는 자연과 인간을 같은 원리를 가진 존재로 파악하는 생각"16)인 것을 넘어서 正道의 최고 실현 상태이다. 天과 人은 본래 하나였는데도 天과 人으로서 동떨어진 이래(창조) 다시 하나가 되는 데 얼마나 많은 세월과 수많은 노력이 필요하였던가? 그런데 만난을 극복하고 天人合一을 지향하였다는 것은 인간이 하늘의 뜻에 바르게 서려고 한 正道와 共榮의 실현 노력과 맞먹는다.17) "선비가 벼슬을 마다하고 처사의 志節로 구세제민-救世濟民하는 데 큰 사명감을 가진 것은"18) 共榮性을 달성

---

14) 기독교윤리사상사, 성서문학연구위원회 편, 한국기독교문학연구소 출판부, 1980, p.61.
15) 새 먼나라 이웃나라, 앞의 책, p.281.
16) 동양철학은 물질문명의 대안인가, 김교빈 외 13인 저, 웅진출판, 1999, p.256.
17) "유학에서 天에 대한 관심은 天 자체를 알고자 하는 데 있는 것이 아니라 하늘의 의지를 어떻게 인간의 질서로서 수용하고 이를 인간의 가치로서 정립할 수 있을까 하는 문제에 있었다." - 주대의 상제의식과 유학사상, 배옥영 저, 다른 생긱, 2003, p.15.

하기 위한 義的 가치의 발양이다. 세상 질서를 집약시키기 위해서이다. 예수는 왜 "네 이웃을 네 몸과 같이 사랑하라"[19]고 했는가? 이웃을 사랑해야 하는 것은 근본적인 질서 상태이고 상식적인 가치이다. 그런데도 이웃 사랑을 제일 계명으로 내세웠는가? 그것은 세태가 더 이상 이웃을 사랑하지 않는 이기주의로 변모되어서이다. 그래서 正道 바탕인 共榮性을 회복하기 위해 이웃 사랑을 제일 모토로 삼았다. 인류의 共榮性이 파멸될 것을 우려해서이다. 성인은 어렵게 道를 세웠는데 무심한 세태는 쉽게 허물어 버리고 共榮에 저해된 욕망의 바벨탑만 쌓고 말았다. 仁·義·禮·智·信은 共榮의 파수꾼인 하나님의 본체 바탕이다. 언젠가는 도달하고 지켜져야 하는 본향 가치이고 인류를 하나되게 할 共榮의 주춧돌인데 有耶無耶되었다.[20] 권력을 가진 군주는 무엇보다도 共榮을 위하여 도덕적으로 本을 보여야 한다. 그런데 "군주의 행동에 있어서는 결과만 중요할 뿐이다. 어쨌든 전쟁에서 이기고 나라를 유지하는 것이 제일이다. 그러면 그의 수단은 누구에게나 칭송받을 것이다(君主論)."[21]고 한 논리 주장이 칭송받아서야 되겠는가? 그 이유를 알진대, 共榮을 이룰 가치 바탕에 위배되어서이다.

하지만 "孝를 모든 사회 행동의 기본으로 삼는다(전통 유교사회)"[22]고 하면 이것은 가치의 共榮性에 해당된다. 孝의 가치를 사회적으로 확대하고 실현하는 것은 正道이다. 왜 孝가 사회적으로 확산, 확대되어야 하는가? 孝는 하나님의 뜻에 합당한 근본을 향

---

18) 1995년 2월의 문화인물 조식, 김충열 저, 문화관광부, 한국문화예술진흥원, 1995, p.14.
19) 마태복음, 22장 39절.
20) 세계수행론, 졸저, 인쇄본, 2000, p.98.
21) 인문과학 잘 알기, 백종현 편저, 벽호, 1994, p.139.
22) 동양적 가치란 무엇인가(논어의 세계), 송복 저, 지식마당, 2004, p.167.

한 가치 바탕이다. 『노자도덕경』에서는 "공을 세운 다음에는 물러나는 것이 하늘의 도리이다."[23]라고 했는데, 물러나는 것이 어떻게 하늘의 도리가 되는가? 共榮을 위해서이다. 正道인 가치 바탕은 共榮이 모토인데, 나 자신만 성취를 독점하려고 하면 어떻게 되겠는가? 세상은 나만 있고 나만 성취할 것이 아니다. 다 같이 성취할 기회를 부여받아야 하는데, 독재는 이 같은 共榮性에 위배된다. 개인이 共榮 도리를 지키지 않으면 사회는 제각각 욕망이 상충한다. 共榮性이 달성될 리 만무하다.

그러므로 가치의 共榮 바탕은 正道, 正義 가치에 근거하여 인류를 하나되게 할 진리 역할을 다한다. 주어진 대상이 무엇이라도 바탕은 그들을 포용한다. 共榮은 하나님이 천지 만물을 창조하신 본질 바탕, 곧 창조의 본의이다.

2. 사회의 공영 바탕

"인간의 본성은 인간 사회보다 더 뿌리가 깊다. 사실이 이러한 것이라면 인간 본성은 사회의 원인인 것만큼, 사회는 인간 본성의 표출이라고도 할 수 있다."[24] 사회는 개인이 나아가는 곳이다. 그런 만큼 사회 共榮의 바탕은 각 개인이 사회를 위해 공헌하는 방향으로 나아가야 한다. 인간의 본성을 순화시켜서 보다 높은 共榮的 가치를 위해 헌신하면 사회의 共榮 바탕은 마련된다. 원리는 단순한 것이다. 나 없는 사회는 없다. 내가 사회를 구성하고 이루

---

23) 배서 두덕경(노자를 읽는다), 박희준 평석, 까치, 1991, p.67.
24) 인간 본성에 관한 10가지 철학적 성찰, 로저 트리그 저, 최용철 역, 자작나무, 1996, p.140.

는 출발점이므로 내가 무엇을 위해 살고 어떻게 행하는가 하는 것
이 사회의 共榮 바탕을 마련하는 원동력이다. 개개인이 무엇을 어
떻게 행하는가 하는 것이 곧 사회에 크게 영향을 끼친다. 각 개인
이 자신만의 안위와 이익을 위해 많은 사람들의 피해는 아랑곳없
이 불법을 자행한다면 그 결과가 어떻게 되겠는가? 어떤 사람이
작품을 완성시켰는데, 이것을 정당한 보수를 받고 팔았다면 그 노
력은 개인을 위한 이익으로 돌아간다. 그러나 기증했다면 共榮을
위한 헌신이 된다. "儒家에 있어서 가치 있는 삶은 인간이 바른
뜻을 세워 사회에 공헌하는 것"25)이었다. 개인이 전체를 위해 바
친 정신이 사회 共榮의 기반이다. 개인의 가치가 사회의 가치로
승화될 수 있는 것은 共榮에 기반을 둔 가치 부류이다. 그렇지 못
한 것은 대개 개인 가치로 머물거나 오히려 사회 共榮을 해친다.
너 나 할 것 없이 共榮 가치를 위해 헌신할 것 같으면 사회의 共
榮을 이루는 것은 문제될 것이 없다.

사회는 나의 이상을 실현할 수 있는 발판이며, 내 마음의 자유
를 호흡할 수 있는 세계이다. 내가 사회를 위해 헌신함으로써 나
의 정신은 그 세계 가운데서 충일함을 얻을 수 있다. 사회는 우리
모두가 알뜰히 가꾸어 나가야 할 共存 共榮의 세계이며, 어떤 특
정 권력과 제도와 인물로 인하여 구속될 성질의 것이 아니다. 사
회는 우리 모두의 이상 실현의 장소이니, 우리는 이 사회에 헌신
하는 노력에 의해 구원된 자의 삶을 얻는다. 내 구원의 길은 바로
사회로부터 구현된 삶의 의지 가운데 있다. 사회에 헌신함으로써
우리는 비로소 모든 生의 의미와 보람을 일굴 수 있다. 사회는 내
가 살아가는 데 필요한 수단을 제공하는 삶의 생산적 터전이 아니

---

25) 인성론, 인성교육교재편찬위원회 저, 박이정, 2002, p.삶과 가치.

며, 지성으로 베풀어야 할 목적적인 가치의 세계이다. 만약 인간 세계에 사회라는 구성체가 없다면 인간의 삶은 극히 동물적인 생존으로 전락해 버릴 것이며, 우리의 이상적인 정신의 기반은 무너지고 말 것이다. 우리는 사회에 모두 주인된 자의 마음가짐과 정신으로 사회를 가꾸고 개선하고 헌신하려고 노력해야 하며, 사고함을 주체로 하는 인간은 사회생활을 통해서 비로소 정신세계가 지닌 목적적인 정열을 쏟을 수 있다. 사회는 자신이 연마한 인격과 체득한 원리를 구현해야 할 실행의 세계이지, 결코 이념과 사상으로 인하여 대립되어야 할 투쟁의 장소가 아니다. 인간이 싹을 틔운 사상과 정신은 나름의 순수한 노력을 통하여 사회에 반영되어야 할 것이며, 사회는 우리들의 정신과 가치와 세계관을 구현하기 위한 성스러운 실행의 장소이다. 그러므로 우리 모두의 이상과 보람과 生의 가치를 실현할 수 있는 곳이 바로 사회임을 인식할 때, 사회는 개개의 이상을 구현할 수 있는 아름다운 세계가 될 것이다.26)

하지만 인간은 항상 자신과 利를 앞세우는 경우가 대세이라 어쩔 수 없이 사회의 共榮性을 실현할 가치 체제는 다시 새롭게 정립되어야 한다. 흔히 우리는 "개인 윤리의 원리는 사랑이고, 사회 윤리의 원리는 正義"27)라고 하는데, 윤리는 그렇나 치더라도 사회 共榮은 사랑과 正義 가치가 그대로 적용되기 어렵다. 개인 윤리가 사회 윤리로 직결될 수 없는 관계성이란 변수가 있다. 아무리 개

---

26) "포이에르바하는 녹거는 유한싱, 제한싱이요 시회성은 저유요 무한성이라고 하면서, 인간은 공동체 속에서 그의 본질이 실현된다고 함." - 포이에르바하의 인간학적 유물론의 형성 과정과 그 사상, 안현수 저, 서울대학교대학원 철학과 서양철학전공, 1989, p.162.
27) 기독교 윤리의 입장에서 본 존 롤즈의 정의론 연구, 박송희 저, 이화여자대학교 신학대학원 기독교윤리전공, 2002, p.3.

인을 위해서는 완성을 보장하는 가치라도 사회를 위해서는 저해되는 가치로서 작용할 수도 있다. 저해된다면 共榮을 이룰 가치 바탕으로서는 자격 미달이다. 그래서 사회의 共榮性을 달성할 가치 바탕은 미묘한 것이다. 개개의 가치를 두루 포함해야 하되 조절·조화와, 때에 따라서는 제재를 가해야 하는 어려움이 있다. 개인은 개인의 헌신이 밑거름이 되어야 共榮性이 실현되듯 사회도 마찬가지이다. 正義를 실현하기 위해서는 사회를 조절할 수 있는 진리력과 제재력이 발휘되어야 하는데, 그것이 가치의 共榮 바탕이 지닌 정당함이다. 그런데 서양이 내세운 공리주의(utilitarianism)는 일과 직무의 利를 앞세웠다는 점에서 인류의 共榮性을 달성할 사회 正義의 제재가치로서 자격 미달이다. "공리주의자들이 내세운 주장 논리는 지극히 간단하다. 우리는 행동의 옳고 그릇됨을 그것들이 행복을 더 많이 가져오느냐 불행을 더 많이 가져오느냐에 따라 판단해야 한다는 것이다."[28] 행복이라는 미사여구를 앞세운 만큼, 개개인의 추구 본성과도 부합되는 듯도 하지만, 문제는 그것을 利로 생각했다는 데 있다. 맹자가 양혜왕의 나라에 이익 됨을 바란 조언에 대해, "왜 하필 利를 말하십니까? 저에게는 仁義가 있을 뿐입니다."라고 한 통렬한 비판이 있었듯, 서구 사회가 공리를 추구한 共榮性 달성 결과는 참담하기만 하다. 그들이 내세운 공리의 원칙, 즉 "최대 다수의 최대 행복을 가져다주는 행위가 옳다."[29]고 본 正義 기준은 자칫 共榮에 근접된 정당함을 지닌 듯도 보이지만, 현실적으로는 실현이 불가능한 공상적 共榮主義이다. 그들이 도덕성의 목표로서 힘을 얻고자 한 "최대 다수의 사람들을 위한

28) 도덕철학, 제임스 레이첼스 저, 김기순 역, 서광사, 1989, p.150.
29) 기독교와 철학, K. E. 얀델 저, 이승구 역, 엠마오, 1988, p.321.

최대 총량의 행복"30) 달성이란 수치는 인류 전체의 조건이 비교되지 않은 상태에서 행복만 지닌 단독 수치이다.31) 만약 행복이란 수치가 95이고 그를 달성하기 위해 희생된 불행 수치가 94라면 그래도 인류는 공리를 정당화할 것인가? 인생 자체가 행·불행이 교차되는 것이 본질일진대, 행복의 수치 그래프가 최대치에 이르기 이전에 불행이란 수치가 만만찮게 추적해 오고 있다는 사실을 알아야 한다. 그래서 공리주의는 사회의 제 共榮 요소가 고려되지 않은 이익주의이다. 그리고 共榮은 일체를 포함한 포용 울타리인데, 최대 다수를 설정한 공리는 최대 다수에 포함되지 않은 것 일체를 포기한 한계 울타리이다. 나아가서는 다수를 위해 소수를 희생할 수도 있다는 정당한 이데올로기의 제공 역할까지도 할 수 있다.32) 그늘이 있는데도 맹목적인 수치 놀음에 매달려 있다. "다수자의 압제와 소수자의 소외 문제는 일반적으로 사회가 경계해야 할 해악 중 하나이다."33) "인간은 누구라도 자유롭고 평등한 인격적 존재로서 자존성을 달성할 수 있어야 하는데, 개개의 자유와 평등은 共榮을 이룰 기본적인 조건인 동시에 共榮性이 달성됨으로써 주어질 수 있는 혜택이다. 굳이 최대 행복 수치에 매달리지 않더라도 사회적 共榮은 인간이 원하는 행복을 골고루 선사한다." 그래서 밀은 "자유가 소중한 것은 쾌락을 증신시키거나 최대 행복

---

30) 현대 도덕철학, D. D. 라파엘 저, 김영철·김우영 역, 서광사, 1987, p.103.

31) "모든 공리주의자에게 유용성의 원리는 인간 행위의 옳음과 그름에 대한 궁극적인 척도이다." – 윤리학의 기본 원리, 폴 테일러 저, 김영진 저, 서광사, 1985, p.94.

32) "도덕의 원리는 사회의 공익에 있으며, 공익은 사회를 구성하고 있는 각 개인의 이익의 총합이다(공리주의). 즉 최대 다수의 최대 행복이 사회의 공익이며 善이다." – 가치론의 문제와 역사, 이대희 엮음, 정림사, 2001, p.138.

33) 롤즈 정의론의 기본 구조, 김혜선 저, 전남대학교교육대학원 교육학과 윤리교육전공 석사학위논문, 2002, p.10.

을 도모하는 데 있는 것이 아니라, 모든 개인이 하나의 존엄한 인격자로서 조화롭게 발전하기 위한 조건이기 때문"34)이라고 했다. 자유가 보장되지 않은 共榮은 있을 수 없다. 다만 자유가 얼마만큼 평등하게 보장되는가가 문제일 뿐, 그 평등성을 위해 共榮 가치는 正義로서 특유의 조절, 조화, 제재력을 발휘해야 할 뿐이다.35)

사회가 공익을 앞세우는 것은 사회를 구성한 개개인이 자신들의 이익을 추구하는 때문이다. "우리가 사회적 관계를 맺고자 하는 이유는 그렇게 하는 것이 바로 자기 자신에게 이익이 되기 때문이다. 합리적인 이익의 추구, 즉 개인은 오로지 그 자신의 이익만을 원한다는 견해는 바로 홉스 정치이론의 근간이기도 하다."36) 이기주의를 바탕으로 한 사회에서 공익은 다분히 선의의 기준 역할을 담당한다. "흄은 도덕적 의문에 관하여 불확실한 경우, 무엇보다도 그 관련된 행위와 태도가 진실로 사회의 이익에 도움이 되는 것이냐를 발견함으로써, 이렇게 결정하는 방법 이외에 더 확실한 길은 없다."37)고 했다. 그만큼 사회를 위한 유익 – 有益은 개개인이 우선적으로 염두에 두어야 할 가치 목표이다. 하지만 사회 共榮은 일체 利와 무관하다. 유관하여서는 共榮性을 달성할 수 없다. 利를 앞세우는 순간 상대화되어 버린다. 존재는 공존함으로써 의미를 지니는데, 그렇게 하기 위해서는 먼저 나를 버리는 작업부터 착수해야 한다. 共存 共榮은 "공동적 도리 혹은 공동적 질서의 존

---

34) 위의 논문, p.11.
35) 자유의 문제는 사회정의의 실현과 共榮性을 달성하는 데 있어서 중요한 관건이다. "善이란 무엇이며, 우리는 이 善을 어떻게 인식하는가란 물음과 함께 자유도 윤리학에서는 근본적인 문제이다." – 철학의 흐름과 문제들, N. 하르트만 저, 강성위 역, 서광사, 1989, p.231.
36) 인간 본성에 관한 10가지 철학적 성찰, 앞의 책, pp.30 – 31.
37) 세계사상 대계(인간의 발견), 박종홍 감수자 외 2인, 신태양사, 1968, p.74.

재 근거를 근저에 예상하고 있는 것이라",38) 有한 가치인 利를 최대한 내세울 것이 아니라, 최대한 덜어 내는 것이 원칙이다. 그렇지 않으면 利의 본질은 항상 인간이 발의한 선의의 컨트롤 한계를 넘어서 의도하는 바와 정반대로 인간 사회를 무한 경쟁 상태로 몰아넣는 결과를 초래한다. 서구 사회가 정착시킨 자본주의 사회가 그렇다. 사회의 토대 자체를 도덕화하기 위해 착취의 근절, 공정한 분배, 공익 우선의 태도를 부르짖지만, 利의 씨를 뿌려 거둔 결실 결과가 특정 계급 내지 집단의 착취이고 독점이며 사리사욕의 추구이라, 그로부터 共榮의 열매가 맺어지기를 기대할 수는 없다. 철저하게 義를 내세워야만 사회 공영의 바탕인 인간 존중의 이념은 구현된다. "자유와 평화와 평등성의 실현이 그것이다."39)

이에 우리가 사회의 共榮性을 달성하기 위해서는 일단 제 가치를 섭렵하는 작업을 통하여 利를 버리고 義를 내세울 수 있는 판단 작업에 돌입해야 하고, 이로부터 共榮的인 가치 요소를 추출할 수 있어야 한다. 즉 사회의 共榮을 위해서는 윤리나 도덕적인 요소만으로써는 안 된다. "율곡은 배고픈 국민에게 윤리나 도덕은 아무런 의미도 없고 먹혀 들어가지도 않는다. 윤리·도덕 가치도 경제적 가치를 바탕으로 해서만 발현될 수 있다."40)41)고 했다. 경제는 共榮 달성의 절대 필요 요소이다. 하지만 문제는 경세라는

---

38) 역사철학, 최재희 저, 청림사, 1975, pp.186 – 187.
39) 법철학 개론, 이항녕 저, 박영사, 1992, p.247.
40) "개인의 경우도 먹을 것이 풍족해야만 예절도 지키고 높은 차원의 가치도 추구함." – 공자 사상의 발견, 윤사정 외 저, 민음사, 1992, p.261, 262.
41) 반대 견해로서는 "아무리 빵을 구하는 길구가 기혹할 정도라도 사람은 빵만으로는 살 수 없다." – 비교사상론 개관, 김태창 엮음, 충북대학교 출판부, 1987, p.432.
"경제적 조건이나 토대는 아무리 튼튼하다 하더라도 인간 윤리나 공동체의 생활 도덕이 그것들을 밑받침해 주지 못하면 자체가 무의미한 것이 되고 만다." – 도덕 진시, 이병호 저, 도덕성회복국민운동본부 출판국, 1996, p.313.

가치 자체에 있는 것이 아니라 이것의 분배이다. 그래서 共榮性을 달성할 가치 바탕은 항상 공통으로, 공정한 분배의 기준이 되는 正義가 문제이다. 마르크스는 유산계급의 착취로 인한 분배의 불평등과 그들만이 독점한 잉여가치의 축적이 부당하다고 보았기 때문에 자본주의 체제를 정면 부정하고 이를 극복한 새로운 공산주의 사회를 건설하고자 했다.42) "18세기의 사회계약은 전래되어 오던 관습을 성문화시킨 것을 제외하고 당시의 왕과 귀족에게 빼앗겼던 인권을 회복시키려는 이상을 제시했다."43) 인권의 평등, 즉 인권의 共榮性에 바탕을 둔 正義의 실현이 문제였다. 빼앗겼다고 본 것은 共榮性이 훼손된 불균형 상태에 대한 인식이다. 그래서 共榮性을 달성하기 위한 義的 가치가 집단적으로 폭발했다. 우리가 흔히 발견하고 있는 위대한 성현들의 만난을 극복한 "사회적 사명의 봉행 – 奉行"44) 역정들은 한결같이 사회의 共榮性을 달성하려 한 正義에 입각해서이다.

그런데 어떤 집단과 위대한 한 개인이 합가치성을 발의했다 하더라도 사회의 共榮性을 위해 조절하고 제재하여 재구조화하여야 할 경우도 있다. "부끄러운 일은 하지 않는다. 언제나 대로를 걷는다. 명분에 어긋난 일은 결코 하지 않는다 등은 우리 사회 특유의 질서 모델인 선비주의인데",45) 이 같은 유교적 가치가 共榮性을 달성할 사회 가치가 되기 위해서는 좀 더 추구 목적성과 원리성이 보편화되어야 한다. 이것만으로써는 사회의 共榮 바탕이 될 수 없다. 佛陀가 정각을 이룬 후 초전법륜에서 밝힌 진리인 "中道 및

---

42) 공상에서 과학으로, 엥겔서 저, 새날, 1990, p.46.
43) 예수운동과 혁명, 쉬일러 매튜스 저, 박현덕 역, 대장간, 1991, p.27.
44) 역경과 사서, 이현중 저, 역락, 2004, p.104.
45) 공자 사상의 발견, 앞의 책, p.352.

사성제와 팔정도"[46])는 개인이 추종할 위대한 가치 체제이기는 하나 사회 전체의 共榮 가치 체제로서는 미흡하다. "철저히 개인주의적인 成佛로부터 철저히 사회주의적인 爲聖"[47]으로 나아가야 한다. 인간의 개인 가치가 사회 가치화되기 위해서는 共榮性이 뒷받침되어야 한다. 구도를 위해 出家를 해야 한다. 혹은 "누구든지 자기의 부모, 형제를 미워하지 않는 자는 그의 제자가 될 수 없다."[48] 곧 어느 하나를 위해 다른 일체가 희생되어야 할진대, 이 같은 가치는 共榮性의 달성을 저해한다. 버림과 희생은 共榮 자체의 전체적인 뜻에 입각해서 결단하였을 때 타당한 바탕이 될 수 있다. 전체적인 화합을 위하여 절제와 중용, 규제와 물러섬이 제 가치를 발할 수 있다. 동일한 가치 본질이라도 共榮性을 달성하기 위해서는 상반된 역할을 동시에 할 수도 있다. "롤즈에 따르면 질서 잡힌 사회가 지녀야 할 일차적 덕목은 正義였다. 하지만 전통 동양 사회는 正義가 아니라 조화였다."[49] 조화를 이루는 것이 正義(옳음)이다. 질서가 잡히지 않는 사회를 正義로운 사회라고 할 수는 없다. 아울러 조화도 마찬가지이다. 共榮性을 달성하기 위해서는 질서도 잡아야 하고 조화도 이루어야 한다. 그래서 共榮性은 제 가치를 동시에 수용하면서 하나인 正義性을 표방한다. 그렇게 하는 것이 사회의 共榮 바탕을 이루는 길이다. 사회의 共榮 가치는 개개인의 가치를 포함하는 동시에 말살을 방지하는 역할도 병행해야 한다. 즉 질서를 이루면서도 조화를 달성해야 한다. 두 마리 토끼를 한 사람이 동시에 쫓을 수 없듯, 분열하는 노상에서는 사싯 불가능하

---

46) 인도 철학, 김동암 편저, 대승불교전문강원, 1989, p.95.
47) 한 젊은 유학자의 초상(청년 왕양명), 권미숙 역, 통나무, 1994, p.15.
48) 누가복음, 14장 26절.
49) 윤리 질서의 융합, 함경시 이 저, 철학과 현실사, 1996, p 67.

다고 생각할지 모르나, 세계는 현상적 本을 넘어선 바탕을 둔 본질의 세계가 있다. 그리고 共榮性은 바로 그 분열 한계를 넘어선 차원성에 바탕을 두고 있어 正義의 동시 역할 수행이 가능하다. "의리는 서로 감싸 주는 정신이고 正義는 시시비비를 따져서 불의를 처벌하고 正義를 옹호하는 것"[50]이지만, 共榮性을 목적한 본질 바탕 위에서는 동시 역할이 가능해, 결과에 이르러서는 공통된 목표에 도달한다. 그러지 못하고서는 어떻게 일체를 하나되게 할 共榮 바탕이 될 수 있겠는가? 共榮 바탕은 일체 세속적 체의 상대성, 편협성, 보편성을 가장한 특수성을 초월해야 한다.

무엇보다도 종교는 사회 구원을 기치로 삼는다. 통계에 의하면 한국 인구의 2/3가 종교인인데도 불구하고 우리 사회는 과거 어느 때보다 도덕적으로 타락했다는 지적이 있다. 종교인 수가 많은 만큼 사회가 도덕화되지 않은 것은 대체 무슨 이유 때문인가? 이에 대해 니버는 『도덕적인 인간과 비도덕적 사회』라는 책 속에서 답하길, "사람들은 개인 관계에서는 그들 자신보다 다른 사람의 이익을 자신의 이익에 앞세울 수도 있지만, 일단 집단의 관계로 옮아가면 집단의 구성원으로서 그 집단의 배타적인 이기적 욕구를 앞세우게 된다고 했다."[51] 개인 윤리와 사회 윤리는 다르다. 종교는 개개인의 영혼을 책임질 뿐, 사회 윤리의 共榮性에 대해서는 체계적인 바탕 마련이 미흡하다. "자본주의가 우리의 삶을 규제하는 지배 원리가 된 후 사람들은 자신의 이익을 지키고 극대화하기 위해 수많은 이익집단을 형성해 왔다. 그런데 문제는 집단의 이기

---

50) "의리는 인간과 인간 사이의 조화로운 관계를 유지하기 위해서 지켜야 할 덕목·성품이고, 정의는 전체적인 측면에서 사회의 구조적인 것을 평가하는 데 적용되는 개념이다." - 윤리 질서의 융합, 앞의 책, p.83, 93.
51) 종교적 믿음에 대한 몇 가지 철학적 성찰, 이태하 저, 책세상, 2003, p.90.

적 욕구를 규제할 수 있는 법과 제도의 정비 없이 집단적 이기심을 구성하는 개인의 양심을 순화하고 선의지를 함양하는 개인 윤리적 차원의 종교적인 노력에만 의존하게 되니까"[52) 共榮性이 허물어진다. 사회가 추구해야 할 共榮의 가치는 특정 종교나 계명이 아니다. 제 가치를 포함해야 하고 그 가운데서 추출한 것이 원리화된 도덕률이고 正義 기준이다. 초기 기독교는 로마제국으로부터 겨우 활동을 공인받았지만 世情은 만족의 침입으로 불안이 감돌았다. 이 같은 시대에 성 아우구스티누스는 그리스 철학을 기독교에 적극 결합시켜 교의를 다짐과 동시에 황제 중심의 공동체에 대해 교회 중심의 공동체가 있다는 것을 명백히 했다.[53) 하지만 교회는 共榮性에 바탕을 둔 공동체가 아니다. 신앙이라는 목적 利를 달성하기 위한 특수 성격의 집단일 뿐이다.

인류가 사회의 共榮을 달성하기 위해서는 사회 전체의 공통분모적인 가치 바탕이 마련되어야 하는데, 그것이 분열하는 현실 차원에서는 한계가 있어, 세계적 본질의 분열이 완료되어야 하는 때를 기다려야 했다. 전체성이 확보되지 않은 부분 본질 가운데서는 그 표출된 공동체의 규모가 아무리 집단적이고 문명적이라 하더라도 노출되는 만큼 상대성을 면하기 어렵다. 아리스토텔레스는 "사람에게는 본성상 평등이란 없다. 각 개인은 연령, 성별, 종족, 건강, 능력, 재산 등에서 언제나 같지 않다."[54)라고 했다. 항상 세상 가운데서는 길고 모자란 차이가 있다. 이것을 수치적으로 균등하게 하려 한 사회적 正義는 결코 실현될 수 없다. 새산, 권익, 자유, 병등, 기회의 균등, 正義 등등. 이들을 제한된 인생과 한정된 사회와

---

52) 위의 책, p.91,
53) 기독교윤리사상사, 앞의 책, p.59.
54) 징의의 철학, 김대길 외 저, 대화출판사, 1977, pp.108 - 109,

부분적인 가치관 안에서 해결하려 하니까 온갖 분란이 가중된다. 현상 사회에서의 평등은 사실상 불가능한 것인데도 이 같은 사실을 발견하고 인정하는 데 先天 세월을 다 소비했다. 그렇다면?

사회의 共榮性을 실현할 영원한 평등은 개개의 인생 삶과 사회 안에서는 없다. 불평등을 초월하고 초극한 제삼의 존재 차원, 인류 共榮의 공통 뿌리인 하나님의 본체 사랑 안에 있다. 그것이 다름 아닌 세속 가치에 대비된 하늘 가치이고 세속의 불평등 한계성을 넘어선 영적 평등이다. 세속에서의 불평등을 하나님이 사랑으로 보상하고 채워 주시고 오히려 풍성하게 하심에, 그것이 세속 가치에 비견할 것이 없는 영적 가치이다. "왜 하나님은 불의한 자들이 의인을 훼방하는 것을 보고 아무런 처치도 하지 아니하시는가? 의로우신 하나님께서 무죄한 사람들이 어떻게 죄인과 악인들과 같이 고난을 겪도록 내버려 두시는가에 대한 의문에 대해 하박국은 하나님의 말씀을 들었다."55)

"의인은 믿음으로 말미암아 살리라."56)

義는 차이와 불평등을 염두에 두지 않고 믿음을 추구하는 행위이다. 차이가 있어서는 안 되겠지만, 있더라도 개의치 않는 신앙 행위이다. 그런데 그런 義의 추구 가치가 오히려 正義를 실현한다. 영원한 삶을 보장받는다. 義의 바침 가치는 실로 엄청나다. 누구도 불평할 수 없는 것은 共榮 가치에 바탕을 둔 정당한 대가에 근거해서이다. 그것이 사회의 불평등을 극복하고 共榮性을 실현할 영적 평등이다. 利를 앞세우는 자는 현세에서의 자기 인생을 완성하

---

55) 기독교와 문화, 조인서 저, 한올출판사, 1996, p.73.
56) 하박국, 2장 6절.

기 위해 온갖 불의를 조장하고, 義를 앞세우는 자는 제삼의 차원적인 영적 복락을 위해 금욕, 절제, 청빈, 겸양, 무형의 가치인 믿음을 삶의 기반으로 삼았다. 인생을 바라보는 시각차가 근본적으로 다르다. 인생은 "천상 도상을 향해 가는 인간의 순례자적인 여정이라."[57] "전체적인 구도 속에서 인간 사회에 드러나는 근본적인 문제들은 피할 수 없는 지상의 한계들인 것이 분명하다. 그리고 이것을 완전하게 해결할 수 있는 방법이 인간 사회 속에서는 없다는 것이 어거스틴의 생각이다. 인간의 모든 문제, 즉 완전 평등, 正義의 실현, 共榮性의 확보 문제는 결국 하나님의 나라, 천상의 도성에서 극복되고 완성되고,[58] 하나님의 본체 바탕 안에서 해결되리라. 그것이 아직은 믿기지 않은 일일지 모르나, 언젠가는 실현될 사실이다. 모든 것은 믿음대로 된다고 했듯, 正義와 共榮性도 결국은 믿음 하나로 투신하여야 할 이 지상에서의 義的 가치이다. 共榮性으로 이룰 통합 사회, 지상천국 건설이 그것이다.

3. 제도의 공영 바탕

인류는 현실적으로 제도라는 테두리 내에서 생활하고 있다. 그리고 제도라는 것은 인류가 양산한 온갖 가치, 이념, 이데올로기로 구축한 틀이다. 마치 누에가 자기 입에서 실을 뽑아 거할 공간을 마련하듯, 제도는 인류가 이룬 지혜의 결정체이다. 그렇지만 지금 인류는 완전한 지혜를 일구고 완전한 제도를 구축하고 완전한 正

---

57) 어거스틴의 윤리학 연구, 최낙현 저, 샌프란시스코 기독교대학 기독교교육학 박사학위논문, 2002, p. i.
58) 위의 논문, p. ii.

道를 실현하였는가? 제도의 共榮 바탕은 마련되었는가? 도대체 무엇을 기준으로 제도 틀이 구성된 것인가? 아무리 인류가 지혜를 일구어도 세계 본질의 생성 경과는 있게 마련이다. 개개인과 사회와 각 문화권이 무엇을 바탕으로 삼는가에 따라서 제도는 달라질 수 있고, 세계 본질의 분열 경과에 따라 한계성에 직면할 수도 있다. 그렇다면 우리는 과연 어떤 가치를 바탕 삼아야 제도의 共榮性을 이룰 것인가? 그리고 共榮性은 어떻게 해서 제도의 완성성에 대한 척도가 되는 것인가? 그것은 先天에서 共榮性에 근거되지 못한 가치 체제들이 제도의 운영에 있어서 얼마나 유한한 한계성을 드러내었는가를 보면 알 수 있다.

"군주가 국가를 통치하는 사회에서는 군주가 국가를 하나하나 다 다스릴 수 없기 때문에 통치의 주요한 점을 법으로 제정했다. 통치의 합리적인 측면이 법으로 제정되고 제도로 확립된 것이다. 따라서 법과 제도는 최고 권력의 객관적 표현이며, 동시에 이성의 표현이다."59) 하지만 그렇게 법으로 제도화된 테두리 내에서의 사회와 국가와 국민이 인류의 共榮을 위해 무엇을 추구하고 이바지하고 있는지는 의문이다. 법에 바탕을 둔 국가라는 권력 제도가 자국의 이익을 위해 남의 나라를 침탈할진대, 법이 지닌 共榮의 한계성은 자명해진다. 共榮 가치는 인류 전체를 공통분모로 해 영향을 미쳐야 하는데, 법은 자국에 대해서는 최대한 共榮性을 달성할 수 있을지 몰라도 그 이상의 테두리는 넘어서지 못한다. "한 국가 사회의 공정성, 정당성은 무엇보다도 법에 의해 형성, 유지, 보호되므로 결국 사회 正義의 문제는 법과 힘의 운용에서부터 해결되어야 할 것"60)이라 하지만, 법과 힘의 운용은 강제성에 의한

---

59) 성악설의 흐름, 손영식 저, 소논문, p.380.

正義의 실현을 말하는 것인데, 그것이 과연 바람직한 해결책이겠는가? 역사상 강제적인 법을 통치이념으로 삼았던 진시황제가 세운 나라는 15년 만에 붕괴해 버렸다.[61] 共榮 가치에 바탕을 두지 못한 제도의 종말성이다. "사람은 누구나 요순의 인격에 이를 수는 있으나 현실상으로는 아직 요순의 경지에 도달해 있지 못하다. 그래서 세계에 형법이 존재해야 할 필요가 있다고도 하였는데",[62] 이것은 인류가 정말 요순의 인격에 도달하였다면 형법이 필요가 없다는 뜻이다. 그것은 결국 인류가 제정한 법은 共榮性에 도달하기 이전의 과도기적인 제도 체제라는 뜻이다. 共榮性이 달성되지 못했기 때문에 임시로 운용되고 있는 제도이다.

그러므로 우리는 끊임없이 제도의 共榮性을 이룰 바탕 가치를 찾기 위해 노력해야 한다. 그래서 인류는 동서를 막론하고 법에 대신할 사회 지배력과 正義의 실현과 共榮性을 달성할 대안 체제로서 도덕적 명령과 윤리적 가치를 각색하여 내세웠다. 성리학의 기본 윤리인 三綱五倫은 윤리적으로 강령화되어 오랫동안 동양 사회에 영향력을 발휘했다. 특히 "朱子의 성리학은 군현 사회의 지도자로서의 관료의 心法을 가르친 것으로, 지도자가 수양에 철저하면 사회는 자연히 통치된다고 보았다. 그래서 성리학은 동방의 중세 군현 사회생활의 지도이념이 되었다."[63] 이렇듯 만세간에 걸쳐 사회를 리드하고 뒷받침할 것 같았던 三綱五倫과 성리학이 세운 가치 제도가 지금 어떻게 되어 있는가? 제도를 항구적으로 지속시키지 못한 과도기적인 가치 제제란 한계성을 벗어나지 못했다.

---

60) 정의의 철학, 앞의 책, p.123.
61) "법가정책의 엄혹함에 견디어 낼 수 없었기 때문임." — 중국사상사, 森三樹三郎 저, 임병덕 역, 온누리, 1990, p.130.
62) 유학과 현대 세계, 사중명 저, 김기현 역, 서광사, 1998, p.236.
63) 법철학 개론, 앞의 책, p.122.

흔히 "법률이나 규범들은 보이는 손에 의한 사회 통합의 대표적인 기능 역할을 하고(강제의 형태를 띰), 禮나 도덕은 보이지 않는 손에 의한 사회적 통합의 대표적인 예"64)라고 하는데, 이들이 제도의 共榮 바탕에 얼마나 밑거름이 되었는지는 의문이다. 부분적인 사회 통합의 과도기성을 면하기 어려웠다. 이 같은 제도의 가치 바탕이 근대에 이르러서는 "공리가 입법의 기초일 뿐 아니라 도덕과 국가와의 기초가 되기도 했고",65) "근세 이전의 윤리의 중심 개념이었던 德은 근세 시민사회로 와서는 시민의 행위규범을 지칭하는 공공적인 윤리의 개념으로 대체되어 의무와 규칙의 중심 개념이 되기도 했다."66) 무엇 하나 共榮性을 뒷받침하기는커녕 利와 의무와 질서를 앞세우게 되어 세계를 더욱 분열 짓게 한 원인만 제공했다.

"18세기에 일어난 서구 계몽주의는 인간의 지성이 성장하면 자동적으로 사회 불의가 제거될 것으로 기대했는데, 일부 미신이나 불의의 전통을 제외하고는 사회 불의가 계속 증가하여 참담한 지경에 이르렀다."67) 니버(R. Niebuhr)는 "도덕적 인간들에 의해 구성되는 사회일지라도 그 사회는 비도덕적일 수 있다고 말했다. 사회는 많은 중요한 문제들을 개인의 도덕적 가치판단에 의해서가 아니라, 그 개인이 속해 있는 사회의 구조나 제도 자체의 개선에 의해서만 비로소 해결될 수 있다."68)고 보았다. 사회 윤리의 중요

---

64) 동양적 가치란 무엇인가(논어의 세계), 송복 저, 지식마당, 2004, p.213.
65) 서양윤리사상사, 최재희 저, 서울대학교 출판부, 1981, p.274.
66) 어거스틴의 윤리학 연구, 앞의 논문, p.4.
67) 도덕적 인간과 비도덕적 사회, 라인홀드 니버 저, 이찬우 역, 문예출판사, 1994, p.40.
68) 도덕성의 근원에 관한 논의가 도덕교육에 미치는 영향에 관한 연구, 윤만중 저, 한국교원대학교 대학원 국민윤리교육전공, 1993, p.35.

성을 역설한 것인데, 아무리 개개인의 도덕성과 윤리 의식이 선의적이라도 더 나아간 共榮性을 확보해야 한다는 뜻이다. 제도의 共榮性과 사회의 正義가 윤리와의 관계하에 있는 것은 사실이고, 윤리는 제도를 통해 구현될 것인데, 문제는 先天에서는 어느 누구도 윤리 가치의 공통분모를 추출해 내지 못하였다. "마르크스는 노동이 인간의 본질이며 사회의 토대이다. 인간은 노동하는 동물이다."[69]라고 했다. 그러나 인간이 지닌 노동적 본질이 사회제도를 이루는 데 적용은 된다 할지라도 共榮性을 이룰 바탕 본질과는 거리가 멀었다(부분성을 드러낸 한계). 그 기반 토대는 창조의 대본의 밝힘과 더불어 세계 본질적 바탕이 마련되어야 할 때를 기다려야 했다. 그것이 전체적으로는 先天의 세계관적 한계가 제도의 共榮 바탕을 구축하는 데 있어서 한계를 드러낸 것과 관련된다.

進化論이나 칼 마르크스가 본 관점처럼 제도도 발전하는 것으로 본 것이 그것이다. 사회진화론은 "무생물이든 세포질의 유기체이든 또는 사회 형태이든 간에 모든 것은 낮은 단계로부터 보다 높은 단계로 발전한다고 주장했다."[70] 찰스 다윈의 영향을 받은 마르크스나 엥겔스 등은[71] "사회 변동에 대한 새로운 이론의 정립을 모색했으며, 마침내 인간 사회의 발전을 진화론적으로 단계화하여 설명하려는 논리로까지 나아가게 되었다."[72] 변증법적 유물론의 역사관에 기초하여 마르크스는 인류의 역사 발전을 5단계로

---

69) 마르크스의 혁명적 사상, 알렉스 캘리니코스 저, 정성진·정진상 역, 책갈피, 1993, p.94.
70) 마르크스와 마르크스주의, 피터 위슬리 지, 진덕규 역, 학문과 지성사, 1984, p.128.
71) 위의 책, p.182.
72) "다윈은 지속적인 지배 형태의 형성은 결코 우연의 과정이 아니라 자연의 선택의 법칙에 따라 일어나는 것이기 때문에 그러한 법칙에 따라 인간 사회의 발전 단계도 연구되어야 한다고 지적하였다." - 위의 책, p.130

나누었다. 인류 역사는 경제 체제, 사유재산 등과 관련하여 원시 공산 사회 → 고대 노예제 사회 → 중세 봉건 사회 → 자본주의 사회로 나아왔는데, 자본주의 사회는 빈부 격차와 같은 내부적 모순으로 인해 붕괴될 것이고, 종국에는 공동으로 생산하고 똑같이 분배하는 평등한 세상인 공산주의 사회가 역사 발전의 최종 단계로서 전개될 것을 기대했다. 교육사상가인 페스탈로치도 "인간은 자연적 상태에서 사회적 상태로, 사회적 상태에서 도덕적이고 종교적 상태로 나아가면서 질적인 도약을 거듭하는 존재라고 역설"[73] 했는데, 현재의 사회와 제도 상태가 그러한지는 의문이다. 빛 좋은 개살구란 말이 있듯, 이론은 정연한데 현실과는 동떨어졌다. 先天의 분열된 한계적 세계관에 근거한 때문이다. 역사와 제도가 진화적, 단계적으로 발전한다면 도대체 인류는 어디서부터 나아왔고 나아갈 것이란 말인가? 進化論 자체가 근본과 바탕된 뿌리를 밝혀내지 못한 상태에서 단면인 변화성을 진보적인 질서 개념으로 엮어 놓은 상태인데, 어찌 이에 대한 해답이 가능했겠는가? 만상은 근본이 있고 뿌리가 있어야 성장하고 발전한다. 그런데 進化論이란 세계관은 그 근원을 너무 허술한 단계로서 설정했다. "엥겔스는 『가정의 기원』에서 역사가 시작된 여명기의 원시인들은 경제적으로나 성적으로 완전한 공산주의적 사회였다고 주장했는데",[74] 이것은 進化論의 근본 원칙을 깨뜨린 인식이기도 하다. 역사 발전 목적이 다시 공산 사회로 돌아갈 것이거든 진화적 세계관이 달라야 했다. 아예 최초의 바탕 설정이 잘못되었기에 역사 발전의 최종 단계가 공산주의 사회가 되리란 예측은 합리적인 논리성에 근

---

73) 서양교육사상사, 주영흠 저, 양서원, 2001, p.308.
74) 마르크스와 마르크스주의, 앞의 책, p.134.

거되지 못한 선언적 판단이다. 왜 공동으로 생산하고 공동으로 분배하는 것이 자본주의의 모순을 해결하는 것이고, 그것이 가장 이상적인 평등성의 상태인지? 그리고 그 다음은? 공산주의로 완성된 상태에서 인류 역사가 영원히 지속된단 말인가? 여태껏 역사는 발전을 거듭한다고 하여 놓고, 공산 사회를 정점으로 해서 정체되었다는 것은 그 자체가 모순성을 드러낸 한계적 세계관이다. 발전에 대한 인식은 누구라도 가늠할 수 있는 생성 시스템에 근거해야 하는데, 위대한 진리성이 마르크스 혼자의 눈에만 포착되어 발견되었단 말인가? 헤겔은 正을 변증법 논리의 삼 단계 중 첫 단계로 삼고, 이에 모순되는 다른 주장인 反을 설정하여 더 높은 종합적인 주장인 合이란 통합 과정에 이른다고 하였다. 하지만 이것도 왜 최초 설정 상태가 正이 되어야 하는 것인지, 正·反·合 과정이 보편적인 진행 루트가 되고 있는 것인지에 대한 세계관적 인식 바탕이 미흡하다. 사고의 법칙이 아닌 세계의 생성 본질과 연관되어야 하는데, 연결 코드를 밝히지 못한 채 온갖 역사 현상들을 설명하려고 한 데 문제가 있다.

역사, 제도는 과연 발전하는 것인가? 이 문제를 해결하기 위해서는 사실 우주론적 생성 본질이 밝혀져야 한다. 최초의 바탕성에 대한 본질 형태가 설정되지 못한 상태에서 발전과 진보를 운운하는 것은 있을 수 없다. 창조는 통합성이라. 그래서 先天은 분열의 시대요, 後天은 통합의 시대라고 한다면 그것은 이해가 된다. 분열은 나뉨이고 통합은 모임이니, 원시 공산 사회를 분열 이전의 통합성 시대로 놓고 본다면 이후 노예제와 봉건제, 자본제는 先天의 분열 특성에 걸맞게 집중된 재산과 권력과 계급의 나눔 과정이고, 자본제를 기점으로 분열을 마감한 先天이 後天으로 넘어서는 과정에서 통합적인 공산제로 넘어간다고 하면 그것은 이해가 된다.

하지만 문제는 공동으로 생산하고 공동으로 분배하는 평등, 그것이 이상적인 도달 기준이 아니라는 데 있다. 인류는 밑도 끝도 없는 발전의 종착점인 공산이 문제가 아니다. 인류 사회는 새로운 가치 창출이나 제도 설정이나 진보 발전이 문제가 아니다. 어떻게 하면 무너진 道를 다시 세우고 원래의 正本에 일치될 수 있는 正道를 확립하고 正義를 실현할 것인가 하는 것이다. 이에 인류가 이룰 共榮性 바탕은 누구나가 다 그 도달 정도를 가늠할 수 있는 척도 기준이다. 즉 共榮性의 실현 여부가 인류가 원한 최대의 이상 상태인 正道 확립의 관건이다. 인류는 봉건제에서 영원히 머물지 않았듯, 민주제나 자본제에서도 영원히 머물지 않을 것이며, 완전한 공산제의 실현은 아예 실험 단계에서 역사상의 실험 제물로 바쳐진 것을 끝으로 폐막되었다고 보는 것이 옳다. 하지만 장차 도래할 통합 사회요 共榮 사회는 누구나가 다 도달 여부를 진단할 수 있는 확실한 근거 기준을 가진다. 정확한 판단을 위해서는 최초의 기준 설정이 중요한데, 인류의 알파 기준은 당연히 창조이다. 창조는 역사와 만상의 일체 원본인 동시에 바탕이다. 창조가 正이고 本이다. 우리는 原道가 없는 상태에서 어떻게 正道 운운하고 기준도 없는 상태에서 正道를 세웠다고 할 수 있겠는가? 그런데도 다윈이나 마르크스는 발전과 진보를 내세웠다.

『주역』의 風火家人卦에서는 "家人은 여자가 안에서 바르게 위치하고, 남자가 밖에서 바르게 위치하여, 남녀가 바르게 되는 것이 천지의 大義이다. ……가정이 바르면 천하가 定하여진다."[75]라고 했다. 이른바 正名 원리라고도 하는데, 여기서의 正은 누구라도

---

75) 역경과 사서, 앞의 책, p.118.

마음만 먹으면 위치를 찾아갈 수 있는 자리가 있다. 가정의 바름(正) 상태가 천하를 定하게 할진대, 그 正의 상태는 "……남편이 남편답고, 아내가 아내다워 家道가 바른 상태이다. 여자가 집안에서 바르게 위치하고 남자가 밖에서 바르게 위치하는 것, 그것이 정확한 正名 기준이다." 正道가 이처럼 기준이 명확할진대, 그것이 바로 하나님이 천지를 창조하신 상태라는 것이다. 하나님이 무엇을, 어떻게, 왜 천지 만상을 창조하셨는가? 共榮을 위해서이다. 하나님은 자나 깨나 천지 만상을 하나님의 품 안에 두고 계시다. 그것이 共榮이고 正道 기준이다. 그러므로 제도도 共榮性을 확보하는 것이 正道의 실현 여부를 가늠하게 한다. 이렇게 되면 인류는 共榮을 통한 正道의 실현 本을 몰라서 목적을 실현하지 못하는 일은 없게 된다. 이전에는 사실상 正道의 바탕 근거를 몰라서 각자의 판단대로 임했지만, 안 이상에는 일체 책임 전가가 인류 자체에 부여된다. 심판과 함께 제도의 共榮性은 물론이고 正道를 확립하고 正義를 실현할 길이 열린다.[76]

인류는 무엇이 正이고 本이었던가? 우리의 근본은 원래 하나이고 창조 자체가 正이었다. 이것이 先天의 분열 본질 안에서 천 갈래 만 갈래로 갈라져 근본도 희석되어 버리고 본체 뿌리도 망각되어 버렸지만, 그렇다고 해서 그냥 그대로 흐트러져 버릴 리 만무하다. 그래서 발휘된 것이 통합 의지요 共榮 가치 바탕이다. 이것은 언젠가는 누군가에 의해 반드시 제시되어야 할 세기적인 과제인 동시에 천지 만물을 지으신 하나님의 창조 뜻이고 우주의 내섭리 귀결이다. 그런데도 지금까지 正道가 밝혀지지 못한 것은 우주의 생성 본질이 전모를 드러내지 못해서이다. 불완전한 진리 속에

---

76) 세계본질론, 졸지, 청희시, 1997, p.49.

있는 인간들이 근본을 찾지 못해 방황했을 것은 어쩔 수 없는 결과였다. 그러나 이제 하늘의 질서가 바로잡힘으로써 세상의 질서도 바르게 잡힐 것이며, 하나님이 창조의 正道 기준을 드러내심으로써 제도의 共榮性도 확보되리라.[77] 제도가 正하므로 天下가 定하여 지는 것, 이것이 인류가 도달할 수 있는 가장 이상적인 상태이다. 인류는 하나님이 세워 주신 완전한 푯대를 가지게 될 것이며, 그들은 다시는 죄의 백성이 되지 않고 거룩한 하나님의 백성이 될 것이다. 완전한 진리(제도) 안에서 인류는 완전한 하나님의 백성이 될 수 있다.

진리, 가치와 제도의 共榮性 실현과는 끊을 수 없는 관계에 있다. 그중에서도 인류가 제도를 통하여 하나될 보다 항구적인 共榮性을 실현할 길은 인류가 가장 오랫동안 존속시킴으로 인하여 일체 근본적인 가치가 보전되어 있는 가정이란 제도를 통한 세계가족주의이다. 서구인들은 인류의 제반 상황을 고려하여 국가란 인위적 공동체 조직을 구성하였는데, 그 구체적인 통치 권한의 근거를 그들은 "인류가 사회를 형성하기 이전의 자연 상태를 가정한 자연권에 두었다."[78] 이것을 근대 시민 계급은 서로 간의 계약에 의해 국가를 통치할 수 있는 권한으로 발의시켰으되 그것을 분립시켰다. 보다 항구적일 것 같은 국가라는 조직 기반을 이룬 가치 바탕이 자연권에 대비된 계약에 있을진대, 이것은 先天의 창조 본의가 발의되지 못한 상태에서의 어쩔 수 없는 한계 바탕이다. 결국 국가란 제도도 先天이 지닌 가합된 과도기적인 조직 체제 이상을 벗어날 수 없다. 그러니까 구소련이라는 거대 국가도 일시에

---

77) 사회정의의 실현 방안은 제도, 권력의 共榮性 확립이 관건임.
78) 비교사상론 개관, 앞의 책, p.662.

해체되어 버릴 수 있었다. 인류는 자연권이 아닌 창조권을 볼 수 있어야 했고, 계약이 아닌 은혜를 실감할 수 있어야 했다. 부모가 나를 낳았다면 하나님은 천지 만물을 잉태하고 기르신 만유의 어버이시다. 역사상 뭇 국가라는 조직 체제는 하루아침에 없어질 수도 있었지만(만주족, 글안족 등), 가족은 그렇지 않다. "인간 사회에서 가장 원초적이고 지속적이며 믿을 만한 조직 체제는 패밀리 밖에 없다."79) 先天에서는 인류 전체의 세계관 틀이 미비함으로 인하여 제도도 미완성될 수밖에 없었다. 그래서 가정 조직도 뿌리가 밝혀지지 못한 상태로 남아 있었는데, 나와 만상을 주신 은혜가 부모로부터 조상, 하나님에게로 이어질진대, 하나님을 대부모로 하면 인류 통합적 공영조직 체계는 완성될 수 있다. "천하에 부모의 親愛보다 더 큰 道義心이 없고 모성애보다 더 큰 자비심이 없고 가정보다 더 큰 聖域이 없다 하니",80) 하나님의 은혜는 이들을 통합한다. 그래서 하나님을 중심으로 한 세계가족중심주의는 제도의 共榮性을 뒷받침할 항구적 조직 체제이다. 인류가 건설해야 할 지상천국 입법의 기초가 제도의 共榮性에 있다. 共榮性은 장차 인류에게 共榮的 가족 세계주의, 共榮的 인류 통합 시대, 共榮的 지상천국을 건설할 가치 바탕이다.

4. 인류의 공영 바탕

"플라톤이 철학의 중심 주제로 正義를 논한 이후 수많은 사람들

---

79) 도올 선생 중용 강의(상), 김용옥 저, 통나무, 1995, p.273.
80) 인도 정신, 한성규 저, 명문당, 1983, p 70

이 正義의 문제를 철학적으로 혹은 정치적으로 해결하려고 하였지만 아직도 만족할 만한 답을 제시하지 못하고 있다."[81] "어떻게 하면 더불어 사는 사회를 건설할 수 있을까? 어떻게 하면 계급이 없는 평등한 사회를 건설할 수 있을까? 어떻게 하면 질병, 폭력, 살인, 전쟁이 없는 正義로운 사회를 건설할 수 있을 것인가?"[82] 고민하고 모색하였으며, "인류는 역사를 위해서 끊임없이 正義를 추구하였지만 어느 시대를 막론하고 완전한 正義는 구현되지 않았고, 그 같은 상황은 오늘날도 크게 달라지지 않았다. 현대 사회가 추구하고 있는 자유민주주의의 기본 원리와 평등주의의 이상도 마찬가지이다."[83] 결코 존재할 수 없는 불로초를 진시황은 포기하지 않고 찾아 헤매었듯, 인류의 이상 실현 목적도 그와 같은 것인가? 어디에도 만병통치약은 없는 것이 아닌가?[84] 인류를 하나되게 통합함으로써 구원할 인류의 共榮 바탕 가치도 그와 같은 것인가? 그러므로 우리는 인류 共榮이 한낱 구호에 그치고 말 것이 아니라는 것을 밝히는 것이 하나될 이상을 달성할 수 있는 일차 목표이다. 태초에 천지 만상이 창조된 이상적 正本이 없었다면, 인류가 꿈꾼 일체 이상은 망상일 수도 있다. 하지만 인류 역사와 문화는 창조된 분명한 바탕이 있으므로 인류가 나아가고 이루어 영원히 거할 꿈은 실체로서 존재한다. 그렇기 때문에 마치 뿌리 있는 식물은 잎사귀가 떨어져도 때가 되면 새 움을 틔우듯, 이 사회와 시대가 혼란할 때마다 하늘은 질서를 바로잡기 위한 天意를 내려 주셨으며, 正義의 실현은 세상 질서의 본체 현현이 되었다(正本 원

---

81) 롤즈 정의론의 기본 구조, 앞의 논문, 2002, p.1.
82) 예수 운동과 혁명, 쉐일러 매튜스 저, 박현덕 역, 대장간, 1991, p.박기삼.
83) 롤즈 정의론의 기본 구조, 앞의 논문, p.1.
84) 예수 운동과 혁명, 앞의 책, p.박기삼.

리가 됨). 세상이 혼란 가운데서도 질서를 바로잡기 위해 노력하고 타락 가운데서도 본질의 회복을 염원한 것은, 세상 질서가 正(창조본)으로부터 왔고, 흐트러진 正(혼란)은 다시 正의 상태로 돌아가려는 의지를 낳은 것이다. 어느 시대, 어느 사회에서든, 뭇 질서가 正으로 돌아가려는 근본 의지는, 하늘이 人世에 내려 주신 본체 의지에로의 귀일을 의미한다. 당연히 인류가 구현하고자 한 이상은 결코 헛된 망상일 수 없다. 처음 세워진 正인 창조본으로 돌아가고자 한 본성적 본향 의지의 발로이다. 이것이 사실일진대, 세상이 아무리 혼란스러울지라도 하늘의 본체가 正인 이상은, 타락한 말세를 맞이한 이 세대도 반드시 하나님의 새로운 의지인 共榮의 바탕 가치관에 의해 구원되리라. 하늘이 창조와 더불어 共榮的인 바탕을 가지지 않았다면 인류가 꿈꾼 共榮의 대통합 실현은 불가능하다. 하지만 하늘은 본래 共榮性을 지녔으며 천지를 창조한 뭇 가치 질서의 바탕이 되었다. 이로부터 인류는 모두가 바란 共存 共榮 가치를 추출할 수 있어야 했는데, 그 같은 작업이 미비하여 共榮 이상이 실현되지 못하고 있을 뿐이다. 共榮의 실현 자체는 결코 불가능한 것이 아니다. 문제는 지금부터라도 하나하나 이루어 나갈 작업에 착수해야 한다는 것이 중요할 뿐이다.

일찍이 인류가 당면한 역사 가운데서 인류의 영혼을 꽁삼시킬 共榮의 가치관이 제시된 적이 있었는가? 共榮을 이루어야 할 당위 목적을 밝혔는가? 그렇지 못한 상태에서 수립된 가치관의 제시는 오히려 세계 내의 대립성을 조장하였고, 共榮을 위한다는 것이 인간적인 욕망 충족이라는 한계를 드러내고 말았다. 共榮은 장차 하나님이 세상을 다스릴 제도와 질서의 바탕이 되는 지상통치 기반이다. 이 뜻에 초점을 두고 共榮 바탕이 구상, 모색, 통찰되어야 하는데, 목적을 모르니까 공유할 바탕이 구성되지 못했다. 지엽적, 부분적이다 보니까 서로가 서로 간에 대립하게 된 것인데, 하나님이 마련하신 共榮 바탕이 구축된다면 인류 역사에 그렇게 잦았던 피의 전쟁은 종말을 고하리라. 전쟁과 대립을 일으킬 원인이 없어져 버린 세계 속에서 인류가 쌓아 올린 제도와 가치 질서들은 부여된 능력을 마음껏 발휘하리라. 여태껏 대립, 투쟁한 것은 인류가 진정으로 지향해야 할 共榮 목적과 가치가 세워지지 않았기 때문이므로, 해결해야 할 급선무의 과제는 인류가 共榮할 가치관을 제시하는 것이다. 그렇게 하기 위해서는 지금까지 수많은 인간들이 살아왔던 正義로운 신념과 가치가 부활되고, 그렇게 산 것이 구원의 요체였다는 것이 확인되는 것이다. 세계를 유익하게 하는 것이 개개의 삶을 구원하는 길이요 인류를 구원하는 길이며 나를 주신 하나님의 은혜를 감지하는 길이라는 것을 알아야 한다. 우리가 지향해야 할 공동의 가치선도 이를 뒷받침할 만한 목적의식과 당위 원리가 밝혀져야 했듯, 인류가 꿈꾼 大義, 共榮, 유토피아, 大同의 세계라는 것도 그 궁극적 실현 이상에는 하나님의 뜻이 뒷받침되어 있어야 한다. 天意에 대한 근거를 요함에 이것을 밝힐 수 있어야 共榮 바탕 마련에 속도가 붙는다. 인류가 꿈꾸었으되 그것이 비단 인간 단독만의 이상인 것은 아니다. 하나님이 간절하게 원한 창조 뜻이기도 한 것이라, 이를 위하여 하나님은 인류가 大道를 이룰 가능성의 길을 항상 열어 두셨다. 萬物一體와 萬法歸一 사상은 비단 인간의 진리에 대한 이상적 인식인 것만은 아니다. 그렇게 판단할 수 있도록 인식의 근거를 제공하신 분은 하나님이시다. 이를 통해 共榮의 가치, 윤리, 질서, 바탕성을 추출하는 것은 인간의 몫이다.

『예기』에서는 "大道가 행하여지면 천하가 공평하게 된다."[85]고
했다. 正道가 정확하게 실행되면 자기의 재능을 충분히 발휘하며
결코 자기만을 위하지 않는다. 도무지 도절－盜竊과 난적－亂賊
이 일어날 일이 없어 바깥문을 열어 놓고 닫지 않으니 이것을 大
同이라고 했다.[86] 大道가 행하여진 유토피아적 大同 사회는 한마
디로 말해 모든 이치 적용이 적법하여 내 것, 네 것을 따질 근거
가 없는 正義로운 사회였다.[87] 칸트에게 있어서 正義의 원칙은
"너의 의지의 준칙이 항상 동시에 보편적 법칙 수립이라는 원리로
서 타당할 수 있도록 행위를 하라"[88]는 규정 상태인데, 正義는 그
런 관념의 문제가 아니다. 이루어짐이 가능한 본질이 기준이라, 그
것이 하나님이 창조로써 마련하신 正本이다. 이 正本이 인류의 共
榮 바탕으로서 뭇 만물이 공존하고 있는 세계 내에서도 끝내 "공
평, 공정, 형평, 적합, 건전"[89]이라고 하는 최대한의 만족치를 제
공한다. "누구나 개개인에게 보편적으로 수긍할 수 있는 합리적인
이유를 제공해 주므로"[90] 이 같은 도달 상태를 正義라고 한다.[91]
"正義는 공용성의 목적을 위하여 인간의 이성이 인위적으로 만들
어 낸 德"[92]이 아니다. 하나님이 목적하신 바이고 하나님의 사랑
과 공의에 바탕을 둔 본질 내에서의 결과이다.

그러므로 正義는 코드가 맞아야 한다. 인간이 아무리 正義를 논

---

85) 예기, 예운편.
86) 예기, 이문수 역해, 전원출판사, 1995, p.254.
87) "정의는 인간 사이의 이상적 관계를 지향하는 하나의 이념적 가치 개념이," – 주
    롤즈 정의론의 비판적 연구, 지영선 저, 경상대학교 교육대학원 국민윤리교육전
    공, 1992, p.5.
88) 위의 논문, p.28.
89) 정의의 철학, 앞의 책, p.143.
90) 존 롤즈 정의론의 비판적 연구, 앞의 논문, p.16.
91) "公共善과 公平性." – 위의 논문, p.16.
92) 서양윤리사상사, 앞의 책, p.138.

하고 正義를 실현하고자 해도 인간만의 뜻으로 도달할 수 없는 것이 正義이다. 하나님의 뜻을 알아야 하고 그 바탕성에 正位해야 한다. 합일, 일치된 연후에야 우리는 그 위에서 인류의 이상 실현인 共榮性을 달성할 수 있다. "사상 체계의 제일 덕목은 진리이고 사회제도의 제일 덕목은 正義"[93]라고 했는데, 이때 진리와 正義는 옳음과 바름을 위해 인류가 의지를 발할 수 있도록 바탕된 大道이다. 大道가 있어 大道를 실현할 수 있는 길을 열 수 있듯, 正義가 바탕되어 있어 正義의 실현은 기본이고, 자유 · 인권 · 평등 · 평화 · 행복 · 자아실현 · 인류 구원이란 가치가 설정되면 마땅히 인류의 共榮 가치는 실현되리라.[94] "正義는 누구나 바라고 있는 만인의 공통적 소망임에",[95] 그 이유는 共榮性을 달성할 하나님의 창조 뜻에 근거한 공의적 바탕으로서 인류로 하여금 온갖 이상을 꽃피울 터전이기 때문이다. 그런데 "현실 속에서 한 번도 실현된 적이 없으면서도 영원히 단념할 수 없는 것이 正義라고 한다면?",[96] 그것은 인류가 그동안 正義의 근본 바탕을 잘못 定位시켜서이다. 공의적인 바탕 본질과 창조 뜻에 근거하지 못해 아무리 공정, 공평하고자 해도 "자유 · 인권 · 배분-配分"[97]에 있어서 문제가 발생했다. 이상을 이룰 기본 조건이 성립되지 못하는 한 보다 상위 차원의 共榮性 달성은 그야말로 염원에 그친다. 단 한 번도 실현되어 보지 못한 꿈에 머문 이유이다. 한쪽에서는 부족으로 인해 고통받고 있고 한편에서는 불만으로 인해 아우성이다.

---

93) 정의론, 존 롤즈 저, 황경식 역, 이학사, 2005, p.정의의 역할.
94) "정의로운 사회가 반드시 이상적인 사회라고 할 수는 없으며, 정의도 이상적인 사회를 위한 하나의 필요조건임." - 정의의 철학, 앞의 책, p.223.
95) 위의 책, p.225.
96) 위의 책, p.225.
97) 위의 책, p.149.

正義를 실현할 조건도 까다롭다. "전체 인류 가운데 단 한 사람이 다른 생각을 가지고 있다고 해서 그 사람에게 침묵을 강요하는 일은 옳지 못하다."[98] 물론 正義는 이 같은 요구 조건을 충족시켜야 하나 이렇게 한정적인 조건이 한편으로는 현실 위에서 正義를 영원히 실현할 수 없게 하는 조건이다. 밀은 『自由論』에서 "자유, 즉 개별성의 발현이 전제되지 않은 행복은 생각할 수 없으므로 신체적 또는 도덕적 이익을 위한다는 명분 아래 당사자의 자유를 침해해서는 안 된다."[99]라고 했다. 공익이란 미명 아래 개개의 자유가 구속되는 것이라면 그것은 옳지 않다. 하지만 요점은 正義의 바탕 설정이 문제이다. 大道를 본질 바탕으로 한 세계에서는 아예 이런 상충 논의를 발생시키지 않는다. "자유는 왜 소중한가? 그것은 행복한 삶을 위한 근본 요소이므로"[100] 누구에게나 다 골고루 선물로서 안겨야 하는 것이 共榮性을 달성하는 正義라고 생각하는데, 大道는 이와 반대이다. 전체 본질로부터의 나눔과 배려가 요건인 것이고, 전체 본질을 위한 개개인의 헌신, 그것이 義的 본질의 달성인 正義의 실현이다.

그러고 보면 동서양은 문화적, 사고방식, 가치관의 차이로 인해 正義의 실현 방식과 논의에 있어서 동상이몽에 젖어 있었다. 서양의 正義論 논의는 전체성이 전세되시 않았다. 다만 개인을 통해 전체성을 상정한 正義論이다 보니까 논리는 정연했으되 현실과의 커다란 오차를 발생시켰다. 거의 관념론화되다시피 한 이유이다. 이에 비해 전체성에 근거한 동양의 大道 논리는 그 전체성이 形而上學的인 본체성이라, 실제석이지 못한 점은 있더라도 실질적인

98) 자유론, 존 스튜어트 밀 저, 서병훈 역, 책세상, 2005, p.42.
99) 위의 책, p.230.
100) "개별성의 발현이 전제되지 않은 행복이라 생각할 수 없음" - 위의 책, p.230.

共榮 가치를 창출할 바탕 본질인 것만은 분명하다. 분배의 正義를 실현하는 길은 먼저 가진 자가 사랑으로 나눔을 지상의 실현 가치로서 자각하고 수용해서 실천하는 것이다. 개개인이 필요로 하는 기본적인 것들을 골고루 가지게 하고 충족시키는 상태로까지 도달하게 하려니까 여기에는 다수 가운데서의 공정성이 전제되어야 하고, 평형 유지 가치가 동원되어야 한다. "질서 유지를 위한 도덕과 법이 있어야 하고 동시에 그것의 타당한 근거로서 善과 正義가 있지 않으면 안 된다."[101] 하지만 개별로부터의 공정한 가짐이 아닌 전체로부터의 주체적 나눔은 그렇지 않다. 사랑만 있으면 된다. 나누면 나눈 자도 행복하고 얻은 자도 행복해 100% 만족도를 달성한다. 만사 해결이다. 正義가 세워졌느니 무너졌느니 하고 따질 틈이 없다. 노예들의 고통을 무시한 채 서양의 철인들이 고대 그리스의 도시국가들은 실제 이상으로 조화로운 사회였다고 뇌까리는 범하지 않을 것이다(플라톤, 아리스토텔레스, 헤겔 등).[102] 서구의 개인주의의 산이 일체의 도덕구조를 침식해 버려 "가진 모든 것을 팔아 가난한 자에게 주는 것은 터무니없고 비열한 행위"[103]로 비치는데, 이것은 철저하게 共榮 바탕의 전체 본질성을 생각하지 못한 데서 온 결과이다. 그러니까 공평, 공정성을 유지할 제삼의 正義的 규제 역할이 필요한 것이고, 正義가 실종된 즉시 개인과 사회는 만인의 만인에 대한 투쟁 상태에 돌입한다. 자본주의의 병폐는 무엇보다도 "개인의 소유를 자유롭게 보장한 대가로 인류 전체를 적자생존의 상태에 놓이게 했다. 나 아닌 다른 사람을 모두 자신의 경쟁자로 여기게 했다."[104] "계급이건 국가건 어떤 공

---

101) 정의의 철학, 앞의 책, p.173.
102) 서양 윤리사, Alasdair MacIntyre 저, 양건 역, 학문사, 1996, p.259.
103) 위의 책, p.338.

동체도 자기 이외의 다른 공동체를 타파해서는 인류가 원한 새로운 사회를 건설한다는 것이 사실상 불가능한 것인데도",105) 아무런 위배 의식이 없다. 무엇을 위한 正義의 실현이고 이상 사회 건설인지 전제된 기준이 세워지지 못하다 보니까 正義가 아전인수 격으로 각자의 목적 달성을 위한 당위 근거로 제공되었다. 인류는 고귀한 목적의식과 가치를 추구하면서 살아가야 함에,106) 전체인 본질 바탕에 입각하는 한 共榮性에 위배된 어떠한 집단적 행위도 즉각 발본색원 - 拔本塞源할 수 있다. 반대로 사랑의 나눔 작용은 원리로서 고스란히 인류의 共榮 가치에 이바지한다. 곧 孔子는 바로 이 같은 전체적인 본질 바탕성에 입각해서 사익을 추구하는 인간형을 小人으로서 비판했다.107) 왜냐하면 사익은 인류가 나아가야 할 공동선의 추구에 저해되어서이다.108) 왜 저해되는 것인지는 孔子가 아니라도 이유를 분명하게 알 수 있다. 인간은 은혜 입은 존재자로서, 혹은 개인으로서, 무엇을 얼마만큼 가지는 것이 중요한 것이 아니라 얼마나 남을 위해 사는가 하는 것이다. 佛陀가 갈파한 것처럼 共榮을 위해서는 我相을 버려야 한다. "나를 버린 자가 남과 대립할 수 없고 나를 없앤 자에게 일체의 대경 - 對境은 있을 수 없다. 개인으로서 집착하고 있는 我는 종국에 眞我가 아니다."109) 大我가 眞我다. 그렇다면 결국은 남을 위해 사는 그것이 나를 위한 삶이다. 남에게 나누는 것이 영원히 가지는 길이다.

---

104) 기독교 윤리의 입장에서 본 존 롤즈의 정의론 연구, 박슈희 저, 이화여자대학교 신학대학원 기독교윤리전공 석사학위논문, 2002, p.50.
105) 도덕적 인간과 비도덕적 사회, 앞의 책, p.171.
106) 21세기 대시상, 장화수 대담 / 집필, 혜화출판사, 1996, p.머리말.
107) "君子는 무엇이 의로운가에 마음을 쓰고 小人은 무엇이 이익을 가져오는가에만 신경을 쓴다." - 논어.
108) 윤리 질서의 융합, 앞의 책, p.68.
109) 위의 책, p.182.

佛陀나 孔子는 알고 보면 전체인 본질 바탕에 입각해서 인류를 하나되게 할 共榮 가치를 역설한 것이다. "보시－布施는 보살 정신의 첫째가는 자비와 자선의 징표로서",[110] 자신의 것이 아닌 하늘로부터 부여받은 은혜의 德을 나누는 것이다. 천상의 은혜로운 본질 가치인 德을 나누는 만큼 만생에게 행복을 안기고 구경진실－究竟眞實의 복을 안기는 것도 없다. 인류가 나눔을 지상가치의 사명으로서 실행하지 않을 수 없는 이유이다.

그리고 보면 인류의 共榮性 실현은, 인간은 전적으로 자각하고 깨달아 의뢰하는 것이고, 모든 공평, 공정, 공의, 공익성은 하나님의 넉넉한 共榮的 본체 바탕 위에서 보상, 조절에 의해 실현되는 것이다. 그래서 儒家에서 밝힌 大學의 道는 共榮性을 위해 밝은 德을 밝혀 뭇 백성들로 하여금 지극한 善에 이르게 하는 데 있다 (大學之道 在明明德 在親民 在止于至善).[111] "인간의 道는 부족한 사람의 것을 줄여서 여유 있는 사람에게 주고"[112] 강자는 약자를, 부자는 세력과 재물이 풍족하면서도 오히려 그렇지 못한 사람들을 괴롭히는데,[113] 하늘은 그렇지 않다. "하늘의 道는 남음을 줄이고 부족을 보충한다."[114] 그 같은 天道의 실행 행위가 나눔이고, 大道의 실천 사도가 인간이다. 온 인류가 나눔의 사도자가 될진대, 인류의 共榮性과 正義는 남김없이, 어김없이 달성된다. 그렇게 해서 마련된 共榮 바탕 위에서 지상천국은 입국될 수 있다. 전쟁과 투쟁과 대립, 경쟁의 원인이 사라진 영원한 지상의 평화, 세계의 평화, 존재의 평안,[115] 일체 불안 요인이 제거된 최상의 조화 상태

---

110) 정의의 철학, 앞의 책, p.177.
111) 중국의 유가와 도교, 임계유 편자, 권덕주 역, 동아출판사, 1993, p.57.
112) 노자도덕경, 77장.
113) 중국의 유가와 도교, 앞의 책, p.393.
114) 노자도덕경, 77장.

가 달성되리라. 그 위에서 인류는 공동으로 번영할 의로운 목적 실현과 추구만이 있는 세계로 진입하리라. 인류의 共榮性과 正義의 실현은 하나님의 창조 목적 실현과 맞먹는다. 그 같은 인류의 共榮性 가치 바탕 위에서 하나님과 함께 할 지상천국 건설은 추진되리라.

---

115) 평안은 언젠가는 生滅할 손재 시스템이 유지할 수 있는 최고의 가치 신념의 안정 상태이자 본질 획득의 경지 도달 상태임.

· 저자 ·

염기식
廉基植

•약 력•

1957년 경남 진주 출생. 진주고(47회), 경상대학교사범대학체육교육과, R.O.T.C.(19
기), 서남대학교 교육대학원(졸), 1984년 교직에 첫발을 내디딤(현 교사).
자아와 세계에 대해 눈떴을 때부터 세상의 분파된 진리에 대해 의문을 품고
"길은 어디에 있는가"라는 명제 하나로 탐구의 길에 나서 현재까지(52세) 다
수의 책을 저술함.

•주요논저•

1985년(29세) : 길을 위하여(Ⅰ), 아가페, 국판, 523면
1986년(30세) : 길을 위하여(Ⅱ), 인쇄본, 4·6배판, 125면
1990년(34세) : 길을 위하여(Ⅲ), 인쇄본, 4·6배판, 335면
1995년(39세) : 세계통합론, 다짐, 국판, 603면
1997년(41세) : 세계본질론, 청학사, 국판, 407면
1998년(42세) : 세계창조론, 인쇄요약본, 4·6배판, 739면 중
2000년(44세) : 세계유신론, 인쇄요약본, 4·6배판, 436면 중
2004년(48세) : 세계섭리론, 인쇄요약본, 4·6배판, 854면 중
2006년(50세) : 세계수행론, 인쇄요약본, 4·6배판, 825면 중
2008년(52세) : 가르침(교육수상집), 4·6배판, 188면
　　　　　　　세계도덕론, 4·6배판, 534면
　　　　　　　통합가치론(현재)

통합가치론

• 초판 인쇄　2008년 11월 10일
• 초판 발행　2008년 11월 10일

• 지 은 이　염기식
• 펴 낸 이　채종준
• 펴 낸 곳　한국학술정보㈜
　　　　　　경기도 파주시 교하읍 문발리 513-5
　　　　　　파주출판문화정보산업단지
　　　　　　전화　031) 908-3181(대표)·팩스　031) 908-3189
　　　　　　홈페이지　http://www.kstudy.com
　　　　　　e-mail(출판사업부)　publish@kstudy.com
• 등 　 록　제일산-115호(2000. 6. 19)
• 가 　 격　25,000원

ISBN　978-89-534-5309-8 93190 (Paper Book)
　　　　978-89-534-5562-7 98190 (e-Book)